Netzwerk der Aufklärung

Johann Heinrich Merck: Italienische Landschaft mit Eseltreiber poussinesk

Netzwerk der Aufklärung

Neue Lektüren zu Johann Heinrich Merck

Herausgegeben von
Ulrike Leuschner und Matthias Luserke-Jaqui

Walter de Gruyter · Berlin · New York
2003

∞ Gedruckt auf säurefreiem Papier,
das die US-ANSI-Norm über Haltbarkeit erfüllt.

ISBN 3-11-017571-1

Bibliografische Information Der Deutschen Bibliothek

Die Deutsche Bibliothek verzeichnet diese Publikation in der Deutschen Nationalbibliografie;
detaillierte bibliografische Daten sind im Internet über <http://dnb.ddb.de> abrufbar.

Printed in Germany
Umschlaggestaltung: Christopher Schneider, Berlin

Für Dr. Fritz Ebner zum 15. Dezember 2002

Inhaltsverzeichnis

Vorwort

Johann Heinrich Merck (1741–1791), der Literat, Naturforscher und Kriegsrat am Hof von Hessen-Darmstadt, war seiner Heimatstadt keineswegs freundlich gesinnt. Einen „verwünschten Sandflek, wo nie was gescheutes keimen kann und wird", nennt er Darmstadt im Brief an Lenz vom 8. März 1776. Mehrere Versuche, auswärtige Dienste zu nehmen, schlugen fehl. Aber war hier vielleicht doch ein Nährboden für den nüchternen Verstand? „Wenn der Junge einen Prosaisten zur Anlage hatte", so schreibt er am 15. Dezember 1778 an den Freund Wieland nach Weimar, „so laß ihn aus dem Poetenlande dereinsten zu mir in die Wüste ziehen, u. ich schike Dir dafür meinen Jungen, der Gott weiß, wenigstens ein plastischer Dichter werden mag." Der ‚plastische Dichter' Merck verstummte bald; es blieb der kritische Rezensent und Forscher, bei dem, wie Herder schrieb, „gewißer Maassen alle Enden u. Fäden zusammengehen." Von Darmstadt aus legte er weitgespannte Netzwerke an – nach Berlin ins Zentrum der Aufklärung, nach Weimar, wo eben die klassische deutsche Literatur entstand, zu führenden Naturforschern in halb Europa, zu Kunstsammlern und Kunstschaffenden in Neapel, Rom, Kassel, Speyer und Paris.

Trotz seiner eigenen zwiespältigen Meinung genoss Merck in Darmstadt schon seit je her einen besonderen Ruf. An die drei großen Briefsammlungen Karl Wagners, Lehrer am Großherzoglichen Gymnasium zu Darmstadt, aus der ersten Hälfte des 19. Jahrhunderts schloss sich das fast unüberschaubare Lebenswerk Hermann Bräuning-Oktavios an. Die erste Merck-Biographie schrieb 1949 Helmut Prang. Den Höhepunkt bildete, unter Federführung von Fritz Ebner, die große Ausstellung in der Kunsthalle Darmstadt 1991, deren Anlass der 250. Geburtstag und 200. Todestag Johann Heinrich Mercks war.

In dieser Linie steht die Forschungsstelle Merck, die im September 1999 ihre Arbeit aufgenommen hat. Ihr Ziel ist die Kritische Edition des Briefwechsels von Johann Heinrich Merck. Am 25. März 2002 waren Merck-Forscherinnen und Merck-Forscher zu einem wissenschaftlichen Kolloquium nach Darmstadt eingeladen.

Erstmalig würdigte damit eine Tagung Leben und Werk des bedeutenden Spätaufklärers, der in der kanonisierten Literaturgeschichtsschreibung lange lediglich als Freund des jungen Goethe geführt wurde. Durch die Forschungen der letzten Jahre war seine eigenständige Bedeutung ans Licht getreten.

Der Anhang zu diesem Tagungsband bringt zwölf Beispiele aus der Editionsarbeit an Mercks Briefwechsel; fünf Briefe werden hier zum ersten Mal publiziert. Auch die vier Zeichnungen Mercks aus der Graphik-Abteilung des Hessischen Landesmuseums Darmstadt werden erstmals gedruckt.

Der Dank der Herausgeber gilt dem Präsidenten der Technischen Universität Darmstadt, Prof. Dr.-Ing. Johann-Dietrich Wörner, der die Tagung eröffnete, den Beiträgerinnen und Beiträgern, deren konstruktive Zusammenarbeit das Kolloquium zu einem solchen werden ließ. Zum Gelingen der Tagung trugen Dr. Mechthild Haas von der Graphischen Sammlung des Hessischen Landesmuseums, Dr. Sabine Bartsch, Sandra Disser, Yvonne Hoffmann, Amélie Krebs, Johanna May und Dr. Nikola Roßbach bei.

Die Merck'sche Gesellschaft für Kunst und Wissenschaft unterstützte das Merck-Kolloquium und die Drucklegung des Tagungsbandes.

Das Firmenarchiv Merck in Darmstadt, Herr und Frau Stangenberg-Merck und Herr Prof. Dr. Langmann stellten Archivalien zur Verfügung und genehmigten deren Abdruck. Das Hessische Landesmuseum Darmstadt gestattete den Abdruck der Merck-Zeichnungen, die Landes- und Hochschulbibliothek stellte die Reproduktion von Scheuchzers „Homo diluvii" zur Verfügung. Weitere Abdruckgenehmigungen erteilten die Yale University Library in New Haven (USA), die University of California in Berkeley (USA), das Archiv der Hansestadt Lübeck, das Stadtarchiv Darmstadt und die Biblioteca Estense Universitaria in Modena.

An der Redaktion arbeiteten Yvonne Hoffmann und Amélie Krebs mit. Dr. Günter Arnold (Goethe- und Schiller-Archiv Weimar), Dr. Julia Bohnengel (Universität Mannheim), Prof. Dr. Sabine Doering (Universität Oldenburg), Dr. Fritz Ebner (Darmstadt), Prof. Dr. Eckhart G. Franz (Hessisches Staatsarchiv Darmstadt), Eberhard Heß (Landes- und Hochschulbibliothek Darmstadt), Dr. Peter Märker (Hessisches Landesmuseum Darmstadt), Herrn Berthold Matthäus (Nieder-Ramstadt), Dr. Torsten Rossmann (Institut für Zoologie, Technische Universität Darmstadt), Dr. Ingrid Sattel-Bernardini (Rom), UD Dr. Christoph Weiß (Mannheim) und Werner Wegmann (Landes- und Hochschulbibliothek Darmstadt) leisteten Rat und Hilfe.

Ihnen allen sei recht herzlich gedankt.

Darmstadt, im Sommer 2002

Ulrike Leuschner
Matthias Luserke-Jaqui

MATTHIAS LUSERKE-JAQUI (DARMSTADT)

„Der Teufel hole die ganze Poesie".
BeMERCKungen über Johann Heinrich Merck als Lyriker*

> Völker, die weder Halsbänder noch Strumpfbänder tragen,
> sind nicht so elend, als wir meynen.[1]

„Wenn ich nicht fürchtete, eben so ein grämlicher Schwätzer zu werden, als manche von meinen Herren Collegen, so würde ich einige von den Fäden meiner Philosophie vor Ihren Augen aufziehen, und Sie würden vielleicht herzlich über den groben Teppich lachen", schreibt Johann Heinrich Merck an Sophie von La Roche unter dem Datum des 21. Septembers 1771.[2] Am Ende dieses Briefes stellt er der Adressatin in Aussicht, bald auch einige Verse zu schicken. Ob er dies ausgeführt hat, wissen wir nicht, an welche Verse er dachte, ist uns ebenfalls nicht bekannt. Waren es versifizierte Fabeln, waren es die empfindsamen Lieder oder beschäftigte sich Merck mit anderen, neuen Gedichten?

Einen Vortrag über Johann Heinrich Merck zu halten, der vor 211 Jahren 1791 in Darmstadt starb, ist angesichts einer versammelten lokalen, nationalen und internationalen Kennerschaft von Mercks Œuvre nicht ganz ungefährlich. In der Höhle des Löwen, um gleich ein Fabeltier zu nennen, sollte man nicht unbedingt mit einem Aufklärungslämpchen archäologische Arbeiten verrichten wollen. In seiner Fabel *Die Fackel und das Licht* lässt Merck den Streit darüber, wer von beiden bedeutender, wichtiger für die Menschen sei, so enden: „O gebt euch beyde doch zufrieden! / Sie da ist gröser – sprach er zu dem Licht, / Und du bist nützlicher. – So war der Streit entschieden" (W, S. 92). Merck spielt damit auf die Fackel als Symbol der Aufklärung an. Auch wenn

---

*   Abschlussvortrag des Merck-Kolloquiums, zugleich Vortrag im Rahmen des Programms der Goethe-Gesellschaft Darmstadt am 25. März 2002.

1   Johann Heinrich Merck: Werke. Ausgewählt und hg. von Arthur Henkel. Mit einer Einleitung von Peter Berglar. Frankfurt am Main 1968, S. 358; im Text zit. als W mit Seitenangabe.

2   Johann Heinrich Merck: Briefe. Hg. von Herbert Kraft. Frankfurt am Main 1968, S. 55f., hier S. 56; im Folgenden im Text zit. als Br mit Seitenangabe.

diese Fackel der Aufklärung, die stets eine Aufklärung des Verstandes bedeutet, schnell abgebrannt ist, so bleibt uns immer noch das Licht, das die Besserung der Herzen erhellt. Für diese Allusion gilt, was Merck am 28. Juni 1774 Friedrich Nicolai brieflich erklärt: „Der *Deuter* genießt immer ein sicheres Vergnügen, wenn er den Sinn der Allusion getroffen zu haben glaubt" (Br, S. 114).

Es mag also erstaunen, vielleicht sogar befremden, dass in meinem Vortragstitel Johann Heinrich Merck als Lyriker angesprochen wird. Ist er uns denn als Gedichteschreiber bekannt? Finden wir seine Verse etwa in Schulauswahlen oder in Anthologien?[3] Merck, der Prosaist, Merck, der Briefschreiber, Merck, der kulturelle Redakteur, der in den wenigsten Fällen geschäftlich erfolgreiche Unternehmer in der res publica litteraria, der aufgeklärten Gelehrtenrepublik des 18. Jahrhunderts, Merck, der Rezensent und Beiträger der wichtigsten Literaturzeitschriften des 18. Jahrhunderts, Merck, der Paläontologe und naturwissenschaftlich interessierte und gebildete Laie,[4] schließlich Merck, der Goethe-Freund oder Merck, der Kriegsrat – all diese Etikettierungen sind uns hinlänglich bekannt. Aber Merck, der Lyriker? Ein Autor, zu dessen Lebzeiten niemals ein Gedichtband erschienen ist?

Es nimmt nicht wunder, wenn wir einen Blick in die einschlägige, gleichwohl spärliche Forschungsliteratur zu Johann Heinrich Merck werfen, dass seine Lyrik keineswegs Gegenstand großen wissenschaftlichen Interesses bislang gewesen ist. Franz Muncker sieht in seinem Merck-Artikel in der *Allgemeinen Deutschen Biographie* (1885)[5] in den Fabeln Lessing und in Mercks lyrischen Versuchen den Einfluss der Dichter des Halberstädter und des Göttingischen Kreises, aber auch den Einfluss Herders am Werk. Muncker bescheinigt diesen Gedichten gleichwohl tiefe und zarte Empfindung.[6] 1911 bietet Hermann Bräuning-Oktavio in einem Aufsatz neu entdeckte Gedichte von Merck.[7] In Helmut Prangs Monographie *Johann Heinrich Merck. Ein Leben für andere* (1949)[8] finden sich nur marginale Bemerkungen zum Thema. An-

---

3   Außer den Anthologien *Deutsche Fabeln aus neun Jahrhunderten. Hg. von Karl Wolfgang Becker. Mit Farbzeichnungen von Rolf Münzner. Leipzig 1991* und *Deutsche Fabeln des 18. Jahrhunderts. Ausgewählt und mit einem Nachwort von Manfred Windfuhr. Stuttgart 1997, ¹1960*, bes. S. 113-117, ist mir keine jüngere Textauswahl bekannt, in der eine oder mehrere Fabeln Mercks enthalten sind.

4   Vgl. dazu die neuere Arbeit von Marie-Theres Federhofer: „Moi simple amateur". Johann Heinrich Merck und der naturwissenschaftliche Dilettantismus im 18. Jahrhundert. Hannover 2001.

5   Vgl. Franz Muncker: [Artikel] Merck. In: Allgemeine Deutsche Biographie. Leipzig 1885, Bd. 21, S. 400-404.

6   Ebd., S. 400.

7   Hermann Bräuning-Oktavio: Neue Gedichte und Übersetzungen Johann Heinrich Mercks. In: Archiv für das Studium der Neueren Sprachen und Literaturen LXV (1911), S. 18-29.

8   Helmut Prang: Johann Heinrich Merck. Ein Leben für andere. Wiesbaden 1949.

ders verhält es sich in einer späteren Publikation Hermann Bräuning-Oktavios; er veröffentlicht 1961 in einem Aufsatz auszugsweise,[9] dann 1962 in einer Buchpublikation erstmals vollständig alle Fabeln aus der Feder Mercks. Es handelt sich dabei um die Darmstädter Handschrift, die heute in der Hessischen Landes- und Hochschulbibliothek Darmstadt aufbewahrt wird.[10] Zuvor waren von den 73 Fabeln, von denen insgesamt nur noch 71 erhalten sind, schon 17 durch Karl Wagner 1835 veröffentlicht worden, allerdings teilweise mit erheblichen Weglassungen durch den Herausgeber. Gerhard Sauder würdigt die Fabeln und Gedichte Mercks in seinem Jubiläumsaufsatz von 1991.[11] Walter Pabst (1993)[12] druckt in seinem Aufsatz lediglich Mercks Gedicht *Michel Angelo* ab und schließt eine 21-zeilige Paraphrase an. Und jüngst legte zum 210. Todestag und 260. Geburtstag Mercks Walter Schübler ein Buch vor mit dem Titel *Johann Heinrich Merck 1741–1791. Biographie* (Weimar 2001). Diese Arbeit ist eine durch Kommentare unterbrochene Auslese aus Mercks Briefen, seinen Schriften und zeitgenössischen Dokumenten, eben ein „kaleidoskopisches Porträt".[13] Auch hier finden wir über Mercks Lyrik wenig.

Man muss es also deutlich sagen: Wenn es um die Geschichte der deutschsprachigen Lyrik im 18. Jahrhundert geht, wird ein Name nie genannt: Johann Heinrich Merck. Über ihn als Lyriker zu sprechen bedeutet daher, sich einer poetischen Produktivkraft zu erinnern, die es erst freizulegen gilt. Wenn wir uns über Mercks Lyrik verständigen, müssen wir zwischen drei kleinsten Werkgruppen unterscheiden. Da sind zunächst die *Fabeln* zu nennen, dann die *empfindsamen* oder die *lyrischen Gedichte* (einschließlich der sogenannten Kasuallyrik) und schließlich die *Satiren*.[14] Nach Arthur Henkel sind die *Fabeln* „wohl vor 1770" (W, S. 633) entstanden. Hermann Bräuning-Oktavio datiert sogar genauer zwischen 1760 und 1770,[15] doch gibt es für eine verlässliche Datierung keine Anhaltspunkte. Einige der Fabeln wurden im *Göttinger Musenalmanach 1770*, andere erst später von dem Merck-Forscher und Merck-Editor

---

9 Hermann Bräuning-Oktavio: Neue Fabeln und Gedichte Johann Heinrich Mercks. In: Goethe-Jahrbuch 23 (1961), S. 336-351.

10 Vgl. Johann Heinrich Merck: Fabeln und Erzählungen. Nach der Handschrift hg. von Hermann Bräuning-Oktavio. Darmstadt 1962.

11 Vgl. Gerhard Sauder: „Wunderliche Großheit". Johann Heinrich Merck (1741–1791). In: Lenz-Jahrbuch. Sturm-und-Drang-Studien 1 (1991), S. 207-227, bes. S. 214-218.

12 Walter Pabst: Den Manen Michelangelos. Vergessene Huldigungsgedichte von Johann H. Merck und Ernst Droem. In: Literarhistorische Begegnungen. Festschrift zum 60. Geburtstag von Bernhard König. Hg. von Andreas Kablitz u. Ulrich Schulz-Buschhaus. Tübingen 1993, S. 311-318.

13 Walter Schübler: Johann Heinrich Merck 1741–1791. Biographie. Weimar 2001, S. 14.

14 Entsprechend heißt die Aufteilung in der nach wie vor verbindlichen Merck-Ausgabe (Anm. 1): Fabeln – Lyrische Gedichte – Verssatiren.

15 Vgl. Merck: Fabeln und Erzählungen (Anm. 10), S. 13.

Karl Wagner 1835 oder sogar erst 1962 durch Bräuning-Oktavio zum Druck befördert. Die *lyrischen Gedichte* sind überwiegend in der Zeit Anfang der 1770er Jahre geschrieben worden, Bräuning-Oktavio datiert die meisten dieser insgesamt 27 Gedichte hingegen auf das Jahr 1771.[16] Doch ist das nicht mehr als ein Mittelwert, da er an anderer Stelle die Jahre 1770 bis 1772 als Entstehungszeitraum angibt.[17] Die meisten davon wurden in zeitgenössischen Zeitschriften auch gedruckt. Spät, im November 1778, wird Merck Wieland für dessen *Teutschen Merkur* ein Gedicht schicken, das vorgeblich von einem Fräulein geschrieben sein soll. Im *Merkur* wurde es nicht gedruckt und ob Mercks Angabe richtig war, lässt sich nicht mehr feststellen. Schwer jedenfalls ist es sich vorzustellen, dass Merck sieben Jahre nach dem Ende seiner empfindsamen Phase nochmals ein Gedicht aus jener Zeit hervorholt und es Wieland zum Druck anbietet. Die *Schottischen Lieder*, die zu den lyrischen Gedichten gerechnet werden, sind Übersetzungen Mercks aus dem Englischen und wurden 1776 veröffentlicht. Zu den *Verssatiren* gehören schließlich insgesamt drei Texte in Reimform: *Rhapsodie von Johann Heinrich Reimhart, dem Jüngern* (1773), eine „burleske Prosodie in Knittelversen",[18] *Pätus und Arria. Eine Künstler-Romanze* (1775), *Matinée eines Recensenten*, die zwar schon 1776 an Wieland geschickt, aber erst 1838 durch Wagner veröffentlicht wurde. Aus der Zeit nach 1776 liegen kein Gedicht, kein einzelner Vers, keine Satire und keine Fabel von Mercks Hand vor. Das wirft natürlich die Frage auf, deren Beantwortung wir uns stellen müssen, weshalb Merck, der von der Forschung treffend als „Autor der Diskontinuität"[19] beschrieben wurde, ‚plötzlich' seine lyrische Produktion abbricht.

1. Fabeln

Lassen Sie mich zunächst mit einem kleinen historischen Exkurs beginnen und diesen mit einer Frage einleiten, der Frage nämlich, wie gefährlich Literatur, genauer, wie gefährlich ein bürgerliches Trauerspiel ist? Denn der Umgang mit Literatur kann bisweilen tödlich enden. Nein, ich spiele mit dieser Übertreibung nicht auf das Ende von Johann Heinrich Merck an, sondern darauf, dass der 78-jährige Hessische Landgraf Ludwig VIII. während einer Theateraufführung tot zusammenbrach. Am 17. Oktober 1768 gab die Lep-

---

16　Vgl. Bräuning-Oktavio: Neue Fabeln und Gedichte (Anm. 9), S. 338.
17　Vgl. Merck: Fabeln und Erzählungen (Anm. 10), S. 13.
18　Muncker: [Artikel] Merck (Anm. 5), S. 400.
19　Sauder: „Wunderliche Großheit" (Anm. 11), S. 209.

pertsche Gesellschaft von George Lillo den *Kaufmann von London* auf dem Darmstädter Hoftheater. Von Charlotte Buff erfahren wir Genaueres:

> Es rührte ihn [sc. den Landgrafen] sehr, wie natürlich und ihm gewöhnlich; er fand es schön, erwähnte gegen den Prinzen George die darin steckende Moralen und bemerkte die guten Stellen; er klatschte in die Hände, und plötzlich sank er tot, unter einem Bravo! in die Arme des Prinzen George. [...] Die jetzige Frau Landgräfin [...] hat das Comödien-Haus zunageln lassen, wie es heisst, und will nie wieder Comödien in Darmstadt spielen lassen.[20]

Vielleicht liegt die historische Lehre dieses Vorfalls darin, dass es ein *Adliger* war, der ein *bürgerliches* Trauerspiel gesehen hat und dabei einen Schlaganfall erlitt. Die Fabeltheoretiker nennen dies ‚Fabula docet', also das Epimythion, die Moral der Geschicht, und dem späten Merck, dem Sympathisanten der Französischen Revolution, hätte dieser Vorfall, hätte er sich 1790 ereignet, sicherlich einige beißende Bemerkungen entlockt. Denn wie kritisch Merck Despotismus, Günstlingswirtschaft und Hofschranzentum gegenüber eingestellt war, belegen über die Jahre hinweg die Fabeln, zahlreiche einschlägige Briefstellen und Bemerkungen in seinen Prosaschriften.

Betrachten wir uns nun etwas genauer das Fabel-Werk und bleiben wir gleich bei diesem ersten Aspekt, der politischen Dimension von Mercks Fabel-Dichtung. Nicht die Form dieser Fabeln, sondern der Inhalt, also Mercks Gedanken „zu ethischen und sozialen Fragen"[21] seien das eigentlich Interessante an diesen Gedichten, meinte Bräuning-Oktavio. Andere hingegen sahen in den Fabeln mehr oder weniger unbedeutende Jugendarbeiten. „Mehr als Gebrauchs- und Unterhaltungslektüre für den Geschmack des Tages" (W, S. 33) seien sie schon damals nicht gewesen, sie erhöben sich nirgends über die zeitgenössische Bildungs- und handwerkliche Kunstfertigkeit, meinte Peter Berglar in seiner Einleitung zur Werkausgabe von 1968.

Merck bietet Höpfner am 16. November 1769 einige seiner Fabeln zum Druck an, fünf werden im *Göttinger Musen-Almanach* 1770 veröffentlicht.

> Ob Sie meine Fabeln in den Almanach sollen druken lassen? – Sie können sich doch vorstellen daß ein Bettler wegen seines schlechten Rocks nicht darf besorgt seyn, wenn man ihn dem Volck unter einer Versammlung reichgekleideter Männer zeigt – Es wird sich niemand über ihn aufhalten, weil niemand auf ihn Achtung giebt, und so kommt er doch mit Ehre zum Thor hinaus. Machen Sie mit was Sie wollen, schneiden Sie ab, setzen Sie zu, nehmen Sie was Sie wollen, aber setzen Sie nur meinen Namen unter nichts. (Br, S. 33)

---

20 George Lillo: Der Kaufmann von London oder Begebenheiten des Georg Barnwells. Ein bürgerliches Trauerspiel. Übersetzt von Henning Adam von Bassewitz (1752). Kritische Ausgabe mit Materialien und einer Einführung. Hg. von Klaus-Detlef Müller. Tübingen 1981, S. 145.

21 Bräuning-Oktavio: Neue Fabeln und Gedichte (Anm. 9), S. 339.

Merck bedient sich vorwiegend der Tradition der Tierfabeln. So finden sich in dieser Werkgruppe Titel wie *Der Hahn und der Fuchs, Der sanftmüthige Wolf, Der Esel und das Pferd, Der Hahn und das Pferd, Der Adler und die Taube* usf. Daneben greift Merck auch auf mythologische und historische Themen zurück, wie beispielsweise *Sokrates, und Antisthenes, Der Gott Merkur und Amor, Prometheus und Jupiter, Pyrrhus* und *Xerxes*. Mercks Fabeln sind Lehrfabeln, ohne dass sie sich in einem Tugendmoralismus erschöpfen. In dem Gedicht *Der Mönch und die Junge Frau*, worin der Geistliche seine Worte so verdreht, dass seine Verführungsabsichten camoufliert werden, ist weniger die Handlungsintention des Mönchs entscheidend als vielmehr die diskursive Gewalt, die er gegenüber der unwilligen, weil unverständigen Frau aufbringt. Am Ende spricht das lyrische Ich – und wir können darin durchaus den Autor selbst erkennen:

> So sieht ein jeder das, was er zu sehen hofft,
> Und so betrügen wir uns offt.
> So geht die Wahrheit stets verlohren,
> Zwey Critiker beweisen, schimpfen sich,
> Ein Jeder glaubt: die Wahrheit nur seh ich.
> *Und ich, ich seh zwey Thoren.* (W, S. 54)

Der politische Inhalt der meisten von Mercks Fabeln ist evident. Ich will in diesem Zusammenhang nur an zwei Äußerungen Mercks erinnern. Einmal verwendet er den Begriff der „KönigsSau" (Br, S. 150), um den landgräflichen Autokraten zu kennzeichnen. Und zum zweiten notiert Merck nach dem Tod der Landgräfin, der Ton sei nun abscheulich geworden, das ganze Land seufze unter dem „Despotismus" (Br, S. 157) des Landesherrn und seiner Vasallen. Mehr denn je ist Merck nun, 1777, darauf angewiesen, Kontakt mit Freunden brieflich herzustellen und zu pflegen (vgl. Br, S. 159). Fremde beträten kaum mehr Darmstädter Boden. „Ich bin hier in der hundetummsten Gesellschafft, u. höre das Jahr durch kein Wort, das mich freut. Es ist also kein Wunder, wenn ich ganz u. gar versaure", klagt er in einem Brief an Wieland vom 7. November 1778 (Br, S. 200f.). Darmstadt nennt er gar den „LumpenOrt", er spricht von der elenden Lage „unsers lieben Örtgens [...], wo man nichts als dummes Zeug sieht u. hört" (Br, S. 207). Schon Bräuning-Oktavio hat mehrfach darauf hingewiesen, dass Mercks Fabeln soziale, ethische und politische Fragen enthalten.[22] Ein unvoreingenommener Leser kann dem nur zustimmen und es nimmt auch nicht wunder, dass dem so ist, dient doch die Gattung der Fabel seit ihrer äsopischen Gebrauchsform auch als Medium der teils subtilen, teils deutlichen Machtkritik. Im Jahrhundert der Aufklärung erlebt diese Gattung eine förmliche Renaissance und Weiterentwicklung. Man hat dies in der Forschung u. a. auch mit der Emanzipationsbewegung des Bürgertums zu

---

22   Vgl. Merck: Fabeln und Erzählungen (Anm. 10), S. 24.

erklären versucht.[23] So ruft denn der Fabeldichter Merck den Königen zu: „Ihr Wort kann alles – nur allein / Den innern Werth kans nicht verleyhn" (W, S. 56). An anderer Stelle, in einem Streitgespräch zwischen Springbrunnen und Bach, argumentiert der Brunnen, dass er Teil der höfischen Repräsentationskunst sei, der Bach hingegen nur dem Pöbel diene. Der Bach erwidert, niemals wolle er mit dem Springbrunnen tauschen, denn so hoch dessen Strahl steige, so tief sei auch sein Fall (vgl. W, S. 58f.). In der Fabel *Der Hund, das Pferd und der Stier* beklagen sich diese drei Tiere bei Zeus darüber, dass sie unglücklich mit ihrem Los seien. Der Hund moniert, stets treu und wachsam zu sein und dafür von seinem Herrn an die Kette gelegt zu werden. Zeus verspricht ihm eine ,Sklavenmoral', zukünftig solle der Hund gerne an der Kette liegen. Der Hengst fürchtet, jetzt zwar noch als Reittier gebraucht zu werden, dann aber als Ackergaul zu enden. Zeus beruhigt ihn, er gebe ihm das Bewusstsein seiner Stärke, jederzeit könne er zukünftig seinen Reiter abwerfen. Schließlich tritt der Stier hervor, er beklagt, dass er zu jeder Jahreszeit schwere Arbeit leisten müsse und diese stetig zunehme. Der Göttervater verleiht ihm die Eigenschaften der Trägheit und der Langsamkeit, um sein Joch zukünftig geduldiger zu tragen. Das ,Fabula docet' am Ende enthält den Schlüssel zur politischen Lektüre dieser Fabel und hat folgenden Wortlaut:

> Wer sieht in diesem Bild nicht die polit'sche Sitten
> Der Deutschen, Frantzen und der Britten,
> Da ists die Freyheit, die der Bürger Hertz erhitzt,
> Dort ists die Liebe zu den Potentaten,
> Und hier die Trägheit, die den mächtigsten der Staaten
> In seiner alten Form beschützt. (W, S. 91f.)

Die Frage ist nur, welchem Sinnbild welche Nation zugeordnet wird.

Die Fabel *Der Löwe und der Bucklichte* indes kann als eine Parabel auf Mercks Leben als Autor gelesen werden:

> Der Löw verließ von Wuth entbrannt,
> Sein Lager, um den Thäter zu entdecken,
> Der seine Jungen ihm entwandt,
> Sein Schmertz erfüllt das Land mit Schrecken,
> Itzt traf er einen häßlich Kleinen Mann,
> Der Bucklicht war, im Walde schlafend an.
> Sein Grimm, geschäfftig sich zu rächen,
> Weckt bald den Armen Fremdling auf.
> „Wer bistu Freund? – du willst nicht sprechen?

---

23   Vgl. dazu grundsätzlich Erwin Leibfried: Fabel. 4., durchgesehene und ergänzte Aufl. Stuttgart 1982, und Reinhard Dithmar: Die Fabel. Geschichte, Struktur, Didaktik. 8. Aufl. Paderborn 1997. – In dem jüngeren Buch von Hans Georg Coenen *Die Gattung Fabel. Infrastrukturen einer Kommunikationsform. Göttingen 2000* wird Merck als bedeutender Fabeldichter der Aufklärung nicht einmal mehr namentlich erwähnt.

Erschrocken sah der Fremdling auf:
Ich bin Aesop. – „Aesop?
„Der Richter über Ruhm und Lob?
„Dich muß ich wol zufrieden lassen,
„So schlecht es mir auch itzt gefällt,
„Wenn ich nicht will, daß noch die spätste Welt
„Mich soll als einen Wütrich hassen.

Ihr, die ihr von Natur nicht menschenfreundlich seyd,
Ihr Grossen seyds, weil es die Klugheit euch gebeut.
Beschützet das Talent, den Redner und den Dichter,
Sie geben die Unsterblichkeit.
Die NachWelt, die nicht gern verzeyht,
Hört sie allein, als eure Richter. (W, S. 100)

Der Dichter als Bucklichter, in der Gestalt des Fabeldichters Äsop, kann nicht auf Schutz und Förderung durch seinen Landesherrn hoffen. Zugleich ist ihm, dem Autor Merck, diese Aufgabe zu gering, nur für die Unsterblichkeit und den Ruhm der Mächtigen zu sorgen. Welche Konsequenz Merck aus dieser Einsicht gezogen hat, können wir nur vermuten. Tatsache hingegen ist, dass Merck plötzlich aufhört Fabeln zu schreiben. Weshalb? War es die Erkenntnis der so oft beschworenen Wirkungslosigkeit der Literatur? Waren seine Fabeln gelehrte Spielereien mit einer antiken Tradition? Oder war es die Einsicht, dass die Adressaten seiner Fabeln sich nicht um die politische Intention oder kritische Programmatik dieser Art von Literatur scherten?

Im 18. Jahrhundert können wir eine rege Gattungsdiskussion der Fabel beobachten. Der prominenteste Vertreter ist zweifelsohne Lessing, doch dürfen dabei die zeitgenössisch breit rezipierten anderen Fabeldichter und Fabeltheoretiker nicht übersehen werden, wie beispielsweise de La Motte, La Fontaine, Lichtwer, Pestalozzi, Pfeffel, Gellert, Hagedorn, Breitinger, Bodmer, Triller, Gleim und Gottsched. Gellert habe sogar, so konnte Bräuning-Oktavio nachweisen, in seinen letzten Vorlesungen 1769 die Fabeln *Die Fichte und die Eiche* und *Die Tanne und die Eiche* von Merck als beispielhafte Muster dieser Gattung vorgetragen.[24] Doch anders als Gellert reduziert Merck nicht die Inhalte seiner versifizierten Fabeln auf ein tugendpädagogisches Programm. Und Merck setzt sich auch in Widerspruch zu Lessing. Waren also die Fabeln Mercks möglicherweise eine Reaktion auf Lessings Fabeltheorie? Ohne hier nun einen akademischen Streit nur beginnen, aber nicht mit guten Argumenten zu Ende bringen zu wollen, sei wenigstens so viel gemutmaßt: Mercks versifizierte Fabeln können – und das wäre in der Forschung ein Novum – als Kontrafakturen zu Lessings Fabeltheorie gelesen werden. Hatte sich Lessing vehement gegen die Versifizierung und stattdessen für die Episierung der

---

24   Vgl. Merck: Fabeln und Erzählungen (Anm. 10), S. 31.

Fabel ausgesprochen, so unterminiert Merck genau dies, er setzt sich einfach über das Vorbild Lessing hinweg. Salopp gesagt: Merck macht 1770 etwas, das Lessing 1759 tabuisiert hatte. Lessing hatte in seinem Buch *Fabeln. Drei Bücher. Nebst Abhandlungen mit dieser Dichtungsart verwandten Inhalts* (1759) folgende Definition einer – selbstredend guten – Fabel gegeben: „Wenn wir einen allgemeinen moralischen Satz auf einen besondern Fall zurückführen, diesem besondern Falle die Wirklichkeit erteilen, und eine Geschichte daraus dichten, in welcher man den allgemeinen Satz anschauend erkennt: so heißt diese Erdichtung eine Fabel".[25] In der Verbindung von Moral und Poesie sah Lessing, der auch als der „intellektualistische Fabeldichter"[26] des 18. Jahrhunderts bezeichnet wurde, die besondere Herausforderung dieser Gattung. Eine eigene Untersuchung wäre es wert, die Nähe zwischen den Fabeln von Gottlieb Konrad Pfeffel (vgl. etwa dessen *Poetische Versuche* von 1761) und denjenigen Mercks zu untersuchen. Das kann hier nur als Desiderat der Forschung vermerkt werden.

2. Gedichte

In der zweiten Werkgruppe der lyrischen oder empfindsamen Gedichte[27] begegnen wir Titeln wie *An Herrn LeibMed. L, Bey einer Schlittenfahrt, An den Mond, Bey Wiederkunft des Mond im Monat May, An den Mond. 2, Den 1ten Aug., Lila an ihr Lämmchen, Lila über ihren Stab, Bey einer OhnMacht* oder *Bey den Klagen Lila's über die Langsam ankommenden Briefe*. Diese Gedichte sind überwiegend situationsgebunden, Gelegenheitsgedichte eben, Gebrauchsgedichte, Widmungsgedichte, Huldigungs- und Auftragsgedichte und – im Rollenspiel versteckte – Liebesgedichte. Verglichen mit den Liebesgedichten von Jakob Michael Reinhold Lenz, denen Merck wahre Leidenschaft bescheinigt (vgl. Br, S. 145), ist dies ein Ton, den er selbst nie getroffen hat, möglicherweise auch nicht treffen wollte.

Das erste Gedicht der Sammlung kann gleichsam als Introitus gelesen werden, der rückblickend Bilanz zieht.

---

25 Gotthold Ephraim Lessing: Werke und Briefe in zwölf Bänden. Hg. von Wilfried Barner u. a. Bd. 4: Werke 1758–1759. Hg. von Gunter E. Grimm. Frankfurt am Main 1997, S. 376 (im Original kursiv).

26 Leibfried: Fabel (Anm. 23), S. 87.

27 Vgl. zum Generalthema empfindsamer Literatur den jüngsten Forschungsbericht von Gerhard Sauder: Empfindsamkeit. Tendenzen der Forschung aus der Perspektive eines Betroffenen. In: Aufklärung 13 (2001), S. 307-338.

Elegie

Wohin? – – was seh ich weit und breit?
Verflogne Jugendträume –
Mein liebster Wunsch war Eitelkeit
und ew'ger Gram im Keime!

O Gott! sein volles Hertz so sehn
in bittrer ThränenFluth zergehn!
Komm, Gruftkleid! mich mit Freuden
in Brautgewand zu kleiden. (W, S. 111)

Diese *Elegie* könnte durchaus nachträglich als Eingangsgedicht von Merck in seiner handschriftlichen Gedichtsammlung platziert worden sein, gleichsam als Rückblick auf die vor ihm ausgebreitete poetische Produktion, eben seine verflogenen Jugendträume. Die Datierung von Bräuning-Oktavio auf Herbst 1774 wäre demnach wenig überzeugend. Auch Henkel zweifelte diese Jahreszahl schon an, schloß aber nicht aus, dass das Gedicht gar nicht von Merck, sondern von Herder sei (vgl. dazu W, S. 637).

Man könnte etwas despektierlich den jungen Merck – oder, wie er von Herder genannt wurde, den „Herrn Kriegs- und LustVersezahlmeistern Merk"[28] – jener Jahre auch den ‚Lila-Launebär' der Darmstädter Empfindsamen nennen, der schon zeitgenössisch die Grenze zum Kitsch überschritt.[29] Er lebe wie ein Schwärmer unter den Rosen der Freundschaft, lässt er Höpfner wissen (vgl. Br, S. 65), gesäumt von zwei Freundinnen, deren körperliche Gestalt und deren Esprit er lobend erwähnt. Gemeint waren damit Louise von Ziegler, die Lila der Gedichte und des empfindsamen Zirkels, und Caroline Flachsland, genannt Psyche, Herders spätere Frau. Im Grunde ist diese empfindsame Phase aber schon in dem Moment vorbei, als Herder an Caroline Flachsland unter dem Datum des 20. April 1771 schreibt: „Der Mensch ist zu Etwas beßerm in der Welt da, als eine Empfindungspuppe, oder ein Empfindungströdler zu seyn".[30] Ende 1771 kündigt Merck Höpfner an, dass er ihm bald den ersten Band seiner Gelegenheitsgedichte schicken werde. Darunter befänden sich „nicht weniger als Vier MondOden" (Br, S. 59). Nebenbei bemerkt ist es übrigens interessant zu wissen, dass nur drei Mondoden überliefert sind. Zum Druck dieser Gelegenheitsgedichte kam es nie. Die Handschrift hat sich aber erhalten und befindet sich heute noch in Familienbesitz.

---

28   Johann Gottfried Herder: Sämmtliche Werke. Hg. von Bernhard Suphan. Bd. 29: Poetische Werke Bd. 5. Hg. von Carl Redlich. Berlin 1889, S. 529.

29   Vgl. Sauder: „Wunderliche Großheit" (Anm. 11), S. 217.

30   Zit. nach: Schübler (Anm. 13), S. 46f.

In Mercks empfindsamen Gedichten findet sich – neben dem eher zeit-
und genrebedingten tändelnden Ton einiger Verse – aber auch ein politischer,
gesellschaftskritischer Akzent. Beispielsweise, wenn es am Ende des Gedichts
Als Lila zwey junge Bäume in ihren Gärten fällen sahe heißt:

> Aber die Welt des Hofes glaubt
> Weil rothes Bluth nicht floß – kein Stöhnen
> Kein Zuken folgt – sie wähnen
> Daß sie nichts übels thun. (W, S. 138)

Das Gedicht *Im Merz. An A. + W.* ist nur vordergründig ein Naturgedicht,
wie der Titel vielleicht suggerieren könnte:

> Des Sehers Blik, der in dem MeeresSchoos
> der Zukunft, sich der Ahndung Zauberschloß
> Erschaft, und in dem öden Labyrinth
> dich ferne schon in EngelsKlarheit findt!
> Sieh wie er dämmert! Von der Wahrheit
> Fernen Sonnenfahrt! Und von der Menschheit
> Tasten wir ermüdet! Hingebeugt
> Zur Brust ersinkt sein Haupt! Und ihm entsteigt
> der Hofnung Lächeln, ihre Zähne nie!
> Nur sie, der Wehmuth bittre Thräne, sie
> die trübe Mahlerin der Schöpfung nur
> Füllt ihm sein Aug, und mahlt ihm die Natur
> Im Nebel! deine Mutter! die so schön
> In allen ihren Kindern ist! Verwehn
> will seinem Ohr ihr Schluchzen schon
> der Sympathie und Liebe Lauten Ton.
> Sein Arm in Wüsten taumeln, tastet kalt
> Statt KörperSchöne, flache WandGestalt!
> Gewebe des verkehrten Teppichs! Sie
> die HimmelsSchön' auf Erden wandelnd, wie
> sie Plato dachte, Alcamenes Hand
> Erschuff, wie sie in Coischem Gewand
> sich deinem Gang, und deinem Aug enthüllt
> die sah er niemals im verklärten Bild!
> Drum blik' ihm in sein adelgläubig Hertz
> den süßten HofnungsStrahl; den bittren Schmertz
> der Menschheit, der sein inneres verzehrt
> den halt an seinem Ort, wies WürgeSchwerd!
> Die Balsamthräne, die dir gern entfliest
> Heil eh' er friedsam seine Straße zieht
> Des Pilgers Wunden, die ihm Wahn und Trug
> der grosen Sklav' u. NarrenErde schlug!
> Sey ihm ein Quell des Lebens in dem Sand
> der Wüste, wo das Schiksal dich verbannt!
> dein Bild geh' ihm nicht wie ein Wetterstrahl
> Vorüber, es begleit ihn in dem Thal

>   des Lebens, wenn er WolkenHöhen klimmt,
>   da wo er des Abgrunds Steinweg nimmt
>   Da auch wo gebeugt er stille steht
>   Schein es ihm in TugendMajestät
>   Reich ihm hohes Lächeln, BeyfallDank
>   Und Liebe deines Augs zum Labetrank.
>   Und geht er jenseits hin, woher er kam
>   So seys dein Bild, das ihn der Erd' entnahm
>   den Edlen zuführt, die den Lauf vollbracht
>   Und ihm die Edlen zuführt, die die Nacht
>   Jahrhunderte noch hält, die nach ihm spät
>   Als Säugling seines Geists, der unverweht
>   Von Zeit und Neides Wind in Tausend blüht,
>   Ihn Vater grüßen mit den Thaten Lied. (W, S. 119f.)

Natürlich sind diese Verse nicht ohne das große Vorbild Klopstock zu denken. Doch es ist fast schon ein pindarisch-hölderlinscher Ton, den Merck da anklingen lässt. Wer sich hinter den Adressaten ‚A.' und ‚W.' verbirgt, ist bislang nicht entschlüsselt worden. Über die Bedeutung des Buchstabens ‚W' belehrt uns ein Barock-Autor. Von Abraham a Sancta Clara stammt das Buch *Mercks Wienn* (1680).[31] Das ist eine sogenannte Pestschrift, eine Mischung aus Pestbeschreibung, Predigt und einem Totentanz, die einem strengen rhetorischen Ordnungsprinzip gehorcht. In *Mercks Wienn* ist nun zu lesen:

> W. Ist endlich der allerschwäreste Buchstab; nichts als W. W. widerholte jener armer Tropff der etlich 30. Jahr als ein verlassener Krippel bey dem Schwem-Teuch zu Jerusalem lage: nichts als W. W. sagte jener vnberschambte Gast vnd gastige Bößwicht Malchus / als ihme der behertzhaffte Petrus ein Ohr abgehauen / vermeinend / der ohne Ehr ist / soll auch ohne Ohr seyn; nichts als W. W. sagte jener starcker Samson / da ihme die Philisteer auß Anlaitung der liebkosenden *Dalilæ* die Augen außgestochen / vnd als er nun Stockblind war / hat er erst gesehen / das einem liederlichen Weib nicht zutrauen; W. W. sagte jener hipsche Printz Absolon / da er mit seinen Haaren am Aichbaum hangen geblieben: fürwar hat nicht bald ein Baum schlimmere Frucht tragen / als diser: mit einem Wort W. W. ist ein schmertzlicher Buchstab / ein lamentirlicher Buchstab / vnd auß allen der jenige / so der Menschen Gmüther hefftig entrüstet / vnd selbige Trostloß machet.
> Liebster Leser / solchen widerwärtigen vnd trangseeligen Buchstaben wirst du folgsamb antreffen / nicht ohne Verwunderung.[32]

---

31   Vgl. den Reprint: Abraham a Sancta Clara: Mercks Wienn 1680. Unter Mitarbeit von Franz M. Eybl hg. von Werner Welzig. Tübingen 1983. – Auch wenn dieses Buch nun gar nichts mit Johann Heinrich Merck zu tun hat, so möchte ich doch auf einen Katalog aufmerksam machen, gleichsam das Pendant mit dem imaginären Titel *Mercks Darmstadt*: Johann Heinrich Merck (1741–1791). Ein Leben für Freiheit und Toleranz. Zeitdokumente. Darmstadt 1991.

32   Abraham a Sancta Clara: Mercks Wienn (Anm. 31), S. 3f.

Widerwärtig und drangseelig, schmerzlich und lamentierlich sei dieser Buchstabe – bei Merck jedenfalls oder zumindest im Kontext von ‚Mercks Darmstadt' bekommt das ‚W' eine andere, weniger pejorative Bedeutung. Mercks ‚A' und ‚W' scheinen ein Paar zu sein. Eingangs wird ein Gebäude imaginiert (‚Zauberschloß'), das als Ausdruck von Sesshaftigkeit, von Schutz wie auch von materiellem und immateriellem Reichtum verstanden werden kann. Das angesprochene ‚Du' erweist sich durch die ‚Engelsklarheit' als Frau. Damit ist am Ende des Eingangssatzes das Rollenverhältnis aufgespannt: Der männliche Seher erschafft sich in der Imagination ein zukünftiges weibliches ‚Du', das als Engel verklärt wird, womit er einen empfindsamen Topos zitiert. Der Seher und Imaginator hofft und lächelt, wird also mit grundsätzlich positiven Begriffen beschrieben.[33] Als wehmütig indes charakterisiert der Dichter die Stimmung des Mannes. Positive Gefühle wie ‚Sympathie' und ‚Liebe' sind bedroht, die Wehmut scheint Besitz zu ergreifen von diesem Mann. Der Grund für diese Missstimmung wird sogleich benannt: „Statt KörperSchöne, flache WandGestalt", statt der geliebten Frau selbst teilhaftig zu werden, vermag der Mann sie nur zu imaginieren, gleichsam als Projektion an die Wand zu werfen. Das „Gewebe des verkehrten Teppichs" kann als Mercks Metapher für Texturen verstanden werden, womit jene literarischen Imaginationen gemeint sind, die über die reale Liebessehnsucht des Mannes nicht hinweghelfen. Führt man diesen Gedanken weiter, dann thematisiert Merck an dieser Stelle des Gedichts die grundlegende Bedeutung von Kunst, ihre Imaginationskraft und ihren defizitären Modus, der darin besteht, nichts als eben dies, Imagination zu sein. Denn noch befinden wir uns ja gleichsam im ‚Zauberschloß', das ebenfalls imaginiert wurde, und dessen Bewohnerin, die engelsgleiche Frau, nur ein Simulakrum der wirklichen Geliebten ist. Als unvergleichlich schön wird sie beschrieben, selbst Platon und der griechische Bildhauer Alcamenes träumten von diesem Vexierbild des Körperschönen. Das ‚Coische Gewand' spielt, für die zeitgenössischen Leser deutlich zu erkennen, auf die Nacktheit des Frauenkörpers an. Doch allein dem Imaginator war es bislang nicht vergönnt, weder in der Realität noch in der Phantasie, den Körper der Schönen unverhüllt zu erblicken. Nun wird vom Dichter die Adressatin des Gedichts angesprochen, sie solle ihren Geliebten erlösen und die sonst reichlich fließenden Tränen – auch dies selbstverständlich eine Anspielung auf die empfindsamen Tränen – zur Linderung seiner Sehnsucht und seines Begehrens

---

33 Das „wir ermüdet" könnte auch ein Lesefehler sein und richtig heißen müssen: „wie ermüdet". Diese Mutmaßung müsste aber durch die Verifikation einer strengen Autopsie der Handschrift bestätigt werden.

vergießen. Im Klartext gesprochen: Die Frau solle den Mann erhören, bevor er wieder gehe (,seine Straße zieht'). ,Die große Sklav- und Narren-Erde' verschuldet ursächlich die peinigenden Qualen der Liebenden – ist dies am Ende Mercks ,Abrechnung' mit dem Problem der empfindsamen Sublimation? Das Gedicht lässt diese Interpretation durchaus zu, wenn es auch darauf nicht zu reduzieren ist. Der Autor fordert von der Frau, nicht länger den Konventionen der Zeit zu gehorchen und dem schamhaften Blick zu folgen, sondern dem Geliebten direkt ins Auge zu sehen und ihm die ,Liebe ihres Augs' als ,Bild' in die Seele zu senken. Dieses Bild habe bis über den Tod hinaus Bestand. Die Bedeutung der Imaginationskraft von Kunst im Allgemeinen und von Literatur im Besonderen findet dort ihre Grenzen, wo sie die großen Gefühle der Menschen eben nur imaginiert, ohne dass diese Gefühle durch Realien unterfüttert sind. Vielleicht ist dieses Gedicht ein Rollengedicht und Merck spricht verschlüsselt von sich selbst, mithin rührten diese Zeilen dann aus Mercks Brautzeit her. Vielleicht beziehen sich die Verse aber auch auf Herder und Caroline Flachsland – dann wären allerdings die Initialen ,A' und ,W' nur schwer zu erklären – oder auf ein anderes Paar aus seinem Umfeld. Der Buchstabe ,W' ist, um Abraham a Sancta Clara nochmals zu zitieren, durchaus ein ,allerschwerster', ein ,schmertzlicher' und ,lamentirlicher' Buchstabe. Auch wenn wir dieses Rätsel der unaufgelösten Buchstaben (noch) nicht lösen können: *Im Merz* jedenfalls ist Mercks schönstes und bestes Gedicht, es ist einzigartig in seinem lyrischen Werk.

Merck gehörte wie viele andere junge Autoren der Zeit zu den Klopstock-Begeisterten und beteiligte sich maßgeblich an einer ersten Sammlung der bis dahin verstreuten, teils nur in Abschriften zirkulierenden Oden dieses Dichters. Das Ergebnis war das Projekt einer Darmstädter Ausgabe der *Oden* Klopstocks. Im Brief vom 29. Dezember 1770 an seinen Gießener Freund Julius Höpfner macht Merck auf diesen Druck von Klopstocks *Oden* aufmerksam, der unter seiner Regie in einer limitierten Auflage von 34 Exemplaren entsteht, und bittet, Höpfner möge das Register der *Oden* durchsehen (vgl. Br, S. 43). Diese Darmstädter Ausgabe von 1771, mithin das Darmstädter Exemplar der Landgräfin, wurde 1974 von Jörg-Ulrich Fechner als Faksimile, reich kommentiert, neu gedruckt.[34] Der Anlass dieser Ausgabe, die von Herder wegen ihrer vielen Fehler herb gescholten wurde (u. a. rügte er die Recht-

---

34 Vgl. Klopstocks Oden und Elegien. Faksimiledruck der bei Johann Georg Wittich in Darmstadt 1771 erschienenen Ausgabe. Mit einem Nachwort und Anmerkungen hg. von Jörg-Ulrich Fechner. Stuttgart 1974. – Das Titelblatt von Höpfners *Oden*-Exemplar ist faksimiliert bei: Franz Muncker: Die Darmstädter Ausgabe der Oden Klopstocks. In: Jahrbuch der Sammlung Kippenberg 3 (1923), S. 86-99.

schreibschwäche der Hessen in toto),[35] war der 50. Geburtstag der Landgräfin am 9. März 1771. In seiner Klopstock-Begeisterung verfasste Merck selbst eine Ode im nämlichen Stil, betitelt *Bey der Sammlung der Klopst. Oden in D.* In Mercks Rezension zu Klopstocks *Oden*, die in den von ihm betreuten *Frankfurter gelehrten Anzeigen* vom 28. Januar 1772 erschien, ist seine Begeisterung für Klopstock zu lesen: „Er, der Schöpfer unsrer Dichtkunst, des deutschen Numerus, der Seelensprache des Vaterländischen Genius [...]" (W, S. 527f.). Seine *Oden* (1771) seien Werke der Ewigkeit (vgl. W, S. 528), die weder gelobt noch getadelt gehörten. Man könne diese Poesie nicht zergliedern, analysieren, sondern: „Man trete herzu und empfinde!" (W, S. 529). Klopstock gilt ihm als Muster für jüngere Poeten, seine Verse seien von feinster dichterischer Diktion gekennzeichnet, kurz, Klopstock sei „der gröste lyrische Dichter der Neuern" (W, S. 531). Ein Jahr später, am 7. Februar 1773, schickt er Friedrich Heinrich Jacobi „die versprochene Revision meines eigenen Urtheils" (Br, S. 83). Sie sollte in Wielands *Teutschem Merkur* erscheinen, doch kam der Abdruck von Mercks Manuskript nicht zustande. Merck distanziert sich darin nicht grundsätzlich von seiner überschwänglichen Beurteilung von 1772, kritisiert jedoch den jugendlichen, pathetischen und gelegentlich übers Ziel hinaus schießenden Ton.[36] Was war geschehen, dass innerhalb von zwölf Monaten aus dem Urteil ein Gegenteil wurde?

Nach einem Besuch Klopstocks in Darmstadt Anfang Oktober 1774 heißt es wieder emphatisch: „Ich wandle unter den großen Eichen und Fichten, wie unter Antiken" (Br, S. 120). Dann, aus der Rückschau geradezu plötzlich, dieser Wechsel in der Beurteilung Klopstocks. An Friedrich Nicolai teilt Merck unter dem Datum vom 6. Mai 1775 mit, er müsse aufrichtig gestehen, dass er Klopstock nach seiner Vorstellungsart nie für einen wahren poetischen Kopf gehalten habe (vgl. Br, S. 133). Merck bescheinigt dem Vorbildpoeten zwar einen klaren und hellen Menschenverstand, gleichwohl rügt er dessen Weltkunde und Weltkälte. Den Dichter Matthias Claudius charakterisiert Merck übrigens im Kontrast zu Klopstock als trefflich und selbstständig, Klopstock im Äußeren nicht unähnlich, „nur mehr Poetische Laune u. Leichtigkeit" (Br, S. 149). Ende 1777 spricht Merck schon von der klopstockischen Sekte, die sich in der deutschen Literatur Gehör verschaffe, Wielands Poesie rechnet

---

35   Herder an Merck, nach Mitte März 1771: „Daß Ihr Heßen nicht buchstabiren könnt, verzeihe ich Euch gerne, denn die es lesen sollen, die heiligen 34. sind ohne Zweifel auch Heßen [...]". In: Johann Gottfried Herder: Briefe. Gesamtausgabe 1763–1803. Unter Leitung von Karl-Heinz Hahn hg. von den Nationalen Forschungs- und Gedenkstätten der klassischen deutschen Literatur in Weimar (Goethe- und Schiller-Archiv). Erster Band April 1763 – April 1771. Bearbeitet von Wilhelm Dobbek † und Günter Arnold. Weimar 1984, S. 317-319, hier S. 318.

36   Vgl. den Abdruck des Textes in: Werke (Anm. 1), S. 664-666.

er zu diesem leidigen Luxus, Porzellanarbeiten gleich, zerbrechlich, aber
schön, kunstvoll, aber unnütz (vgl. Br, S. 165). Das „Poetische Schmeißland",
heißt es an Wieland, 8. Mai 1778, werde zum Teufel gehen, „wir sind alle
so wenig Poeten, daß uns jeder französische Valet darin zuvorthut, u. doch
will jeder Esel, der in den Mond schauen kan, einer seyn" (Br, S. 178). Im
selben Jahr schimpft Merck auch auf das empfindsame jacobische Zeug, das
kein Mensch brauchen könne (vgl. Br, S. 176). Wenig später heißt es gar, die
Jacobis seien Scheißkerle (vgl. Br, S. 191), unausstehlich eitel. Am 30. November 1778 schreibt Merck ebenfalls an Wieland: „Gott gebe Dir zum Poemate
langen Muth, u. liebende Gedult [...]. Ich denke alle die schiefe Kerls von Mr.
Klopstoks Suite werden zusammt dem Wesentl.en ihrer Religion in 20 Jahren
verstäubt seyn, daß man sich einander wird ins Ohr erklären müssen, was das
vor eine Art von Poesie war" (Br, S. 205). Früher sei dies Wortschwulst gewesen, nun müsse man von Gedankenschwulst sprechen, der gerne als Taten-
schwulst ausgegeben werde. Die national-chauvinistische Attitüde dieser Dichtung werde sich hoffentlich nicht durchsetzen und nur auf dem Papier stehen
bleiben. Unzweifelhaft und deutlich bezieht Merck Position: Aus der Lektüre
schöner Schriften entstehe ein empfindsamer Platonismus, den er stürzen
wolle; dies betreffe vor allem die Mond- und Liebesgedichte und den „Klopstokischen Fraß" (Br, S. 207), so in einem Brief an Wieland vom Januar 1779
zu lesen. Mercks Klopstock-Ära, seine empfindsame Phase und mithin die
Zeit seiner lyrischen Produktion ist mit diesen deutlich distanzierenden Bemerkungen endgültig vorbei.

Mit der Verssatire *Rhapsodie von Johann Heinrich Reimhart, dem Jüngern* (1773),
die von Herder postwendend parodiert wurde,[37] bekennt sich Merck am Ende
seiner Dichterkarriere noch einmal als Poet. Ich möchte Ihnen die ersten acht
Zeilen vortragen:

> Der Herrn Poeten giebt es viel.
> Zehn fehlen, Einer trifft das Ziel.
> Mein liebes Deutschland hast du denn
> Drey Dichter auf einmal gesehn?
> Es trägt in funfzig Jahren kaum
> Ein Sprößchen unser Lorbeerbaum.
> Doch greift darnach ein jeder Thor
> Als käms aus allen Hecken vor. (W, S. 155)

Nach der Poetenware frage man nicht, fährt Merck fort, um dann einige Ratschläge für junge Dichter zu geben. Man stehe früh auf, rufe die Musen an,
meditiere und beginne zu schreiben:

---

37   Johann Gottfried Herder: Knittelverse über die Rhapsodie von Joh. Heinr. Reimhart. In:
     Herder: Sämmtliche Werke, Bd. 29 (Anm. 28), S. 526-529.

Streich aus, schreib drüber, corrigire,
Setz zu, schneid ab, und inserire,
Und will es gar an einem Ort
Mit der Erfindung nicht mehr fort,
So kratz dich hier, und kratz dich dort. (W, S. 157)

Natürlich orientiert sich Merck an Swift,[38] aber sind das nicht fast schon Wilhelm-Busch-Töne, die er da anschlägt? Die Lehre seiner Satire heißt immerhin: „Und jeder kleinere Poet / Beißt immer den, der vor ihm geht" (W, S. 162). Insgesamt unterstreicht der satirische Ton aber die innere Distanz des Autors zu seinem Medium. Dies lenkt unseren Blick auf poetologische und poesietheoretische Überlegungen, die Merck vornehmlich in seinen Briefen anstellt. Versuchen wir also die Frage zu beantworten, wie der Abbruch der lyrischen Produktion Mercks zu erklären ist.

Mercks Gedichte sind insgesamt mehr traditionell als innovativ. Verglichen mit den marktgängigen Konkurrenten eines Kalibers Lessing, Gleim, Hagedorn oder Goethe liegt es nahe, von einer Selbsteinsicht Mercks in die Unzulänglichkeiten seiner eigenen poetischen Produktion zu sprechen. Ich denke aber, dass dies zu kurz greift. Mercks Verzicht auf eine Tätigkeit als Lyriker ist eine grundsätzliche, möglicherweise auch eine existenzielle Entscheidung. Ich formuliere es als These: Der Verzicht Mercks, von einem bestimmten historischen Moment an weiterhin Gedichte zu schreiben, beruht auf der prinzipiellen Einsicht in die Wirkungs- und Folgenlosigkeit von Poesie. Mercks Verzicht bedeutet eine Protesthaltung gegen die Massenware seiner Zeit. Die Bedeutung der Lyrik in Mercks Œuvre liegt vor allem in Mercks signifikanter Abwendung von der Lyrik. Der Poet Merck legt die Feder aus der Hand, ohne dass wir verlässlich wissen, worauf diese Entscheidung beruht. Vom April 1776 jedenfalls stammt Mercks äußerst entschiedener Ausruf: „Der Teufel hole die ganze Poesie" (Br, S. 147). Allerdings finden sich in demselben Brief auch die beachtlichen Worte: „Wir sind doch nur in so fern etwas, als wir was für andere sind" (ebd.). Diese Koppelung des eigenen Selbstbewusstseins an die Wertschätzung durch andere führt im Umkehrschluss dazu, dass die mangelnde Wertschätzung der eigenen Poesie erheblich die produktive Antriebskraft mindert. Dieser Wandel spiegelt sich wiederum in Mercks sich rapide verändernder Wertschätzung Klopstocks.

---

38 Vgl. zur *Rhapsodie von Johann Heinrich Reimhart, dem Jüngern* neuerdings die Darmstädter Dissertation von Franziska Herboth: Satiren des Sturm und Drang. Innenansichten des literarischen Feldes zwischen 1770 und 1780. Hannover 2000, S. 173-177, zu Swift ebd., S. 175.

3. Poetologie

Das führt uns nun abschließend zur grundsätzlichen Betrachtung von Mercks Poetologie. In dem fiktiven Dialog *Ein Gespräch zwischen Autor und Leser* (1780) moniert Merck, dass man in Deutschland so wenig an den Einfluss der Intellektuellen auf das gesellschaftliche Leben glaube (vgl. W, S. 422). In demselben Dialog plädiert er auch für eine strikte Trennung von Werk und Biographie eines Autors. Ob Fürst oder Autor, schreibt er in einem Brief, er wünsche sich von guten Menschen für gut gehalten zu werden, ungeachtet von Amt und Ansehen (vgl. Br, S. 45). So kritisiert er etwa an dem Halberstädter Vater-Dichter Gleim, er habe es nicht verstanden, dass seine Darmstädter Freunde „den Autor von dem Menschen absonderten" (Br, S. 55). In dieser Trennung von Autor und Werk zeigt Merck übrigens eine erstaunliche Nähe zu Lessings siebtem *Literaturbrief* (1759), worin es heißt: „Was geht uns das Privatleben eines Schriftstellers an? Ich halte nichts davon, aus diesem die Erläuterungen seiner Werke herzuholen".[39] Man kann diese Passagen durchaus als eine sehr frühe radikale Abkehr von jeglicher biographistischer Methodik in der Wissenschaft verstehen. Mehr noch, Merck hält auch die Frage nach der Werkintention und der Wirkungsabsicht eines Kunstwerks für völlig belanglos und nähert sich damit erheblich den Überlegungen eines Karl Philipp Moritz zur Kunstautonomie in dessen Schrift *Über den Begriff des in sich selbst Vollendeten* (1785). Ich finde, Mercks poetologische Reflexionen sind, wenn Sie mir diesen Euphemismus gestatten, unverschämt modern.

Von der grundsätzlichen Befähigung seiner Landsleute zum Dichten hat Merck wenig gehalten. Über den Deutschen schreibt er in einem Beitrag für Lavaters *Physiognomische Fragmente* etwa, sein lyrischer Geist wandle einsamen Pfades, „daher die großen oft gigantesken Gesinnungen; aber selten der helle Blick des Traumes und der lebhaften Erscheinung" (W, S. 364). In dem Aufsatz *An den Herausgeber des T. M.* (1777) bemerkt er kritisch über den Bildungsnotstand: „Wenn von der Literatur eines Landes die Rede ist, so fragt man nicht, wie ansehnlich die Bibliothek des Fürsten seye, sondern welche Masse von Kenntnißen unter den Privatleuten circulire" (W, S. 374). Merck spricht in diesem Zusammenhang von der „Kultur der Kunst" (ebd.), die er als ein „Stück der Sitten-Masse meiner Zeitverwandten" (ebd.) begreift. Er klagt über die Geringschätzung, welche Kunst und Literatur seiner Zeit durch die Zeitgenossen erführen – auch dies ist eine ebenfalls völlig zeitlose und damit aktuelle Klage. Dass Merck dabei einen textualistischen Kulturbegriff zugrun-

---

39   Lessing: Werke und Briefe Bd. 4 (Anm. 25), S. 468.

de legt, wonach beispielsweise ein Gemälde als Text begriffen werde und als
ein Text zu lesen und zu verstehen sei, ebenso wie man menschliche Verhaltensweisen und Umgangsformen „Buchstabe vor Buchstabe" (Br, S. 136) lesen könne, will ich nur nebenbei festhalten (vgl. W, S. 377). Kultur wird somit
zum Ergebnis eines exegetischen Vorgangs, worin das „Buch der Kunst" das
„Buch der Natur" (W, S. 376) erschließt. Kultur ist bei Merck die Identität der
Lektüre des Buchs der Kunst und des Buchs der Natur.

Die Unerfahrenheit der jüngeren zeitgenössischen Autoren wird von Merck
1778 aufs Korn genommen. Er verknüpft damit das Bekenntnis, dass er sich
selbst längst nicht mehr zu den Poeten rechnet. „Die Herren Poeten sollen
sich zu uns Jägern verhalten, wie die Stubenhunde zu den Hühnerhunden. Sie
mögen das gerne genießen, was die andern gefangen haben" (W, S. 395). Er
spottet sogar – im gleichen Jahr – Wieland gegenüber über den ganzen Imaginationskram der Schriftstellerei (vgl. Br, S. 167). „Die Dichterey verhält sich
ohngefähr wie der Wein. Die meiste Nachfrage darnach ist immer da, wo er
nicht mehr wächst" (W, S. 402), fährt er an anderer Stelle fort. Ob Merck
dabei auch ein klein wenig an sich selbst gedacht hat? Dann, ab 1781, wird
der Ton noch kritischer. Er habe kürzlich die Beobachtung gemacht, schreibt
Merck, dass die meisten Poeten traurig, träge und missvergnügt, dumpf, ab-
gespannt, kraftlos und niedergeschlagen seien, während Gelehrte munter,
behende und stets gegenwärtig wären (vgl. W, S. 440). Merck fährt fort, in
melancholischem Ton: „So sehe ich aber es geht mit der Poesie wie mit der
Liebe. Es ist ein Zustand der nicht dauern kann, und dessen traurige Folgen
auf das ganze Leben des Menschen ernsthafter sind, als man oft im Anfange
überlegt [...]" (W, S. 440f.). Er unterscheidet zwischen Poesie treiben (gleichsam als einer Lebensform) und Poesie schreiben (vgl. W, S. 442). Wen wundert's, dass er dem Lebens- und Handlungsmoment hier den Vorrang ein-
räumt. Natürlich gebe es auch von Zeit zu Zeit einen guten Schriftsteller,
konzediert er spöttisch; er nennt die Zahl von eins zu 5000 (vgl. W, S. 491).
Insgesamt hält er die zeitgenössischen Schriftsteller jedoch für recht große
Barbaren (vgl. W, S. 494). Die Schweizer hingegen seien die wahrhaft Aufgeklärten. „Trotz und Kühnheit gegen Vorurtheil, Haß gegen alle Sklaverey in
Worten und Werken" (W, S. 208) findet er bei ihnen. Diese und ähnliche
Äußerungen haben ihm den Vorwurf Heinrich Christian Boies eingetragen, er
neige sich „zu sehr nach den Ausländern hin".[40]

Lassen wir zum Abschluss des heutigen Tages noch einmal den Dichter
selbst zu Wort kommen: „Das Publikum [...] hier [...] ist wie es allenthalben

---

40 Ich war wohl klug, daß ich dich fand. Heinrich Christian Boies Briefwechsel mit Luise
    Mejer 1777–1785. Hg. von Ilse Schreiber. München 1975, S. 195.

ist, ungerecht" (Br, S. 45). Recht hatte Merck da und Recht hatte er auch, als er am 10. September 1771 an Sophie von La Roche schrieb: „Wenn Sie wüßten, wie oft ich in meinem Leben bin verkannt worden" (Br, S. 53). Es ist an der Zeit, diesen Autor in seiner Breite als Briefschreiber und als Kritiker, als Prosaisten und als Essayisten, als Lyriker und als Naturwissenschaftler wiederzuentdecken. Dazu sollte dieses Darmstädter Merck-Kolloquium heute und dazu soll die Darmstädter Merck-Briefausgabe zukünftig beitragen.

Abb. 2: Johann Heinrich Merck: Landschaft mit Bauernhaus unter Bäumen

NIKOLA ROSSBACH (DARMSTADT)

Pais de fées und *KartoffelAker*
Gärten bei Johann Heinrich Merck

Johann Heinrich Merck, der Darmstädter Freund Goethes, der empfindsame
Poet und Fabeldichter, Essayist und Erzähler, Kritiker und Kriegsrat, der
naturwissenschaftliche Dilettant. Das bekannte Bild kann um einige Facetten
ergänzt werden, wenn man dem Themenkomplex ‚Garten und Gartenkunst'
in Mercks Schriften nachgeht.

Denn Gärten durchziehen Mercks Leben und Schreiben: Seinen frühen
empfindsamen Gedichten dient der Garten als stereotyper anakreontischer
Hintergrund. Am naturschwärmerischen Gartenleben des empfindsamen
Darmstädter Freundeskreises nimmt er aktiv teil und begeistert sich für
den frühen empfindsamen Landschaftsgarten des Landgrafen von Hessen-
Homburg, der ihm als „pais de fées"[1] erscheint. Allmählich jedoch distanziert
Merck sich von der idyllisch stilisierten, sentimental überformten Garten-
natur. In den *Oheim*-Geschichten wird eine naturnahe, ‚authentische' Lebensweise auf dem Land experimentartig durchgespielt und zugleich ein literarisch
überblendetes, mediatisiertes Naturverhältnis durch satirische Verzerrung ent-
larvt. Merck selbst genießt zunehmend das Leben und Arbeiten in der Natur
und im Garten. Als begeisterter Gärtner und Landwirt berichtet er in seinen
Briefen von Obst- und Gemüseerträgen – aus dem Feenland wird der „Kar-
toffelAker".[2] Darüber hinaus verfasst er für Hirschfelds *Theorie der Gartenkunst*
eine *Beschreibung der Gärten um Darmstadt* (1780) und beteiligt sich auf diese
Weise öffentlich am Gartenkunstdiskurs seiner Zeit.

---

1   Vgl. Merck an Louise Merck, [März 1772]. In: Johann Heinrich Merck: Briefe. Hg. von
     Herbert Kraft. Frankfurt am Main 1968, S. 67-69, hier S. 67. – Laut Gerndt ist der Brief
     etwas zu früh datiert, vgl. Siegmar Gerndt: Idealisierte Natur. Die literarische Kontroverse
     um den Landschaftsgarten des 18. und frühen 19. Jahrhunderts in Deutschland. Stuttgart
     1981, S. 185, Fußnote 25.
2   Merck an Christoph Martin Wieland, 28. Mai 1778. In: Kraft (Anm. 1), S. 182-183, hier
     S. 183.

1. Der Garten im kulturgeschichtlichen Kontext des 18. Jahrhunderts

Die zentrale kulturgeschichtliche Bedeutung der so genannten ‚Gartenrevolution', des Übergangs vom formalen Garten italienisch-französischer Prägung zum ‚natürlichen' englischen Landschaftsgarten, wird immer noch unterschätzt. „Nirgends sind die Ideen des späten 18. Jahrhunderts so greifbar wie in seinen Parks", konstatiert Hans von Trotha lakonisch.[3] In der Hinwendung zum Landschaftsgarten drückt sich ein veränderter Naturbezug des Menschen aus. Die Gartenrevolution muss – als komplexer kulturgeschichtlicher Prozess – im weiteren Kontext eines neuen wirkungsästhetischen Landschaftsbegriffs[4] einerseits, einer Wiederentdeckung des Landlebens andererseits gesehen werden.

Fast alle bedeutenden Dichter und Philosophen der Zeit äußerten sich zur Gartenkunst oder reflektierten sie in ihren literarischen Texten, von Kant und Johann Georg Sulzer über Herder, Lenz, Schiller, Goethe und Merck bis zu August Wilhelm Schlegel und Hegel. Laut Niedermeier gab es sogar im 18. Jahrhundert „im westlichen Europa kaum einen Dichter, Maler, Politiker oder Philosophen, kaum einen kleineren oder größeren Landbesitzer, der nicht an der Gartenkunst Anteil genommen, darüber geschrieben oder gesprochen oder zumindest Gärten besucht hätte".[5] Die Gartenkunst wurde in die Reihe der ‚Schönen Künste' erhoben, Christian Cay Laurenz Hirschfeld, dessen *Theorie der Gartenkunst* (1779–1785) in keiner Gelehrtenbibliothek fehlen durfte, gab ihr sogar den ersten Rang – mit der Begründung, sie stelle die umfassendste Form des Gesamtkunstwerks dar.[6]

Rudolph Borchardt schreibt über die zeitgenössische Bedeutung des Gartens: „Der selbstgepflegte und selbstbestimmte Garten gehörte zum höheren Leben wie die Bibliothek und die Sammlung von Stichen und Drucken,

---

3   Hans von Trotha: Utopie in Grün. In: Die Zeit, 23. 8. 2001, S. 31.

4   Vgl. Wolfgang Kehn: Die Gartenkunst der deutschen Spätaufklärung als Problem der Geistes- und Literaturgeschichte. In: Internationales Archiv für Sozialgeschichte der deutschen Literatur 10 (1985), S. 195-224, hier v. a. S. 201-203, 206-207.

5   Michael Niedermeier: Das Ende der Idylle. Symbolik, Zeitbezug, ‚Gartenrevolution' in Goethes Roman „Die Wahlverwandtschaften". Berlin, Bern, Frankfurt am Main, New York, Paris, Wien 1992, S. 133.

6   Vgl. Christian Cay Lorenz Hirschfeld: Theorie der Gartenkunst. 5 Bände in zwei Bänden. Mit einem Vorwort von Hans Foramitti. Nachdruck der Ausgabe Leipzig 1779–1785. Hildesheim, New York 1973, Bd. I: Erster Band, S. 156-157.

Gipsen und Pasten. Man war nichts, wenn man nicht auch hier Kenner war."[7] In satirischer ‚parkomaner' Verzerrung klingt das so: „Ach, der Glückliche, der einen Park hat! Ach, ich Unglücklicher, daß ich keinen Park habe! Wie wenig ist doch das herrlichste Antikenkabinett gegen einen Park!"[8]

Es handelte sich bei der Gartenkunst des 18. Jahrhunderts also keinesfalls um eine bloße Gärtnerangelegenheit. Die Gartenrevolution hatte politische, philosophische und ästhetische Relevanz. Wenn Literaten von Gärten sprachen, sprachen sie auch von Literatur.[9] Das konnte ganz explizit geschehen, etwa im populären Vergleich von Dramenformen und Gartenstilen,[10] oder implizit, indem die literarische Topographie des Gartens als Kunstreflexion lesbar wurde.[11] Ebenso verhandelten Gesellschaftstheoretiker oder Politiker, wenn sie über Gärten sprachen, gesellschaftspolitische Themen – Gartenkritik war Gesellschaftskritik. Es fand eine typisierende Zuordnung statt: Der englische Garten stand für Ideen wie Freiheit, Demokratie, Bürgerlichkeit, Individualismus und Aufwertung des Gefühls, der französische für Unfreiheit, Absolutismus, Feudalaristokratie und Rationalismus. Im Extremfall wurde gar erhofft, die Gartenkunst könne das politische Bewusstsein der Menschen positiv verändern, nachdem die Französische Revolution daran gescheitert sei.[12]

---

7   Rudolf Borchardt: Gartenphantasie [1925]. In: Ders.: Der leidenschaftliche Gärtner. Hg. von Marie Luise Borchardt unter Mitarbeit von Ernst Zimm und Ulrich Ott. Stuttgart 1968, S. 17-40, hier S. 20.

8   Vgl. Johann Karl Wezel: Kakerlak oder Geschichte eines Rosenkreuzers aus dem vorigen Jahrhunderte [1784]. Hg. von Hans Henning. Berlin 1984, S. 141.

9   Am Rand verweise ich auf einige mögliche Bezüge von Literatur und Garten: *Literatur als Garten* (vgl. die Bezeichnung von Gedichtsammlungen als ‚Anthologie', ‚Florilegium', ‚Lustgärtlein'), *Garten als Literatur* (als Text, als Zeichensystem), *Literatur im Garten* (man denke z. B. an die barocken Gartentheater) oder *Garten in der Literatur* (literarische Topoi und Topographien des Gartens). Speziell zur engen Verbindung von Literatur und Landschaftsgarten vgl. Hans von Trotha: Angenehme Empfindungen. Medien einer populären Wirkungsästhetik vom Landschaftsgarten zum Schauerroman. München 1999.

10 Verglichen werden der Barockgarten und das klassizistische Drama einerseits, der Landschaftsgarten und das Drama Shakespeares sowie des Sturm und Drang andererseits; vgl. z. B. Friedrich Schillers Aufsatz *Zerstreute Betrachtungen über verschiedene ästhetische Gegenstände* (1794), darin den Abschnitt *Von der ästhetischen Größenschätzung*, Jacob Michael Reinhold Lenz' kurze Notiz *Für Wagnern. Theorie der Dramata* (wahrscheinlich 1774 entstanden) und Justus Mösers Essay *Ueber die deutsche Sprache und Litteratur. Schreiben an einen Freund* (1781); vgl. dazu Gerndt (Anm. 1), S. 107-110.

11 Auf diese Idee, die ich bereits in Lehrveranstaltungen und einem Vortrag, vor allem am Beispiel Goethes, diskutiert habe, gehe ich hier nicht näher ein. Mercks Schriften eignen sich weniger für eine solche Lektüre.

12 Vgl. August Henning: Über Baummahlerei, Garten Inschriften, Clumps und Amerikanischen Anpflanzungen. In: Genius der Zeit 10 (1797), 1. Stück, S. 10-37, hier S. 20, zit.

Spätestens um 1800 verlor die Gartendebatte stark an Bedeutung. Der Landschaftsgarten sank in der Gunst der Intellektuellen, er war kein Motiv mehr für politisch engagierte Schriftsteller, da sich die an ihn geknüpften revolutionären Hoffnungen nicht erfüllt hatten. Auch seine ästhetische Qualität stand in Frage – und zugleich der Status der Gartenkunst als ‚Schöner Kunst'. Der Hauptgrund war sicherlich der Dilettantismus, mit dem sie in Deutschland vielfach praktiziert wurde. Schon früh fiel die Landschaftsgartenkunst satirischer Kritik zum Opfer, die Zeitspanne reicht von Justus Mösers *Das englische Gärtgen* (1773) über Goethes *Triumph der Empfindsamkeit* (1778) bis hin zu Ludwig Tiecks *Der Jahrmarkt* (1832).[13] Goethe, der 1797 missbilligend von der „neumodische[n] Parksucht"[14] sprach, erarbeitete 1799 mit Schiller zusammen das *Schema über den Dilettantismus*, in dem vor allem mit der Gartenkunst abgerechnet wird.

2. Empfindsame Gedichte und Gärten

Die Darmstädter Empfindsamen werden in der Forschung meist kritisch gesehen, Freundschaftskult und Liebesgetändel, sentimentale Naturschwärmerei und Gartendilettantismus als unecht und stilisiert abgelehnt. Wer den Darmstädter Kreis als „Seitentrieb am dorrenden Stamm des Rokoko" abtut, lässt Goethe und Merck als „nur halb beteiligte Randgestalten"[15] auftreten; wer dagegen Merck eine zentrale Stellung zuschreibt oder die belebend-fördernde Wirkung betont, die für Goethe nach eigener Aussage von dem Kreis ausging,[16] der verzichtet in der Regel auch auf pauschale Aburteilungen der Empfindsamkeit und ihrer Darmstädter Repräsentantinnen und Repräsentan-

---

nach Gerndt (Anm. 1), S. 116. – Auch Hirschfeld glaubte an moralische Sensibilisierung durch Ästhetik, ein Landschaftsgartenbesitzer könne seine leibeigenen Bauern nicht ausbeuten; vgl. Kehn (Anm. 4), S. 218-219.

13 Zu weiteren Beispielen vgl. Gerndt (Anm. 1), S. 81-91.

14 Johann Wolfgang Goethe: Aus einer Reise in die Schweiz über Frankfurt, Heidelberg, Stuttgart und Tübingen im Jahre 1797. In: Ders.: Sämtliche Werke nach Epochen seines Schaffens. Münchner Ausgabe. Hg. von Karl Richter in Zusammenarbeit mit Herbert G. Göpfert, Norbert Miller, Gerhard Sauder und Edith Zehm. 20 in 33 Bänden und ein Registerband. München, Wien 1985 1998. Bd. 4.2: Wirkungen der Französischen Revolution 1791–1797. Hg. von Klaus H. Kiefer, Hans J. Becker, Gerhard H. Müller, John Neubauer und Peter Schmidt. München 1986, S. 605-764, hier S. 703.

15 Peter Berglar: Einleitung. In: Johann Heinrich Merck: Werke. Hg. von Arthur Henkel. Mit einer Einleitung von Peter Berglar. Frankfurt am Main 1968, S. 7-39, hier S. 21.

16 Vgl. z. B. Gert-Peter Merk: Wahrheiten dem Publikum der Welt. Die Empfindsamkeit des Aufklärers Johann Heinrich Merck. In: Frankfurter Hefte 34 (1979), H. 12, S. 57-64, hier S. 59; Gerndt (Anm. 1), S. 71.

ten. Deren literatur- und kulturgeschichtliche Bedeutung ist nicht zu unterschätzen, man könnte sie vielleicht durch das Dreieck Natur – Gefühl – Sprache umreißen. Empfindsamkeit und Empfindsame haben Anteil an der Entstehung eines radikal neuen, wirkungsästhetisch fundierten Naturbezugs einerseits, an der veränderten Auffassung von Gefühl und Emotionalität andererseits; damit verbunden ist der Versuch einer möglichst unmittelbaren Transformation der Erlebnisse, Erfahrungen, Empfindungen in Sprache.[17]

Dass diese oft unbeholfen wirkenden Versuche der Versprachlichung ein reflektiertes, rhetorisiertes und damit inszeniertes Gefühl konstruieren, wurde vielfach bemerkt, Guthke spricht vom „bewußte[n], rational ergriffene[n] und durchleuchtete[n] sowie sprachlich bewältigte[n] Fühlen".[18] Unmittelbarkeit und Authentizität erscheinen daher von vornherein unerreichbar. Dennoch ist der sprachliche Ausdruck unmittelbaren, individuellen (auch: Natur-)Erlebens und Empfindens erklärtes Ziel empfindsamer literaler und oraler Kommunikation; neben Gespräch und Gedicht spielt, wie das Beispiel des Darmstädter Zirkels zeigt, der Brief eine entscheidende Rolle.

Johann Heinrich Merck gehörte zum Darmstädter Kreis der Empfindsamen. Er spazierte durch Landschaftsgärten, schrieb schwärmerische Briefe und dichtete den Mond, Lila und ihr Lämmchen an – ob auch damals schon mit innerer ironischer Distanz, sei dahin gestellt.[19] Seine Gedichte der frühen siebziger Jahre buchstabieren das Vokabular der Empfindsamkeit durch, ohne ihren anakreontischen Ursprung zu verleugnen. Insbesondere *Harpalus u. Phyllis. Eine AltEnglische Pastorale*[20] markiert mit Figuren (Phyllis und Myrtill sind traditionelle Hirtennamen), Themen und Motiven ausdrücklich die bukolische Tradition. Doch auch andere Gedichte Mercks sind hier zu situieren,

---

17 Erst im 18. Jahrhundert wird die sprachliche Vermittelbarkeit von Gefühlen überhaupt problematisiert; vgl. Peter Michelsen: Die Problematik der Empfindungen. Zu Lessings ,Miß Sara Sampson'. In: Ders.: Der unruhige Bürger. Studien zu Lessing und zur Literatur des achtzehnten Jahrhunderts. Würzburg 1990, S. 161-220. Vgl. dazu auch Nikolaus Wegmann: Diskurse der Empfindsamkeit. Zur Geschichte eines Gefühls in der Literatur des 18. Jahrhunderts. Stuttgart 1988, S. 82-86.

18 Vgl. Karl S. Guthke: Das deutsche bürgerliche Trauerspiel. 5., überarbeitete und erweiterte Aufl. Stuttgart, Weimar 1994, S. 41.

19 Für Sauder widersprechen die empfindsamen Lila-Gedichte dem Klischee, Merck sei „allein der vernünftige Zyniker" gewesen; vgl. Gerhard Sauder: „Wunderliche Großheit". Johann Heinrich Merck (1741–1791). In: Lenz-Jahrbuch. Sturm-und-Drang-Studien 1 (1991), S. 207-227, hier S. 217. Jacobi dagegen „möchte [sie] manchmal nicht ernst nehmen und in ihnen die mephistophelische Ader Mercks fließen sehen"; vgl. Heinrich Jacobi: Goethes Lila, ihre Freunde Leuchsenring und Merck und der Homburger Landgrafenhof. Hg. von Fritz Sandmann. Bad Homburg v. d. H. 1957, S. 123.

20 Henkel (Anm. 15), S. 141-145.

und zwar nicht zuletzt durch den gewählten Ort: Zum Repertoire der Schä-
ferlyrik, die Merck im empfindsamen Stil und nicht übermäßig originell aktua-
lisiert, gehört der Garten als stereotype Kulisse. Das Wort ‚Garten' selbst
taucht selten auf, so in dem Gedicht *Als Lila zwey junge Bäume in ihren Gärten
fällen sahe.*[21] Doch erweist sich die poetische Landschaft implizit meist als Garten oder gartenähnliche, die sich von der unkultivierten Natur sichtbar unterscheidet: Von „Rasen" und vom „Blumenbeete" ist die Rede, von „Rose"
und „Rosenhayn", „Myrthenhecken" und „VeilchenLauben".[22]

3. Landleben und Unmittelbarkeit

Ende der siebziger Jahre distanziert Merck sich zunehmend von der empfindsamen Naturschwärmerei. Mit dem „Romänchen" *Eine Landhochzeit* will er den
„Empfindsamen Platonismus stürzen [...], der aus Lesung schöner Schrifften
besonders dem Klopstokischen Fraß, der Mond, Liebe, u. dgl. entspringt".[23]

Niedermeier spricht vom sentimentalischen Gartengefühl der damaligen
Darmstädter Avantgarde, das Goethe immer problematischer wurde[24] – und
eben nicht nur ihm. Auch Merck sucht das unmittelbare Naturerleben nun
nicht mehr im Garten, sondern auf dem Land. Die *Geschichte des Herrn Oheims*
(1778) führt ein natürlich-authentisches, unkorrumpiertes Lebensmodell vor,
dem die höfische und städtische Gesellschaft weitgehend verständnislos
gegenübersteht. Eine Dame begeistert sich über die mögliche empfindsame
‚Ausbeute' einer solchen naturnahen Existenz:

> Was muß der Mondschein an ihren großen Eichen und Buchen für Wunderwerke
> hervorbringen, da er uns schon an unsern viereckten Häusern und den geschornen
> Lindenbäumen dahinreißt! – Ach ihre Schwester muß ein zärtliches Herz haben! Sie
> haben doch auch Teiche und Bäche? Ach wer doch unter dem Schatten der herüber-
> hangenden Weiden ein Liedchen an den Mond singen dürfte! Aber eine sympathe-
> tische Seele muß man dabey haben – [25]

Dem sentimental stilisierten Naturgefühl, das mit der frühen empfindsamen
Form des Landschaftsgartens verbunden ist, gilt hier die ironische Kritik.
Dennoch ist auch der Komplex Landleben nicht vom Gartenthema zu tren-
nen, sondern steht in einem engen kulturgeschichtlichen Zusammenhang mit

---

21   Ebd., S. 137.
22   Ebd., S. 127-131.
23   Merck an Christoph Martin Wieland, 10. Januar 1779. In: Kraft (Anm. 1), S. 207-208,
     hier S. 207.
24   Vgl. Niedermeier (Anm. 5), S. 187.
25   Henkel (Anm. 15), S. 204.

ihm.[26] Garten und Land wurden zusammengedacht. Chronologisch gesehen führte der Weg vom Landleben zur Gartenkunst, bezeichnenderweise schrieb Hirschfeld zuerst *Das Landleben* (1767) und erst später seine *Theorie der Gartenkunst* (1775 einbändig, 1779–1785 fünfbändig).[27] Auch der Hirschfeld-Forscher Wolfgang Kehn bringt Garten und Landleben zusammen – er spricht vom *„Ideal vom glücklichen Landleben als Gartenleben"*[28] –, und zwar unter dem Schlagwort ‚Illusionismus'. Er weist auf Hirschfelds Anspruch hin, „dank moderner ästhetischer Bildung im Garten jene Lebensform des glücklichen Landlebens zu verwirklichen, von der die Dichter und die Maler bislang nur zu träumen wagten" – und auf den heute schwer begreiflichen Illusionismus, der sich darin ausdrücke.[29]

Die *Geschichte des Herrn Oheim*, die sich in die Tradition der Landlebendichtung einordnen lässt,[30] stellt ein utopisches Sozialmodell dar, das regressive, evasive und auch widersprüchliche Züge zeigt.[31] Es wird bekanntlich von Merck selbst in *Herr Oheim der Jüngere, eine wahre Geschichte* (1781) konterkariert: Der Sekretär Strephon versagt als Landwirt und kehrt am Ende in die Gesellschaft, ihre Zwänge und Enge zurück. Das insulare, ländliche Lebensmodell erweist sich als undurchführbar unter den bestehenden gesellschaftlichen Verhältnissen.[32] Aber nicht nur die Umgebung, die gesellschaftliche Realität, ist schuld. Strephon scheitert vielmehr an seiner eigenen Weltsicht, einer Sicht der Welt durch das Medium des Textes. Der des Vorlesens müde, aber lesewütige Sekretär liest „alle neue teutsche Schriften" und nimmt sie zu allem Überfluss so ernst, dass sie „Einfluß auf seine Art zu denken und zu

---

26 Mich interessiert hier der Zusammenhang von Landleben, Landwirtschaft und Gartenkunst, nicht etwa die zeitgenössische Physiokratie und ihre Reflexion bei Merck; vgl. dazu Norbert Haas: Die Flucht zu den Dingen. Johann Heinrich Mercks erster Landroman. In: Literatur der bürgerlichen Emanzipation im 18. Jahrhundert. Hg. von Gert Mattenklott und Klaus R. Scherpe. Kronberg/Ts. 1973, S. 111-136.

27 Breckwoldt zeigt, dass Hirschfeld sein an der Schweizer Landschaft entwickeltes naturästhetisches Programm auf den Garten überträgt; vgl. Michael Breckwoldt: „Das Landleben" als Grundlage für eine Gartentheorie. Eine literarhistorische Analyse der Schriften von Christian Cay Lorenz Hirschfeld. München 1995, S. 89.

28 Kehn (Anm. 4), S. 217, im Original kursiv. – Vgl. auch Niedermeier (Anm. 5), S. 184 zu Goethe: „Das Parkleben identifizierte er in seinen Jugendjahren zeitüblich mit Landleben in seiner idealen Form."

29 Vgl. Kehn (Anm. 4), S. 220, 223.

30 Vgl. Anke-Marie Lohmeier: Arbeit und Autonomie. Über Johann Heinrich Mercks ‚Geschichte des Herrn Oheims'. In: Germanisch-Romanische Monatsschrift N. F. 32 (1982), S. 29-59; dies.: Beatus ille. Studien zum „Lob des Landlebens" in der Literatur des absolutistischen Zeitalters. Tübingen 1981, S. 410-417.

31 Vgl. Sauder (Anm. 19), S. 219-220.

32 Vgl. Gerndt (Anm. 1), S. 77.

handeln"[33] nehmen. Er lebt nach Büchern, lebt Büchern nach, die ihm als Modelle des Lebens (die *Geschichte des Herrn Oheim* veranlasst ihn zum Umzug aufs Land) und des Arbeitens[34] dienen. Texte modellieren sogar sein Erleben und Empfinden: Der Frühling lässt ihn zu poetischen Beschreibungen der Jahreszeit greifen[35] und eine Bauernmahlzeit rührt ihn so, „als ob er sie in dem besten teutschen Journale beschrieben gelesen hätte".[36] Lesen und Schreiben: konsequenterweise kehrt Strephon am Ende zu dem Metier zurück, das der Vermitteltheit seines Weltbezugs um so viel mehr entspricht als die von ihm paradoxerweise angestrebte unvermittelte, naturnahe Lebensweise.

Die beiden *Oheim*-Geschichten bilden also nicht nur Gegenpole, unisono kritisieren sie den mediatisierten Natur- bzw. Weltbezug. Das aufklärerisch-empfindsame Postulat der Unmittelbarkeit steht dahinter, wird aber zugleich als nicht umsetzbar vorgeführt. Unmittelbarkeit fehlt, wenn Natur nur als Kulisse angelesener empfindsamer Herzensergüsse funktionalisiert wird, wenn Landleben nach dem Buch konstruiert wird. Sie fehlt zum Beispiel auch dann, wenn ein Landschaftsmaler sich nicht an der authentisch vorhandenen Natur orientiert, sondern sie auf die so genannte ,schöne Natur' abklopft:

> Vor lauter schöner Natur, und schönen Effekten, und schönen Partien, sehen die meisten Mahler gar keine Natur. Blind und eckel wird ihr Auge nur darum, weil es an grobe Ideen der Haltung gewöhnt ist, die Natur nach dieser oder jener Anordnung von Tinten beurtheilen, diese überall finden will, und eben deswegen das nicht findet, was in diesem Moment da ist.[37]

4. Vom *PapierWesen* zur *HändeArbeit*

Am Sekretär Strephon führt Merck vor: Die Unmittelbarkeit gelingt dem Lesenden und Schreibenden nicht. Wie kann man sie erreichen? Merck schreibt: „Es ist mir nichts eigentlich lieb, als sinnliche Dinge, Farbe, Licht, Sonne, Wein, Wasser, Stein und Kraut. – Das Intellektuelle u. Menschliche Zeug will nicht mehr bey mir fort – und das PapierWesen vollends gar nicht."[38] Die Wendung hin zu Natur und Garten, zum Leben und Arbeiten in Natur und Garten schlägt sich in Briefen nieder, in denen sich Berichte über Garten-

---

33 Henkel (Anm. 15), S. 251.
34 Ebd., S. 276. – Immerhin erkennt Strephon ihre praktische Nutzlosigkeit und besucht als lebendige Vorbilder seine bäuerlichen Nachbarn.
35 Ebd., S. 268.
36 Ebd., S. 257.
37 Johann Heinrich Merck: An den Herausgeber des TM (1777). In: Ebd., S. 373-380, hier S. 378.
38 Merck an Christoph Martin Wieland, 16. März 1779. In: Kraft (Anm. 1), S. 210-211, hier S. 211.

und Feldarbeit und Ernteerträge häufen.[39] Mercks Gartenleben hat nichts mehr mit Spaziergängen, Naturschwärmerei und Mondgedichten zu tun.

> Ich treibs hier leidl. hab mir auch neuerlich einen grossen KartoffelAker ins Feld gestellt, mit Erbsen u. Bohnen u. Dikwurzel, u. halte ein paar Schweine. Was im Oheim steht, hab ich würkl. prakticiert, u. mir ist wohl worden; wie mir denn nur wohl wird unter den Bauren.[40]

Wichtiger Korrespondenzpartner ist ‚Bruder' Wieland – und die Gartengedanken und -gefühle ähneln sich. Wenn Merck „alle Tage mehr an der Erde" klebt, fühlt Wieland „je länger je mehr Sympathie und Verwandtschaft" mit dem „unendlichen Erdgeist".[41] Er vergleicht sein Gartenleben mit den „glückseligen Inseln" und einem Schneckenhaus,[42] der in der *Geschichte des Herrn Oheim* programmatisch verwendeten Metapher;[43] auch für Wieland ist der Garten „Feerey"[44] und Kartoffelacker. Wie sein Darmstädter Freund baut er Obst, Gemüse und Wein an, treibt Felder- und Viehwirtschaft und erleidet wirtschaftlichen Misserfolg.[45]

Die Wende vom Lust- zum Nutzgarten war eine generelle Tendenz, die von zahlreichen deutschen Intellektuellen vollzogen wurde. Mercks Leben und Schreiben bietet dafür einen frühen Beleg. Niedermeier stellt dar, wie die von ihm so genannte ‚ökologische Emigration' erst in die bürgerliche Gartenbewegung kanalisiert wurde und wie schließlich in kritischer Abkehr von der sich in der empfindsamen Gartenkunst ausdrückenden ‚schönen Aufklärung' ein wirtschaftlicher, utilitaristischer Umgang mit der Natur angestrebt wurde.[46] Exemplarisch zu nennen ist erneut Goethe neben Namen wie Nicolai, Möser, Sulzer und Jacobi, bezeichnend sind auch die Hinwendung Hirschfelds von

---

39 Vgl. Merck an Herzogin Anna Amalia, 16. August 1779. In: Ebd., S. 233-235, hier S. 233; Merck an Christoph Martin Wieland, 9. Oktober 1779. In: Ebd., S. 238-240, hier S. 239.

40 Merck an Christoph Martin Wieland, 28. Mai 1778. In: Ebd., S. 182-183.

41 Ebd., S. 183; Christoph Martin Wieland an Friedrich Heinrich Jacobi, 10. Mai 1776. In: Wielands Briefwechsel. Hg. von der Akademie der Wissenschaften der DDR durch Hans Werner Seiffert. Bd. 5: Briefe der Weimarer Zeit (21. September 1772 – 31. Dezember 1777). Bearbeitet von Hans Werner Seiffert. Berlin 1983, S. 503.

42 Christoph Martin Wieland an Merck, 12./13. April 1778. In: Ebd., Bd. 7.1: (Januar 1778 – Juni 1782). Bearbeitet von Waltraud Hagen. Berlin 1992, S. 48-51, hier S. 48. – Vgl. zum ‚Schneckenhaus': Gärten in Wielands Welt. Hg. von Ulrich Ott, bearbeitet von Heinrich Bock und Hans Radspieler. Marbacher Magazin 40 (1986), 2. durchgesehene Aufl. 1999, S. 66.

43 Henkel (Anm. 15), S. 182.

44 Christoph Martin Wieland an Merck, 12./13. April 1778. In: Wielands Briefwechsel. Bd. 7.1 (Anm. 42), S. 48.

45 Zum Landgut in Oßmannstedt vgl. Gärten in Wielands Welt, (Anm. 42), S. 46-70.

46 Vgl. Michael Niedermeier: Goethe und die „Revolution" in der Gartenkunst seiner Zeit. In: Gärten der Goethezeit. Hg. von Harri Günther. Fotografien von Volkmar Herre. Leipzig 1993, S. 9-28, hier v. a. S. 17-22.

der Landschaftsgartenkunst zur Nutzgärtnerei[47] und die Verlagerung in Bertuchs *Allgemeinem Teutschen Garten-Magazin* auf ökonomische Themen.[48] Rückblickend stellt Goethe 1825 fest:

> Parkanlagen, einst – besonders durch Hirschfelds allgemein verbreitetes Buch – in ganz Deutschland eifrigstes Bestreben, seien völlig aus der Mode; man höre und lese nirgends mehr, daß jemand noch einen krummen Weg anlege, eine Tränenweide pflanze; bald werde man die vorhandenen Prachtgärten wieder zu Kartoffelfeldern umreißen.[49]

Johann Heinrich Mercks Hinwendung zur sinnlich-erdhaften Natur, die eskapistische Züge besitzt, ist biographisch erklärbar als Kehrseite der von ihm erlebten beruflichen und privaten Enttäuschungen und Katastrophen. Angesichts des als sinnentleert erfahrenen eigenen Lebens nimmt er sinnhafte Zusammenhänge nur noch in der Natur wahr und ist darüber in seiner nihilistisch-depressiven und resignierten Stimmung fast irritiert:

> Ich bin nun längst so sehr in allen Hoffnungen betrogen, daß mir die Welt ziemlich fremd ist, u. ich mich etwas wundere, wenn die Bäume das FrühJahr nicht ausgehn, und der SallatSamen ächt war. Das giebt nun so einen gewissen Sinn, der wieder nur für mich zu brauchen ist, und mich wenigstens nicht ärgerlich macht, wenn die Sachen nicht ganz schief gehen, und nicht ganz gerade.[50]

Der Garten, metaphorisch gesprochen das „KlosterGärtgen mit hohen Mauern",[51] erscheint als Refugium eines frustrierten Hofbeamten, der die korrupte, feindliche Außenwelt flieht und sich mit starkem Hang zur Misanthropie Pflanzen, Tieren und der einfachen Landbevölkerung zuwendet.[52] Und der die Gartenarbeit nicht nur dem Schreiben von Rezensionen für Wielands *Teutschen Merkur* vorzieht:[53] Mercks Absage ist radikal – es ist eine Absage an literarisch-künstlerische Tätigkeit überhaupt.

> Ich bin nicht zufriedner, als wenn ich HändeArbeit gethan habe, und ich denke mein Leben soll sich noch mit Mistfahren beschliessen.[54]

> Mit dem guten heitren Himmel geht nun auch die LebensZeit für mich an, u. ich lebe sehr in der Lufft. Der Garten ist zur Hälffte gearbeitet, u. auch ein paar Äker herum

---

47 Vgl. Wolfgang Kehn: Christian Cay Lorenz Hirschfeld 1742–1792. Eine Biographie. Worms 1992, S. 86-88.

48 Vgl. Niedermeier (Anm. 5), S. 151-158, v. a. S. 158.

49 Goethe zu Karl August Varnhagen von Ense, 8. 7. 1825. In: Goethes Gespräche. Gesamtausgabe. Neu hg. von Flodoard Freiherr von Biedermann. 5 Bde., 2. Aufl. Leipzig 1909–1911, Bd. 3, S. 215; zit. nach Niedermeier (Anm. 5), S. 193.

50 Merck an Christoph Martin Wieland, 16. März 1779. In: Kraft (Anm. 1), S. 210f., hier S. 210.

51 Merck an Ludwig Julius Friedrich Höpfner, 23. August 1777. In: Ebd., S. 155f., hier S. 155.

52 Vgl. Merck an Christoph Martin Wieland, 1. April 1779. In: Ebd., S. 212f., hier S. 213; vgl. Merck an Herzogin Anna Amalia, 16. August 1779. In: Ebd., S. 233-235, hier S. 233.

53 Vgl. Merck an Christoph Martin Wieland, 14. Juli 1777. In: Ebd., S. 154f.

54 Merck an Christoph Martin Wieland, 11. September 1778. In: Ebd., S. 195-197, hier S. 196.

gemacht. Morgen gehts ans Wiesenpuzen u. ans Aschensäen, wo bey ich hinten u. vorn dabey bin, weil sonsten nichts kluges geschieht. Ich denke, mir wird nicht eher wohl, biß ich hinterm Pfluge gehe.[55]

Vom PapierWesen zum Pflügen, vom Schreiben zur unmittelbaren Hände-Arbeit: Anfang der achtziger Jahre verstummt der literarische Schriftsteller und Kritiker Merck.[56]

5. Geschmack, Gefühl, Ganzheit

1780 erscheint der zweite Band von Hirschfelds einflussreicher *Theorie der Gartenkunst*. Johann Heinrich Merck liefert für ihn eine *Beschreibung der Gärten um Darmstadt*[57], in der er drei Landschaftsgärten des frühen empfindsamen Stils vorstellt.

Der Beitrag wird anonym, in (unter anderem um das Wort ‚vorzüglichsten' im Titel) erweiterter und überarbeiteter Form im *Hoch-Fürstlich Hessen-Darmstädtischen Staats- und Adreßkalender* von 1781 abgedruckt.[58] Neu ist in erster Linie die Beschreibung des Herrschaftlichen Gartens zu Bessungen, des heutigen Orangeriegartens. Durch den publikationsspezifischen Kontext verschiebt sich der Adressatenbezug:[59] Statt Gartenkunstkenner und -interessierte werden nun eher erholungsbedürftige Spaziergänger angesprochen, anstelle des unpersönlichen ‚man' ist, vor allem zu Beginn, häufig von ‚wir' die Rede. Damit zusammenhängend verändert sich auch die Textintention. Während die erste Fassung im Kontext von Hirschfelds Schrift englische Landschaftsgärten vorstellt, um sie bekannt zu machen und zu verbreiten, wird in der zweiten Fassung diese (in gleichbleibenden Signalwörtern anklingende) Programmatik aufgeweicht. Mit der Hinzunahme des formal-architektonischen Gartenbeispiels erscheint – ganz im Sinne des Publikationsrahmens, auf den Merck in beachtlicher Weise reagiert – die Gartenbeschreibung plötzlich wie untendenziöse Reiseliteratur oder Fremdenverkehrswerbung.[60]

---

55 Merck an Christoph Martin Wieland, 1. April 1779. In: Ebd., S. 212f., hier S. 213.

56 Vgl. dazu Sauder (Anm. 19), S. 223.

57 Hirschfeld (Anm. 6), Bd. 2 (1780), S. 157-160; Henkel (Anm. 15), S. 414-418.

58 [Johann Heinrich Merck]: Beschreibung der vorzüglichsten Gärten um Darmstadt. In: Hoch-Fürstlich Hessen-Darmstädtischer Staats- und Adreßkalender, auf das Jahr 1781. Darmstadt o. J., S. 9-19.

59 Diesen und manchen anderen Hinweis verdanke ich Ulrike Leuschner, Forschungsstelle Merck.

60 Vgl. die einführenden Worte, der Kalender solle zum Vergnügen der Leser „nach und nach eine Beschreibung aller inländischen Merkwürdigkeiten", in diesem Jahrgang nun der Gärten, liefern; Merck: Beschreibung (Anm. 58), S. 9.

Im Mittelpunkt der folgenden Darstellung steht die zuerst erschienene Textfassung von 1780, Kommentare zur zweiten Fassung von 1781 werden explizit als solche kenntlich gemacht.

Der Herrschaftliche Garten zu Bessungen

Den Bessunger Garten findet man einzig in der zweiten Fassung, die einen repräsentativen Überblick über die ‚vorzüglichsten‘ Gärten, eben nicht nur über die Landschaftsgärten um Darmstadt bieten soll. Ausführlich und detailliert wird der Weg in und durch den Herrschaftlichen Garten beschrieben. Wege haben eine entscheidende Funktion in der Beschreibung, sie geben dieser sozusagen ihre Struktur. Damit reflektiert die Beschreibung ein wichtiges gartenästhetisches Prinzip, allerdings in erster Linie des Landschaftsgartens: „Die Gänge verknüpften alle Szenen in der vom Gartenkünstler beabsichtigten Reihenfolge, sie waren Träger der ‚Bildregie‘.“[61] Diese ‚tragende‘, aktive Funktion der Wege, der „stummen Führer des Spazierengehenden“ (Pückler),[62] spiegelt der Text schon grammatisch wider.

> Wenn man auf der alten Straße nach Bessungen zu geht, *führt* uns linker Hand [...] eine stattliche Linden-Allee zu dem Herrschaftlichen Garten und *läßt* uns mitten in dem Lustgarten im Freyen. [...] Bey dem Eintritt in den Lustgarten *laden* uns rechts und links Kastanien-Alleen [...] zu schattenreichen Spaziergängen *ein*. [...] auf jeder Seite *führen* grüne Gänge auf einen [...] Platz.[63]

Die Bessunger Anlage kennzeichnen architektonische Form (Alleen, Terrassen), Bepflanzung (Taxus, Buxbaum, Blumen) und andere Elemente (Springbrunnen) eindeutig als französischen Garten.[64] Der anonyme Verfasser, hinter dem sich höchstwahrscheinlich Merck verbirgt, gibt ein zwar um Gerechtigkeit bemühtes, aber eindeutiges Votum ab: Ganz im Sinne des ‚neuen Geschmacks‘ bedauert er den unnatürlichen Baumbeschnitt der Alleen und weist

---

61 Gerndt (Anm. 1), S. 24. – Zum neuen, sich im Landschaftsgarten ausdrückenden Gehbewusstsein vgl. Michael Seiler: Wege, Bewegung und Sehen im Landschaftsgarten. In: 150 Jahre Branitzer Park. Garten-Kunst-Werk. Wandel und Bewahrung. Kolloquium der Stiftung Fürst Pückler Museum – Park und Schloß Branitz, Cottbus/Branitz, 10. bis 12. Oktober 1996. Berlin 1998, S. 110-120.

62 Hermann Fürst von Pückler-Muskau: Andeutungen über Landschaftsgärtnerei verbunden mit der Beschreibung ihrer praktischen Anwendung in Muskau. Hg. von Günter J. Vaupel. Frankfurt am Main 1988, S. 106.

63 Merck: Beschreibung (Anm. 58), S. 9-10, Hervorhebungen d. Verf. kursiv.

64 Über einen Teil der Anlage heißt es ausdrücklich, er sei „nach dem Französischen Gartenstil“ verziert; vgl. ebd., S. 10.

auf die im Gegensatz zu einer englischen Anlage fehlenden „Mannigfaltig-keiten" hin.[65]

Spätestens hier merkt man, dass die Beschreibung nicht nur eine Beschrei-bung ist; sie ist ein Kommentar, ein Bekenntnis. Merck nimmt teil am zeit-genössischen Gartenkunstdiskurs, der ästhetische, kunsttheoretische, philoso-phische, politische Implikationen besitzt. Er verwendet einen entsprechenden Code und positioniert sich dadurch. ‚Mannigfaltigkeit' ist ein Schlüsselwort der Landschaftsgartentheorie, ein auch von Hirschfeld mehrfach erhobenes Postulat[66] – „Alles um des Mannigfaltigen willen", sagt der Hofgärtner in Goethes satirischer ‚Grille' *Der Triumph der Empfindsamkeit* (1777).[67] Dennoch wird dem Bessunger Garten zugestanden, einem „Spaziergänger, der Luft und Sonne im Grünen genießen will",[68] Vergnügen zu bereiten.

Mosers Garten

Nicht weit entfernt liegt ein Landschaftsgarten, der heutige Prinz-Emil-Garten; in der Fassung von 1780 ist es der Garten des ‚Herrn Präsidenten, Freyherrn von Moser', in der von 1781 der des ‚Herrn Erbprinzen Hochfürstliche Durch-laucht'. Dazwischen haben der spektakuläre Sturz des Ministers Moser und der Verkauf seines Gartens, den er 1772–1777 im englischen Stil anlegte, stattgefunden.[69]

Mercks Beschreibung liest sich wie ein Lehrbuch der Landschaftsgarten-kunst: Der Garten ist leicht hügelig, unter anderem durch einen künstlichen Berg, die Wege schlängeln sich,[70] die Gehölzarten sind vielfältig, der Teich ist

---

65 Ebd., S. 9-10.

66 Vgl. z. B. Hirschfeld (Anm. 6) Bd. 1, S. 162-165. – Bei der Kontextualisierung Mercks be-ziehe ich mich nicht zufällig auf Hirschfeld, der das Konzept des Landschaftsgartens in Deutschland populär machte. Literatur über die vorbildhaften Gärten in England war spärlich, bis er eine „Flut theoretischer Schriften" auslöste; vgl. Gerndt (Anm. 1), S. 81.

67 Johann Wolfgang Goethe: Der Triumph der Empfindsamkeit. In: Münchner Ausgabe (Anm. 14). Bd. 2.1: Erstes Weimarer Jahrzehnt 1775–1786. Hg. von Hartmut Reinhardt. München 1987, S. 165-212, hier S. 187.

68 Merck: Beschreibung (Anm. 58), S. 11. – Die Autorschaft Mercks ist aufgrund der weit-gehenden Textgleichheit sehr wahrscheinlich.

69 Vgl. Merck an Herzog Carl August, 15. Juli 1780. In: Kraft (Anm. 1), S. 267-271. – Zur Entstehung von Mosers Gartens vgl. Bernd Modrow: Aufklärung und Gartenkunst am Beispiel hessischer Parkanlagen. In: Aufklärung in Hessen. Facetten ihrer Geschichte. Wiesbaden 1999, S. 84-94, hier S. 88. – Zum Fall Moser und Mercks Rolle darin vgl. Wal-ter Schübler: Johann Heinrich Merck 1741–1791. Biographie. Weimar 2001, S. 230-245.

70 Dass auch eine gerade Allee vorkommt, trübt Mercks positives Urteil nicht. Undogma-tisch nimmt er, ähnlich wie Hirschfeld, eine Mittelposition ein und verwirft das Vor-kommen von geraden Linien im Garten nicht völlig. Auch im Aufsatz *Ueber die Schönheit*.

„von unregelmäßiger Form",[71] es gibt Lauben und Inseln, Luft und Aussicht sind, wie mehrfach betont wird, „frey".[72] Den programmatischen Begriff wählt auch Charlotte in Goethes *Wahlverwandtschaften*: „Niemand glaubt sich in einem Garten behaglich, der nicht einem freien Lande ähnlich sieht; an Kunst, an Zwang soll nichts erinnern, wir wollen völlig frei und unbedingt Atem schöpfen."[73]

Auch die Gartengebäude gehören zum Repertoire des empfindsamen Landschaftsgartens. Außer dem Landhaus gibt es einen chinesischen Pavillon, ein Kapellchen, einen griechischen Tempel, eine gotische Kirchenruine, ein Eremitenhäuschen. Derartige Stilmischungen wurden von den Zeitgenossen häufig als überladen und geschmacklos abgelehnt. Im Kasseler Bergpark Wilhelmshöhe kann man noch heute einen Eindruck davon erhalten; auch wenn die meisten Staffagebauten und Inschriften längst verschwunden sind, finden sich immer noch in nächster Nähe römisches Aquädukt und ägyptische Pyramide, Apollontempel und mittelalterliche Burgruine, chinesischer Turm und Plutogrotte.

Die Gebäude des Landschaftsgartens dienten einerseits im aufklärerischen Sinne der Belehrung, etwa über die Verschiedenartigkeit der Religionen. Andererseits sollten sie, ähnlich den unterschiedlichen landschaftlichen Partien des Gartens, bestimmte Empfindungen bewirken, verschatteter Weiher und Eremitenhäuschen zum Beispiel Einsamkeit und Besinnung, Melancholie und Memento mori. Im Idealfall sollte der Besucher „die ganze Skala seiner Empfindungen"[74] durchwandern. Die Bauten waren Staffage oder wurden genutzt,

---

Ein Gespräch zwischen Burke und Hogarth (Henkel (Anm. 15), S. 345-352) diskutiert Merck, allerdings ohne ausdrücklichen Bezug auf die Gartenkunst, William Hogarths *Analysis of Beauty* (1753) und die dort für die Malerei geforderte gewellte ‚Schönheitslinie'.

71   Henkel (Anm. 15), S. 415.

72   Ebd., S. 414-416.

73   Johann Wolfgang Goethe: Die Wahlverwandtschaften. In: Münchner Ausgabe (Anm. 14). Bd. 9: Epoche der Wahlverwandtschaften 1807–1814. Hg. von Christoph Siegrist, Hans J. Becker, Dorothea Hölscher-Lohmeyer, Norbert Miller, Gerhard H. Müller und John Neubauer. München 1987, S. 283-529, hier S. 459. Goethes Roman reflektiert hier den zeitgenössischen Gartenkunstdiskurs. Der literarische Kontext und damit die spezifische Funktionalisierung der Gartenkunstdebatte dürfen bei einer ausführlichen Analyse des Romans natürlich nicht ignoriert werden, im vorliegenden Fall wäre z. B. der spannungsreiche Gegensatz Freiheitspostulat – reale Unfreiheit der Parkbewohner zu deuten.

74   Gerndt (Anm. 1), S. 16. – Eine treffende Satire bietet Tiecks *Jahrmarkt*. Im dort beschriebenen Garten grenzt das „Thal der Tränen" an den „Saal der Sinnlichkeit und Leidenschaft" und die „Höhe der Verzweiflung"; vgl. Ludwig Tieck: Der Jahrmarkt. In: Ders.: Ludwig Tieck's Schriften. Vollständige auf's Neue durchges. Ausgabe. Berlin 1853. Nachdruck Berlin 1966. Bd. 20, S. 3-180, hier S. 44.

Gerndt beschreibt „Abirrungen"[75] wie Speise- oder Musikzimmer in künstlichen Ruinen. Eine unpassende Nutzung der Gebäude wurde schon damals kritisiert, erstaunlicherweise nicht aber von Merck. Immerhin fungieren in Mosers Garten ein Friedhofskapellchen als Festsaal, eine gotische Kirchenruine als Schreibkabinett – Geschmacksverirrungen, die einer Satire zu entstammen scheinen, auch wenn nicht gerade ein Schweinestall hinter einem Tempel verborgen ist.[76]

Merck fällt ein insgesamt positives Urteil. Er lobt das „Ganze der Anlage", das von der „blühenden Imagination" seines Erfinders zeuge, die mit „Klugheit" ausgeführten Einfälle, die fein berechnete „Wirkung", die „Beurtheilung" und das „Gefühl".[77] Seine Kriterien entsprechen denjenigen der Hirschfeldschen Gartenästhetik, die nicht nur publikationstechnisch den Rahmen bildet.[78] In der zweiten Fassung im *Adreßkalender* fällt die positive Bewertung zurückhaltender aus. Sachlich begründet ist die elegante Abwandlung von „seines Besitzers und Erfinders vollkommen würdig" in „seines Durchlauchtigsten Besitzers würdig" und „seinem Erfinder Ehre" machend; darüber hinaus fehlt das Lob von Einfallsreichtum, Klugheit, Gefühl und Beurteilung ganz. Fast identisch bleibt dennoch das Fazit:

> Man hat weder versucht, eine Wildniß zu erschaffen, noch das Große der Natur auf einen Tisch zu zaubern, wie so viele mit Aengstlichkeit suchen; sondern es ist ein angenehmer Morgentraum realisirt, und ein heitrer Ruheort für die Seele des empfindungsvollen Beobachters bereitet worden.[79]

Merck wendet sich hier gegen buchstäbliche Auswüchse des Gartendilettantismus. Wenn es das Ziel der künstlich-künstlerischen Landschaftsgestaltung ist, eine möglichst natürlich wirkende Natur zu schaffen, dann kann die Wildnis als ‚natürlichste Natur' ein Ideal darstellen:[80] Kunstnatur und Natur-

---

75 Gerndt (Anm. 1), S. 42.

76 Vgl. Goethe: Triumph der Empfindsamkeit (Anm. 57), S. 187.

77 Henkel (Anm. 15), S. 416.

78 Programmatische Begriffe Hirschfelds sind ‚Ganzes' und ‚Einheit', ‚Wirkung', ‚Geschmack' und ‚Überlegung'; vgl. z. B. Hirschfeld (Anm. 6), Bd. 1, S. 155f.

79 Henkel (Anm. 15), S. 416.

80 Als früher Vorläufer imaginiert Francis Bacon im hinteren Teil eines vorwiegend geometrischen Gartens eine Wildnis; vgl. Clemens Alexander Wimmer: Geschichte der Gartentheorie. Darmstadt 1989, S. 92f. – Literarisch reflektiert wird die Gartenwildnis z. B. in Jean-Jacques Rousseaus *Julie ou La nouvelle Héloïse* (1761) oder – in besonders pikanter Weise – in Goethes 1797 entstandenem Dramenfragment *Die Aufgeregten*: Während die Bauern um sie herum tatsächlich ‚wild werden', nämlich einen Aufstand planen, legt eine Gräfin einen wilden Garten künstlich an – „die Wildnisse die Sie angelegt haben scheinen natürlich zu sein"; vgl. Johann Wolfgang Goethe: Die Aufgeregten. In: Münchner Ausgabe (Anm. 14). Bd. 4.1: Wirkungen der Französischen Revolution 1791–1797. Hg. von Reiner Wild. München 1988, S. 133–181, hier S. 156 – Die ursprünglich mit dem Landschaftsgarten

natur scheinen identisch zu werden. Doch diese Identität ist eine Illusion und führt zudem die gartenkünstlerische Tätigkeit ad absurdum.

Ein weiterer Auswuchs ist die „künstliche Vereinigung der kanonisierten Naturschönheiten auf kleinem Raum":[81] der Versuch, die ganze Natur auf einmal zu inszenieren, „das Große der Natur auf einen Tisch zu zaubern". Ganz in diesem Sinn schreibt Moser, der Merck, den „Hirschfeld unterm Arm", besuchen wollte und nicht vorgelassen wurde, in seinem Dankesbrief, er habe sich Mühe gegeben, „kein mißwachsenes und überladenes Ganze"[82] zu schaffen. Man könnte Tiecks satirische Novelle *Der Jahrmarkt* anführen, wo der Landschaftsgarten die irdische Natur von den Polarländern bis zu den Tropen einschließlich des Weltmeers abbildet und man ihn dennoch in einer halben Stunde umrunden kann.[83]

Die Beschreibung des Gartens als „Morgentraum" kann mit Hirschfelds Unterteilung in Jahres- und Tageszeitengärten assoziiert werden,[84] der Ausdruck „heitrer Ruheort für die Seele des empfindungsvollen Beobachters" hat ebenfalls gartentheoretischen Signalcharakter: Das wahrnehmende, empfindende Subjekt steht im Zentrum der neuen Gartenkunst, die Ästhetik des Landschaftsgartens und der Landschaft allgemein[85] ist eine Wirkungsästhetik:

> Der Gartenkünstler soll alle Wirkungen der natürlichen Lagen der Landschaft kennen, um solche auszuwählen, die der Bestimmung eines Gartens gemäße Bewegungen hervorbringen, und ihnen eine solche Verbindung und Anordnung zu geben, daß diese Bewegungen in einer harmonischen Beziehung auf einander folgen.[86]

Merck hält sich jedoch auffällig zurück mit näheren Bestimmungen der ausgelösten oder auszulösenden Empfindungen, er beschreibt das Eremitenhäuschen und nicht die dort einzunehmende melancholische Gefühlshaltung. Derartige Vorschriften, wo und wann man was und wie zu empfinden habe, waren in Gartentheorie und -praxis durchaus üblich.

---

assoziierten Ideen – Liberalismus, Humanität, Freiheit, Bürgerlichkeit – werden ad absurdum geführt, wenn es eine Gräfin ist, die ihn einzig aus modischen Gründen anlegt und die, zurück aus Paris, nur über den schlechten Zustand der Chausseen klagt.

81 Gerndt (Anm. 1), S. 72.

82 Friedrich Karl von Moser an Merck, 17. Mai 1780. In: Briefe an und von Johann Heinrich Merck. Eine selbständige Folge der im Jahr 1835 erschienenen Briefe an J. H. Merck. Aus den Handschriften hg. von Dr. Karl Wagner. Mit Facsimilien der Handschrift von Göthe, Herder, Wieland, Karl August und Amalia v. Weimar, W. Tischbein, Claudius und Merck. Darmstadt 1838, S. 176f., hier S. 176.

83 Vgl. Tieck: Jahrmarkt (Anm. 74), S. 45, 46, 48.

84 Vgl. Hirschfeld (Anm. 6), Bd. 2: Fünfter Band, S. 4-10.

85 Siehe Fußnote 93 dieser Arbeit.

86 Hirschfeld (Anm. 6), Bd. 1, S. 187; vgl. die bezeichnende Überschrift „Von den verschiedenen Charakteren der Landschaft und ihren Wirkungen" (ebd., S. 186-230).

Garten des Herrn Oberjägermeister von Riedesel

Die anschließend vorgestellte Anlage, ein sehr nutzorientierter Landschafts-garten, ist hier von geringem Interesse. Mercks detaillierte Beschreibung des Gartens und seiner Bestandteile (Teich, chinesisches Haus und Eremiten-häuschen als landschaftsgartentypisch) enthält sich jeden Kommentars. Einzig eine Ergänzung der zweiten Fassung, die den Nutzaspekt ausdrücklich her-vorhebt, impliziert eine – positive – Wertung: Eigentlich handle es sich um eine große Meierei, „wo überall das Nützliche mit dem Angenehmen ver-bunden ist".[87]

Schlossgarten

Der Darmstädter Schlossgarten, spätere Herrngarten, wurde bereits in den sechziger Jahren von Landgräfin Caroline „im neuen Geschmack umge-schaffen"[88] und bildet ein Zentrum der Darmstädter Empfindsamkeit. Auch er erhält Mercks Lob, in der zweiten Fassung noch ausführlicher als in der ersten. Der Park hat ‚alte' Elemente behalten, neben krummen Wegen kom-men gerade Alleen vor, neben freien Wiesen – anders als im blumenlosen Landschaftsgarten – Rosenbeete. Ein besonderes Charakteristikum des eng-lischen Gartens steht im Zentrum: das Grab.

> Der Rückzug in den Park, in die Einsamkeit, hatte im Umkreis der Darmstädter Emp-findsamen eine große Bedeutung, wobei der Tod als Endform dieses Rückzuges mit inszeniert wurde, wie Landgräfin Carolines Grab im Herrengarten, das sie sich bereits zu Lebzeiten als Grotte eingerichtet hatte.[89]

Rousseau wurde im Park zu Ermenonville beerdigt, Wieland, Humboldt, Gleim und Pückler sind ebenfalls im eigenen Garten begraben. Neben echten Gräbern gab es im Landschaftsgarten auch fiktive Gräber, Urnen, Obelisken und Sarkophage. Es ist schwierig, hier zwischen einem sich äußernden echten religiösen Bedürfnis und einer Grabessentimentalität, die die entsprechende Gartenpartie als empfindsamen Stimmungsraum funktionalisiert, zu unter-scheiden.[90] Louise von Ziegler, die von Merck und Goethe bedichtete Lila, legt

---

87 Merck: Beschreibung (Anm. 58), S. 15.
88 Henkel (Anm. 15), S. 417.
89 Modrow (Anm. 69), S. 87.
90 Vgl. hierzu v. a. Adrian von Buttlar: Das Grab im Garten. Zur naturreligiösen Deutung eines arkadischen Gartenmotivs. In: „Landschaft" und Landschaften im achtzehnten Jahr-hundert. Tagung der Deutschen Gesellschaft für die Erforschung des 18. Jahrhunderts, Herzog August Bibliothek Wolfenbüttel, 20. bis 23. November 1991. Hg. von Heinke Wunderlich. Heidelberg 1995, S. 79-119.

sich im Homburger Schlossgarten ein eigenes Grab an. Caroline Flachsland berichtet ihrem Freund Herder: „Sie ist ein süßes schwärmerisches Mädchen, hat
ihr Grab in ihrem Garten gebaut, ein Thron in ihrem Garten, ihre Lauben und
Rosen, wenns Sommer ist, und ihr Schäfchen das mit ihr ißt und trinkt."[91]
 Ein vergleichender Blick auf eine andere, von Hirschfeld selbst verfasste
Beschreibung des Darmstädter Schlossgartens ist aufschlussreich. Hirschfeld
konzentriert sich ganz auf das Grab der Landgräfin und die mit ihm verbundene melancholische Atmosphäre, die er in recht penetranter Weise betont:
Auf knapp anderthalb Seiten ist sechsmal von ‚Melancholie‘ bzw. ‚melan-
cholisch‘ die Rede. Während Mercks Beschreibungen empfindsamer Gärten
die entsprechenden Empfindungen nicht ausdrücklich vorgeben, wird der
Leser hier ganz anders gelenkt, werden seine Gefühle im Indikativ Präsens
festgeschrieben.

> Indessen gefällt dieser Garten einem Herzen, das sich gern einer sanften Melancholie
> überläßt, und auch ohne die ehrwürdige Scene des Begräbnisses wird es bald von hol-
> der Wehmut und ernstem Nachdenken erfüllt. [...] Der Einheimische nähert sich hier
> mit einer heiligen Ehrfurcht und mit einem gerechten Seufzer über das, was er verlor;
> und der Fremde wird erst von einem melancholischen Staunen, und sodann beim
> Nachfragen von einer so wehmütigen Mitempfindung ergriffen, die ihn länger, als er
> dachte, verweilen heißt.[92]

Merck schreibt über den Schlossgarten: „Das Ganze ist ohne Grundriß schwer
zu beschreiben [...]. Ueberall aber herrscht Geschmack und Gefühl." Hier
wird noch einmal offensichtlich, dass das Gemeinsame, den Garten zu einer
harmonischen Einheit Verbindende die wirkungsästhetischen Kategorien Geschmack und Gefühl sind. Dies entspricht ganz Hirschfelds Garten- und
Landschaftsästhetik, die das scheinbar traditionelle Einheitskriterium nicht
formal, sondern wirkungsästhetisch definiert.
 Die ästhetische Ganzheit einer Landschaft besteht nun in der in sich mannigfaltigen und doch zusammenstimmenden Einheit einander steigernder, in
den Naturgegenständen liegender ästhetischer Kräfte, wahrgenommen als differenzierte, aber harmonische psychische Bewegungen.[93]
 Mercks positive Beschreibung der empfindsamen Landschaftsgärten um
und in Darmstadt gibt Rätsel auf, nicht nur, weil er wenige Wochen nach Er-
stellung der ersten Fassung am Sturz des hier ob seines Einfallsreichtums, Geschmacks und Gefühls gerühmten Gartenbesitzers Moser beteiligt ist. Merck
enthält sich jeder Kritik an der geschmacklos anmutenden Stilmischung auf

---

91　Caroline Flachsland an Johann Gottfried Herder, 6. Februar 1771. In: Schübler (Anm. 69),
　　S. 44-46, hier S. 46.
92　Hirschfeld (Anm. 6), Bd. 2: Fünfter Band, S. 342f.
93　Kehn (Anm. 4), S. 206.

engstem Raum, die typisch ist für die frühe, dilettantische Ausprägung des Landschaftsgartens in Deutschland. Gerndt schließt aus Mercks Urteil etwas vorschnell, dass die Gartengestaltung „offenbar gelungen ist und mit angemessenen Mitteln vorgenommen wurde"[94] – Mercks eigene Beschreibung lässt daran zweifeln.

In einer Zeit, als er den Kartoffelacker schätzen gelernt hat, rühmt er empfindsame Gärten, die wieder ans Feenland erinnern. Trotz aller Abkehr von der Empfindsamkeit wird hier Kontinuität sichtbar, sei es als nostalgisch erinnertes Überbleibsel sentimentaler Gartenschwärmerei, sei es als Reverenz an Landgräfin Caroline, die verehrte Förderin des Darmstädter Kreises der Empfindsamen.

Beschreibung der Gärten um Darmstadt ist ein wichtiger Beitrag zur Gartenkunstdebatte. Merck betrachtet und begeht Gärten, macht sie durch das Medium des Textes sichtbar und zugänglich. Ein anderes, von ihm selbst hervorgehobenes mögliches Medium wäre das Bild: „[...] der Zeichner wird überall versucht, sein Portefeuille aufs Knie zu nehmen."[95] Und in einem Reisebrief rühmt er eine Landschaft mit den Worten: „Für ein KünstlerAuge, wie das von HE. Krause verdiente diese Gegend eine aparte Reise."[96] Mercks Leser nimmt die Darmstädter Gärten durch dessen „KünstlerAuge" wahr, in der medialen Verdopplung werden sie als Kunstwerke rezipierbar. Dass es sich bei dieser Verdopplung nie um einfache Repräsentation handeln kann, erklärt sich einerseits durch die Medientransformation. Andererseits ist eine solche Abbildung auch gar nicht unbedingt gewollt, wenn etwa Fürst Pücklers Parkbeschreibung den Muskauer Landschaftsgarten in seinem idealen, nicht in seinem realen Zustand vorstellt.

Der Kenner, der Künstler beschreibt den Garten, malt ihn – oder lichtet ihn ab: Der englische Lord in den *Wahlverwandtschaften* kommentiert die neuen Anlagen, nimmt sie mit seiner Camera obscura auf und erhebt sie dadurch gleichsam in den Rang modellhafter Gartenkunstwerke. Wie von ihm kann auch von Merck gelten: „Man kann wohl sagen, daß durch seine Bemerkungen der Park wuchs und sich bereicherte."[97]

---

94   Gerndt (Anm. 1), S. 73.
95   Henkel (Anm. 15), S. 416.
96   Merck an Herzogin Anna Amalia, 21. Juli 1779. In: Kraft (Anm. 1), S. 227-231, hier S. 228.
97   Goethe: Wahlverwandtschaften (Anm. 73), S. 470.

HARTMUT VOLLMER (PADERBORN)

„Wahre Scenen" oder
Die „poetische Gestaltung des Wirklichen"
Die *Werther*-Rezeption Johann Heinrich Mercks

I.

„Die Wirkung dieses Büchleins war groß, ja ungeheuer, und vorzüglich deß-
halb, weil es genau in die rechte Zeit traf." So erinnerte sich Goethe im 1813
vollendeten ‚Dreizehnten Buch' seiner Autobiographie *Dichtung und Wahrheit*[1] an die Veröffentlichung seines Briefromans *Die Leiden des jungen Werthers*
im Herbst 1774. Die ‚explosive Wirkung' des Buches, von der Goethe in der
Retrospektive sprach, dokumentierte sich in einer außerordentlich lebhaften,
kontroversen Rezeption. Während der Roman auf der einen Seite geradezu
ein ‚Werther-Fieber' auslöste, eine Aufsehen erregende Mode kreierte, für
eine Flut von literarischen Nachahmungen, sog. ‚Wertheriaden', sorgte und
sich eine ganze, junge Generation im Schicksal des sehnsüchtig leidenden
Romanhelden wieder erkannte, mehrten sich auf der anderen Seite, angeführt
vom orthodoxen Klerus, der im *Werther* eine Apologie des Selbstmords und
einen Aufruf zum Ehebruch erblickte, laute Rufe nach Zensur und Verbot.

Die literarische und literaturkritische Rezeption des *Werther* verdient eine
besondere Beachtung, da sie in paradigmatischer und programmatischer Form
divergente ästhetische und ethische Standorte der Zeit manifestiert, zwischen
regressiven, konservativen und progressiven, revolutionären Positionen. Diese Rezeption reicht von den hymnischen Elogen der literarischen Avantgarde
des Sturm und Drang, die den Roman als ein „Sonnenfeuer" rühmte (etwa
Schubart, Heinse und Lenz), bis zu kritisch-ablehnenden Parodien, unter
denen Friedrich Nicolais *Freuden des jungen Werthers* von 1775 als bedeutendstes
und populärstes Werk herauszustellen ist.

---

1   Johann Wolfgang Goethe: Dichtung und Wahrheit. Aus meinem Leben. In: Ders.: Werke.
    Hg. im Auftrage der Großherzogin Sophie von Sachsen. 143 Bde. in V Abteilungen, Weimar
    1887–1919 (Weimarer Ausgabe, im Folgenden zit. WA). Abt. I, Bd. 28. Weimar 1890, S. 227.

Der Goethe-Freund Johann Heinrich Merck war einer der ersten *Werther*-Rezipienten. Wie Goethe in *Dichtung und Wahrheit* überliefert, hatte er Merck im Juni 1774 aus dem unveröffentlichten Manuskript des *Werther* vorgelesen, ohne bei dem Zuhörer allerdings die erwartete und erhoffte euphorische Begeisterung ausgelöst zu haben: „Nun ja! es ist ganz hübsch", soll dieser lediglich bemerkt haben[2] – ein Urteil, das den Romanautor in tiefste Selbstzweifel stürzte, eine Erklärung aber später in einer schweren privaten Existenzkrise Mercks fand. Dieser habe, so Goethe, „deßwegen nichts gesehn noch gehört, und wisse gar nicht wovon in meinem Manuscripte die Rede" gewesen sei.[3] Wie Merck den *Werther* tatsächlich aufnahm, belegt sein Brief an Friedrich Nicolai vom 28. August 1774, in dem er Goethes Roman vor der Veröffentlichung als ein Werk pries mit „Scenen über die nichts geht, u. gehen kann, weil sie wahr sind".[4] Dass Merck ausgerechnet Nicolai dieses Urteil mitteilte, sollte eine recht pikante Bedeutung gewinnen. Merck, der zu dieser Zeit bereits beträchtliches Ansehen als geistreicher und scharfsichtiger Kritiker besaß, war nicht nur ein enger Vertrauter und Freund Goethes, dessen dichterisches Schaffen er förderte und kritisch begleitete, so dass Goethe ihn rückblickend als einen „eigne[n] Mann" in der Erinnerung bewahrte, „der auf mein Leben den größten Einfluß gehabt" hatte;[5] er stand auch in kollegialer und freundschaftlicher Beziehung zum Berliner Aufklärer und *Werther*-Parodisten Friedrich Nicolai, an dessen Zeitschrift, der *Allgemeinen deutschen Bibliothek*, Merck mitarbeitete. Als Nicolai Merck Anfang des Jahres 1775 bat, für die *Allgemeine deutsche Bibliothek* eine Besprechung von Goethes *Leiden des jungen Werthers* und seiner Gegenschrift *Freuden des jungen Werthers / Leiden und Freuden Werthers des Mannes. Voran und zuletzt ein Gespräch* zu verfassen, entzog sich der Darmstädter Kriegsrat mit mehrwöchigem Schweigen diesem überaus heiklen Wunsch. Nicolai wiederholte seine Bitte um „diese Gefälligkeit" in einem Brief vom 6. Mai 1775 und versicherte, dass er nicht Goethe mit seiner Schrift habe angreifen wollen, sondern vielmehr „einen Haufen Leser mancherlei Art, die aus Stellen, die er [Goethe] im Charakter des schwärmerischen Werthers geschrieben hatte, Axiomen und Lebensregeln machen wollten", wobei Nicolai die

---

2   Ebd., S. 226.

3   Ebd., S. 227. – Diese kritische Situation Mercks resultierte aus dem Ehebruch seiner Frau, und möglicherweise fühlte er sich durch den *Werther* schmerzlich an sein eigenes Unglück erinnert; vgl. dazu Hermann Bräuning-Oktavio: Goethe und Johann Heinrich Merck. Darmstadt 1970, S. 50-55.

4   Merck an Nicolai, 28. August 1774. In: Johann Heinrich Merck: Briefe. Hg. von Herbert Kraft. Frankfurt am Main 1968, S. 115-120, hier S. 119. – So hatte Merck nach Goethes Erinnerung denn auch „verlangt", den Roman „gedruckt zu sehn wie er lag"; vgl. Goethe (Anm. 1), S. 227.

5   Goethe: Dichtung und Wahrheit (Anm. 1), S. 95.

Auffassung vertrat, „daß Selbstmord aus Uebereilung und Trugschlüssen entstehe, und nicht Edelthat sei".[6] Bezüglich der gewünschten Rezension fügte er hinzu: „Ich traue Ihnen Geschmeidigkeit und auch Wahrheitsliebe genug zu, um davon in dem Tone zu urtheilen, wie es sich in der A. d. B. ziemet, und ohne weder Ihren Freund *Göthe*, noch Ihren Freund *Nicolai* zu compromittiren."[7]

Zur gleichen Zeit dieses Schreibens, am 6. Mai 1775, schickte Merck die erbetene Doppelrezension an Nicolai. In einem Begleitbrief[8] begründete er sein „langes Stillschweigen" mit der „Furcht, mich in fremde Händel zu mischen, u. den Verdacht einer Trätscherey auf mich zu laden".[9] Dabei verhehlte er nicht, dass ihm „ein wahrer Gefallen" geschähe, wenn die Rezension „unterdrückt" würde, „weil mich Goethe gewiß erkennt, u. in seiner eignen Sache so blind ist, daß ihn auch das kälteste seinem Gegner gegebne Lob aufbringen kann": „Ein Genie ist ein mal ein böser Nachbar, u. ich möchte wie Sie leicht einsehen, es mit ihm nicht gerne verderben."[10]

Dass Mercks Befürchtung nicht unbegründet war, zeigte sich an der Reaktion Goethes nach der Veröffentlichung von Nicolais *Werther*. Goethes im Frühjahr 1775 verfasste Spottgedichte *Nicolai auf Werthers Grabe* und „*Die Lei-*

---

6   Nicolai an Merck, 6. Mai 1775. In: Briefe an Johann Heinrich Merck von Göthe, Herder, Wieland und andern bedeutenden Zeitgenossen. Mit Merck's biographischer Skizze hg. von Karl Wagner. Darmstadt 1835, S. 65-67, hier S. 66.

7   Ebd., S. 67.

8   Mercks Brief ist also keine Antwort auf Nicolais in Leipzig verfasste drängende Bitte vom 6. Mai, wie bislang angenommen, sondern beide Briefe haben sich ‚überschnitten'. Das zeigt sich etwa auch an der Tatsache, dass Nicolai seinem Schreiben den „eben erschienene[n]" zweiten Band seines *Sebaldus Nothanker* beilegte (ebd., S. 67), auf den Merck in seinem Brief mit keinem Wort einging, statt dessen Nicolai bat: „Lassen Sie mich nächstens etwas von Ihren Literarischen Neuigkeiten wissen"; vgl. Kraft (Anm. 4), S. 133. Als Antwortschreiben ist dagegen Mercks Brief vom 7. Juli 1775 zu betrachten, in dem er sich einleitend bei Nicolai dafür entschuldigt, „daß ich Ihnen so lange meine Antwort und Danksagung für Ihren freundschaftlichen Brief von Leipzig aus schuldig geblieben bin", und nun auch über die Lektüre des zweiten *Nothanker*-Bandes berichtet (ebd., S. 136). Ein nicht abgeschicktes Konzept des Nicolai-Briefes vom 6. Mai 1775 (veröffentlicht in: Briefe aus dem Freundeskreise von Goethe, Herder, Höpfner und Merck. Eine selbständige Folge der beiden in den Jahren 1835 und 1838 erschienenen Merckischen Briefsammlungen. Aus den Handschriften hg. von Karl Wagner. Leipzig 1847, S. 119-121) befindet sich im Nicolai-Nachlass, Staatsbibliothek Berlin. Es weist einige Varianten zu der in der Wagner-Ausgabe von 1835 abgedruckten Brieffassung auf, u. a. fehlt hier Nicolais Bemerkung zum beigefügten zweiten Band des *Sebaldus Nothanker*.

9   Kraft (Anm. 4), S. 132.

10   Ebd. – Merck spielt hier wörtlich auf Nicolais *Werther* an, wo es heißt: „[...] aber ich merks wohl, ein Genie ist ein schlechter Nachbar"; vgl. Friedrich Nicolai: Freuden des jungen Werthers / Leiden und Freuden Werthers des Mannes. Voran und zuletzt ein Gespräch. Berlin 1775, S. 55.

den des jungen Werther" an *Nicolai*[11] sowie seine *Anekdote zu den Freuden des jungen Werthers*[12] geben Zeugnis dafür ab, wie sehr er sich durch die Schrift Nicolais gekränkt und beleidigt fühlte. Er sah sich persönlich, im tiefsten angegriffen und verkannte offenbar, dass Nicolai nicht die Person, den Künstler Goethe ins Visier der Kritik genommen hatte, sondern vielmehr die problematische Thematik des Romans und die bedenkliche Wirkung, die das Buch vor allem auf die junge Generation als ‚Nachahmungsgeschichte' ausübte (diese Kritik hat Goethe bekanntlich selber 1787 für die zweite *Werther*-Fassung in Form einer stärkeren Distanzierung von seinem Protagonisten aufgegriffen). Nicht von ästhetischen Aspekten wurde also der Vorwurf des Aufklärers Friedrich Nicolai geleitet, sondern von einer ethischen Intention, von einer Vernunftmoral, die den empfindsamen und Freiheit fordernden, gegen die Gesellschaft revoltierenden Schwärmer Werther als Ehemann Lottes und Vater von acht Kindern in die Schranken eines ordnungs-, pflicht- und verantwortungsbewussten sozialen Individuums zurückwies – und damit aber den eigentlichen Existenzkonflikt des Romanhelden in allzu simpler, wenig überzeugender und sogar komischer Weise löste. „Kurz ich wollte die Sache von einer andern Seite darstellen", erklärte Nicolai den Entstehungshintergrund seiner Schrift.[13]

Johann Heinrich Merck versuchte nun in seiner Doppelrezension, die 1775 im 26. Band der *Allgemeinen deutschen Bibliothek* unter dem Signum ‚Au.' erschien,[14] zwischen den antipodischen ästhetischen und ethischen Positionen Goethes und Nicolais zu vermitteln, und es lässt sich feststellen, dass er diese brisante Aufgabe meisterhaft gelöst hat. Wichtig ist dabei freilich nicht nur die Form dieses diplomatischen Kunststücks; in der Auseinandersetzung mit den beiden antagonistischen Werken definiert Merck zugleich das eigene kunsttheoretische Verständnis, in dem aufklärerisches Vernunftdenken und innige Empfindsamkeit fusioniert werden. Diese Fusion differenter ästhetischer Positionen und Programme spiegelt auch die literarhistorische Stellung Mercks wider, zwischen Aufklärung, Empfindsamkeit und Sturm und Drang – vorausweisend aber ebenso auf Ideen und Theorien des Realismus. Während sich

---

11   WA (Anm. 1), Abt. I, Bd. 5. Weimar 1893, S. 159f.

12   Ebd., Bd. 38. Weimar 1897, S. 37-43.

13   Vgl. Leopold Friedrich Günther von Göckingk (Hg.): Friedrich Nicolai's Leben und literarischer Nachlaß. Berlin 1820, S. 53.

14   Dort S. 102-105; vgl. Johann Heinrich Merck: Werke. Hg. von Arthur Henkel. Frankfurt am Main 1968, S. 586-590. – Unter dem Kürzel folgen S. 105-108 noch Kurzbesprechungen von fünf weiteren *Werther*-Schriften; diese Besprechungen stammen allerdings nicht, wie der komplette Abdruck in der von Henkel herausgegebenen Werkausgabe nahe legt, von Merck, sondern von Nicolai; vgl. dazu Nicolais Brief an Merck vom 8. Oktober 1775. In: Wagner (Anm. 6), S. 72-78, hier S. 76.

Merck einerseits dem Darmstädter Kreis der ‚Empfindsamen' verbunden fühlte, einige empfindsame Gedichte verfasste, sich von der Lyrik Klopstocks begeistern ließ und eine Sammlung von dessen Oden und Elegien im März 1771 mit herausgab, für das Jahr 1772 die Direktion der *Frankfurter gelehrten Anzeigen*, eines wichtigen Publikationsorgans des Sturm und Drang, übernahm und darin zahlreiche Beiträge veröffentlichte, 1773 Goethes *Götz* zum Druck verhalf, Einflüsse der Sturm-und-Drang-Zeit aber etwa auch in seinem 1782 veröffentlichten *Akademischen Briefwechsel* offenbarte (über den später noch zu sprechen sein wird), zeigte er sich andererseits als scharfsinniger Kritiker, kluger Analytiker, akribischer Naturwissenschaftler und ebenso als vernunft-kritischer Fabeldichter deutlich vom aufklärerischen Geist geprägt. Dies ist auch in seiner Doppelrezension zu erkennen, die im Folgenden genauer untersucht werden soll.

II.

Schon einleitend lässt Merck keinerlei Zweifel am hohen künstlerischen „Werth" von Goethes Roman aufkommen. Das „innige Gefühl", die „leben-dige Gegenwart" und das „bis in allen Theilen gefühlte Detail" stellt Merck als die wesentlichen Merkmale des Werks (und aller „Compositionen" Goethes) heraus, die „einen seiner Materie allzeit mächtigen Schriftsteller" zeigten.[15] Das „innige Gefühl des Verfassers, womit er die ganze, auch die gemeinste ihn umgebende Natur zu umfassen scheint", habe „über alles eine unnach-ahmliche Poesie gehaucht".[16] In dieser Konstatierung sieht Merck sowohl ein Vorbild als auch eine Warnung für „alle angehenden Dichter": nämlich „daß man nicht den geringsten Gegenstand zu dichten und darzustellen wage, von dessen wahren Gegenwart man nicht irgend wo in der Natur einen festen Punct erblikt habe, es sey nun außer uns, oder in uns. Wer nicht den Epi-schen und Dramatischen Geist in den gemeinsten Scenen des häußlichen Lebens erblickt, und das darzustellende davon nicht auf sein Blatt zu fassen weiß, der wage sich nicht in die ferne Dämmerung einer idealischen Welt, wo ihm die Schatten von nie gekannten Helden, Rittern, Feen und Königen nur von weitem vorzittern."[17]

Merck proklamiert und postuliert also eine Dichtkunst, die sich den De-tails alltäglicher Realität annimmt, „wahre Scenen"[18] des Lebens gestaltet und

---

15   Henkel (Anm. 14), S. 586.
16   Ebd.
17   Ebd., S. 587.
18   Vgl. Mercks bereits zitierten Brief an Nicolai vom 28. August 1774 (Anm. 4).

sich nicht einer trügerischen Irrealität hingibt. In Goethes Roman sieht er in vorbildlicher Weise eine Poetisierung des Wirklichen aus der Wahrheit des Fühlens und Erlebens heraus. Merck ist sich dabei bewusst, dass eine derart extrem empfindsam-schwärmerische Figur wie Werther besonders den jüngeren und emotionalen Leser anspricht, ihn zur Identifikation auffordert und so als das „interessanteste Geschöpf" erscheint, „dessen Fall alle Herzen zerreißt", was wiederum zum bedenklichen Phänomen des ‚Werther-Fiebers' geführt habe: „Die Jugend gefällt sich in diesem Sympathetischen Schmerz, vergißt über dem Leben der Fiktion, daß es nur eine *Poetische Wahrheit* ist, und verschlingt alle im *Gefühl* ausgestoßne Säze als *Dogma.*"[19] Merck präzisiert seine Kritik an dieser nachahmungssüchtigen und realitätsverlierenden „Jugend", indem er sich nun Nicolais Gegenschrift zuwendet und deren eigentliche Motivation und Intention, die sich im einleitenden *Gespräch* der *Freuden des jungen Werthers* manifestiert und dessen Vokabular er aufgreift, darlegt: „Diese kleine Schrifft soll keineswegs eine Parodie der *Leiden des jungen Werthers* seyn, sondern eine Satire auf die Hirngespinste unsrer jungen Herrn, Don Quixoten aus den Zeiten des Faust Rechts, die da immer mit Genie, Kraft und That um sich werfen, sich der bürgerlichen Ordnung nicht fügen, und mit ihren *winzigen Seelen* in und ausser dieser Ordnung doch nichts kluges beginnen würden."[20] Was als dezidierte Kritik an dem vom Sturm und Drang propagierten Ideal des genialischen Kraftmenschen gelesen werden kann, ist in differenzierender Sicht Ausdruck der Missbilligung einer leeren, realitätsfernen und effekthaschenden ‚Kraftmeierei', die eine Lebensbewältigung und existentiellen Halt vortäuscht, in Wahrheit allerdings nur modische Attitüde ist. In seinem bereits genannten Brief an Friedrich Nicolai vom 6. Mai 1775 begrüßte Merck denn auch die *Freuden des jungen Werthers* als „ein wohlgerathnes Gegengifft, gegen alle das Gewäsch der unmündigen u. kraftlosen Seelen, die That u. Entschluß ewig auf der Zunge tragen, u. doch denen geringsten Streichen auf ihrem Schnecken Wege nicht entgegenzukriechen vermögen".[21] An dieser Briefstelle wird deutlich, dass Merck keineswegs das ideale Menschenbild und das künstlerische Postulat des Sturm und Drang verwarf – wie er das empfindsame, affektive Individuum an sich auch nicht als ‚schwache Kreatur' negierte –, vielmehr wandte er sich gegen die „Kraftlosigkeit" und „Unmündigkeit" der „winzigen Seelen", die nicht als selbstbewusste, mündige Persönlichkeiten in Erscheinung treten, sondern in einer „Nachahmungssucht"[22] und einer pseudo-genialischen Lebenshaltung kritiklos und willensschwach

---

19   Henkel (Anm. 14), S. 587.
20   Ebd., S. 587f.
21   Kraft (Anm. 4), S. 133.
22   Henkel (Anm. 14), S. 588.

den neuesten Moden und Faszinosa hinterherlaufen und dadurch vollends in eine existentielle Haltlosigkeit stürzen. Der genannte Ausbruch aus der „bürgerlichen Ordnung" – wird diese denn als Unfreiheit erfahren – findet für Merck nur dann eine Berechtigung, wenn innerhalb und außerhalb dieser Ordnung etwas „Kluges" begonnen wird. Man könnte in aufklärerischer Perspektive hinzufügen: wenn mit kritischem Verstand etwas Vernünftiges, den Menschen oder dem Menschsein Dienliches geschaffen wird. Angemerkt sei, dass Merck hier auch die in Werther figurierte existentielle Problematik der Tatenlosigkeit des sich in Träumen und Imaginationen verlierenden Individuums fixiert und der Frage nach einer sozialen Integration des Freiheit fordernden, entfesselten Ich eine Antwort gibt.

Merck schließt seine Rezension mit der Bekräftigung, dass der Autor der *Freuden des jungen Werthers* keinen „Luftstreich gegen die allgemein anerkannte poetische Verdienste des Verfassers der *Leiden des jungen Werthers* habe wagen wollen"; Nicolai habe „gleich im Anfange" seiner Schrift „genugsam zu erkennen" gegeben, „wie hoch er den Werth" von Goethes Roman „schätze".[23] – Mehr konnte der Rezensent in seiner Bemühung um Vermittlung zwischen den Kontrahenten nicht tun.

III.

Für die ästhetische Theorie Johann Heinrich Mercks besitzt die Doppelrezension eine große Bedeutung, da sie in konziser, pointierter Weise Gedanken formuliert, die wenige Jahre später in seinen Essays zur bildenden Kunst und zur Epik weiter ausgeführt wurden. Dies betrifft besonders die – von Gerhard Sauder auf den Begriff gebrachte[24] – „Detailtheorie", die Merck in seinem 1777 erschienenen Essay *Ueber die Landschaft-Mahlerey*[25] an der bildenden Kunst, 1778 im Essay *Ueber den Mangel des Epischen Geistes in unserm lieben Vaterland*[26] an der Erzähldichtung, speziell am Roman, expliziert.

Mercks Darlegungen der Voraussetzungen für ein wahres Künstlertum resultieren aus der gegenwärtigen Beobachtung unechten und mangelhaften Kunstschaffens. Als eine „erste und distinktive Grundanlage" des Landschaftsmalers nennt er das „große poetische Gefühl", „alles was unter der Sonne liegt, merkwürdig zu finden, und das geringste, was uns umgiebt, zu einem

---

23 Ebd.
24 Vgl. Gerhard Sauder: „Wunderliche Großheit". Johann Heinrich Merck (1741–1791). In: Lenz-Jahrbuch. Sturm-und-Drang-Studien. 1 (1991), S. 207–227, hier S. 223.
25 Erstdruck: Teutscher Merkur 1777, III, S. 273–280; vgl. Henkel (Anm. 14), S. 380–385.
26 Erstdruck: Teutscher Merkur 1778, I, S. 48–57; vgl. Henkel (Anm. 14), S. 385–391.

Epos zu bilden". Gemeint ist das „Hängen am Alltäglichen, am Unbedeu-
tenden", „das Bemerken, was so viele andere mit Füssen treten, die botani-
sche Jagd, wo so alle nur Gras sehen, und das Auffassen desselben" – was
bezeichnenderweise „den Charakter" von Goethes „Schriften und Denkart"
ausmache.[27] Daneben müsse der Künstler, um nicht beim flüchtigen Blick zu
bleiben und nur das Willkürliche zu erfassen, sich vor allem *Zeit*, Muße für
den darzustellenden Gegenstand nehmen und „nach der Wahrheit des Detail"
forschen, bis sich „alle Geheimnisse und feste Gesetze der Natur" enthül-
len.[28] Dazu gehöre die „Kenntnis aller Theile", die miteinander in „notwendige[r] Verbindung" stehen; nur durch Studieren und Erforschen dieser
„Theile" werde die „schöne Natur" erfassbar, innigst fühlbar und finde deren
„*Charakter* oder *Wahrheit*" ihren künstlerischen Ausdruck.[29]

Während Merck für die Malerei Begriffe der Dichtkunst verwendet und
das poetische Empfinden als Disposition des künstlerischen Schaffens ver-
steht, betrachtet er das Epos als ein „Gemählde", das „viel Detail in der
Darstellung", „Farbe und Ton" erfordere.[30] So kann man beide Essays in
einem Zusammenhang lesen, da sie konstitutive Aussagen zur Kunstauffassung Mercks formulieren. Im Aufsatz *Ueber den Mangel des Epischen Geistes*
präzisiert und verschärft er seine Kritik an den gegenwärtigen ‚Künstlern',
hier: den modernen epischen Autoren, und wirft ihnen insbesondere vor, die
dargestellten Gegenstände und Begebenheiten nie selber gesehen, erlebt und
gefühlt, sondern sie durch „Hörensagen"[31] und Lektüre sich angeeignet zu
haben. Die Nachahmung vor allem von englischen und französischen Roma-
nen habe u. a. dazu geführt, dass nur wenige deutsche Romane vorlägen, deren Handlung an deutschen Orten spiele und die typisch deutsche Zustände,
Begebenheiten und Charaktere schildern.

Von einer „Sekte der Empfindsamkeit und des Geniewesens"[32] geblendet
und zur modischen Imitation verführt, sei besonders den „jungen Herrn" Autoren der Blick für das (allzu) Menschliche, das Alltägliche verstellt worden oder
sie hätten sich zu Übertreibungen der Karikatur und Satire verleiten lassen.

Den ‚gekünstelten' Romangemälden der „jungen Herrn", der realitätsfremden „Don Quixoten", wie sie in der *Werther*-Rezension despektierlich genannt werden, stellt Merck neben dem großen epischen Vorbild Homer die
„Naivetät des gemeinen Mannes", „des würklich sinnlichen Menschen", ent-

---

27   Henkel (Anm. 14), S. 381.
28   Ebd., S. 382.
29   Ebd., S. 385.
30   Ebd., S. 387.
31   Ebd., S. 390.
32   Ebd., S. 388.

gegen, dessen „Gabe zu sehen" ihn „zum beredtsten Erzähler" mache. Da dieser nicht der Macht übergroßer „Einbildungskraft" unterliege, sei für ihn das „Gegenwärtige" „immer groß und anziehend", weil es „von allen Seiten Eindruck auf ihn" mache: „Jeder einzelne Eindruck ist ihm kostbar, er sucht ihn wieder zu geben."[33] Merck sieht in dieser Perzeption der alltäglichen, „gemeinen" Wirklichkeit die Bedingung für den proklamierten Detailrealismus.

Fasst man die ästhetischen Thesen und Theoreme der beiden Essays zusammen, so lassen sich Kritikpunkte und Postulate herausstellen, die bereits in der *Werther*-Rezension prononciert werden. Die an Goethes Roman als mustergültig erkannten Charakteristika des „innigen Gefühls", der „lebendigen Gegenwart" und des „bis in allen Theilen gefühlten Details", die eine realistische und lebensechte Darstellung bewirken, werden als notwendige Prämisse für die bildende und die epische Kunst betrachtet. Merck zeigt dabei deutlich, dass es eines tief empfindenden Subjekts bedarf, um die Poesie ins Werk zu setzen – signifikanterweise spricht er in seinem *Mahlerey*-Essay vom „poetischen Gefühl" als Voraussetzung für das (wahre) künstlerische Schaffen. Durch diese Poesie werden „alle Theile" des Daseins fühlbar und gelangen in der Ordnung ästhetischer „Composition" zur Anschauung – das heißt, dass auch das Geringste, scheinbar Unbedeutende und Nebensächliche, dass auch alltäglichste Dinge Beachtung als Teile eines sinnvollen und notwendigen (Natur-)Zusammenhangs finden. So führt die Poesie zugleich zur erstrebten „Wahrheit des Details".

Mit dieser ästhetischen Detailorientierung verbunden ist die von Merck geforderte Wirklichkeitsverpflichtung der Kunst. Darauf bezieht sich auch seine bereits zitierte Warnung an die „angehenden Dichter" in der *Werther*-Rezension und die Empfehlung, „aus dem Schatze" der „eigenen Erfahrungen" zu gestalten und den Blick für das konkrete Detail und die alltägliche Realität durch Beachtung der „gemeinsten Scenen des häußlichen Lebens" zu schulen.[34]

Aus der Sicht des kritischen Analytikers hat Merck freilich zu differenzieren zwischen einer „Poetischen Wahrheit"[35] und einer tatsächlichen, faktischen, empirischen Realität. In seiner Rezension wirft er den Werther-

---

33 Ebd., S. 389.
34 Ebd., S. 587. – Vgl. dazu die Bemerkung Lottes im *Werther*: „Und der Autor ist mir der liebste, in dem ich meine Welt wieder finde, bey dem's zugeht wie um mich, und dessen Geschichte mir doch so interessant so herzlich wird, als mein eigen häuslich Leben, das freylich kein Paradies, aber doch im Ganzen eine Quelle unsäglicher Glükseligkeit ist." Johann Wolfgang Goethe: Die Leiden des jungen Werthers. Originalgetreuer Nachdruck der Erstausgabe von 1774. Hg. von Joseph Kiermeier-Debre. München 1997, S. 28.
35 Vgl. Henkel (Anm. 14), S. 587.

Nachahmern denn auch vor, dass sie die Fiktionalität der Lebensdarstellung vergessen und damit gleichzeitig die künstlerische Leistung des Romans übersehen. Wie Merck betont, bedeutet die Poetisierung der Wirklichkeit durch die „Hand des Künstlers" stets eine „Auswahl und Anordnung" der Details zu einer „Composition", die tiefe und erhellende Einblicke in die „Weltbegebenheiten", „mit allen ihren Umständen wie sie geschehen" sind, gewährt.[36] Für Merck zeigt Goethes *Werther* dieses künstlerische Verfahren einer Realitätspoetisierung in paradigmatischer Form. Gewiss bedeutsam erscheint in diesem Kontext Goethes Erinnerung an die „merkwürdigen Worte" seines Freundes Merck, der ihm gesagt haben soll: „Dein Bestreben [...], deine unablenkbare Richtung ist, dem Wirklichen eine poetische Gestalt zu geben, die andern suchen das sogenannte Poetische, das Imaginative zu verwirklichen, und das gibt nichts wie dummes Zeug."[37] Goethe selbst habe, wie er bekennt, diese unvergesslichen Worte „oft im Leben bedeutend" gefunden: „Faßt man die ungeheure Differenz dieser beiden Handlungsweisen, hält man sie fest und wendet sie an, so erlangt man viel Aufschluß über tausend andere Dinge."[38]

In der Tat ist dieses überlieferte Diktum Mercks auch aufschlussreich für dessen ästhetische Theorie. Kontrastiv zum poetischen Paradigma des *Werther* definiert sich Mercks Kritik an den – vor allem jungen – Künstlern, die die Realität mit ihren Phantasien und Imaginationen zu substituieren versuchen und sich dadurch in tragikomische „Hirngespinste", in „dummes Zeug" oder in die „ferne Dämmerung" einer erfundenen Welt verirren, deren beschworene Idealität sich als gefährliche Irrealität offenbart. Der Kritiker legt in seiner *Werther*-Rezension dar, dass die Vorwürfe gegen die „angehenden Dichter" ebenso die Leser betreffen, und damit leitet er die Betrachtung über von Goethes Roman zur Gegenschrift Nicolais. Mercks kritischer Blick umfasst am *Werther*-Exempel also sowohl die Produktions- als auch die Wirkungsästhetik, die im Phänomen der monierten (modischen) Nachahmung einer Lebens- und Kunstform – im Sinne einer unreflektierten und unechten Imitation – ihr verbindendes Element finden.

Im Verständnis Mercks schafft der postulierte Wirklichkeitsbezug der Epik, wodurch in den vorgestellten Erzählgemälden „alles so dasteht, als wenns so seyn müßte"[39] und „wie es jedermann mit seinen Augen gesehen zu haben glauben würde",[40] ein breites Verstehen beim Lesepublikum durch ein Wiedererkennen eigener Erfahrungen und Empfindungen. Ähnlich wie die realitäts-

---

36   Ebd., S. 586.
37   Goethe: Dichtung und Wahrheit (Anm. 1), Bd. 29. Weimar 1891, S. 93.
38   Ebd., S. 93f.
39   Henkel (Anm. 14), S. 390.
40   Ebd., S. 388.

orientierte ästhetische Theorie von Jakob Michael Reinhold Lenz intendiert Merck keinen wirklichkeitsverklärenden Idealismus, sondern eine unverfälschte Widerspiegelung und gleichzeitig eine Erkenntnis der Wirklichkeit durch die Perspektive des der Authentizität verpflichteten Dichters, der mit Hilfe des „poetischen Gefühls" das Charakteristische, das Wesentliche objektiver Realität erfasst und als künstlerisch gestaltete sinnliche Erfahrung zum Ausdruck bringt. Darin manifestiert sich zugleich der Prozess des „Urtheilen[s] sowol als Empfinden[s]"[41], d. h. das vom Sturm und Drang proklamierte ästhetische Verfahren, durch die Empfindung, die sinnliche Wahrnehmung, zum Urteil, zum kritischen Bewusstsein, zu gelangen.

In einer Zeit, da der Roman zum Synonym für „erfundne Geschichten" wurde[42] und als ästhetische Gattung heftig umstritten war, sah sich Merck verpflichtet, an die künstlerische Aufgabe und die Möglichkeiten dieses Genres zu appellieren.[43] Mit seinen epischen Werken hat er selbst Versuche einer realistischen, detailorientierten Erzählweise vorgelegt, die er in seiner *Werther*-Rezension und in seinem Essay *Ueber den Mangel des Epischen Geistes* forderte. Dass sein Detailrealismus dabei auch auf eine Erzählproblematik verweist, wie sie im *Werther* exemplifiziert wird, ist sicherlich bemerkenswert: Wie Goethe zeigt, muss sich Werther „zwingen ins Detail zu gehen", um „in der Ordnung zu erzählen",[44] d. h. um die unfassbar-gewaltigen Begebenheiten und Empfindungen sprachlich mitteilen zu können. In der Orientierung am konkreten Detail des erlebten Geschehens gelingt es ihm dann auch tatsächlich, seine unbeschreiblichen Erlebnisse und Gefühle zu einer ‚ordentlichen' Erzählung zu gestalten und sie so dem Briefadressaten verständlich zu machen.

Johann Heinrich Mercks Empfehlung an die „jungen Herrn" Autoren, sich zu „üben Einen Tag, oder Eine Woche ihres Lebens als eine Geschichte zu beschreiben", „und zwar so unbefangen und gut, daß nichts von ihren Reflexionen und Empfindnissen durchflimmert",[45] knüpft an Werthers ‚Detailzwang' an und zielt auf eine objektive, realistische Erzählweise. Die subjektive Perspektive ist hierbei zwar nicht gänzlich auszuschalten – und die „Hand des Künstlers" *muss* bei der poetischen Komposition ja auch zu erkennen sein –,

---

41 Johann Heinrich Merck: Lindor / eine bürgerlich-teutsche Geschichte. In: Henkel (Anm. 14), S. 239-250, hier S. 239.

42 Henkel (Anm. 14), S. 386.

43 Vgl. dazu H. Rudolf Vaget: Johann Heinrich Merck über den Roman. In: PMLA – Publications of the Modern Language Association of America, Vol. 83, Nr. 2, Mai 1968, S. 347-356; Norbert Haas: Die Flucht zu den Dingen. Johann Heinrich Mercks erster Landroman. In: Literatur der bürgerlichen Emanzipation im 18. Jahrhundert. Hg. von Gert Mattenklott und Klaus R. Scherpe. Kronberg/Ts. 1973, S. 111-136.

44 Goethe: Die Leiden des jungen Werthers (Anm. 34), S. 23f.

45 Henkel (Anm. 14), S. 390.

aber sie hat sich der Beschreibung objektiver Realität unterzuordnen. Dass ein derartiges erzählästhetisches Verständnis auf einen drohenden Realitätsverlust durch eine allzu starke Introspektion und eine – in der *Werther*-Rezeption sich manifestierende und populär werdende – „Nachahmungssucht" rekurrierte, wird vor dem Hintergrund der betrachteten Kritik Mercks an den zeitgenössischen jungen Autoren evident.

IV.

Zur *Werther*-Rezeption Johann Heinrich Mercks zählt neben seiner Doppelrezension auch ein poetischer Beitrag: seine 1775 anonym und am fingierten Verlagsort „Freistadt am Bodensee" erschienene „Künstler-Romanze" *Pätus und Arria*, die eine satirische Kommentierung des Verkaufsverbots des *Werther* in Leipzig und wiederum eine spöttische Kritik an der zügellosen Werther-Schwärmerei darstellt.[46] Mit dem Titel seiner 37-strophigen Verssatire nimmt Merck Bezug auf das von Plinius d. J. mitgeteilte tragische Schicksal des römischen Ratsherren Caecina Paetus, der wegen eines Aufstandsversuches gegen Kaiser Claudius zum Tode verurteilt wurde. Seine Frau Arria versuchte ihn daraufhin zum Selbstmord zu bewegen, indem sie sich vor seinen Augen erstach und ihm den Dolch mit den Worten reichte: „Paete, non dolet" („Pätus, es tut nicht weh").[47]

Diese Worte erscheinen in Mercks „Künstler-Romanze" als Titelblatt-Motto. Die Geschichte von Pätus und Arria ist dort die Vorlage für das Werk, das zur Schau gestellte „Bild", eines „jungen Mannes", der „an Kunst und an Gefühl / den Gecken sich gefressen" hat.[48] Mit seiner künstlerischen „Nachschnitzlung" erzielt dieser einen gewaltigen Erfolg bei der „Jugend", die sich, zutiefst gerührt, mit dem Schicksal des ‚Todes-Paares' identifiziert und es in heroischer Weise, wie „versessen"[49] nachzuahmen strebt, was schließlich zu einem Verbot des ‚sittenverderbenden' Werks führt.

Im Ton eines Bänkelsangs hat Merck die in seiner Rezension behandelte bedenkliche Wirkung des *Werther* ironisch-satirisch verschlüsselt, wobei die

---

46 Mercks Verssatire ist im selben Jahr auch zusammen mit der Elegie *Lotte bey Werthers Grab* anonym erschienen (Leipzig und Wahlheim 1775; 16 S., 1 Gr., mit Musik 2 Gr.). Der Verfasser der Elegie ist allerdings nicht Merck, wie Helmut Prang annimmt, sondern Carl Ernst von Reitzenstein; vgl. Helmut Prang: Johann Heinrich Merck. Ein Leben für andere. Wiesbaden 1949, S. 122.

47 Vgl. Plinius: Sämtliche Briefe, Drittes Buch, 16. Zürich, Stuttgart 1969, S. 131-133.

48 Johann Heinrich Merck: Pätus und Arria. Eine Künstler-Romanze. In: Henkel (Anm. 14), S. 162-167, hier S. 163.

49 Ebd., S. 164.

Anspielungen allerdings so deutlich in Erscheinung treten, dass ein breites Erkennen und Verstehen gewährleistet wird. Angesichts der heftigen Diskussion über die Frage nach einer moralischen Legitimation des Selbstmords bezieht der Dichter der Verssatire einleitend die Position des entrüsteten Sittenrichters (den realiter mit besonderer Schärfe etwa der Hamburger Hauptpastor Johann Melchior Goeze repräsentierte), indem er Pätus und Arria als „Narr'n" schilt, deren Tat „verderbt", aus einem „blinden Heydenthum" entsprungen und durch „Satans List" bewirkt worden sei. Schon hier ist zu erkennen, dass auch Merck selber als berichtender und richtender Autor im Spiel dichterischer Realitätschiffrierung eine *Rolle* übernimmt und die differenten Meinungen und Urteile in der *Werther*-Kontroverse artikuliert. Dies wird evident, wenn der Autor in der neunten Strophe vom moralischen zum ästhetischen Standort wechselt und konzediert: „So schlimm der Gegenstand auch war, / so mußt man doch gestehen, / viel Kunst und noch viel mehr Natur / war an dem Bild zu sehen."[50] Dieses ‚Eingeständnis' verweist wiederum auf die Kunstauffassung Mercks, die er an Goethes *Werther* expliziert und nach der die künstlerische (poetische) Darstellung sich an der Wirklichkeit der Natur, am Natürlichen zu orientieren habe.

Die dezidierte Kritik an den Werther-Epigonen, die Merck in seiner Rezension äußert, findet sich auch in *Pätus und Arria*: „Und denn, so ist die Jugend schwach, / sezt sich gleich an die Stelle / und überleget nicht genau / den Unterschied der Fälle. // So gieng's auch hier, sie weinten laut; / vergassen Sehn und Hören, / und fiel'n einander um den Hals, / als ob sie's selber wären. // Und als Sie rief: es thut nicht weh, / und Er den Dolch nun zückte, / da gieng der Dolch durch jedes Herz, / deß Auge dahin blickte."[51]

Vor dem Hintergrund der Struktur der Doppelrezension verwundert es nicht, dass Merck nun Nicolais Gegenschrift ins Spiel bringt, die in einer Fußnote explizit genannt wird, was jetzt auch dem Schwerstverstehenden die Augen öffnet: „Da kam ein schöner Geist herbey / und zeigt durch seine Lehren, / ‚das Interesse dieses Werks / beruhte auf Chimären'".[52] Merck greift hier Nicolais bekundete Intention auf, mit seinen *Freuden des jungen Werthers* ein alternatives Schicksal zum Selbstmord des Protagonisten Goethes zu erzählen (*„wies anders gehen konnt!"*),[53] und er lässt den auftretenden „schönen Geist" (Nicolai) die Vorstellung entfalten, das Todesurteil gegen Pätus zu

---

50 Ebd., S. 163.
51 Ebd., S. 164.
52 Ebd., S. 165. – Die erste Zeile dieses Zitats findet sich identisch auch in Goethes Spottgedicht *Nicolai auf Werthers Grabe*; dort heißt es allerdings weit drastischer: „Da kam ein schöner Geist herbei, / Der hatte seinen Stuhlgang frei, / Wie ihn so Leute haben." Goethe (Anm. 11), S. 159.
53 Henkel (Anm. 14), S. 165.

revidieren, und dieser, „mit Ehr' und Gut" beschenkt, „zög aufs Land, und fern / vom Hof und seinen Ränken, // Sein väterliches Gut zu baun, / die Kinder zu erziehen".[54]

Dem Nicolai-Rekurs lässt Merck in seiner Verssatire einen Hinweis auf Moses Mendelssohns 1755 publizierte *Briefe über die Empfindungen* folgen, um Argumente gegen den Selbstmord anzuführen. Schließlich wendet sich der Autor dann den Vorkommnissen in Leipzig zu, wo der Stadtrat auf Antrag der theologischen Fakultät im Januar 1775 den Verkauf des *Werther* unter Strafandrohung verbot. Spöttisch zeichnet Merck die konfiszierenden geistlich-moralischen Herren „in ihren großen Krägen", die anfangen, „mit Gott und Muth / die Sach zu überlegen"[55] und mit ihrem rigiden Verbot zu einem Mittel falscher Radikalität greifen, der Rezeptionsproblematik des *Werther* zu begegnen.

Die Frage, warum sich Merck neben seiner Rezension auch poetisch mit dem *Werther* Goethes und der Gegenschrift Nicolais auseinander gesetzt hat, obwohl er sich doch sehr unwillig in den Zwist der beiden Autoren ‚ein-mischen' wollte, kann nur hypothetisch beantwortet werden.[56] Zum einen mag ihn die Brisanz der sich verschärfenden Kontroverse und die Aktualität des Leipziger Verbots gereizt und bewegt haben, wie in der Rezension den eigenen Standpunkt zu markieren und die Absicht seines Freundes Nicolai darzulegen; zum anderen scheint Merck, in Koinzidenz mit Nicolai und sei-ner als „Satire" verstandenen Schrift, von dem ethischen Anliegen motiviert gewesen zu sein, das gefährliche ‚Werther-Fieber', d. h. die eskapistische „Nachahmungssucht" der jungen Generation nicht nur in einer sachlich-analytischen Form der Literaturkritik aufklärerisch – und damit konträr zum Leipziger Verbot – zu bekämpfen, sondern auch im poetischen Spiel einer chiffrierend-entlarvenden Satire, die an das ästhetische Verfahren und die mo-ralische Intention seiner Versfabeln anknüpfte. Betrachtet man die Charakter-porträts Mercks, die die Zeitgenossen gezeichnet haben, so akzentuieren sich immer wieder Züge eines anteilnehmend-humorvollen wie auch bitterbösen, zynischen Satirikers, der mit treffend-scharfem Blick geistige, politische und soziale, ethische und ästhetische Missstände dekuvrierte.

Der Verfasser des *Werther*, der Freund Goethe, wird als Person und Künst-ler den Angriffen in Mercks Verssatire entzogen, indem der kritische Blick auf

---

54 Ebd.
55 Ebd., S. 167.
56 Vermutlich ist die Verssatire, inspiriert vom Leipziger Verkaufsverbot des *Werther* und dem Erscheinen von Nicolais Gegenschrift im Januar 1775, vor der Rezension, wahr-scheinlich im Februar, entstanden. Eine Kurzbesprechung der „Künstler-Romanze" (in der Ausgabe mit der Elegie *Lotte bey Werthers Grab*; vgl. Anm. 46) erschien bereits im Juli 1775 (*Gothaische gelehrte Zeitungen*, 12. Juli 1775).

die umstrittene Selbstmordthematik des Buches fokussiert wird und der Autor der „ausgeschnittenen" Pätus-und-Arria-Geschichte von vornherein – wie seine Rezipienten – als ein Imitator auftritt, der „an Kunst und an Gefühl" seinen Spaß findet. Mercks Befürchtung, mit seiner Rezension Goethe verärgern zu können, dürfte bei der „Künstler-Romanze" also noch weniger begründet gewesen sein. Zudem hat der Satiriker, der bei der Veröffentlichung von *Pätus und Arria* unter dem Schutz der Anonymität stand, Goethe das Werk offenbar sogar selbst vorgelegt, worauf ein Brief Goethes an Merck vom 7. März 1775 hinweist, in dem dieser den Darmstädter Freund bittet: „Schick mir die Studien zurück, und was neues dazu. [...] Lerne an den Romanzen."[57] Mit diesen „Romanzen" könnte u. a. auch die „Künstler-Romanze" *Pätus und Arria* gemeint gewesen sein.[58] – Dass in einer Rezension der Verssatire, die in Friedrich Nicolais *Allgemeiner deutscher Bibliothek* erschien, Goethe als möglicher Verfasser genannt wurde,[59] mag schließlich auch belegen, dass der Text keineswegs als ein Angriff auf den Autor des *Werther* zu lesen ist.

V.

Johann Heinrich Mercks *Werther*-Rezeption dokumentiert sich aber nicht nur in der expliziten Auseinandersetzung mit Goethes Roman, sie zeigt sich ebenso in Einflüssen auf das erzählerische Werk des Rezensenten und Verssatirikers. Dieser Einfluss wird etwa besonders an dem 1782 erschienenen

---

57 WA (Anm. 1), Abt. IV, Bd. 2. Weimar 1887, S. 240.

58 Diese Ansicht vertritt auch Hermann Bräuning-Oktavio: Goethe und Johann Heinrich Merck (Anm. 3), S. 62. Demnach könnte der Auftritt Nicolais als „schöner Geist" in *Pätus und Arria* nicht nur darauf verweisen, dass Merck das unveröffentlichte Spottgedicht Goethes kannte, auf das er nun explizit Bezug nimmt (vgl. Anm. 52), sondern Mercks poetisch-satirische Figurierung diente möglicherweise Goethe als Vorlage. Vgl. darüber hinaus Mercks ein Jahr später verfassten Brief an J. M. R. Lenz vom 8. März 1776, wo er bemerkt: „Von meinen Lumpereyen hab' ich jezo nichts zum Absenden, weil ich so schreibe daß's kein Mensch lesen kan, u. zum Copiren hab' ich keine Zeit eben. [...] Die Romanzen führt Goethe alle in Einem Bande mit sich. Ich habe keine weitere Abschrifften, u. die erste Aufsäze sind mir alle verlohren gegangen. Ich hab ihm aber darum geschrieben." Kraft (Anm. 4), S. 145-147, hier S. 145.

59 „Der Verf. ist nicht bekannt, sie [die Romanze] würde aber auch Hrn Göthe eben keine Schande machen." In: Allgemeine deutsche Bibliothek, Bd. 26, 1. Stück, 1775, S. 207 (unter dem Kürzel ‚N.'; lt. Gustav Parthey publizierte der Theologe Georg Wilhelm Petersen, der in Darmstadt als Prinzenerzieher und Hofprediger tätig war, unter diesem Signum; vgl. [Gustav Parthey:] Die Mitarbeiter an Friedrich Nicolai's Allgemeiner Deutscher Bibliothek nach ihren Namen und Zeichen in zwei Registern geordnet. Ein Beitrag zur deutschen Literaturgeschichte. Berlin 1842, S. 64).

Akademischen Briefwechsel erkennbar, wo Merck einen typischen Generationskonflikt der ‚Werther-Zeit' thematisiert.[60] Im Mittelpunkt der sechzehn Briefe
sechs verschiedener Korrespondenten steht für drei künstlerisch begabte, junge schwärmerische Intellektuelle die problematische Frage ihrer zukünftigen
Existenz. Ludwig Werner, die zentrale Figur, wird gedrängt und beraten von
seiner Mutter und zwei Onkeln, einen bürgerlichen Beruf zu ergreifen, um
sich ordnungsgemäß in die Gesellschaft zu integrieren. Schmerzlich spürt er
die Diskrepanz zwischen der Freiheit seiner künstlerischen Tätigkeit und dem
„Joch"[61] der „bürgerlichen Karre", dem familiären „Käfig".[62] Er weiß: „Mit
der Kunst siehts übel aus, so bald man ins thätige Leben kömmt."[63] In seiner
Schwester Mariane und seinem Freund Sternberg, dem es als „Consistorial-
Assessor" offenbar leichter gelingt, sich beruflich-gesellschaftlich anzupassen,
findet er Geistes- und Seelenverwandte, denen vertraut ist, sich von den
„freyen Künsten berauschen" zu lassen.[64] Nicht zufällig lesen diese jungen
Menschen abseits von der lauten und betriebsamen Gesellschaft denn auch
„Werthern, oder eine Stelle aus Ossian":[65] „Und doch ists gut allein seyn", bekennt die idealistische Mariane ihrem Bruder, „fern von den Menschen deren
Gefühl zum Leben verdumpft ist, die nichts sinnen als Materie".[66] Und an
anderer Stelle: „Ich möchte zuweilen eine Canone loßbrennen, wenn ich so
eine recht große Gesellschaft sehe, die gänzlich eingeschlaffen ist. Und wenn
sie vom Schlaffe erwachen, so gähnen sie! – Unsre liebe teutsche Nation ist
und bleibt doch die *gähnende!"*[67]

Um „nicht nach Hause" zurückkehren zu müssen und um seinen eigenen
Lebensunterhalt nach dem Studienabgang zu verdienen, entschließt sich
Werner – und damit spielt Merck auf die eigene berufliche Erfahrung und die
anderer Dichter an –, „fürs Erste" eine Hofmeisterstelle anzunehmen, in der
Hoffnung (die von Werners Erwartung einer Bildungsreise am Schluss des
Briefwechsels bekräftigt wird), weiterhin „nach Lust und Belieben auf dem
Ocean des Lebens herumzusteuern" und „so ziemlich Herr" von seiner „Situ-
ation" zu bleiben. Nach der Hofmeistertätigkeit könne er ja „noch immer
werden", was er wolle: „Soldat oder Pachter, oder Einnehmer, oder Rath,
oder Comödiant, oder Klopstockischer Vorleser, oder Philantropisten-Lehrer,

---

60 Henkel (Anm. 14), S. 286-319.
61 Ebd., S. 292.
62 Ebd., S. 286.
63 Ebd., S. 311.
64 Ebd., S. 286.
65 Ebd., S. 288.
66 Ebd., S. 298.
67 Ebd., S. 317.

und am Ende – *Autor!*"[68] Trotz seiner misslichen Situation, konfrontiert zu sein mit dem Zwang einer Freiheit raubenden Lebensplanung, verliert Werner seinen selbstbewussten Humor – geschildert aus der selbstironischen Perspektive seines Autors – nicht.

Überhaupt sind es Töne, Gesten, Lebenseinstellungen und Verhaltensweisen geniebegeisterter Künstlerfiguren des Sturm und Drang, die diese jungen Individualisten in Mercks kleinem Briefroman zur Schau stellen. Dabei lässt nicht nur der explizite Hinweis auf die *Werther*-Lektüre – und ebenso der Gleichklang der beiden Protagonistennamen (Werther/Werner) – erkennen, dass die Zerrissenheit von Goethes Romanhelden zwischen utilitärer Realität und introspektiver Idealität, sein präludierendes Bekenntnis: „Wie froh bin ich, daß ich weg bin!",[69] sein Leiden an einer Gesellschaft, die ihn mit Pflichten und Reglementierungen, mit seelen- und geistlosen Verhaltensweisen schmerzlich bedrängt und fesselt, und seine Flucht in die einsame Freiheit der Natur, wo er eine Quelle künstlerischer Inspiration findet (Werther wie Werner versuchen die beseligende Natur zeichnerisch darzustellen) – dass all dies die Existenzproblematik der Figuren Mercks geprägt hat. Merck belegt seine jungen Schwärmer aber nicht mit der dezidierten Kritik, die er an einer vom Empfindsamkeits- und Geniekult verblendeten und der realitätsfremden Nachahmungssucht verfallenen Jugend übte. Vielmehr veranschaulicht und hinterfragt er anteilnehmend und verständnisvoll (insbesondere in der Rolle von Werners Onkel, des Legations-Raths Meininger) die Existenzproblematik der jungen ‚Werther-Generation' und gibt Einblicke in das krisenerschütterte Innenleben der Existenzsuchenden, die aus ihren ichverstrickenden Reflexionen und Kontemplationen, Imaginationen und Träumen als tätige und verantwortungsbewusste soziale Individuen herauszutreten haben. Man kann diese Zuwendung Mercks zur jungen idealistischen Generation als Versuch einer Überprüfung differenter Lebensformen, -ideen und -positionen verstehen, ähnlich wie er etwa die Existenzalternative ländlichen Lebens in seiner *Geschichte des Herrn Oheims* und in seiner Erzählung *Herr Oheim der Jüngere* aus kontrastiver Perspektive kritisch beleuchtet hat. Nicht zuletzt hat er im Generationskonflikt seines *Akademischen Briefwechsels* die eigene Existenzproblematik fixiert, hin- und hergerissen zu sein zwischen dem Schriftsteller, Künstler und Wissenschaftler auf der einen Seite und dem Amtmann und Politiker auf der anderen Seite, ein Konflikt, den auch sein Freund Goethe in krisenhafter Weise erlebte und den auch er meisterhaft literarisierte (besonders in seinem *Tasso*).

---

68 Ebd., S. 304.
69 Goethe: Die Leiden des jungen Werthers (Anm. 34), S. 9.

VI.

Johann Heinrich Mercks literarische und literaturkritische Auseinandersetzung mit Goethes *Werther* lässt sich, wie ich versucht habe aufzuzeigen, als eine wichtige Überprüfung differenter ästhetischer und ethischer Standorte und zugleich als Positionierung des eigenen Kunst- und Existenzverständnisses betrachten. Diese Auseinandersetzung demonstriert, wie Merck in der Rolle des Rezipienten zum Produzenten motiviert wird, wie der Literaturkritiker und Kunsttheoretiker als satirischer Poet und realistischer Erzähler in Erscheinung tritt, der die Forderungen seiner ästhetischen Theorie, die u. a. von Goethes *Werther* evoziert und provoziert werden, literarisch einlöst.[70]

Betrachtet man das heutige literarhistorische Bild Mercks, so wird es noch immer weitgehend von der Bezugsperson Goethe dominiert und im Vergleich beider Dichter schwerlastig überschattet (wie das etwa auch lange Zeit auf Jakob Michael Reinhold Lenz zutraf). Die hier vorgestellte Untersuchung der Beziehung Goethe – Merck am Beispiel des *Werther* hat zweifellos deutlich gemacht, in welcher Weise Merck tatsächlich aus dem Schatten Goethes herausgetreten ist und seinen eigenen, bedeutenden Standort gefunden und markiert hat. Die Darstellung einer derartigen Künstler-Beziehung muss also nicht zwangsläufig zuungunsten des von der Größe Goethes Überschatteten ausfallen, sondern in der Kontrastierung kann sie auch – abseits von der müßigen Frage nach einer vergleichenden ‚Rangordnung' – die (noch immer allzu wenig bekannte) Individualität des Darmstädter Polyhistors stärker sichtbar machen, überdies aber ebenso einen neuen Blick auf Goethe eröffnen. Dass Merck sich als Dichter und Kritiker von unterschiedlichen künstlerischen Bewegungen und Ideen anregen ließ und er verschiedensten Interessen und Tätigkeiten nachging – was Goethe dazu bewogen hat, ihm „einen gewissen dilettantischen Productionstrieb" zu attestieren[71] –, hat eine präzise

---

70　Diese Bedeutung der literarischen und literaturkritischen *Werther*-Rezeption Mercks verkennt Peter Berglar, wenn er feststellt, dass Mercks „wirkliches Verständnis für den Dichter Goethe" begrenzt blieb und er „die wirklichen Maße des Freundes nicht erfaßt" habe: „und auch die Großartigkeit des ‚Werther' hat er nicht eigentlich begriffen. Wenn auch sicherlich die von diesem Roman ausgehende Welle von überspannter Schwärmerei einem Geiste wie Merck albern vorkommen mußte, so rechtfertigt das doch nicht die Parodierung und Verspottung dieses so überragenden Buches. Nicht nur daß Merck sich selbst gelegentlich darüber lustig machte, er rezensierte auch Nicolais dummen Traktat ‚Die Freuden des jungen Werthers', wobei ihm natürlich ein Eiertanz nicht erspart blieb, da er es, verständlicherweise, weder mit Nicolai noch mit Goethe verderben wollte." Peter Berglar: Einleitung zu Henkel (Anm. 14), S. 25.

71　Goethe: Dichtung und Wahrheit (Anm. 1), S. 96.

literarhistorische Klassifizierung fraglos erschwert, zeugt jedoch letztlich von einer erstaunlichen Vielfalt und Komplexität seiner Persönlichkeit. Merck, der in namhaften intellektuellen Kreisen im letzten Drittel des 18. Jahrhunderts als eine geachtete und anerkannte Autorität galt, als ein „Mann von Genie, Geschmack und einem edlen Herzen",[72] konnte selbst wiederum anregend und innovativ wirken, und beispielsweise auch einen gewichtigen Einfluss auf Goethe ausüben.[73] Mit seiner ‚Detailtheorie', seinem Programm einer sinnlich-konkreten Wirklichkeitserfassung, hat er ästhetische Ideen antizipiert, die ihn heute als einen modernen Denker erscheinen lassen, dessen treffsicheres Urteil schon zu seinen Lebzeiten gerühmt wurde. Sammlungen seines viel-seitigen Werks wurden indes erst posthum veröffentlicht und waren (oft we-nig erfolgreiche) Versuche, Merck aus der breiten Vergessenheit zu befreien. Bis heute erschienen diese Sammlungen allerdings in keiner desiderablen Voll-ständigkeit. Das hier und heute vorgestellte Projekt der kritischen Edition des Briefwechsels von Johann Heinrich Merck ist ein ganz bedeutender Beginn, diesem Desiderat nachzukommen.

---

72 Brief von Ludwig Julius Friedrich Höpfner an Rudolf Erich Raspe, 26. Mai 1771. Zit. nach Franz Ludwig Mittler: Briefe von Boie, Herder, Höpfner, Gleim, J. G. Jacobi und Anderen aus den Jahren 1769–1775. In: Weimarisches Jahrbuch für deutsche Sprache, Literatur und Kunst, Bd. 3 (1855), S. 54-56, hier S. 55.

73 Vgl. dazu Goethes Tagebucheintragung vom Juli 1779: „Gute Würckung auf mich von Mercks Gegenwart, sie hat mir nichts verschoben, nur wenige dürre Schaalen abgestreifft und im alten Guten mich befestigt. Durch Erinnerung des Vergangnen und seine Vorstellungs Art, mir meine Handlungen in einem wunderbaaren Spiegel gezeigt. Da er der einzige Mensch ist der ganz erkennt was ich thu und wie ich's thu, und es doch wieder anders sieht wie ich, von anderm Standort, so giebt das schöne Gewissheit." WA (Anm. 1), Abt. III, Bd. 1. Weimar 1887, S. 87f.

ANDREA HEINZ (JENA)

„Mineralogie ist schon gut;
aber Witz, lieber Herr, ist für den Merkur noch besser"
Mercks Anteil an Wielands *Teutschem Merkur*

Der Teutsche Merkur wurde von Christoph Martin Wieland 1773 gegründet und erschien bis 1810, wobei die Auflage anfangs mehr als 2000 Exemplare betrug. Damit war diese Zeitschrift eine der langlebigsten und erfolgreichsten ihrer Zeit. Insbesondere in den siebziger Jahren des 18. Jahrhunderts spielte der *Teutsche Merkur* eine zentrale Rolle für die Literatur und Literaturkritik Deutschlands. Maßgeblichen Anteil an diesem Erfolg hatte Johann Heinrich Merck.

Im Folgenden sollen die ersten zwölf Jahre des *Teutschen Merkur*, in die auch die Hauptphase der Merckschen Mitarbeit fällt, im Mittelpunkt der Analyse stehen. Alle Beiträge dieser zwölf Jahrgänge sind in einer Datenbank erfasst worden, so dass quantitative Aussagen über das Spektrum der Fächer, Themen und Gattungen und über die beteiligten Autoren möglich sind.[1] Diagramm 1 zeigt eine Auswertung des *Teutschen Merkur* nach Autoren.[2]

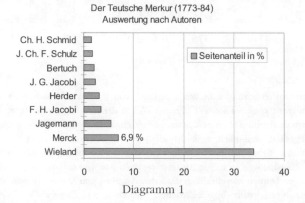

Diagramm 1

---

1 Eine weitergehende quantitative und qualitative Analyse der Zeitschrift findet sich in dem Sammelband: Der Teutsche Merkur. Die erste deutsche Kulturzeitschrift. Hg. von Andrea Heinz. Heidelberg 2003.

2 Die meisten Beiträge im *Teutschen Merkur* wurden anonym veröffentlicht. Auf Grund von

In den ersten zwölf Jahren wurde durchschnittlich ein Drittel der Zeitschrift von Wieland selbst geschrieben. Der hohe Eigenanteil des Herausgebers stellt eine Besonderheit dieser Zeitschrift dar. Wieland hatte 1773 den Lesern versprochen, in Zukunft alle seine Schriften zuerst im *Teutschen Merkur* zu veröffentlichen. Er hielt dieses Versprechen und publizierte somit nicht nur zeitschriftenübliche Genres wie Kritiken, Miszellen und Abhandlungen im *Teutschen Merkur*, sondern auch seine umfangreichen Versepen und Romane wie z. B. *Oberon* oder *Die Geschichte der Abderiten*.

Nach Wieland lieferte Johann Heinrich Merck die meisten Artikel zum *Teutschen Merkur*. In den ersten zwölf Jahren nehmen diese Beiträge[3] mindestens 6,9 % des Umfangs der Zeitschrift ein. Hinter diesem Durchschnittswert von 6,9 % verbergen sich einige Jahrgänge, in denen er wesentlich mehr, und andere, in denen er wesentlich weniger für den *Teutschen Merkur* schrieb.

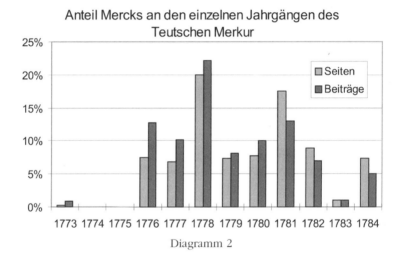

Diagramm 2

Wiederveröffentlichungen in Werkausgaben, von Briefen und anderen zeitgenössischen Dokumenten konnte Thomas C. Starnes 86,5 % der Druckseiten der Jahre 1773 bis 1784 bestimmten Autoren zuordnen. Starnes unterscheidet zwischen Fällen, in denen der Autor mit Sicherheit, vermutlich, vielleicht oder gar nicht zu ermitteln war. Ich habe mich dafür entschieden, neben den mit Sicherheit ermittelten auch die mit ‚vermutlich' gekennzeichneten Zuordnungen in meine Auswertung nach Autoren aufzunehmen. Die Autorenzuordnungen wurden ausschließlich nach den Angaben von Starnes vorgenommen, um die Auswertung nachvollziehbar zu machen. Vgl. Thomas C. Starnes: Der Teutsche Merkur. Ein Repertorium. Sigmaringen 1994.

3   In dieser Autorenauswertung – und auch in allen folgenden Diagrammen – sind nur die Beiträge berücksichtigt, die mit Sicherheit oder vermutlich von Merck stammen. Es ist davon auszugehen, dass noch wesentlich mehr Rezensionen als bekannt von Merck geschrieben wurden. Vgl. die Ausführungen im Verlauf dieses Aufsatzes.

Nach dem Abdruck einer einzigen Rezension im Jahr 1773 kam es erst ab 1776 zu einer regelmäßigen Mitarbeit Mercks. Das abgebildete Diagramm zeigt, dass Merck bis 1780 einen höheren Anteil an Beiträgen als an Seiten aufzuweisen hat, da er hauptsächlich mit kurzen Rezensionsartikeln im *Teutschen Merkur* vertreten war. Den größten Anteil am *Teutschen Merkur* erreichte er in den Jahren, in denen er nicht nur als Kritiker, sondern auch als Dichter tätig war. 1778, als seine *Geschichte des Herrn Oheims* veröffentlicht wurde, füllte er mit seinen Beiträgen ein Fünftel der Zeitschrift; 1781 veröffentlichte er mehrere Abhandlungen zur Kunst und seine Erzählungen *Lindor* sowie *Herr Oheim der Jüngere* und erreichte einen Seitenanteil von 18 % am *Teutschen Merkur.* Im untersuchten Zeitraum bis 1784 ließ Wieland keinen anderen Autor so starken Einfluss auf seine Zeitschrift nehmen, die im hohen Maße seinen persönlichen Stempel trug – nur Herder konnte noch einmal 19 % eines Jahrganges füllen.

Im Folgenden möchte ich erläutern, wie die Mitarbeit Mercks am *Teutschen Merkur* zustande kam, wie sie sich gestaltete und warum Merck der ideale Mitarbeiter für Wieland war. Hierfür werden die Zeitschriftenbeiträge und der intensive Briefwechsel zwischen beiden ausgewertet. Des weiteren sollen einige – insbesondere poetologische – Grundsätze Mercks herausgearbeitet werden, die überwiegend im Einklang mit Wielands Überzeugungen stehen.

Nachdem die Ankündigung der neuen Zeitschrift *Der Teutsche Merkur* erschienen war, die über das intendierte Programm informierte, schrieb Wieland am 14. Januar 1773 an Friedrich Heinrich Jacobi: „Ich vernehme von allen Orten her, daß das Publikum auf den Artikel Revision am meisten aufmerksam ist. [...] Ich selbst kan, wenigstens vor der Hand, kein revisor seyn. Sie und Freund Merk werden das Beste dabey thun müßen."[4] Der geplante Artikel „Revision" sollte eine Art obergerichtliche Rezensionsinstanz sein, die die Fehlurteile anderer Zeitschriften revidieren sollte. Wieland wollte von Anfang an kaum als Kritiker tätig sein und hoffte daher, Friedrich Heinrich Jacobi und Johann Heinrich Merck würden dieses Amt übernehmen. Jacobi trat deswegen in Kontakt mit Merck, der auch sofort zustimmte und etliche Manuskripte an Jacobi übersandte. Jacobi schickte drei Manuskripte davon an Wieland weiter, der wiederum nur ein einziges veröffentlichte: eine Rezension über das englische Buch *The Natural history of the Tea-Tree.* Damit war aber die Tätigkeit Mercks bereits wieder beendet.

---

4   Wielands Briefwechsel. Hg. von der Akademie der Wissenschaften der DDR durch Hans Werner Seiffert. Bd. 5: Briefe der Weimarer Zeit (21. September 1772 – 31. Dezember 1777). Bearbeitet von Hans Werner Seiffert. Berlin 1983, S. 53f., hier S. 53.

In der Forschung werden verschiedene Gründe hierfür genannt: Erstens
die Zurückhaltung Mercks, der sich nicht aufdrängen wollte,[5] zweitens seine
lange Russlandreise im Jahr 1773,[6] und drittens die Vermutung, dass eine
Verstimmung zwischen Jacobi und Merck eingetreten sei.[7] Jacobi war offensichtlich nicht von Mercks Arbeiten überzeugt, denn er schrieb bei der
Übersendung der ersten Proben an Wieland:

> Gestern, mein liebster Wieland, liefen zwei Pakete mit Manuscript von Merk ein. Ich
> sende Ihnen von seinen Ausarbeitungen nur drei; die andern können uns nicht dienen.
> An dem Schreiben des Landedelmannes finde ich auszusetzen, daß die Ideen mit dem
> Tone nicht harmoniren.[8]

Jacobi wählte also radikal unter Mercks Schriften aus und kritisierte außerdem
das übersandte *Schreiben eines Landedelmannes* massiv, seine eigenen Rezensionen
lobte er dagegen im überschwänglichen Ton.[9] Ich denke, dass man ihm durchaus etwas Neid gegenüber dem Mitbewerber unterstellen darf. Es gibt jedenfalls keine Hinweise dafür, dass Jacobi, der für Wieland als Vermittler fungieren sollte, Merck wiederum zur Mitarbeit aufforderte, so dass der Kontakt
vorerst einschlief.

Die Rezensionen im *Teutschen Merkur* der Jahre 1773 bis 1775 stammen
meist von Wieland, Friedrich Heinrich und Johann Georg Jacobi. Die Brüder
Jacobi erwiesen sich aber als höchst unzuverlässige Mitarbeiter, die trotz un-
zähliger Aufforderungen durch Wieland kaum Beiträge einschickten. 1775
suchte Wieland daher wiederum einen kompetenten und zuverlässigen Kritiker. Seine erste Wahl fiel auf Lessing, der allerdings ablehnte. Lavater empfahl
Claudius als Mitarbeiter, der aber auf Grund unterschiedlicher „Denkart"[10]
nicht mit Wieland zusammenarbeiten wollte. Merck war dann die nächste
Wahl als Kritiker und wurde diesmal durch die Vermittlung Goethes gewonnen.

Der erste persönliche Brief Wielands an Merck, der überliefert ist, stammt
vom 5. Januar 1776. Hierin erläutert Wieland das „Kritische Amt", das Merck
übernehmen soll. Die betreffende Textstelle ist schon oft zitiert worden, da

---

5   Vgl. den Brief Mercks an Wieland, 1. Februar 1773. In: Ebd., S. 706f., hier S. 706.
6   Vgl. Hermann Bräuning-Oktavio: Johann Heinrich Merck als Mitarbeiter an Wielands
    ‚Teutschem Merkur' in den Jahren 1773–1791. In: Archiv für das Studium der neueren
    Sprachen und Literaturen 67 (1913), S. 24–39 und 285–304, hier S. 33.
7   Vgl. Hans Wahl: Geschichte des Teutschen Merkur. Ein Beitrag zur Geschichte des
    Journalismus im achtzehnten Jahrhundert. Berlin 1914, S. 14.
8   F. H. Jacobi an Wieland, 18. Februar 1773. In: Wielands Briefwechsel (Anm. 4), S. 80.
9   Ebd.: „Meine Revision der Lemgoer Beurtheilung ist, in ihrer Art, wenigstens eben so gut
    gerathen, als meine Revision über Herder's Preisschrift."
10 Claudius an Wieland, 28. September 1775. In: Wielands Briefwechsel (Anm. 4), S. 420f.,
    hier S. 420.

sie aber m. E. nie Wort für Wort ernstgenommen wurde und für meine Interpretation eine zentrale Rolle spielt, sei sie hier vollständig wiedergegeben:

> Ich verstehe Sie völlig, bin mit allem zufrieden und gebe Ihnen nicht nur Macht und
> Gewalt das Kritische Amt im Merkur, von mir und Männiglichen ungehudelt und un-
> gehindert, nach eignem besten Wissen und Gewissen zu verwalten; sondern wünschte
> noch daß Sie das ganze Kritische Fach (nicht als Gesell, sondern als Obermeister)
> übernehmen, und für gewiße Arbeiten, die Sie Selbst zu machen keine Zeit haben,
> eignes Gutdünckens hübsche Gesellen, die unter Ihrer Aufsicht arbeiteten, anstellen
> möchten.[11]

Es ist zwar leider kein Antwortbrief Mercks überliefert, aber es ist davon auszugehen, dass die hier angesprochenen, Merck weitreichende Freiheiten ein-
räumenden Konditionen von diesem angenommen wurden. Darüber hinaus
möchte ich die These vertreten, dass diese Bedingungen auch mindestens drei
Jahre lang von beiden Seiten eingehalten wurden. Die wichtigsten Punkte
seien nochmals kurz hervorgehoben: Merck sollte nicht als ein Kritiker neben
anderen für den *Teutschen Merkur* tätig werden, sondern das gesamte Fächerspektrum allein übernehmen. Des weiteren wurde er zum „Obermeister", d. h.
zum verantwortlichen Redakteur ernannt, der selbständig andere Mitarbeiter
anstellen und beaufsichtigen sollte. Dies bedeutet, dass Merck für alle Rezensionen des *Teutschen Merkur* verantwortlich war, unabhängig davon, ob er
diese selbst verfasste oder als Auftragsarbeiten verteilte und eventuell überarbeitete.

An dieser Stelle will ich ausdrücklich auf die Probleme hinweisen, die die
eingangs von mir präsentierte Auswertung nach Autoren mit sich bringt.
Nicht nur die Rezensionen, sondern auch viele andere Artikel des *Teutschen
Merkur* wurden anonym oder nur mit einem oder mehreren Buchstaben unterzeichnet veröffentlicht. Wieland kennzeichnete seine Artikel mit „W.",
doch – wie man heute weiß – hat er entgegen eigener Aussage auch einige
seiner Schriften und Rezensionen ohne Unterzeichnung gedruckt. Thomas C.
Starnes hat nach jahrelanger Lektüre und Archivarbeit in seinem Repertorium
zum *Teutschen Merkur* die nach heutigem Kenntnisstand sicheren und wahr-
scheinlichen Autorenzuordnungen aufgelistet. Während die Autorschaft bei
den meisten größeren Artikeln somit inzwischen geklärt werden konnte, ist
dies bei vielen Rezensionen nicht möglich gewesen.

Im Falle Mercks bedeutet dies Folgendes: Starnes verfährt konservativ bei
der Zuordnung der Rezensionen, d. h. nur diejenigen Rezensionen, die namentlich im Briefwechsel zwischen Wieland und Merck genannt werden, werden definitiv Merck zugeschrieben. Es ist also auf jeden Fall noch mit einer

---

11   Wieland an Merck, 5. Januar 1776. In: Wielands Briefwechsel (Anm. 4), S. 459-461, hier
     S. 460.

hohen Dunkelziffer zu rechnen. Mercks Anteil am *Teutschen Merkur* dürfte deutlich höher als eingangs genannt sein. Im Briefwechsel zwischen Wieland und Merck werden nämlich immer ganze „Bündel Recensionen"[12] erwähnt: Wieland bedankt sich beispielsweise im Januar 1776 für eine „Beylage von 6. Recensionen",[13] im Juni 1777 für „ein Paar Meisterstücke von Recensionen"[14] oder im Januar 1778 für „die Menge von Rezensionen".[15] Diese Beispielkette ließe sich noch weiter fortsetzen, sie zeigt, dass Merck in großen Mengen Rezensionen einsandte, von denen nur die wenigsten namentlich bekannt sind.[16]

Weitere Belege sprechen sogar dafür, dass Merck für (fast) alle Rezensionen verantwortlich war. Wenn man die Hauptjahre der Merckschen Kritikertätigkeit (1776, 1777 und 1778) durchgeht, ergibt sich nämlich folgende Verteilung der Rezensionen nach Autoren für diesen Zeitraum:

1.	Autor unbekannt	120	Rezensionen
2.	Merck	66	Rezensionen
3.	Wieland	19	Rezensionen
4.	Scriba	10	Rezensionen
5.	Heinse	1	Rezension
	Bertuch	1	Rezension
	J. G. Jacobi	1	Rezension
	Schummel/Wieland	1	Rezension

Es fällt auf, dass für die drei Jahre nur sieben Kritiker bekannt sind, von denen vier nur eine einzige Rezension schrieben. Wenn weitere Autoren für Wieland gearbeitet hätten oder gelegentlich Kritiken eingesandt hätten, müsste es doch wenigstens einige Belege dafür geben. Starnes hat aber offensichtlich trotz akribischer Studien keine weiteren Rezensenten gefunden. Wieland als Herausgeber nahm sich selbstverständlich gelegentlich das Recht, eigene Rezensionen zu verfassen. Der Pfarrer Scriba, der über naturwissenschaftliche Bücher schrieb, wurde – entsprechend der anfangs von Wieland zugestandenen Kon-

---

12 Merck an Wieland, 7. November 1778. In: Wielands Briefwechsel (Anm. 4). Bd. 7.1: (Januar 1778 – Juni 1782). Bearbeitet von Waltraud Hagen. Berlin 1992, S. 129f., hier S. 129.

13 Wieland an Merck, 26. Januar 1776. In: Wielands Briefwechsel (Anm. 4), Bd. 6.1: Nachträge zu Band 1 bis 5. Überlieferungen, Varianten und Erläuterungen zu Band 3. Bearbeitet von Siegfried Scheibe. Berlin 1995, S. 117-120, hier S. 117.

14 Wieland an Merck, 18. Juni 1777. In: Ebd., S. 152-155, hier S. 154.

15 Wieland an Merck, 26. Januar 1778. In: Wielands Briefwechsel (Anm. 12), S. 25f., hier S. 26.

16 Diese Diskrepanz zwischen namentlich bekannten Merck-Rezension und dem Wissen von der Existenz etlicher weiterer Merck-Rezensionen ist altbekannt. Ich möchte hier aber nicht in Bräuning-Oktavios Fußstapfen treten und auf Grund stilistischer Analysen Zuordnungen wagen, sondern nur festhalten, dass Merck große Mengen an Rezensionen einsandte, für die er verantwortlich war – was nicht heißen muss, dass er auch immer deren Autor war.

ditionen – von Merck als „Geselle"[17] angestellt. Wieland erfuhr erst später von Scribas Mitarbeit. Es gibt noch weitere Indizien für meine These: 1776 leitet Wieland eine ihm bereits vorliegende Rezension[18] an Merck weiter, der – als „Chefkritiker" – den Abdruck offensichtlich erst genehmigen soll. Als Wieland dann Ende 1776 plant, Johann Georg Jacobi wieder regelmäßig als Kritiker zu beschäftigen, fragt er Merck erst um Erlaubnis, ob ihm dies recht sei und welches Fach er an Jacobi abtreten könne.[19] Die geplante Mitarbeit Johann Georg Jacobis kommt dann trotz Mahnung Wielands nicht zustande, Merck bleibt also alleiniger Kritiker. In den zwischen Wieland und Merck gewechselten Briefen ist – wie gesagt – oft die Rede von einem „grossen Bündel Recensionen".[20] Sobald Mercks Sendung ausbleibt, gibt es im betreffenden Monat des *Teutschen Merkur* keine kritischen Beiträge. Wieland klagt beispielsweise am 18. November 1776 gegenüber Merck: „Liebster Herr und Freund, Sie haben mich ganz vergessen – wie kömmt das? Die Rubrik der Recensionen läuft in diesem Monat leer – und ich wollte, Sie wißten was für Schaden mir das thut."[21] Im November 1776 erscheint durch das verspätete Eintreffen der Briefsendung Mercks wirklich – im Gegensatz zu den anderen elf Monaten des Jahres – keine einzige Rezension. Die alleinige Abhängigkeit der Rubrik von Merck wird hierdurch schlaglichtartig beleuchtet. Am 22. November 1776 bedankt sich Wieland dann für die endlich „überschickten Beyträge",[22] die er nun für den Dezember 1776 verwenden will. Da diese Beiträge aber im Briefwechsel nicht einzeln benannt sind, ordnet Starnes keine einzige der Rezensionen des Dezemberheftes Merck zu. Es ist aber auf Grund der Briefstelle sowie der inhaltlichen und stilistischen Ausführung der Kritiken mit Sicherheit davon auszugehen, dass alle sechs Kritiken im Dezember 1776 von Merck stammen. Ich denke daher, die 120 Rezensionen der Jahre 1776–78, die bisher nicht eindeutig zugeordnet werden konnten, fallen fast alle in den Verantwortungsbereich Mercks und sind sicherlich zum Großteil von ihm persönlich geschrieben worden.

---

17 Wieland an Merck, 5. Januar 1776. In: Wielands Briefwechsel (Anm. 4), S. 459-461, hier S. 460.

18 Wieland an Merck, 11. März 1776. In: Wielands Briefwechsel (Anm. 13), S. 121: „Ums Himmels willen, laßen Sie mich nicht länger in der Unruhe, ob Sie auch die Physical*ische* Recens*ion* von D. Martini, die ich Ihnen schon vor mehr als 5 Wochen zuschickte, bekommen haben? Ein Wort hierüber ohne Aufschub [...]".

19 Vgl. Wieland an Merck, 22. November 1776. In: Wielands Briefwechsel (Anm. 4), S. 571-573, hier S. 572.

20 Merck an Wieland, 7. November 1778. In: Wielands Briefwechsel (Anm. 12), S. 129f., hier S. 129.

21 Wieland an Merck, 18. November 1776. In: Wielands Briefwechsel (Anm. 13), S. 144.

22 Wieland an Merck, 22. November 1776. In: Wielands Briefwechsel (Anm. 13), S. 144-146, hier S. 145.

Die Rubrik der Rezensionen war von besonderer Bedeutung für den *Teutschen Merkur*. In den Briefen Wielands findet sich gleichbleibend über die Jahre diese Einschätzung.[23] So fordert Wieland Merck am 21. Oktober 1777 mit drastischer Wortwahl auf: „Rezensirt, rezensirt um aller – willen! Leben und Tod des Merkurs hangt von euren Rezensionen ab. Von allen Orten und Enden wird mirs zugeruffen: mehr Mährchen und mehr Rezensionen!"[24] Während Wieland für die Märchen sehr gut selbst sorgen konnte, war es für ihn ein ständiges Problem, dass der Erfolg seiner Zeitschrift in hohem Maße von einer Sparte abhing, für die er sich nicht kompetent fühlte, wodurch er in ständiger Abhängigkeit von einem anderen Mitarbeiter leben musste. Auch quantitativ betrachtet nehmen die Rezensionen im *Teutschen Merkur* einen großen Raum ein.

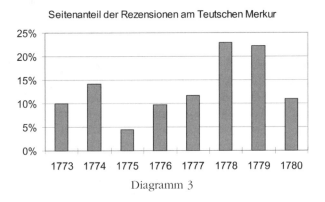

Seitenanteil der Rezensionen am Teutschen Merkur

Diagramm 3

Nachdem sich die Brüder Jacobi 1775 vollständig vom Rezensieren zurückgezogen hatten, gab es in den letzten drei Monaten des Jahres keinen einzigen kritischen Artikel im *Teutschen Merkur* mehr, so dass sich Merck ab Januar 1776 als schneller Helfer in der Not erwies. Die kritische Rubrik wurde sofort und fast ausschließlich Mercks Metier, denn 1776 ist keine einzige Rezension von Wieland und nur eine von Bertuch bekannt. Die Zahl der Rezensionen stieg mit der Übernahme durch Merck wieder an, der Seitenumfang betrug in den Jahren 1776 und 1777 ca. 10 % und in den Jahren 1778 und 1779 sogar über 20 % der Zeitschrift. Das „Kritische Amt", das Merck übertragen bekommen hatte, umfasste dabei Bücher aus allen Wissensbereichen.

---

23 Vgl. auch Wielands Brief an Merck, 20. April 1778. In: Wielands Briefwechsel (Anm. 12), S. 51-53, hier S. 51: „Der größere Theil des Publicums ist, wie ich mercke, sehr zufrieden daß der Merkur sich heuer so starck aufs recensiren legt."

24 Wieland an Merck, 21. Oktober 1777. In: Wielands Briefwechsel (Anm. 13), S. 162-164, hier S. 163.

Der *Teutsche Merkur* wurde zwar gelegentlich auf Grund des hohen Anteils dichterischer Originalwerke als literarische Zeitschrift eingestuft, die Zeitschrift wurde aber von Wieland nicht als Fachzeitschrift konzipiert und stand gemäß der aufklärerischen Intention Wielands prinzipiell allen Gebieten des Wissens offen. Neben der schönen Literatur lag der Schwerpunkt auf Artikeln zur Landeskunde, Reisebeschreibungen sowie historischen, kunstgeschichtlichen und kunsttheoretischen Abhandlungen. Doch blieb das Fächerspektrum nicht auf die ästhetischen Disziplinen beschränkt, sondern wurde auch auf naturwissenschaftliche und politische Themen ausgedehnt. Wielands Zielsetzung war es, durch diese Vielfalt und Abwechslung eine marktbeherrschende Position mit seiner Zeitschrift zu erlangen und dem allgemein interessierten Leser die Lektüre von diversen Fachzeitschriften zu ersetzen. Das Programm der vielfältigen Nachrichten aus allen Wissensgebieten erläutert Wieland auch gegenüber Merck: „Ein Merkurius sollte den *lieben* Teutschen eine Menge kleiner Nachrichten bringen, wodurch sie andre Journale ersparen könnten."[25]

Wieland selbst war als Autor in allen Sparten mit Ausnahme der Medizin und Mathematik tätig und erwies sich somit als einer der letzten Universalisten in einem Zeitalter, in dem sich die Wissenschaften zunehmend ausdifferenzierten und die Gelehrten und Schriftsteller entsprechend spezialisierten. Einen ähnlichen umfassend gebildeten, universell einsetzbaren Journalisten benötigte Wieland für die Rubrik der Rezensionen. Wenn man nun die eindeutig Merck als Autor zuzuordnenden Kritiken – ohne die anderen wahrscheinlich von ihm geschriebenen und eingeschickten zu berücksichtigen – nach Fächern summiert, ergibt sich das folgende, beeindruckend breite Fächerspektrum:

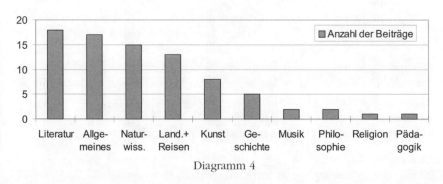

Rezensionen Mercks nach Fächern

Diagramm 4

25 Wieland an Merck, 14./15. Mai 1778. In: Wielands Briefwechsel (Anm. 12), S. 58-63, hier S. 60.

Es liegen damit fast gleich viel Kritiken von Büchern vor, die literarische, allgemeine, naturwissenschaftliche oder landeskundliche Themen behandeln. Darüber hinaus deckte Merck aber auch mit seinen eigenständigen Schriften verschiedenartige Themengebiete ab. Er veröffentlichte im *Teutschen Merkur* mehrere Erzählungen, erzähltheoretische Abhandlungen wie *Ueber den Mangel des Epischen Geistes in unserm lieben Vaterland*, popularphilosophische Essays wie das Fragment über die Frage *Welches sind die sichersten Kennzeichen des geraden Menschenverstandes?*, Auszüge aus landeskundlichen Werken wie den *Auszug aus den Sammlungen historischer Nachrichten über die Mongolischen Völkerschaften*, naturwissenschaftliche Schriften wie die *Mineralogischen Spaziergänge* und kunsttheoretische Abhandlungen wie das *Gespräch über die Schönheit* und viele andere. Dabei ist über die Jahre hinweg eine deutliche Entwicklung Mercks durch die Mitarbeit am *Teutschen Merkur* zu beobachten. Während Merck anfangs hauptsächlich als Rezensent tätig war, da er ja ausdrücklich für das „Kritische Amt" als Mitarbeiter gewonnen worden war, steuerte er ab Ende 1776 vermehrt Auszüge aus Büchern und eigene kleine Abhandlungen in Form von Briefen an den Herausgeber bei. Im Januar 1778 erfolgt dann seine erste literarische Publikation im *Teutschen Merkur* mit der *Geschichte des Herrn Oheims*. Ab dem Jahr 1778 nehmen seine eigenständigen Schriften mehr Raum als die Rezensionen ein, ab 1781 ist Merck ausschließlich als freier Autor für den *Merkur* tätig, da die Rubrik der Rezensionen eingestellt wird. Im Jahr 1781 füllt Merck – ohne eine einzige Rezension – mit seinen Abhandlungen und Erzählungen 18 % des Jahrgangs und ist hiermit zu einem eigenständigen und wichtigen Beiträger der Zeitschrift geworden.

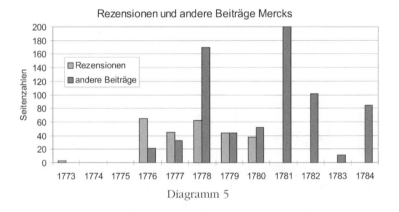

Diagramm 5

Diese quantitativ dargestellte Entwicklung vom Rezensenten zum freien Autor möchte ich im Folgenden mit ein paar Beispielen und Zitaten illustrieren, um zu zeigen, dass nicht nur Merck für den *Teutschen Merkur*, sondern umgekehrt auch Wieland und der *Teutsche Merkur* eine wichtige, katalytische Funktion für die Entwicklung des Schriftstellers Merck erfüllten.

Den ersten beiden Briefen an Merck fügt Wieland jeweils eine Liste von Buchtiteln bei, von denen er eine Besprechung wünscht. Merck reagiert folgsam und schnell, so dass bereits wenige Wochen später von den meisten Werken Rezensionen gedruckt vorliegen. Er besteht seine Probezeit mit Bravour und erweist sich – im Gegensatz zu den Jacobis – als zuverlässiger und kompetenter Kritiker. Es gibt viele lobende bis enthusiastische Äußerungen Wielands zu Mercks Rezensionen. In dem mehrjährigen Briefwechsel werden nur zwei Kritiken Mercks erwähnt, denen Wieland nicht zustimmen konnte und die er dementsprechend nicht druckte.[26]

Während Wieland im ersten Brief sieben und im zweiten Brief fünf Wunschkritiken auflistet, ist danach eine deutlich abnehmende Tendenz zu verzeichnen. Wieland erwähnt in späteren Briefen nur noch einzelne Bücher, die Merck rezensieren soll. Dabei ist zu bemerken, dass Merck gelegentlich sogar den Wünschen Wielands zuvorkam. So dankt Wieland Merck für eine Sendung Kritiken: „Unsäg*lich* hat michs gefreut, Bodmers Homer schon recensiert und so nach meinem Wunsch recensiert zu sehen."[27] Im Jahr 1778, nachdem sich Wieland und Merck in Darmstadt getroffen haben und zum persönlicheren „Du" übergegangen sind, finden sich in den Briefen viele persönliche Details über die Familie und Krankheiten, es werden jedoch kaum noch gewünschte Rezensionstitel erwähnt. Da die Anzahl der Rezensionen nicht rückläufig war, sondern im Gegenteil den Höchststand mit 112 Rezensionen im Jahrgang 1778 erreichte, ist hier eine eindeutige Emanzipation des Chefkritikers von seinem Herausgeber zu konstatieren. Denn während Merck 1776 noch in erster Linie Auftragsarbeiten für Wieland ausführte und auch keine Einwände gegen die gewünschten Gefälligkeitsrezensionen vorbrachte,[28] entschied er 1778 selbständig, welche Bücher im *Teutschen Merkur* besprochen werden sollten.

Merck emanzipierte sich aber nicht nur innerhalb der kritischen Rubrik, sondern auch von dieser. Der Weg hierzu wurde ihm von Wieland gewiesen, der Mercks Abhandlungen und Erzählungen immer lobend begrüßte und

---

26 *Uebersetzung der Hamiltonischen Contes*; Wielands Briefwechsel (Anm. 4), S. 672, und Friedrich Herzbergs Buch *Leben und Meynungen des Till Eulenspiegel*; vgl. Wielands Briefwechsel (Anm. 12), S. 249.

27 Wieland an Merck, 3. Juni 1778. In: Wielands Briefwechsel (Anm. 12), S. 72-76, hier S. 75.

28 Als Beispiele für von Wieland in Auftrag gegebene Gefälligkeitsrezensionen, die Merck dementsprechend ausführte, seien hier stellvertretend zwei genannt: Im April 1776 erschien eine lobende, wenn auch relativ nichtssagende Rezension zu Saviolis *Akademischer Rede über den Einfluß der Tugend*, im September 1777 eine zu Bodes *Anleitung zur Kenntniß des gestirnten Himmels*.

abdruckte. Einen Zwischenschritt von Rezension zur eigenen Schrift bildeten hierbei die Auszüge, die Merck aus Werken anderer Autoren anfertigte. So schrieb er als Auftragsarbeit für Wieland *Einige historische Nachricht von dem Ritterwesen der mittlern Zeiten* und erwies sich dabei als fähiger Kompilator für Nachrichten aus dem Mittelalter. Danach folgten kurze Abhandlungen, die mit der Zeit sowohl an Zahl als auch an Umfang zunahmen. Während sich diese in den ersten Jahren vor allem mit Themen der Kunst und Literatur beschäftigten, erschien im Juli 1781 Mercks erste Schrift auf naturwissenschaftlichem Gebiet, seine *Mineralogischen Spaziergänge*. Wieland ließ Merck auch hier jede Freiheit und veröffentlichte dessen naturwissenschaftliche Abhandlungen, obwohl er seinen Mitarbeiter lieber wieder auf dessen altem Terrain der geistvollen literarischen Abhandlungen gesehen hätte: „Mineralogie ist schon gut; aber Witz, lieber Herr, ist für den Merkur noch besser [...]".[29] Merck aber ging in den achtziger Jahren frei von Auftragsarbeiten seinen eigenen Weg und nutzte den *Teutschen Merkur* als Publikationsorgan für seine eigenen Schriften und Zwecke.

Es waren jedoch weder rein pragmatische Gründe wie die Zuverlässigkeit und Schnelligkeit des Rezensenten Merck noch ausschließlich seine universelle Bildung,[30] die ihn zum idealen Mitarbeiter am *Teutschen Merkur* machten. Wieland fand auch einen in vielen Punkten geistesverwandten Denker in Merck. Merck hatte schon in den Jahren 1773 und 1774 Wielandsche Werke in der *Allgemeinen Deutschen Bibliothek* lobend besprochen, bereits 1771 hatte er in einem Brief an Sophie von La Roche geschrieben, dass er Wielands „ganze Philosophie bis auf das lezte Jota"[31] unterschreibe. Seine verwandten Überzeugungen im Bereich der Literatur und der Philosophie des Lebens ermöglichten es, dass Merck die junge Generation der Dichter[32] – stellvertretend für Wieland, der eine scheinbar unparteiische Haltung als Herausgeber bis zu einem gewissen Grad wahren wollte – in der Literaturkritik zurechtweisen konnte. Viele wiederkehrende Gedanken und Argumente in Mercks Rezensionen findet man fast wörtlich auch in den Schriften und Briefen Wielands.

Ein wesentlicher Kritikpunkt für beide war die mangelnde Weltkenntnis der jungen Dichter, die sich besonders in Fürstenschelte und Tyrannenhass äußerte. Merck und Wieland dagegen hatten beide reiche Erfahrungen mit

---

29 Wieland an Merck, 11. Juli 1781. In: Wielands Briefwechsel (Anm. 12), S. 375-378, hier S. 375f.
30 Vgl. Wahl (Anm. 7), S. 94.
31 Merck an Sophie von La Roche, 21. September 1771. In: Johann Heinrich Merck: Briefe. Hg. von Herbert Kraft. Frankfurt am Main 1968, S. 55f., hier S. 55.
32 Vgl. Reinhard Ohm: „Unsere jungen Dichter". Wielands literaturästhetische Publizistik im Teutschen Merkur zur Zeit des Sturm und Drang und der Frühklassik (1773–1789). Trier 2001, S. 146-157.

Fürsten und dem Hofleben, und Wieland lebte seit 1775 zufrieden mit seiner Pension von 1000 Talern vom Weimarer Hof. Eine öffentliche, literarische Fürstenkritik lehnten beide ab, während sie eine Kritik des Hoflebens eher tolerierten. Merck rügt im Januar 1776 die „Ungezogenheiten gegen die Fürsten",[33] die sich der *Göttinger Musenalmanach* erlaubt, und nimmt die regierenden Fürsten nicht nur in Schutz, sondern bemitleidet sie im *Schreiben eines Landedelmannes* sogar ob ihrer schwierigen, undankbaren Aufgabe. Und auch die Darstellung des Fürsten in seiner *Geschichte des Herrn Oheims* fällt wesentlich positiver aus als die der anderen Hofleute.

Eine weitere Auswirkung der mangelnden Weltkenntnis ist die einseitige Darstellung der Welt. Dies ist Mercks Hauptvorwurf gegenüber Wezels Roman *Belphegor*: „das Gemälde des Hrn. V. [ist] nur einseitig, und daher unwahr".[34] Jeder Roman soll für Merck „Gemählde menschlicher Sitten"[35] sein, und dieses Gemälde muss detailgenau und wahr sein. Wezels Roman wird dagegen als „Chaos der wundersamsten Begebenheiten"[36] eingestuft. Nur die Schlusswendung der Rezension ist ein klein wenig versöhnlich, denn Wezel wird bezeichnet als „[e]iner der Wenigen, die im Stande wären, populäre Philosophie in einen angenehmen Kleide vorzutragen, – wenns Ihm beliebte".[37] Populäre Philosophie im angenehmen Gewand – dies ist das ureigenste Metier Wielands, der seit *Musarion* (1768) für seine „Philosophie der Grazien" bekannt war. Es verwundert kaum, dass Wezel dachte, diese Rezension sei von Wieland persönlich,[38] denn Mercks Aussagen spiegeln eindeutig Wielands Überzeugungen wider.

Merck hat nicht nur Maßstäbe für die Literaturkritik, sondern auch für die anderen Fachbereiche entwickelt. Außergewöhnlich ist, dass er dabei einheitliche Kriterien für alle Fächer herausarbeitete und als Bewertungsmaßstab anwandte. Die Schlüsselbegriffe sind (Welt-)Kenntnisse, Beobachtung, Beurteilung und detailgenaue Darstellung. Diese Begriffe haben gleichermaßen Gültigkeit für Literatur, Kunst und Naturwissenschaften.

Ich möchte hier kurz die Bedeutung der Beobachtung, des forschenden Blicks des Auges und des Primats der visuellen Wahrnehmung für Merck erläutern. Hierbei kann ich u. a. auf Norbert Haas' Aussagen zur Spätaufklärung verweisen, der festhält: „Das größte Kompliment, das man sich gegenseitig

---

33   Der Teutsche Merkur 1776, I, S. 87.
34   Der Teutsche Merkur 1776, III, S. 80.
35   Der Teutsche Merkur 1778, I, S. 54.
36   Der Teutsche Merkur 1776, III, S. 81.
37   Ebd.
38   Wezel nahm Wieland als Verfasser an, obwohl die Rezension nicht mit „W." unterzeichnet war. Vgl. Wieland an Wezel, 2. September 1776. In: Wielands Briefwechsel (Anm. 4), S. 544.

macht, ist, ein ‚durchdringender Beobachter' zu sein."[39] Marie-Theres Federhofer hat überzeugend nachgewiesen, dass Merck „im Bereich der Naturforschung dem Sehen den Vorrang gegenüber dem Lesen einräumte".[40] Darüber hinaus hat sie „ein Denkraster [aufgedeckt], das bei ihm so unterschiedliche Wissensgebiete wie Paläontologie und Kunst organisiert", nämlich „seine Hochschätzung des Details".[41] Diese Erkenntnisse lassen sich auch auf das Gebiet der schönen Literatur und der Reisebeschreibungen übertragen. Merck bemängelt an *Wraxals Reisen nach Norden* die „Flüchtigkeit im Beurtheilen und Bemerken"[42] und kritisiert:

> Es fehlt ihm geradezu alles, was ihn zu einem geschickten Beobachter bilden sollte. Er hat nicht die gemeinste vorläufige Kenntniße zu Beurtheilung der Regierungsverfassung, Cultur eines Landes, der Naturgeschichte, der Wissenschaften, Kunst, u. s. w.[43]

Die „Beobachtungsgabe"[44] Lavaters und Lichtenbergs wird in Rezensionen gelobt und die „Beobachtung der Natur"[45] an der niederländischen Malerei positiv hervorgehoben. Generell billigt Merck dem Empirischen eine zentrale Rolle zu. Das eigene Zeichnen ist ebenso wie die eigene naturwissenschaftliche Beobachtung und Forschung eine wichtige Voraussetzung für die kompetente Beurteilung der Werke anderer. In der *Geschichte des Herrn Oheims* werden schöngeistige Freizeitbeschäftigungen abgelehnt, einzig die Beschäftigung mit der Naturgeschichte wird akzeptiert. Oheim berichtet über den Pfarrer: „Meinen Kindern hat er seinen Geschmack an der Naturgeschichte mitgetheilt [...]. Es schärft wenigstens die Sinne, und gewiß auch das Iudicium."[46] Geschärfte Sinne und Iudicium – mit anderen Worten Beobachtungs- und Beurteilungsgabe – werden auch hier in der Erzählung von Merck als wertvolle und nützliche Fähigkeiten herausgestellt.

---

39 Norbert Haas: Spätaufklärung. Johann Heinrich Merck zwischen Sturm und Drang und Französischer Revolution. Kronberg/Ts. 1975, S. 14.

40 Marie-Theres Federhofer: Fossilien-Liebhaberei. Johann Heinrich Merck und der naturwissenschaftliche Dilettantismus des 18. Jahrhunderts. Mit drei ungedruckten Briefen Mercks an Sir Joseph Banks. In: Lenz-Jahrbuch. Sturm-und-Drang-Studien 6 (1996), S. 127-159, hier S. 137. – Auf die Betonung des Details bei Merck haben außerdem Gerhard Sauder und Reinhard Ohm hingewiesen; vgl. Gerhard Sauder: „Wunderliche Großheit". Johann Heinrich Merck (1741–1791). In: Lenz-Jahrbuch. Sturm-und-Drang-Studien 1 (1991), S. 207-227, hier S. 222; vgl. Ohm (Anm. 32), S. 153.

41 Federhofer (Anm. 40), S. 139.

42 Der Teutsche Merkur 1776, II, S. 289.

43 Ebd.

44 Lavater wird „die seltenste Beobachtungsgabe" (Der Teutsche Merkur 1776, IV, S. 78), Lichtenberg „Beobachtungsgabe" und „Weltkenntniß" zugesprochen (Der Teutsche Merkur 1778, II, S. 82).

45 Der Teutsche Merkur 1777, III, S. 55.

46 Der Teutsche Merkur 1778, I, S. 153.

Eben dies jedoch fehle den jungen Dichtern, und zwar nicht nur aufgrund ihrer mangelnden Lebens- und Weltkenntnis. Merck kritisiert vielmehr, dass die jungen Dichter die Welt nicht richtig wahrnehmen wollten und könnten:

> Die wahre Welt, die unsre junge Dichter umgiebt, erscheint ihnen durch kein gefärbtes Medium genug, daß sie zu ihrer Nachbildung angereizt würden; daher werfen sie sich mit Gewalt in idealische Abgründe, und mahlen, was kein Auge gesehn und kein Ohr gehört hat.[47]

Ein ganz ähnliches Urteil findet sich auch schon in Mercks Werther-Rezension von 1775.[48] Merck plädiert im *Teutschen Merkur* hingegen dafür, das alltägliche Leben zu beobachten, aus eigener Erfahrung kennen zu lernen und zu beschreiben. Er gibt den jungen Dichtern folgende Lektion auf: „Sie sollen sich nur üben Einen Tag, oder Eine Woche ihres Lebens als eine Geschichte zu beschreiben".[49] Die Beobachtung und Kenntnis der Welt sowie deren detailgenaue Wiedergabe in Literatur und Kunst sind wiederkehrende Konstanten und Forderungen der Merckschen Theorie. Sie gelten für Literatur, Kunst und Naturwissenschaft gleichermaßen. In dem Brief *Ueber die Landschaft-Mahlerey* formuliert Merck explizit die gleichlautenden Erfordernisse für Dichter und Künstler; die Verwendung einer Metapher aus dem Bereich der Botanik signalisiert darüber hinaus auch die Gültigkeit für die Naturwissenschaften:

> Fürs erste gehört wohl eigentlich das große poetische Gefühl dazu, alles was unter der Sonne liegt, merkwürdig zu finden, und das geringste, was uns umgibt, zu einem Epos zu bilden. Dies Hängen am Alltäglichen, am Unbedeutenden, wie's so viele Leute nennen, das Bemerken, was so viele andere mit Füssen treten, die botanische Jagd, wo so alle nur Gras sehen, und das Auffassen desselben – was den Charakter von Ihres Freundes Göthe Schriften und Denkart ausmacht – dies ist wohl die erste und distinktive Grundanlage des Landschafters.[50]

Merck war nicht nur als Rezensent und Autor in fast allen Fachbereichen des *Teutschen Merkur* tätig, sondern formulierte auch übergeordnete, universell gültige Regeln für alle Bereiche des Wissens und der Künste. *Der Teutsche Merkur* erlangte in den siebziger Jahren ein einheitliches und hohes Niveau, da Merck für die Kritiken aller Fachbereiche verantwortlich war, die er in-

---

47   Der Teutsche Merkur 1776, I, S. 89.

48   „Wer nicht den Epischen und Dramatischen Geist in den gemeinsten Scenen des häußlichen Lebens erblickt, und das darzustellende davon nicht auf sein Blatt zu fassen weiß, der wage sich nicht in die ferne Dämmerung einer idealischen Welt […]"; Johann Heinrich Merck: Werke. Ausgewählt und hg. von Arthur Henkel. Mit einer Einleitung von Peter Berglar. Frankfurt am Main 1968, S. 586-590, hier S. 587. – Zu Mercks *Werther*-Rezension vgl. den Beitrag von Hartmut Vollmer in diesem Band.

49   Der Teutsche Merkur 1778, I, S. 56.

50   Der Teutsche Merkur 1777, III, S. 275.

haltlich, stilistisch und anhand einheitlicher, fächerübergreifender Maßstäbe homogen gestaltete.

Darüber hinaus könnte man noch spekulieren, inwiefern Mercks Tätigkeit als Kritiker die Voraussetzung für seine spätere selbständige Autorentätigkeit war: In der umfangreichen und vielseitigen Auseinandersetzung mit Werken verschiedenster Fachgebiete schulte er nicht zuletzt seine eigene Urteilskraft, sammelte die erforderliche Detailkenntnis und bildete sich erst zum guten Beobachter. Er entwickelte also selbst in der Praxis all diejenigen Fähigkeiten, die er von anderen Autoren forderte. Dass er dabei keine strenge Trennung zwischen der eigentlich schönen und der eigentlich wissenschaftlichen Literatur vornimmt, entspricht den popularphilosophischen Überzeugungen und Zielen der späten Aufklärung: Unter dem Primat der Nützlichkeit versammelten sich Dichter und Aufklärer, Naturforscher und Philosophen; und eine anschauliche, lebendige und verständliche Darstellung war für sie alle die formale Richtlinie. Merck ist damit ein gutes Beispiel für eine fortschreitende Selbstaufklärung der Aufklärer; und so erreichte der *Teutsche Merkur* die angestrebte emanzipatorische Wirkung zumindest bei seinem wichtigsten Beiträger.

Abb. 3: Johann Heinrich Merck: Brustbild einer Frau mit Haube

ROBERT SEIDEL (HEIDELBERG)

Hilferufe aus der „Wüste" oder kalkulierte Kontaktpflege? Johann Heinrich Mercks Briefwechsel mit Christoph Martin Wieland

Wer sich einen Überblick über die bekannt gewordene Korrespondenz Johann Heinrich Mercks verschafft, wird feststellen, dass die Zahl der Briefpartner, mit denen Merck über mehrere Jahre in regelmäßigem, intensivem Austausch stand, überschaubar ist. Neben der Ehefrau begegnen vor allem die Weimarer Fürsten Carl August und Anna Amalia, die Naturforscher Pieter Camper und Samuel Thomas Soemmerring sowie die Literaten und Zeitschriftenherausgeber bzw. Verleger Christoph Martin Wieland, Friedrich Nicolai und Friedrich Justin Bertuch. Wenn im Folgenden aus diesem Quellenfundus ein einziger Briefwechsel – eben der mit Wieland – herausgegriffen wird, so lässt sich diesem zwar im Horizont des unten näher spezifizierten Untersuchungsinteresses eine exemplarische Funktion zuschreiben, doch ist einzuräumen, dass sich die ganze funktionale Qualität des Textmaterials letztlich nur im Vergleich mehrerer parallel geführter Korrespondenzen erschließt. Dies gilt im Übrigen für jeden denkbaren Forschungsansatz, gleich ob man nach Spuren der ‚Persönlichkeit' eines ‚großen Einzelnen' fahndet, der gesellschaftlichen Relevanz brieflicher Kommunikation zwischen Literaten nachspürt oder den Wechsel bzw. die Überlagerung verschiedener ‚Diskurse' im (dafür recht geeigneten) Medium des Briefwechsels verfolgt. Im Rahmen einer größeren Studie zum literarischen Leben der Region Hessen-Darmstadt im 18. Jahrhundert habe ich die Figur Johann Heinrich Mercks als prototypischen Vertreter jener bürgerlichen Intellektuellen präsentiert, die ihre tatsächliche oder subjektiv empfundene Isolation in einer von Hofetikette und Bürokratie geprägten Umgebung durch eine weit gespannte, die Grenzen von Stadt, Territorium und Sprachnation überschreitende, vielfach auch interdisziplinäre Kommunikation mit gleichgesinnten Gelehrten und Literaten zu durchbrechen und sich so eine neue Identität und neues Selbstvertrauen zu erwerben trachteten. In diesem Zusammenhang waren für Merck, neben mancherlei anderen Aktivitäten, die engen Beziehungen zum Weimarer Hof ebenso wichtig wie die zur internationalen Gelehrtenrepublik, und innerhalb dieser wiederum stand die genuin ‚lite-

rarische' Beschäftigung gleichberechtigt neben dem fachübergreifenden Austausch mit Wissenschaftlern verschiedener Disziplinen. Der fast ausschließlich im Medium des Briefes gepflegte und weitgehend auf Mercks Mitarbeit
am *Teutschen Merkur* bezogene Kontakt mit Wieland bildet somit nur ein kleines, wenngleich äußerst wichtiges Segment in Mercks komplexer Strategie der
Bewältigung lebensweltlicher Krisen, einer Strategie, die sich prägnant unter
dem Schlagwort „Identität durch Kommunikation" zusammenfassen ließe.[1]

Die herausragende Bedeutung des Briefes für jede Form literaturhistorischer
Forschung, zumal zum 18. Jahrhundert, steht außer Frage. Einer allgemeinen
literatursoziologischen Klärung dieses Sachverhaltes oder einer grundlegen-
den Bestimmung textsortenspezifischer Merkmale des (literarischen) Privat-
briefes[2] bedarf es heute nicht.[3] Dagegen sind der folgenden Analyse aus-
gewählter Briefe aus der Korrespondenz zwischen Merck und Wieland einige
grundsätzliche Überlegungen voranzustellen, die einen unvoreingenommenen Zu-

---

1   Vgl. zum Gesamtkontext meine im Jahr 2003 bei Niemeyer in Tübingen erscheinende Hei-
    delberger Habilitationsschrift: Literarische Kommunikation im Territorialstaat. Funktions-
    zusammenhänge des Literaturbetriebs in Hessen-Darmstadt zur Zeit der Spätaufklärung.
    Die folgenden Ausführungen decken sich weitgehend mit einem Abschnitt des zentralen
    Merck-Kapitels, in dem u. a. auch die übrigen Korrespondenzen aus sozialgeschichtlicher
    Perspektive untersucht werden. Der ausschnitthafte Charakter dieses Beitrages bringt es
    mit sich, daß der Zusammenhang mit der monographischen Merck-Forschung nicht im-
    mer hergestellt werden kann und auf die Dokumentation der einschlägigen Forschungs-
    literatur, sofern sie nicht unmittelbar für die Argumentation relevant ist, verzichtet werden
    muss. – Die Korrespondenz zwischen Merck und Wieland wird nach folgenden Ausgaben
    zitiert: Johann Heinrich Merck: Briefe. Hg. von Herbert Kraft. Frankfurt am Main 1968
    (zit. Kraft); Wielands Briefwechsel. Hg. von der Akademie der Wissenschaften der DDR
    durch Hans Werner Seiffert. Berlin 1963ff. (zit. Wielands Briefwechsel, jeweils unter An-
    gabe des Bandes).
2   Auch die in unseren Fällen meist zu verneinende Frage nach einer beabsichtigten späteren
    Publikation der Korrespondenz kann hier außer Acht bleiben. – Zum Terminus „literari-
    scher Privatbrief" vgl. Reinhard M. G. Nickisch: Brief. Stuttgart 1991 (Sammlung Metzler
    260), S. 98-101.
3   Vgl. die zusammenfassende Darstellung von Nickisch (Anm. 2), außerdem aus der älteren
    Literatur vor allem Rainer Brockmeyer: Geschichte des deutschen Briefes von Gottsched
    bis zum Sturm und Drang. Diss. Münster 1961, und Peter Bürgel: Der Privatbrief. Ent-
    wurf eines heuristischen Modells. In: Deutsche Vierteljahrsschrift für Literaturwissen-
    schaft und Geistesgeschichte 50 (1976), S. 281-297. In den neunziger Jahren erschienen ei-
    nige wichtige Studien zur Briefkultur des 18. Jahrhunderts, meist allerdings mit Bezug auf
    die Rolle der Frau als Briefschreiberin. Von grundsätzlicher Bedeutung für die Funktions-
    geschichte des Briefes unter dem Zeichen von Aufklärung und Empfindsamkeit ist hin-
    gegen Rafael Arto-Haumacher: Gellerts Briefpraxis und Brieflehre. Der Anfang einer neuen
    Briefkultur. Wiesbaden 1995.

gang zu den Texten erleichtern und die Begrenzung des näher untersuchten Textcorpus rechtfertigen sollen.

In der Merck-Forschung wurden immer wieder einzelne Briefe oder Passagen daraus zur Abstützung plakativer Thesen herangezogen, ohne dass der Kontext, vor allem aber die beschränkte Aussagekraft einer isolierten, unter nicht immer gesicherten äußeren Umständen (in Eile, im Affekt o. ä.) zu Papier gebrachten Aussage berücksichtigt worden wäre. Wie problematisch die Verwertung von Briefstellen etwa im Zusammenhang mit der weit verbreiteten Ansicht vom ‚Bruch' in Mercks Leben nach dem Tod der Landgräfin Karoline im April 1774 ist, lässt sich anhand zweier ähnlich lautender Stellen demonstrieren. Einige Wochen nach jenem Todesfall schrieb Merck an Nicolai in Berlin:

> Seit dem Tode der Landgräfin hat sich Alles hier so gewaltig verändert, daß unser kleiner, sonst nicht unangenehmer Ort einer völligen Wüsteney gleich sieht. Die Prinzessinnen gehn weg, und der ganze Hof wird aufgehoben. Alle meine Bekantschafften (die meistens aus solchen Leuten bestanden, welche die Landgräfin hinzog) sind verstorben. Hierzu kommt, daß unser Präsident [Moser] in den letzten Zeiten so gewaltig mit der seeligen Landgräfin zerfallen ist, daß sie seiner sogar als eines Verräthers in ihrem Testamente gedacht hat. Alles was ihr zugehörte, oder nur von weitem unter ihrer Protection stand, wird folglich jetzo sichtbarlich gedrükt.[4]

Knapp drei Jahre später heißt es in einem wahrscheinlich an Louise von Ziegler, die Freundin aus dem ‚empfindsamen Kreis' und die „Lila" seiner frühen Gedichte, gerichteten Brief:

> Wir leben hier stille, u. in unserm Hause vergnügter als jemals. Der Ton ist aber hier so abscheulich, als er je gewesen. Der Geist der Landgräfin ist entflohen, u. das ganze Land seufzt nicht allein unter dem Despotismus des Herrn, sondern auch derjenigen, durch die er sich wie ein Kind leiten läßt. Die beiden Gebrüder v. Moser herrschen unumschränkt. Der ErbPrinz flieht alle Menschen, u. ist unter der Tutel des Baron von R[iedesel] der ihn verschließt wie er will; sonst ist niemand hier; u. kein Fremder kommt nicht mehr, der nach uns frage.[5]

---

4 Merck an Nicolai, 28. Juni 1774; Kraft (Anm. 1), S. 113f. (weitere Zitate daraus nicht einzeln nachgewiesen).

5 Merck an Louise von Ziegler, Herbst 1777; Kraft (Anm. 1), S. 156-159. – Es handelt sich um ein „Concept ohne Addresse, Datum und Schlußformel, aber so rein geschrieben, daß es nur noch dieser bedurfte, um abgeschickt werden zu können"; Briefe an und von Johann Heinrich Merck. Eine selbständige Folge der im Jahre 1835 erschienenen Briefe an J. H. Merck. Aus den Handschriften hg. von Karl Wagner. Mit Facsimilien der Handschrift von Göthe, Herder, Wieland, Karl August und Amalia v. Weimar, W. Tischbein, Claudius und Merck. Darmstadt 1838, S. 97. – Wenig ergiebige, zum Teil fehlerhafte Anmerkungen zu diesem Brief finden sich bei Heinrich Jacobi: Goethes Lila, ihre Freunde Leuchsenring und Merck und der Homburger Landgrafenhof. Bad Homburg 1957 (Mitteilungen des Vereins für Geschichte und Landeskunde zu Bad Homburg vor der Höhe 25), S. 186-189.

Die Klage über Einsamkeit und kulturellen Verfall hat indessen ihre jeweils
eigene Funktion innerhalb des Briefzusammenhangs. Das Schreiben an Nicolai, für dessen *Allgemeine deutsche Bibliothek* Merck damals arbeitete, ist eine
Empfehlung in eigener Sache. Durch den Tod der Landgräfin und den nicht
zu verheimlichenden Fehltritt seiner Frau sah Merck sich veranlasst, seinen
Weggang aus Darmstadt zielstrebig zu betreiben. Die zitierte Passage dient als
Begründung für sein Unternehmen (unmittelbar vorher heißt es: „Hier ist
mein Plan."). Dabei gewinnt das an zweiter Stelle genannte, zunächst wie eine
Ergänzung („Hierzu kommt ...") zur kulturkritischen Klage eingeführte Motiv
der Furcht vor sozialem Abstieg zunehmend an Gewicht (abschließend: „Sie
sehn also, was ich hier unter dergleichen Umständen zu erwarten habe."). Anschließend führt Merck wie in einem Gutachten stichpunktartig seine Quali-
fikationen auf. Dabei entgeht ihm nicht, dass er mit seinem „langen, und mich
nur betreffenden Brief" gegen das ‚aptum' der freundschaftlichen Gelehrtenkorrespondenz verstößt, wofür er sich mit dem „Druk einer ungewissen Existenz" entschuldigt. In einem Schlussabsatz gibt er kurze Mitteilungen über
die neuesten Arbeiten von Herder, Klopstock, Lenz und Goethe, womit er
nicht nur der wechselseitigen Verpflichtung zum literarischen Informations-
austausch nachkommt,[6] sondern sich selbst und dem Briefpartner die Zuge-
hörigkeit zu der kulturellen Elite der Nation beweist und damit natürlich auch
seine Eignung für ein entsprechendes Amt unterstreicht. Im folgenden Brief
an Nicolai präzisiert er dann seinen Wunsch,

> daß mir Etwas so klein es auch seyn mögte, anvertraut würde, wo ich durch höchste
> Redlichkeit, Exactitude u. etwas Savoir faire meinen eignen Kreissel treiben, u. das
> ganze Gewicht der Dependenz nicht so unmittelbar fühlte.[7]

Der Einschnitt, den der Tod der Landgräfin für Merck bedeutete, ist demnach
vor allem in Bezug auf dessen unbefriedigende und darüber hinaus bedrohte
Existenz am Hof zu sehen, weniger in Bezug auf die kulturelle Situation, da
der Abbau der Hofhaltung nur *einen,* häufig überschätzten – übrigens durch
die Rückkehr des Erbprinzen von seiner Kavalierstour 1777 bald revidierten –
Schritt auf dem Weg von der „Fürstenresidenz" zur „Bürgerstadt"[8] bildete.

---

6   Vgl. Nickisch (Anm. 2), S. 54: „Um sich von den geistigen Vorgängen, der literarischen
    Produktion und der Bewußtseinsentwicklung an diesen verschiedenen Orten [gemeint
    sind die kleineren kulturellen Zentren, u. a. Darmstadt] ein Bild machen, um untereinander
    in eine womöglich wechselseitig befruchtende Beziehung treten, um sich miteinander ver-
    ständigen, um miteinander diskutieren zu können, war man schon aus äußeren Gründen
    am meisten auf den Brief und die Post angewiesen."
7   Merck an Nicolai, 28. August 1774; Kraft (Anm. 1), S. 115-120, hier S. 115. Zum Ausgang
    dieser und anderer Bewerbungen Mercks vgl. unten.
8   So im Titel einer Gesamtdarstellung der Geschichte Darmstadts; vgl. Jürgen Rainer Wolf:
    Zwei Jahrhunderte Krieg und Frieden. In: Eckhart G. Franz (Hg.): Darmstadts Ge-

Der drei Jahre später abgefasste Brief an Louise von Ziegler ist hingegen als elegischer Rückblick auf eine vergangene Zeit konzipiert. Die Kontaktaufnahme zu der schon lange fortgezogenen „würdigste[n] Freundin" fällt Merck schwer, „weil ich nicht gewiß wußte ob Sie's gerne sähen"; er rechnet sie „unter die Anzahl so viel verlohrener Dinge, deren ich ein groses Buch halte". In der zentralen Passage, wo Merck die Lage am Hof schildert, herrscht das semantische Feld der Passivität und des allmählichen Schwindens vor („entflohen", „seufzt", „leiten läßt", „flieht") – im Gegensatz zu dem Brief an Nicolai, der Signale des harten, abrupten Übergangs verzeichnet („gewaltig verändert", „gehn weg", „wird aufgehoben", „verstorben"). Das Familienleben wird als willkürliche Folge von Geburt, Krankheit und Tod charakterisiert, auch die Berichte über das Schicksal der ehemaligen ‚Empfindsamen' erscheinen gedämpft („Goethe schreibt mir selten u. wenig, wie an jedermann"), schwankend zwischen Anteilnahme und klatschhafter Bitterkeit. Mit einer etwas müden Höflichkeit erwähnt er den Gemahl der Adressatin („es müste mich alles in der Welt trügen, wenn Sie mit ihm nicht glükl. wären"), um abschließend die Gemeinschaft der Briefpartner in der sentimentalen Erinnerung an vergangenes Glück und im Zeichen stoischer Ataraxie zu beschwören:

> Sie haben einen kleinen Cirkel von Freunden u. Menschen die mit Ihnen sympathisiren. Wer wünscht sich eine grosse Anzahl? Und wo ist die mögl.? Freylich 8 oder 9 Menschen wie sie ao 1772 beysammen u. oft in meinem Hause beysammen waren, ist ein seltenes Schauspiel. Indessen das Andenken, an das was man gutes genossen hat, soll uns dankbar, u. nicht mißmuthig machen. Die garstige Prätension an Glükseligkeit, u. zwar an das Maas, wie wirs uns träumen, verdirbt alles auf dieser Welt. Wer sich davon loß machen kan, u. nichts begehrt, als was er vor sich hat, kan sich durchschlagen.

Der Vergleich der beiden Briefe zeigt, dass inhaltlich verwandte Passagen schon im Blick auf den unmittelbaren *Kontext* unterschiedlich interpretiert werden müssen. Im ersten Fall war die Klage als Argument im Funktionszusammenhang einer konkreten beruflichen Planung zu lesen, im zweiten Fall war sie Teil eines sentimentalen Rückblicks. Solche Argumentationssysteme müssen allerdings nicht unbedingt aufeinander folgen, sie können auch zeitgleich nebeneinander existieren. In diesem Fall ist isolierten Einzelbriefen geringeres Gewicht zuzumessen als einer über Jahre hin geführten, dichten und gut dokumentierten Korrespondenz, zumal im Falle des (vielzitierten) Briefes an Louise von Ziegler wichtige kontextuelle Informationen wie die Gegenbriefe der Korrespondenzpartnerin, gerade im Zusammenhang mit der nach

---

schichte. Fürstenresidenz und Bürgerstadt im Wandel der Jahrhunderte. Darmstadt 1980, S. 129–288; dort S. 276–280 zu der die Bürgerschaft stärker einbeziehenden Kulturtätigkeit Ludwigs X. während seiner Zeit als Erbprinz 1777–1790.

geraumer Zeit wieder erfolgten Kontaktaufnahme, nicht vorliegen. Das brief-
theoretische Postulat, wonach alle Briefe *eines* Schreibers „in ihrer Heterogenität doch immer auch etwas von der Identität der schreibenden Person
spiegeln"[9] müssten, darf nicht zu einer automatischen Gleichgewichtung des
gesamten Quellenmaterials führen. Im besonderen Fall des Briefes an Louise
von Ziegler zeigt sich dies noch an einem zunächst merkwürdigen Befund.
Der zuletzt zitierten Passage fügt Merck einen Absatz hinzu, den man in diesem Zusammenhang nicht erwartet:

> So klein als ich das Verdienst ansehe, in der Welt durch seine Schreibereyen sich ein
> Ansehen zu machen, so gut ist doch das Ding, weil es uns Freunde macht, die man
> ohnedies nicht entdeckt hätte. Und von der Seite will ichs künfftig auch machen wie
> andre, u. mich affichiren. Bißher war mir mein Garten u. mein Gaul noch zu lieb dazu.

Nachdem der Argumentationsgang mit der Erinnerung an die gemeinsame
Vergangenheit und dem Absender und Adressatin gleichfalls verbindenden
Appell zu stoischer Schicksalsannahme abgeschlossen ist (die letzten Worte
des Briefes mit dem vagen Versprechen einer „nähere[n] Nachricht von Goethe" werden sich daran anfügen), scheint dieser Absatz intentional *nicht* an die
Freundin gerichtet. Die Rechtfertigung einer stets der ‚Autorsucht' verdäch-
tigen Publikationstätigkeit, und dies gerade mit dem Hinweis auf Gewinnung
neuer Freunde als Ausweg aus der Isolation, gehört vielmehr in den Diskurs
der Gelehrtenfreundschaft, wie er sich damals etwa in der Korrespondenz mit
Wieland oder Nicolai entspann. Aus der Analyse des Schreibprozesses ließe
sich demnach folgern, dass Merck durch die – aus einem äußeren Anlass er-
wachsene – Rückbesinnung auf jene längst vergangenen ‚glücklicheren' Jahre
in seinem Entschluss bestärkt wurde, die literarisch-publizistische Freundschaft insbesondere mit *Wieland* intensiv zu pflegen und so der geistigen Isolation zu entfliehen. Die Adressatin des Briefes ließ er dabei aus den Augen,
denn für Louise von Ziegler war diese Mitteilung weder ein Trost noch ein
Vorschlag zur Lösung ihrer eigenen Probleme.

Den folgenden Untersuchungen des Briefwechsels zwischen Merck und Wieland liegt die *These* zugrunde, dass in der Zeit nach 1775 die Beziehungen zu
Literaten und Gelehrten (neben dem Kontakt zu fürstlichen Personen) eine
entscheidende Funktion in Mercks Lebensplanung hatten, und dass die Beteiligten ihre Korrespondenz in der *Tradition einer Gelehrtenfreundschaft humanistischer*

---

9   Bürgel (Anm. 3), S. 283. Bezeichnenderweise relativiert Bürgel die abstrakte Formel, wo-
    nach „das Verhältnis zwischen einer Person und ihren Briefen […] als eines zwischen
    Identität (Homogenität) und Nicht-Identität (Heterogenität)" zu beschreiben wäre, durch
    die etwas hilflose Anmerkung: „Psychopathische Strukturen auf der Autor-Seite werden
    hier nicht berücksichtigt" (ebd.).

Prägung pflegten und diese – zumindest was Merck betraf – auch als solche *reflektierten* und *funktionalisierten*.[10] Es ist eben nicht richtig, wenn in der Brief-forschung das Gellertsche Paradigma einer ,natürlichen Schreibart'[11] und die literatursoziologisch folgenreiche ,Feminisierung' des Mediums im Zeichen der Empfindsamkeit – beides um 1750 einsetzend – gegenüber fortbestehenden Konstanten einseitig in den Vordergrund gerückt werden.[12] Gewiss steigerte sich durch die Einbeziehung breiterer Kreise in den Briefverkehr die thema-tische und stilistische Variationsspanne der Briefe, doch blieben im wissen-schaftlichen und literarischen Austausch zwischen Angehörigen der Gelehr-tenrepublik traditionelle Formen und Funktionen wie die Anlehnung an das von Cicero und Erasmus geprägte Muster des Freundschaftsbriefes auf mittle-rer Stillage, die gelehrten Anspielungen (zur Stützung des ,in-group'-Effektes), die europaweite Kontaktpflege oder die Werbung um Freundschaft eines per-sönlich noch unbekannten Adressaten deutlich erkennbar – wie umgekehrt auch die Briefe des 16. Jahrhunderts durchaus zur ungefilterten Wiedergabe von Affekten oder privatesten Details eingesetzt werden konnten.[13] Wenn gerade die Briefe Mercks die Beeinflussung des Schreibers durch die zeit-genössischen Stilströmungen der Empfindsamkeit und des Sturm und Drang

10 Der Weggang Goethes nach Weimar Ende 1775 beschließt die Reihe der für Merck folgenreichen Ereignisse der drei vergangenen Jahre, die von der Auflösung des ,empfind-samen Kreises' (Wegzug oder Tod der weiblichen Mitglieder), seiner Petersburger Reise mit der Beförderung zum Kriegsrat, dem Tod der Landgräfin und dem Aufstieg Mosers sowie von Geburt und Tod des unehelichen Kindes seiner Gattin geprägt waren. Die Ausgabe der Briefe Mercks weist nur 88 überlieferte Schreiben bis Ende 1775 (davon 36 an seine Frau), für die Zeit danach hingegen 297 Briefe auf. Daran zeigt sich, dass die Korrespondenz mit auswärtigen Freunden und Bekannten für Merck in seinen letzten 15 Lebensjahren weitaus wichtiger wurde als in der Zeit davor.

11 Man vergleiche aber schon ähnliche Forderungen in den Brieflehren eines Erasmus oder Lipsius sowie die humanistische Praxis!

12 Vgl. die immerhin modifizierende Stellungnahme Nickischs (Anm. 2), S. 49, vor allem aber die aspektreiche Studie von Wilfried Barner: Gelehrte Freundschaft im 18. Jahr-hundert. Zu ihren traditionalen Voraussetzungen. In: Wolfram Mauser, Barbara Becker-Cantarino (Hg.): Frauenfreundschaft – Männerfreundschaft. Literarische Diskurse im 18. Jahrhundert. Tübingen 1991, S. 23-45. Barner legt gerade im Hinblick auf die Konti-nuität von Stil und Funktion des (Gelehrten-)Briefes dar, „wie wenig es angängig ist, die antik-humanistische Überlieferung als abgetan zu betrachten" (S. 44).

13 Vgl. Monika Ammermann: Gelehrten-Briefe des 17. und frühen 18. Jahrhunderts. In: Bernhard Fabian, Paul Raabe (Hg.): Gelehrte Bücher vom Humanismus bis zur Gegen-wart. Referate des 5. Jahrestreffens des Wolfenbütteler Arbeitskreises für Geschichte des Buchwesens vom 6. bis 9. Mai 1981 in der Herzog August Bibliothek. Wiesbaden 1983 (Wolfenbütteler Studien zur Geschichte des Buchwesens 9), S. 81-96; Nickisch (Anm. 2), S. 34-43; Erich Trunz: Der deutsche Späthumanismus als Standeskultur. In: ders.: Deutsche Literatur zwischen Späthumanismus und Barock. Acht Studien. München 1995, S. 7-82, hier S. 34-40, 57f. (erweitert gegenüber der Erstfassung von 1931).

teilweise überdeutlich dokumentieren,[14] so ist darin eine – zum Teil erheb-
liche – Variation, nicht eine Ablösung des tradierten Paradigmas zu sehen.
Der sich seit dem Ende des 17. Jahrhunderts vollziehende Wechsel des Mediums vom Lateinischen zum Deutschen (oder Französischen) verstellt hier
offenbar den Blick auf die sprachunabhängigen Konstanten, doch ist selbst
die Feststellung, dass „die lateinischen Freundschaftsbriefe keine direkten
Nachfolger" hatten,[15] nicht richtig: Pieter Camper, der mit Merck französisch
korrespondierte, führte seinen Briefwechsel mit dem Kollegen Soemmerring
auf Latein. Merck und mehr noch Wieland benutzten in ihren Briefen lateinische Phrasen und Zitate, die über das Niveau bloßer Schülerreminiszenzen
hinausgehen, und Merck musste, wie die Nachweise in der Edition seiner Briefe belegen, bei seinen paläontologischen Forschungen weitgehend auf lateinisch geschriebene Studien zurückgreifen. In der zweiten Hälfte des 18. Jahrhunderts war das Lateinische zwar auf den meisten Ebenen des literarischen,
wissenschaftlichen und privaten Austauschs wie auch im Bereich der gedruckten Texte durch die Nationalsprachen abgelöst worden, doch war es im
Kreis der Gelehrten – und teilweise auch darüber hinaus – zumindest passiv
verfügbar und allenthalben so selbstverständlich anzutreffen, dass seine Verwendung, von Auseinandersetzungen um das Bildungswesen abgesehen, so
gut wie nie thematisiert wurde.[16]

---

14   Vgl. etwa die berüchtigte Stelle im Brief an Wieland vom 9. Juli 1777: „[...] man soll doch
     lieber mit Hunden u. Kazen als mit dem Publiko einer F. deutschen Residenz huren, die
     da beklekt u. besch- ist, mit Herrn, Dienern, u. Hofleuten, u. wo man nichts weiter zu
     bauen hat, als hohe Mauren, daß einen die HsVeter nicht zu sehen bekommen"; Kraft
     (Anm. 1), S. 154. – Indessen folgt auch dieses Schreiben, das im übrigen die für den
     Gelehrtenbrief typische lockere Abfolge ‚litterarischer' Nachrichten aufweist, cum grano
     salis auch der *schulmäßigen* Lehre der Zeit, da etwa Eschenburg zwar die „Nachahmung der
     guten Sprache des Umganges" fordert, „die aber freilich, sowohl in Ansehung der Veran-
     lassungen und des Inhalts unserer Briefe, als des Gemüthszustandes, worin wir uns befin-
     den, der Personen, an die wir schreiben, und ihres Verhältnisses gegen uns, sehr mannich-
     faltige [!] Abänderungen leidet"; Johann Joachim Eschenburg: Entwurf einer Theorie und
     Literatur der schönen Wissenschaften. Zur Grundlage von Vorlesungen. Berlin/Stettin
     ²1789, S. 303. Als Gewährsstelle wird Seneca, epist. 75,1, zitiert.
15   Ammermann (Anm. 13), S. 93. Die Autorin lässt sich bei ihrer scharfen Grenzziehung
     zwischen der Briefpraxis des 17. und frühen 18. Jahrhunderts und der späteren Zeit zu
     sehr von dem Befund leiten, dass im 18. Jahrhundert die Zahl der von den Autoren selbst
     oder von Zeitgenossen *gedruckten* Briefsammlungen zurückging. Der Grund dafür liegt
     aber wohl darin, dass damals das neue Medium der Zeitschrift den zur vielfältigen Infor-
     mation dienenden Gelehrtenbriefwechseln Konkurrenz zu machen begann (wie sie richtig
     erkennt) und die „Freundschaftsbriefe" eben von den (früher, nun aber nicht mehr ge-
     druckten) „Abhandlungsbriefen" nicht zu trennen sind.
16   Zum Lateingebrauch im 18. Jahrhundert vgl. demnächst (mit weiterführenden Literatur-
     hinweisen) Robert Seidel: Die ‚tote Sprache' und das ‚Originalgenie'. Poetologische und

Die *Beziehung zwischen Merck und Wieland,* die ihr Fundament ausschließlich in der Mitarbeit des ersteren am *Teutschen Merkur* hatte, wird in der Forschung gerne als reines Zweckbündnis gewertet. Dabei wird Wieland vorgehalten, er habe sein emphatisches Lob der Merckschen Kritiken („daß Sie unter den Recensenten just eben das sind was Klopstok unter den Dichtern, Herder unter den Gelehrten, Lavater unter den Christen und Göthe unter allen menschlichen Menschen")[17] unter der Erwägung formuliert, dass er „seinen Darmstädter Mitarbeiter bei Laune halten wollte, denn er war – um das Fortbestehen seiner Zeitschrift zu sichern – auch auf Mercks Beiträge angewiesen."[18] Indessen ist es von untergeordnetem Interesse, ob die Beziehung zwischen den beiden Männern mehr Geschäftsverbindung oder Herzensfreundschaft war. Vielmehr gilt es, die in einem umfassenden Sinne *soziale Funktion* zu bestimmen, die die gemeinsame Arbeit an einem Nationaljournal und der sich darauf gründende intensive Briefwechsel – mehr als 140 Briefe allein aus den Jahren 1776 bis 1786 sind erhalten,[19] zahlreiche weitere bezeugt –

---

literatursoziologische Transformationsprozesse in der Geschichte der deutschen neulateinischen Lyrik. In: Formen und Funktionen lateinischer Lyrik in der Frühen Neuzeit. Hg. von Beate Czapla und Robert Seidel [2003]. – Aus der Perspektive der Humanismusforschung wird das Thema beleuchtet von Wilhelm Kühlmann: Nationalliteratur und Latinität: Zum Problem der Zweisprachigkeit in der frühneuzeitlichen Literaturbewegung Deutschlands. In: Klaus Garber (Hg.): Nation und Literatur im Europa der Frühen Neuzeit. Akten des I. Internationalen Osnabrücker Kongresses zur Kulturgeschichte der Frühen Neuzeit. Tübingen 1989 (Frühe Neuzeit 1), S. 164-206.

17 Wieland an Merck, 25. März 1776; Wielands Briefwechsel (Anm. 1), Bd. 6.1: Nachträge zu Bd. 1 bis 5. Überlieferung, Varianten und Erläuterungen zu Bd. 3. Bearbeitet von Siegfried Scheibe. Weimar 1995, S. 124f., hier S. 124.

18 Johann Heinrich Merck (1741–1791). Ein Leben für Freiheit und Toleranz. Zeitdokumente. Zum 250. Geburtstag und zum 200. Todestag von Johann Heinrich Merck. Darmstadt 1991, S. 138 (Ausstellungskatalog). – Zu Mercks Mitarbeit am *Teutschen Merkur* vgl. Hermann Bräuning-Oktavio: Johann Heinrich Merck als Mitarbeiter an Wieland's *Teutschem Merkur* in den Jahren 1773 bis 1791. In: Archiv für das Studium der neueren Sprachen und Literaturen 131 (1913), S. 24-39 und 285-304; Hans Wahl: Geschichte des Teutschen Merkur. Ein Beitrag zur Geschichte des Journalismus im achtzehnten Jahrhundert. Berlin 1914 (Palaestra 127); Neudruck New York, London 1967.

19 Wieland *erwähnt* Merck erstmals in unklarem Kontext in einem Brief vom Februar 1768 an Sophie von La Roche; vgl. Wielands Briefwechsel. Bd. 3: Briefe der Biberacher Amtsjahre (6. Juni 1760 – 20. Mai 1769). Bearbeitet von Renate Petermann und Hans Werner Seiffert. Weimar 1975, S. 504. Die beiden lernten sich anlässlich eines Besuches Wielands in Darmstadt im Mai 1771 kennen; aus dieser Zeit datiert auch die erste belegte Erwähnung durch Merck; vgl. Merck an Gleim, 27. Juni 1771; Kraft (Anm. 1), S. 45. – Von Anfang 1772 ist ein gemeinsamer Brief Mercks und Franz Michael Leuchsenrings an Wieland *bezeugt* (Wielands Briefwechsel (Anm. 1). Bd. 4: Briefe der Erfurter Dozentenjahre (25. Mai 1769 bis 17. September 1772). Weimar 1979, S. 464). Der erste – isolierte – *überlieferte* Brief aus der Korrespondenz datiert vom 1. Februar 1773; Wielands Briefwechsel. Bd. 6.1 (Anm. 17),

für den Darmstädter Briefpartner besaßen. Wieland erweist sich hierbei aufgrund seiner objektiven Situation wie auch seiner Selbsteinschätzung als *Kontrastfigur:* Es ist an der Gegenüberstellung der beiden in der Korrespondenz gespiegelten Lebensbilanzen bis ins Detail zu verfolgen, welche Bedürfnislagen des bürgerlichen Gelehrten sich in der zweiten Hälfte des 18. Jahrhunderts artikulierten, welche Rolle die Auseinandersetzung mit der Literatur dabei spielte und inwieweit äußere Umstände zur Erfüllung bzw. Enttäuschung derartiger Ansprüche beitrugen.

Die *unterschiedliche Selbsteinschätzung* der beiden Briefpartner lässt sich auf den Gegensatz von Freiheit (Wieland) und Unfreiheit (Merck) fokussieren. Wieland hatte bekanntlich 1772 seine ungefährdete Position als Professor in Erfurt nach geschickten Verhandlungen mit Anna Amalia gegen eine dreijährige Anstellung als Prinzenerzieher in Weimar mit der Zusage einer lebenslangen Pension und weiterer Vergünstigungen eingetauscht.[20] Merck dagegen versuchte seit 1774, möglicherweise sogar schon früher, ein anderes Amt

---

S. 86f. Er belegt Mercks Bereitschaft, am *Teutschen Merkur* mitzuarbeiten, wozu es damals allerdings nur in einem einzigen Fall kam; dazu Bräuning-Oktavio (Anm. 18), S. 30-33; zu Friedrich Heinrich Jacobis Rolle in diesem Zusammenhang vgl. auch Wielands Briefwechsel. Bd. 4, S. 80; ebd., Bd. 6.3: Überlieferung, Varianten und Erläuterungen zu Bd. 5. Register zu Bd. 3 bis 5. Bearbeitet von Siegfried Scheibe. Weimar 1995, S. 1169f. – Der Briefwechsel setzt um die Jahreswende 1775/76 mit der Verabredung einer erneuten, durch Goethe vermittelten Mitwirkung Mercks im „Kritische[n] Fach (nicht als Gesell, sondern als Obermeister)" wieder ein; ebd., Bd. 5: Briefe der Weimarer Zeit (21. September 1772 – 31. Dezember 1777). Bearbeitet von Hans Werner Seiffert. Berlin 1983, S. 459-461; zu Goethes Vermittlung S. 458; vgl. Bd. 6.3, S. 1492-1494; vgl. auch Bräuning-Oktavio (Anm. 18), S. 37. – Die Korrespondenz wird bis 1781, als Mercks *Rezensionstätigkeit* für den *Merkur* aufhört, mit größter Intensität weitergeführt und läuft dann regelmäßig, aber mit geringerer Frequenz, weiter, bis auch die Einsendung von *Aufsätzen* an Wieland endet. Aus dem Jahr 1786 ist noch je ein Brief von Wieland und Merck erhalten; mit Mercks Schreiben vom 19. Februar 1788 folgt dann nach längerer Unterbrechung noch eine letzte Kontaktaufnahme; vgl. Wielands Briefwechsel (Anm. 1). Bd. 9.1: (Juli 1785 – März 1788). Bearbeitet von Uta Motschmann. Weimar 1996, S. 399). In Briefen an andere Partner erwähnen beide den jeweils anderen in den folgenden Jahren praktisch nicht mehr. – Zu dem isolierten *Auszug aus einem Schreiben eines Reisenden* (Johann Heinrich Merck: Werke. Ausgewählt und hg. von Arthur Henkel. Mit einer Einleitung von Peter Berglar. Frankfurt am Main 1968, S. 517-521), das Merck am 13. Februar 1791 aus Paris an Wieland sandte und das dieser mit einer kritischen Anmerkung im Aprilheft des *Merkur* abdruckte, vgl. Hermann Bräuning-Oktavio: Goethe und Johann Heinrich Merck. Johann Heinrich Merck und die Französische Revolution. Darmstadt 1970 (Darmstädter Schriften 26), S. 228f.

20   Vgl. Sven-Aage Jørgensen, Herbert Jaumann und John A. McCarthy: Wieland. Epoche – Werk – Wirkung. München 1994 (Arbeitsbücher zur Literaturgeschichte), S. 95.

zu finden, u. a. am preußischen[21] oder am württembergischen Hof,[22] bei der Antikensammlung in Kassel[23] und vielleicht auch im Herzogtum Weimar.[24] Unabhängig von den tatsächlichen Gegebenheiten im Umkreis der beiden Residenzen sind also zunächst der *freigewählte* Aufenthalt Wielands in Weimar und das *erzwungene* Verbleiben Mercks in Darmstadt als Fundamente der jeweiligen psychischen Disposition gegenüberzustellen. In Zusammenhang damit steht das Verhältnis zwischen der Sinekure Wielands und den Amtspflichten Mercks. Diese Pflichten, deren Ausmaß allerdings nicht präzise bestimmt werden kann,[25] ließen ihm zwar offenkundig genügend Raum für zusätzliche

---

21 Merck an Nicolai, 28. Juni 1774; Kraft (Anm. 1), S. 113f.

22 Vgl. Caroline Flachsland an Herder vom 1. Juni 1772: „Er [Merck] hat den Plan gemacht, wenn seine Frau in der Schweiz ist, in würtembergische Dienste zu gehn, um, wenn sie wieder zurück kommt, ihr mehr Vergnügen verschaffen zu können [...]"; Herders Briefwechsel mit Caroline Flachsland. Nach den Handschriften des Goethe- und Schiller-Archivs hg. von Hans Schauer. Bd. 2. Weimar 1928, S. 126.

23 Merck an Höpfner vom 30. Juni 1775; Kraft (Anm. 1), S. 134f. Schon einige Jahre zuvor, als er seine Kriegszahlmeisterstelle zeitweilig verloren hatte, bemühte er sich um eine Anstellung in Kassel; vgl. Höpfner an Raspe, 26. Mai 1771, zit. bei Franz Ludwig Mittler [Hg.]: Briefe von Boie, Herder, Höpfner, Gleim, J. G. Jacobi und Anderen aus den Jahren 1769–1775. Teil 1. In: Weimarisches Jahrbuch für deutsche Sprache, Literatur und Kunst 3, 1855, S. 1-79, hier S. 55.

24 Derartigen Plänen kam bekanntlich Goethe zuvor: „Der Herzog hatte etlichemal grose Lust dich als Cammerrath nach Eisenach zu haben, aber ich sagte ihm, alte Bäume verpflanzten sich nicht gut"; Goethe an Merck, 11. Januar 1778. In: Johann Wolfgang Goethe: Werke. Hg. im Auftrage der Großherzogin Sophie von Sachsen. Abt. IV: Briefe. Bd. 3. Weimar 1888, S. 206. Goethes Handeln begründet am plausibelsten Bräuning-Oktavio (Anm. 19), S. 78f. – Ob Merck in seinem letzten Jahrzehnt, als er verschiedene wirtschaftliche Unternehmungen begann, an einen Abschied vom Hofdienst dachte und etwa, durch eine entsprechende Erbschaft motiviert, in die Schweizer Heimat seiner Frau übersiedeln wollte, ist nicht eindeutig zu belegen. Vgl. Richard Loebell: Der Anti-Necker Johann Heinrich Mercks und der Minister F. K. v. Moser. Ein Beitrag zur Beurteilung J. H. Mercks. Darmstadt 1896, S. 45.

25 Helmut Prang: Johann Heinrich Merck. Ein Leben für andere. Wiesbaden 1949, S. 119, schätzt, offenbar nach Durchsicht erhaltener Akten, die amtliche Arbeitsbelastung als sehr hoch ein. – Die ausgezeichneten Ausführungen von Michael Maurer: Die Biographie des Bürgers. Lebensformen und Denkweisen in der formativen Phase des deutschen Bürgertums (1680–1815). Göttingen 1996 (Veröffentlichungen des Max-Planck-Instituts für Geschichte 127), bes. S. 378-435, zur Organisation und Wertschätzung der Arbeit im Bürgertum des 18. Jahrhunderts enthalten leider kaum Hinweise (vgl. S. 419) auf die gewiss häufig anzutreffende Diskrepanz zwischen ungeliebtem Amt und erfüllenden Nebenbeschäftigungen. Während Maurers ‚Modell' des bürgerlichen Selbstverständnisses von der unbezweifelten Identifikation eines Amtsträgers mit seinem Beruf ausgeht, rückt Ludwig Fertig: „Abends auf dem Helikon". Dichter und ihre Berufe von Lessing bis Kafka. Darmstadt 1996, die „Frage, wie die Dichter als Berufstätige gelebt haben" (S. 5), in den Mittelpunkt. Wenngleich er es ablehnt, vorschnell zu behaupten, „die bürgerliche Existenz sei

Tätigkeiten,[26] auch zur literarischen Arbeit[27] und sogar zu zahlreichen, wohl nicht als ‚Dienstreisen' verbuchten Besuchen bei Fürsten und Gelehrten, doch wog das „Gewicht der Dependenz",[28] also der subjektiv empfundene Druck, schwerer als die tatsächlich abzuleistenden Arbeiten. Wenig auffällig sind in diesem Zusammenhang Bemerkungen, die im Rückgriff auf traditionelle Gelehrten*topik* die Gewichtung von Amtspflichten und literarischer Tätigkeit umkehren:

> Hier schik ich Dir diesen Brief, als einen Praecursorem vieler andern Dinge, die den künfftigen PostTag folgen sollen. [...] Diese 2 Dinge bekommst Du gewiß heuer, u. zwar bald. *Neben diesen einen Bündel Recensionen aber in etlichen Tagen.* Ich habe bißher an allerley Verhinderungen, u. Hudeleyen darnieder gelegen, die durch die elende Lage unsers lieben Örtgens doppelt aggraviren, wo man nichts als dummes Zeug sieht u. hört.[29]

Eine zeitgenössische Ergänzung zu den tradierten Topoi der Gelehrtenfreundschaft ist die vorgebliche Geringschätzung des materiellen Gewinns, den die literarische Tätigkeit abwirft:

> *Siehst Du wenn wir nichts herausbringen, als die Drukerkosten,* u. ich behalte Gesundheit u. Freyheit [!] im *Amt* neben her was zu thun, so hast Du meine Hand, wenn *Du mich ferner* [für den *Merkur*] *brauchen kanst,* auf 6 Jahre hinaus, biß es besser wird.[30]

Aufschlussreicher ist die wohl nur teilweise bewusste Wahl bestimmter *Metaphernfelder*, mit deren Hilfe beide Briefpartner die subjektive Einschätzung ihrer

---

immer nur eine Fessel gewesen und das Akzeptieren einer Berufstätigkeit nichts als eine elende Notlösung" (S. 2), wird den einzelnen Porträts doch nicht so viel Raum gewährt, dass eine differenzierte Auswertung der Lebensentwürfe und Lebensbilanzen möglich würde.

26   Einmal entschuldigt Wieland Mercks Säumnis bei der Ablieferung neuer Artikel ironisch: „auch hat der Hr. ein Joch Ochsen gekauft, hat ein Haus zu flicken, ein paar Schweine auf den Winter zu mästen, Kartoffeln zu ernden und Most zu kaufen; von den Staats-, Finanz- und Polizeisachen nichts zu gedenken, als welche von einem weisen Mann [...] billig allezeit seinen eigenen [!] nachgesetzt werden sollten"; an Merck, 29. August 1781, in: Wielands Briefwechsel (Anm. 1). Bd. 7.1: (Januar 1778 – Juni 1782). Text. Bearbeitet von Waltraud Hagen. Weimar 1992, S. 387). Die Spannbreite seiner zusätzlichen, größtenteils ökonomisch einträglichen ‚Nebentätigkeiten' ist besonders anschaulich im Katalog *Johann Heinrich Merck* (Anm. 18) zu erkennen.

27   Etwas überzogen ist wohl Maurers Behauptung, mit der Entwicklung eines literarischen Marktes im 18. Jahrhundert hätten „die Gelehrten die Möglichkeit [gehabt], durch Schreiben fast unbegrenzt Geld zu verdienen" (Anm. 25, S. 409). Ein „Zusatzeinkommen außerhalb des Amtes [...] für alle Schreibenden" (ebd., S. 432) lag allerdings tatsächlich in Reichweite, wenn man sich in ein irgendwie als ‚gemeinnützig' anerkanntes Fachgebiet einarbeitete.

28   So besonders deutlich im Brief an Nicolai vom 7. November 1772, wo er das Bedürfnis nach selbständiger Planung seiner Aktivitäten artikuliert; Kraft (Anm. 1), S. 77f., hier S. 77.

29   Merck an Wieland, 10. Januar 1779; Kraft (Anm. 1), S. 207f., hier S. 207.

30   Merck an Wieland, 8. Juni 1778; ebd., S. 183-185, hier S. 184f.

eigenen Lage, im Aufgreifen der Bildlichkeit auch die des anderen,[31] über einen längeren Zeitraum hinweg adäquat zu artikulieren suchen. Besonders deutlich wird dies in der – auch bei anderen Personen in vergleichbarer Situation zu beobachtenden[32] – metaphorischen Verwendung von Wörtern wie „Wüste",[33] „Insel",[34] „Verbannung"[35] oder „Einsamkeit"[36] bzw. in den Bildern des seelischen Todes,[37] die den Briefwechsel durchziehen und durchweg die Situation Mercks in Darmstadt charakterisieren. Wieland verwendet dagegen für seine publizistische Tätigkeit, die er in den Briefen an Merck deut-

---

31 Lückenlose Folgen von Briefen und Gegenbriefen sind verhältnismäßig selten überliefert (vgl. die Verweise in den Kommentaren zu *Wielands Briefwechsel*), so dass in bestimmten Wendungen ein Zitat oder eine Anspielung auf den Vorgängerbrief nur vermutet werden kann.

32 Vgl. Höpfner an Raspe, 18. Mai 1772: „Da sitze ich nun wieder in der Wüste Giesens"; zit. nach: Mittler (Anm. 23), S. 63.

33 Merck an Wieland, 15. Dezember 1778: „[...] so laß ihn [Deinen Sohn] aus dem Poetenlande [Weimar!] dereinsten zu mir in die Wüste ziehen"; Kraft (Anm. 1), S. 207; Wieland an Merck, 11. Februar 1782: „In der dürren Wüste worinn du lebst, dankt ein Ehrenmann unserm Herrn Gott auch für Heuschrecken und WildHonig" (nämlich für die „Facetien und Spielwerke", die die Weimarer Hofgesellschaft Merck zur Erheiterung übersandt hatte; Wielands Briefwechsel. Bd. 7.1 (Anm. 26), S. 419; Bd. 7.2, 1997, S. 415f. – Auch in der Korrespondenz mit anderen Personen bedient Merck sich ähnlicher Ausdrücke, z. B.: „Seit dem Tode der Landgräfin hat sich Alles hier so gewaltig verändert, daß unser kleiner, sonst nicht unangenehmer Ort einer völligen Wüsteney gleich sieht"; Merck an Nicolai, 28. Juni 1774; Kraft (Anm. 1), S. 113f., hier S. 113; „Ich lebe hier, wenn Goethe in Weimar bleiben solte, freylich auch auf einem verwünschten Sand*flek*, wo nie was gescheutes keimen kan u. wird"; Merck an Lenz, 8. März 1776, ebd., S. 145-147, hier S. 145; „Hier lebt man in der Wüste"; Merck an Soemmerring, 7. Januar 1783 (nicht 1782), ebd., S. 326f., hier S. 326. Im Briefverkehr mit einem Ausländer bezieht er die Metapher auf die ganze deutsche (Kultur)nation: „Un Continent Literaire aussi peu éclairé comme la chère Allemagne, est un vrai désert d' Arabie"; Merck an Camper, 31. Juli 1782, ebd., S. 344-347, hier S. 345. – Bezeichnend sind die stets nur auf das Klima (im wörtlichen Sinne) bezogenen gegenläufigen Bemerkungen Wielands, z. B.: „Du bist nun wieder zu Hause, und in dem Lande wo Wein Milch und Honig fleußt"; Wielands Briefwechsel. Bd. 7.1 (Anm. 26), S. 212.

34 Wieland an Merck, 13. Januar 1777: „[...] da Sie wie auf einer Insel mitten im Ocean leben [...]"; Wielands Briefwechsel. Bd. 5 (Anm. 19), S. 582-584, hier S. 582.

35 Wieland an Merck, 7. Oktober 1776: „Der Gedancke, daß meine Liebe, und meine armen Brieflein etwas für Sie in Ihrer Verbannung seyn können, macht mich sehr glüklich"; Wielands Briefwechsel. Bd. 6.1 (Anm. 17), S. 140f., hier S. 141.

36 Auch dieses letzte Wort ist im uneigentlichen Sinne gebraucht, wenn es die Isolation Mercks innerhalb einer (aus seiner Sicht) illiteraten Umgebung bezeichnet.

37 Merck an Wieland, Ende September 1778: „Deine Briefe sind mir immer ein wahrer HerzensBalsam, so todt ich übrigens für alles bin"; Kraft (Anm. 1), S. 199f., hier S. 199. Vgl. mit anderen Formulierungen ebd., S. 210; in positiver Wendung: Merck dankt Wieland für einen „schönen langen herzlichen Brief", der ihm „bewieß, daß noch nicht alles tod seye"; ebd., S. 428.

lich als sein Lebenszentrum präsentiert, häufig die Metaphorik des Kampfes, um, stets in launigem Ton, die kritische Gemeinschaft gegenüber literarischen Ignoranten aller Schattierungen zu beschwören.[38] Klagen unterschiedlicher Art – über die eigene Arbeitsbelastung, die Säumigkeit der Beiträger, das Wetter – sind oft ironisch gemeint[39] und haben gelegentlich sogar den Effekt, dass sie das Wohlbefinden des Schreibers in der Verzerrung tragikomischer Klagen noch umso deutlicher hervortreten lassen. Dass auch Wieland, wie jede komplexe Persönlichkeit, unter gewissen (scheinbaren oder tatsächlichen) Belastungen und Zwängen litt, steht außer Frage und kann hier nicht Gegenstand der Untersuchung sein. Die grundsätzlichen Differenzen zwischen seiner und Mercks Situation verblassen zuweilen hinter dem Wall *topisch fixierter* Lamentationen und ‚künstlerhafter‘ Koketterien; unauffällige Passagen wie die folgende erhellen indessen deren Tragweite:

> [...] ich sehe wohl, daß ein Mann wie Ihr und Ich und Unser einer hundert Dinge thun kan, die besser sind als in den Merkur arbeiten [...].[40]

In der Tat klagten *beide* Briefpartner häufig über Ärgernisse, die die Arbeit an der Zeitschrift mit sich brachte. Der Unterschied wird jedoch sichtbar, wenn man bedenkt, welche sozialen Bindungen für Merck an dieses Unternehmen geknüpft waren, zumal die – wie zu zeigen ist – äußerst wichtige Beziehung zu Weimar in erster Linie über Wieland und die Beziehung zu Wieland wiederum ausschließlich über die Mitarbeit am *Merkur* gelenkt wurde.

Die *besondere Situation,* in der Wieland und die anderen Literaten sich an Anna Amalias ‚Musenhof‘ in *Weimar* befanden, wird von beiden Briefpartnern gleich beurteilt. Zweifellos wird man beiden eine gewisse Tendenz zur Idealisierung der realisierten bzw. erstrebten Existenz unterstellen dürfen, zumal keiner von ihnen mehr als im gewünschten Ausmaß an den Aktivitäten des Hoflebens teilzunehmen hatte. Wieland berichtet zufrieden und ohne den Versuch einer Beschönigung über seine Sinekure.[41] Im Zusammenhang mit

---

38 Wieland an Merck, 26. Mai 1777: „[...] so helfen Sie mir ritterlich und wie ein treuer Waffenbruder durch alle Abentheuer, die wir noch zu bestehen haben"; Wielands Briefwechsel. Bd. 6.1 (Anm. 17), S. 150-152, hier S. 152; so auch Bd. 7.1 (Anm. 26), S. 84; ebd., S. 219.

39 Vgl. einige längere Passagen, so in den Briefen an Merck vom 21. Oktober 1777; Wielands Briefwechsel. Bd. 6.1 (Anm. 17), S. 162-164, hier S. 163, und 5. Mai 1779; Bd. 7.1 (Anm. 26), S. 200f., hier S. 200.

40 Wieland an Merck, 16. September 1778; ebd., S. 120f., hier S. 121.

41 Vgl. die Selbstbezeichnung der Weimarer Hofgesellschaft als „poco-Curanti" im Brief an Merck vom 27. Mai 1776; Wielands Briefwechsel. Bd. 5 (Anm. 19), S. 505-507, hier S. 507. Seine Tätigkeit beschreibt Wieland häufig kokettierend als Faulenzerei, z. B. im Brief an Merck vom 8. Juni 1781 als „il sacrosanto e benedetto far Niente"; Wielands Briefwechsel. Bd. 7.1 (Anm. 26), S. 368-370, hier S. 369.

dem Angebot einer befristeten Anstellung in Mannheim beschreibt er treffend seine auch durch Quellen belegte Situation:

> [...] Und welche zeitliche Vortheile könnten die Muße, Ruhe, Freyheit, Unabhängigkeit, Achtung Affection, etc. etc. die ich hier genieße, aufwiegen? Es ist wahr, ich *bedeute* hier wenig, und was ich *in sensu politico bin*, ist noch siebenmal weniger als ich bedeute. Aber *ich will auch nichts seyn und bedeuten*, und just darinn besteht wenigstens $^{1}/_{3}$ meines Wohlseyns. Die fürstl. Personen hier sind vielleicht die besten in der ganzen Welt. Alle sind gut für mich gesinnt, Keines drückt mich; sie fodern so wenig von mir, daß ich mich beynahe schäme, ihr Brodt zu essen, und thäten mir gerne alles zu gefallen.[42]

Wieland sieht also die Erfüllung der bürgerlichen Lebensträume verwirklicht, wenn er die „Freyheit" genießt, in materieller Sicherheit seinen Neigungen zu leben. Der Bürger begreift sich hier, entsprechend der Staatslehre des Absolutismus, als ‚Untertan' und ‚Privatmann',[43] der zwar seine Amtspflichten loyal zu erfüllen hat, aber doch nicht der ideellen Pflicht unterliegt, sich als ‚Staatsbürger' über das geforderte Maß hinaus mit der Lenkung seines Gemeinwesens zu beschäftigen.[44] Bezeichnenderweise konnte es Verdacht erregen, wenn ein Bürgerlicher wie Goethe sich allzusehr im Dienst eines Staates engagierte.[45]

---

42 Wieland an Merck, 16. April 1777; Wielands Briefwechsel. Bd. 5 (Anm. 19), S. 606-609, hier S. 607.

43 „Bürger des Staats (privati) heißen alle im Staat, insofern sie nicht die höchste Gewalt in demselben haben"; Gottlieb Hufeland: Lehrsätze des Naturrechts (1790), zit. nach Manfred Riedel: Bürger, Staatsbürger, Bürgertum. In: Geschichtliche Grundbegriffe [...]. Hg. von Otto Brunner u. a. Stuttgart 1972, S. 672-725, hier S. 700; dazu vgl. weitere einschlägige Untersuchungen: Michael Stolleis: Untertan – Bürger – Staatsbürger. Bemerkungen zur juristischen Terminologie im späten 18. Jahrhundert. In: Rudolf Vierhaus (Hg.): Bürger und Bürgerlichkeit im Zeitalter der Aufklärung. Heidelberg 1981 (Wolfenbütteler Studien zur Aufklärung 7), S. 65-99, bes. S. 68 und 86 zum Begriff der ‚Freiheit *vom* Staat'; Jürgen Habermas: Strukturwandel der Öffentlichkeit. Untersuchungen zu einer Kategorie der bürgerlichen Gesellschaft. Mit einem Vorwort zur Neuauflage. Frankfurt am Main 1993, passim.

44 Von diesem ‚politischen' Engagement ist die Mitarbeit in den ‚gemeinnützigen' Aufklärungsgesellschaften zu unterscheiden, die noch dem Bereich der (bloß) raisonnierenden Öffentlichkeit (im Sinne von Habermas) zuzuordnen sind.

45 Vgl. den diesbezüglichen Brief Herders an Hamann, 11. Juli 1782; Johann Gottfried Herder: Briefe. Gesamtausgabe 1763–1803. Unter Leitung von Karl-Heinz Hahn hg. von den Nationalen Forschungs- und Gedenkstätten der klassischen deutschen Literatur in Weimar (Goethe- und Schiller-Archiv). Weimar 1979ff. Bd. 4: Oktober 1776 – August 1783. Bearbeitet von Wilhelm Dobbek † und Günter Arnold. Weimar 1986, S. 224-228, hier S. 226. – Aus dem gleichen Politikverständnis heraus riet auch Merck Goethes Mutter: „aber allemahl und auf alle fälle solten Sie suchen Ihn wieder her zu kriegen, das dortige Infame Clima ist Ihm gewiß nicht zuträglich – Die Hauptsache hat Er zu stande gebracht – der Herzog ist nun wie Er sein soll, das andre Dreckwesen – kan ein anderer thun, dazu ist Goethe zu gut"; so referiert von Catharina Elisabeth Goethe im Brief an ihren Sohn

Beide Briefpartner sind sich bewusst – und äußern dies auch in Briefen an Dritte[46] –, dass der mit Wielands Berufung begonnene, dann von Anna Amalia und Carl August konsequent fortgesetzte Ausbau Weimars zu einem Zentrum des kulturellen Lebens[47] in seiner Art bzw. in seiner Zeit einzigartig und jeder, der – dauerhaft oder vorübergehend – in dieser „Gemeine"[48] verweilte, besonders privilegiert war. Nach der Ankunft Herders im Herbst 1776, als der ‚Musenhof' bereits feste Konturen gewonnen hatte, schreibt Wieland:

> Wenn Göthens Idee statt findet, so wird doch Weimar noch der Berg Ararat, wo die guten Menschen Fuß fassen können, während daß allgemeine Sündflut die übrige Welt bedeckt.[49]

Noch vor seinem Besuch in Weimar im Sommer 1779 formuliert Merck, im Anschluss an eine mehrwöchige Rheinreise mit Anna Amalia und einem Teil ihres Hofes im Juni/Juli 1778, die Quintessenz aus dem Vergleich seiner eigenen Lebensumstände mit denen Wielands:

> Die Herzogin hat so gut wie Ihr Sohn mein ganzes armes Herz weggenommen, u. wohl Euch Ihr Leute, daß Ihr solchen FürstenKindern zugehört. Hier sieht man doch noch Grund, auf dem zu stehen ist.[50]

Wenig später heißt es über die Weimarer Fürsten:

> Ich wünschte manchmal die guten Leute wieder zu sehen, sie haben mir wohl gethan, besonders aber vor allen Menschen seit langer Zeit der Herzog und seine Mutter – die doch warelich ohnverfälscht gut sind, und dem Guten nachjagen, u. wenn sie [!] nicht tausend FußAngeln auf ihrem Wege fänden [...] auch das Gute überall finden würden.[51]

---

vom 17. Juni 1781. In: Briefe aus dem Elternhaus. Zürich/Stuttgart ²1973 [Johann Wolfgang Goethe: Gedenkausgabe. 1. Ergänzungsband], S. 492. – Über die Motive Goethes, gerade Weimar zum ‚Stützpunkt' seiner kulturpolitischen Tätigkeit zu machen, und die daraus abzuleitende Begründung seiner ‚Ämterhäufung' vgl. die Ausführungen von Nicholas Boyle: Goethe. Der Dichter in seiner Zeit. Bd. 1: 1749–1790. München 1995, S. 278-292.

46   Vgl. nur Merck an Bertuch, 3. November 1777: „[...] so haben Sie warelich eine Elite von Menschen, die man wohl an einem andern deutschen Hofe vergebl. suchen dürffte"; vgl. Kraft (Anm. 1), S. 163f., hier S. 163.

47   Der Vergleich mit anderen Höfen wie etwa Darmstadt enthält dadurch besondere Aussagekraft, dass die Formen der literarisch-musischen Geselligkeit in der Zeit des ‚voritalienischen' Goethe auch in Weimar durch und durch ‚empfindsam' waren. Nicht ‚Klassik' und ‚Empfindsamkeit', sondern lebhaftes Engagement (auch finanziell) und ein nur vage greifbares ‚Anregen' seitens der jeweiligen Fürstenhäuser bildeten den entscheidenden Gegensatz der beiden Residenzen.

48   So Wieland z. B. im Brief an Merck von Mitte Oktober 1778; Wielands Briefwechsel. Bd. 7.1 (Anm. 26), S. 125-127, hier S. 126.

49   Wieland an Merck, 7. Oktober 1776; ebd., Bd. 5 (Anm. 19), S. 561f. hier S. 561.

50   Merck an Wieland, 20. Juli 1778; Kraft (Anm. 1), S. 186f., hier S. 187.

51   Merck an Wieland, 1. August 1778; ebd., S. 188f., hier S. 189.

Die Metaphern evozieren das Szenario vom (prinzipiell) glatten Boden des Hofes, auf dem der Bürger leicht zu Fall kommen kann. Passagen wie diese zeigen freilich, dass Merck parallel zum *hofkritischen Diskurs,* der sein literarisches *und* epistolarisches Werk durchzieht, zeitweilig einem *,alternativen' Diskurs* folgt, dessen Argumentation sich aus Elementen einer aufgeklärten Gesellschaftsutopie (harmonisches Zusammenwirken der Stände), einer kontrastiven Polemik (Alternative zum ungeliebten Darmstadt) und einer perspektivischen Bewertung der niemals im ganzen wahrgenommenen Weimarer Realität zusammenfügt. Seiner sonstigen – wohl immer auf Darmstädter Verhältnisse zielenden – Kritik am Hofleben setzt er in seinen Weimar-Visionen das durchaus positive Verständnis einer materiell gesicherten und kulturell anregenden Existenz entgegen, die nur noch in affektiven Ausnahmezuständen als Abhängigkeit empfunden wurde. Die Kontinuität und Intensität des geistigen Austauschs, der mehr und mehr als selbstverständliche Basis eines sinnerfüllten Lebens angesehen wurde, ist freilich auch in Weimar an die Anwesenheit zentraler Figuren gebunden, da die Gruppe der literarisch Interessierten begrenzt bleibt.[52] So kann die Ortsveränderung einzelner zu einer zeitweiligen Umkehr der kulturellen Verhältnisse führen, wie ein Brief Wielands an Merck vom 6. Dezember 1779 zeigt:

> Unsern lieben Herzog und Göthen hoffen wir nun bald wieder hier zu haben. Vermuthlich bist du izt, da ich dies schreibe, wieder bey ihnen [in Goethes Elternhaus in Frankfurt], und bedarfst nicht nur selbst nichts, sondern hast des Guten soviel, daß die Brosamen die von eurem Tische fallen, hinreichend wären uns andre arme in Weimar eingewachsne Zoophyta reichlich zu sättigen.[53]

Die faktischen Unterschiede hinsichtlich des kulturellen Engagements der beiden ,Nebenhöfe'[54] in Darmstadt und Weimar sind an dieser Stelle nicht zu

---

52 In Wielands Briefen werden häufig einige Personen aus dem nahezu gleichbleibenden, begrenzten Reservoir der kulturtragenden Schicht Weimars in (literarischem) Zusammenhang genannt, etwa Goethe, Herder, er selbst und ein Gast wie Jacobi, oder die Herzogin, Goethe, Einsiedel (oder Knebel) und wiederum er selbst. Noch 1785 gehören zu dem, „was hier in censum kömmt", offenbar kaum mehr Personen als die herzogliche Familie, Luise von Göchhausen, Friedrich Hildebrand von Einsiedel, Charlotte von Stein, Gräfin Emilie von Bernstorff, Goethe, Herder und seine Frau, Wieland, Bode und der eine oder andere Gast (diese Namen genannt im Brief an Merck vom 22. Juni 1785, in: Wielands Briefwechsel (Anm. 1). Bd. 8.1: (Juli 1782 – Juni 1785). Bearbeitet von Annerose Schneider. Weimar 1992, S. 464). Vgl. die Rekonstruktion von Anna Amalias ,Musenhof' bei Ilse-Marie Barth: Literarisches Weimar. Kultur / Literatur / Sozialstruktur im 16.-20. Jahrhundert. Stuttgart 1971, S. 44-51.

53 Wielands Briefwechsel. Bd. 7.1 (Anm. 26), S. 247; vgl. Merck an Wieland, Ende Januar 1780; Kraft (Anm. 1), S. 249f.

54 Die Bezeichnung folgt der Systematik von Volker Bauer: Die höfische Gesellschaft in Deutschland von der Mitte des 17. bis zum Ausgang des 18. Jahrhunderts. Versuch einer

behandeln. Hier ist nur darauf hinzuweisen, dass Merck im Briefwechsel mit den Weimarer Fürsten, insbesondere mit Anna Amalia, eine Offenheit in seinen Äußerungen an den Tag legte, die auch auf das Selbstverständnis der Herzöge ein Licht wirft, die sich anscheinend nicht mit dem immerhin verschwägerten Hof in Darmstadt solidarisch erklärten, sondern Merck als Vertrauten behandelten – und benutzten.[55] Merck jedenfalls übernahm seine Perspektive idealisierender Kontrastierung von Weimar und Darmstadt, die er Wieland und anderen Literaten gegenüber stets aufs neue artikulierte, auch in seinen Briefwechsel mit den Fürsten. An Anna Amalia schrieb er etwa am 10. November 1783:

> Von unsrer Administration ist auf ein Jahrhundert nichts kluges zu erwarten, und was die DenkArt der Fürsten auf den Charakter der Diener und Unterthanen wirke, davon kan man sich nicht besser überzeugen, als wenn man in Weimar gewesen ist. Alles ist hier weder Gut noch Böse, sondern schwankt im Raum der Zeiten ohne Absicht u. Endzwek, nach allen Vier Winden. Niemand hat Plan noch Aussicht, weil das Ganze keinen hat, u. so reicht ein Tag dem andern die Hand.
> Ich höre von Weimar nichts als gute u. angenehme Nachrichten [...].[56]

Noch deutlicher wird seine Resignation angesichts der Darmstädter Verhältnisse in einem Brief an Carl August vom 29. März 1784:

> Auf unserm Boden gedeyht alles was sonsten nirgends gedeyht haben würde vom Minister biß zu dem der den Contrebaß streicht, u. was in der ganzen Welt fortgekommen wäre, gedeyht hier nicht. Aus den troknen Resultaten hab' ich mir am Ende abstrahirt, daß hier zu Lande 3 Künste viel vermögen, die glaub ich in dem neuangehen-

---

Typologie. Tübingen 1993 (Frühe Neuzeit 12), S. 75. – Der Landgraf von Hessen-Darmstadt residierte im entfernten Pirmasens, während seine Gattin, später sein Sohn, und außerdem sein Bruder in Darmstadt Hof hielten. Carl August mit Gemahlin und die Herzoginmutter Anna Amalia (,Wittumspalais') hatten prinzipiell getrennte Hofhaltungen in Weimar.

55   So sandte Merck nach Mosers Entlassung im Juni 1780 ausführliche Berichte über diese für die hessen-darmstädtische Regierung heikle Angelegenheit an Carl August; Kraft (Anm. 1), S. 263-266. Selbst mit Kritik an der verstorbenen Landgräfin Karoline, der Schwiegermutter des Herzogs, wird nicht gespart: „Sie ist es allein, der wir diesen Menschen [Moser] hauptsächl. zu danken haben. Sie hatte damals eine Schuldenlast von gegen 70/m fl. u. da sie ihn für einen geschikten Taschenkünstler u. adepten hielt, der sie davon frey machen könnte, so trug sie viel zu seiner Beruffung bey"; Merck an Carl August, 13. Januar 1783, ebd., S. 372f., hier S. 373.

56   Kraft (Anm. 1), S. 418; vgl. noch ebd., S. 202f. und S. 237, über die Arroganz der Hofgesellschaft in Darmstadt. Auch die Wüsten-Metaphorik begegnet wieder: „Mir kommt in dem Cirkel von Menschen wo ich lebe, in Monaten offt kein lebendiger Laut vor die Ohren und zu Herzen – also berechnen Sie selbst, daß ein solcher Brief [wie der von Carl August] wird wie eine reiche Quelle in der Wüste, wo kein Wasser ist" (ebd., S. 314). „In dieser Wüste Sahara worin ich lebe, und wo Jahr aus Jahr Ein kein Tropfen MenschenVerstand dem müden Wandrer mitgetheilt wird, ist ein solcher Brief [von Carl August] eine doppelte Labsaal" (ebd., S. 541).

den Freystaat von Amerika so ziemlich brodloß seyn mögen, d. i. trommeln, geigen u. predigen, u. da ich zu allen dreyen zu alt bin, sie noch zu lernen, so bescheide ich mich gerne nie in irgend einem Bereiche der StaatsVerwaltung Antheil zu bekommen.[57]

Aus der so empfundenen Situation der eigenen Existenz zog Merck dreierlei *Konsequenzen:* Zunächst nutzte er die guten Beziehungen zu Wieland, Goethe, Anna Amalia und Carl August, den führenden Persönlichkeiten des offenbar als Idealstaat[58] gesehenen Weimarer Herzogtums, zu einer engen persönlichen Bindung an die sich dort etablierende intellektuelle Gemeinschaft. Äußere Höhepunkte bildeten der mehrwöchige Besuch in Weimar und Ettersburg (1779) und die beiden Rheinreisen mit Anna Amalia (1778) und Carl August (1785), bei denen er als kunsthistorischer Cicerone fungierte.[59] Eine ökonomische Verbindung bestand durch Mercks Tätigkeit als Agent im Kunsthandel, außerdem fertigte er landwirtschaftliche Gutachten für Carl August an, mit dem er im Übrigen gelegentlich in Frankfurt und anderswo zusammentraf. Auf diese Weise konnte er sein Darmstädter ,Exil' als eine Art ,Außenposten' Weimars auffassen: „Ich fange beynahe an, alles Guten dessen ich von Weimar aus gewürdigt werde, gewohnt zu werden, und es ist als wenn ich ein besoldeter Diener des Hauses wäre."[60] Die Bedeutung dieser gleichsam körperlichen Konnexion mit dem Weimarer Musterstaat ist neben dem brieflich-literarischen Austausch nicht zu unterschätzen.

Darüber hinaus erkannte er die Möglichkeit, in der Pflege der sich über die gemeinsame Arbeit für den *Teutschen Merkur* etablierenden Freundschaft mit

---

57 Ebd., S. 436. Mit „trommeln, geigen u. predigen" spielt Merck auf die Militärleidenschaft Landgraf Ludwigs IX., die Musikbegeisterung des Erbprinzen und den Eifer des Oberhofpredigers Starck an.

58 Dagegen spricht nicht, dass Merck, sogar den Fürsten gegenüber, gelegentlich spöttische oder ironische Töne anklingen lässt. Schwerer wiegt die mögliche Deutung eines – nicht aufgenommenen – Beitrages für das *Journal von Tiefurt*, in dem Merck sich mit der dort ausgeschriebenen „Preißfrage: Wie ist eine unoccupirte Gesellschaft für Langerweile zu verwahren" auseinandersetzt; vgl. Henkel (Anm. 19), S. 484-490. Norbert Haas sieht in diesem Beitrag eine Kritik „der gesellschaftlich unbeschäftigten, der unproduktiven Mitglieder der Menschengemeinschaft", durch die „Anna Amalia und ihr Kreis getroffen" worden seien; Norbert Haas: Spätaufklärung. Johann Heinrich Merck zwischen Sturm und Drang und Französischer Revolution. Kronberg 1975 (Scriptor Monographien Literaturwissenschaft 24), S. 159. – Die komplizierte, bisher nicht aufgedeckte Struktur des Artikels und die sonst ins *Journal von Tiefurt* eingegangenen Texte zum selben Thema bedürfen noch genauer Untersuchung. Es wäre zu bedenken, ob hier nicht im Medium der Groteske Probleme der informellen, aber notwendigen Kommunikation zwischen Fürstenhaus, Regierung und Beamtenschaft (einschließlich der Literaten) angesprochen wurden.

59 Zu Ettersburg vgl. Werner Deetjen: Auf Höhen Ettersburgs. Blätter der Erinnerung. Leipzig 1924; zu den Rheinreisen Adolf Bach: Herzogin Anna Amalia von Weimar mit Merck am Rhein im Sommer 1778. In: Volk und Scholle 11 (1922), S. 97-112.

60 Merck an Anna Amalia, 15. März 1783, Kraft (Anm. 1), S. 380f., hier S. 380.

Wieland die gleichzeitige Befriedigung unterschiedlicher Bedürfnisse zu realisieren: Wieland war für ihn – was Goethe nicht sein wollte und die Fürsten
bei aller Offenheit in dieser Form nicht sein konnten – intellektueller Gesprächspartner, Vermittler literarischer Neuigkeiten, Kontaktperson zu einem
‚Musenhof‘ und zunehmend auch der ‚Herzensfreund‘, mit dem er sich über
gemeinsame Glücks- und Leidenserfahrungen (Geburt bzw. Tod von Kindern, Krankheiten, Anfälle von Melancholie, persönliche Enttäuschungen
usw.) „ausschwazen"[61] konnte. Mit diesen Funktionszuweisungen ist bereits
der Typus des Merckschen Freundschaftsbriefes skizziert, der im Übrigen wie
jeder Freundschaftsbrief dem Prinzip der lockeren Fügung, keinem in Regeln
zu fassenden „Plan" folgt. Ein Beispiel bietet etwa der Brief an Wieland vom
16. März 1779:[62] Merck beginnt mit der Evokation der Szene, da er den letzten Brief Wielands mit der Nachricht vom Tod von dessen Tochter vorfindet
und nach der Lektüre gemeinsam mit seiner Frau „unsre Kindergeschichten
bey dieser Gelegenheit wieder recapitulirt". Die Vergegenwärtigung des gemeinsamen Leides führt ihn zu einer längeren Betrachtung der unergründ-
lichen Schicksalswege, die von der Einschätzung der individuellen Lage („Ich
bin nun längst so sehr in allen Hoffnungen betrogen, daß mir die Welt
ziemlich fremd ist") zu einer resignativen Weltdeutung im Homerischen Bild
von den zwei Tonnen des Schicksals (Ilias 24, 527-530) führt. Der nächste
Abschnitt enthält Detailabsprachen zu Mercks Beiträgen für den *Teutschen
Merkur.* Darauf folgt eine Passage, die von einem gegen Wieland gerichteten
Pasquill berichtet und in ihrer derben Ausdrucksweise („dem schurkischen
HofRath Deinet", „als wenn mir einer einen Sch-ßhauffen präsentirte", „Ein
ganz elender Avanturier") vor allem den Zweck verfolgt, den Schulterschluss
mit Wieland in einer literarischen Auseinandersetzung zu beglaubigen. Im
vierten Abschnitt des Briefes kehrt Merck zu dem Thema *Merkur* zurück
(„Ich will gewiß fleißig seyn"), greift jedoch zugleich die dunkle Stimmung
des Anfangs wieder auf, nunmehr – im Kontext einer literarischen Herausforderung – mit deutlichem Verweis auf einen melancholischen Untergrund:

> Ich trage aber manches lange mit mir herum, weil Du Dir nicht vorstellen kanst, wie
> dumpf u. träumend es bey mir aussieht, u. wie so wenig Werth ich in das alles seze. Es
> ist mir nichts eigentlich lieb, als sinnliche Dinge, Farbe, Licht, Sonne, Wein, Wasser,
> Stein und Kraut. – Das Intellektuelle u. Menschliche Zeug will nicht mehr bey mir fort
> – und das PapierWesen vollends gar nicht.

Der fünfte Absatz handelt von der bevorstehenden Reise Mercks nach Weimar. Er hat Hinweise darauf, „daß die Reise des HErrn Joh. Heinrich Merk
auch ein politisch Ding ist" – offensichtlich hatten sich Gerüchte gehalten,

---

61 Vgl. an Wieland vom 11. September 1778, in: ebd., S. 195-197, hier S. 196.
62 Ebd., S. 210f. Die einzelnen Zitate sind im Folgenden nicht eigens nachgewiesen.

dass Anna Amalia ihn langfristig nach Weimar holen wollte.[63] Merck ist erkennbar stolz darauf, dass über seine Person in Weimar geredet wird, und gibt sich staatsmännisch und fast etwas gönnerhaft, wenn er in diesem Kontext betont: „[...] meine Reise geht eigentl. zu der verwittweten Frau Herzogin, die es nun einmal haben will." Es folgt ein kurzer sechster Abschnitt, in dem Merck fern jeder Phrasenhaftigkeit, doch im Anklang an quietistisch-stoisches Gedankengut, einen Freundschaftsbund beschwört, in den er – wenigstens am Rande – auch Goethe noch mit einbezieht und auf den gestützt er offenbar seine Frustration, Isolation und nicht zuletzt die melancholische Lähmung zu überwinden hofft:

> Lieber Bruder leb wohl, laß uns ferner treu an einander halten, – nicht gegen Alles Rauhe, u. Dumme so gar empfindlich seyn, – nicht viel erwarten, – Alles mit Bruder Wolf [Goethe] in einer Art von Composition betrachten, und den Dingen so begegnen, daß, wenn wir sie nicht umwerffen, sie uns auch nicht übern Hauffen werffen.

Der Antwortbrief Wielands zeigt in idealtypischer Weise die Kombination von Herzlichkeit und Kalkül, mit der der Weimarer Briefpartner den Kontakt zu seinem wichtigsten Mitarbeiter pflegte. An einer engen, zeitweise innigen Vertraulichkeit mit Merck lässt der Briefwechsel insgesamt keinen Zweifel, allerdings erscheint Wieland dabei vorwiegend in der Funktion des heiteren, *äußerer* Sorgen enthobenen Weisen.[64] Entsprechend reagiert er auch auf den zitierten Brief:

> Im Grunde sind wir sehr Eins, und verstehen einander, Gott sey Dank! nur in unserm modus existendi ists hier und da verschieden gestalten auch unsre Umstände, denk ich, von jeher verschieden gewesen sind.[65]

Indem Wieland die *Unterschiede* der äußeren Existenz herausstellt, öffnet er Merck den Blick auf die ‚grundsätzlichen' *Gemeinsamkeiten,* die sich um die beiden Komplexe Familie und Literatur(kritik) gruppieren und die Identifikation unter den bürgerlichen Intellektuellen jenseits der kontingenten Bedingungen ihrer jeweiligen ‚Bedienung' ermöglichen. Angesichts der Tatsache, dass die Freundschaft zu Wieland mit Mercks literarisch fruchtbarster Periode einherging, fragt Norbert Haas nach der motivierenden Wirkung dieser Freundschaft und vermutet, dass Wieland „versuchte, Merck zu einer Lebensweise

---

63 Vgl. Wieland an Merck, 2./3. August 1778, Wielands Briefwechsel. Bd. 7.1 (Anm. 26), S. 107-110, hier S. 109.

64 Schon nach Wielands erstem Besuch in Darmstadt hatte Merck an Sophie von La Roche geschrieben: „Wie danke ich Ihnen für den Brief Wielands. Wie heiter sieht's nicht in dieser männlichen Seele aus! Alles Aether um sie her! Ich unterschreibe seine ganze Philosophie bis auf das lezte Jota"; Brief vom 21. September 1771, Kraft (Anm. 1), S. 55f., hier S. 55.

65 Wieland an Merck, ca. 20. März 1779; Wielands Briefwechsel. Bd. 7.1 (Anm. 26), S. 187f., hier S. 187.

anzustiften, in die er sich selbst gerettet hatte".[66] Man wird Haas nicht in seiner anachronistischen Deutung folgen, wonach den Gelehrten und Literaten angesichts *politischer* Bedeutungslosigkeit einzig „Resignation" möglich gewesen, diese aber nur im Falle Wielands „geglückt" sei[67] – Literaten und Gelehrte traten damals so wenig wie heute mit dem Anspruch auf, die Weltordnung einzureißen, und Wieland hatte als Prinzenerzieher immerhin den Weg bereitet, auf dem Goethe den Herzog zu einem aufgeklärten Monarchen heranbilden konnte. Die Gemeinsamkeiten, an die Wieland appelliert, liegen vielmehr im kulturellen und, was das *Merkur*-Unternehmen betrifft, auch durchaus *kulturpolitischen* Interesse beider. Damit bescheinigt er seinem herausragenden Mitarbeiter Merck, wie in zahlreichen anderen Briefen auch, eine tragende Rolle in der ‚respublica litteraria' und die daraus abzuleitende Anerkennung unter den kritischen Geistern im gesamten deutschsprachigen Raum. Wenn er im Schlussteil des Briefes – nach einigen Ermahnungen zu eifriger Mitarbeit – erklärt, er habe zu Mercks „Ohngefährer Bilanz der Literatur [d. h. Druckwerke insgesamt] des vergangenen Jahrs"[68] ein „Postscriptum über das neueste belletristische Wesen" hinzugefügt, nachdem er zuvor bereits Mercks eigenen, allzu knapp gehaltenen Abschnitt zu diesem Thema gestrichen hatte,[69] wird ersichtlich, dass er sich zu falschen Rücksichtnahmen gegenüber dem Freund nicht genötigt sah. Offensichtlich entsprach Wielands Vorgehen sogar dem Wunsch Mercks, keine literarischen Werke, bald (ab 1781) sogar überhaupt keine Bücher mehr zu rezensieren und stattdessen nur noch kunsthistorische und – seinem Hauptinteresse in den achtziger Jahren entsprechend – naturwissenschaftliche Beiträge zu verfassen.

Damit ist die letzte Konsequenz angesprochen, die Merck aus seiner Situation in Darmstadt zog: der Entschluss, regelmäßig für den *Teutschen Merkur* zu schreiben, zunächst vorwiegend Rezensionen und satirische Erzählungen, in den achtziger Jahren dann nur noch – und insgesamt in geringerer Dichte – Aufsätze populärwissenschaftlichen Inhalts. Da die frühesten Briefe Mercks im Zusammenhang dieser erneuten Kontaktaufnahme Ende 1775 nicht überliefert sind, ist über dessen Motive höchstens aus den Gegenbriefen Wielands etwas zu entnehmen.[70] In diesen Briefen werden die Grundlinien der Zusam-

---

66 Haas (Anm. 58), S. 53.
67 Vgl. ebd., S. 20f., 118f. u. ö.
68 Der Teutsche Merkur 1779, I, S. 193-214; Zusatz von Wieland S. 215-220.
69 Vgl. Wielands Briefwechsel. Bd. 7.1 (Anm. 26), S. 178, und die Anmerkungen zu beiden Briefen; außerdem Robert Seidel: Nachwort. In: Christian Heinrich Schmid: Über den gegenwärtigen Zustand des deutschen Parnasses. Mit Zusätzen und Anmerkungen von Christoph Martin Wieland. Mit einem Nachwort hg. von Robert Seidel. St. Ingbert 1998 (Kleines Archiv des 18. Jahrhunderts 31), S. 84-104, hier S. 102f., Anm. 52.
70 Auch im Falle von Mercks Mitarbeit an Nicolais *Allgemeiner deutscher Bibliothek* ist die Kon-

menarbeit vereinbart, deren wichtigste darin besteht, dass Wieland, offenbar auf Bedingungen Mercks eingehend („Ich verstehe Sie völlig, bin mit allem zufrieden"),[71] ihm „das ganze Kritische Fach" anvertraut, nicht ohne allerdings bereits im selben Brief bestimmte Rücksichtnahmen anzumahnen. Merck scheint diese Einschränkungen seiner kritischen Freiheit als Preis für die Mitwirkung an einem überregional verbreiteten, angesehenen Organ grundsätzlich akzeptiert zu haben, zumal das ihm verhasste akademische Milieu ausdrücklich von Wielands „Schuz und Schirm" ausgeschlossen blieb („Alle Universitäten geb ich Preiß").[72] Die Frage der Bezahlung war offenbar von Merck in einem (nicht erhaltenen) Brief vom 19. Januar 1776 angeschnitten worden, wie aus Wielands Antwortbrief vom 26. Januar hervorgeht.[73] Demnach gab es für Rezensionen ein festes Honorar, die Aufsätze wurden „besonders nach Möglichkeit honoriert [...]; mehr nach innerm als äusserm volumen"; gelegentlich ist auch von einem „Gotts Lohn"[74] die Rede. Entscheidend ist Mercks Verhalten während der Krise, in die die Zeitschrift 1778 geriet.[75] Auf einen Klagebrief Wielands vom 14./15. Mai, der detailliert die Schwierig-

---

taktaufnahme selbst nicht dokumentiert. Schon längere Zeit vor dem frühesten Brief Mercks, der offenbar kurz nach Beginn seiner Mitarbeit abgefasst ist (Merck an Nicolai, 7. November 1772; Kraft (Anm. 1), S. 77f.), wurde die Beziehung allerdings durch den gemeinsamen Freund Höpfner angebahnt (Merck an Nicolai, 15. August 1771, zit. nach: Hermann Bräuning-Oktavio (Hg.): Aus Briefen der Wertherzeit. In: Die Grenzboten 70, 1911, S. 411-417, 463-469, 557-563, 611-620, hier S. 469). Dies zeigt übrigens auch, dass Merck schon während oder gar vor seiner Herausgebertätigkeit für die *Frankfurter gelehrten Anzeigen* nach anderen Publikationsmöglichkeiten Ausschau hielt.

71 Wieland an Merck, 5. Januar 1776; Wielands Briefwechsel. Bd. 6.1 (Anm. 17), S. 117; daraus auch die folgenden Zitate.

72 Die Universitätskritik Wielands ist – im Gegensatz zu der Mercks – frei vom Verdacht des Neides, da *er* eine Professur innegehabt und freiwillig aufgegeben hatte. Eine der wenigen Stellen in der Korrespondenz mit Merck, an der der ‚gebildete' Diskurs vom ‚akademischen' (nicht vom ‚gelehrten') klar und polemisch abgegrenzt wird, findet sich im Brief vom 26. Oktober 1777: „Was Sie halb schlafend sagen, ist so viel mehr werth als was alle unsre Doctores illuminatissimi ex cathedra von sich geben!"; Wielands Briefwechsel. Bd. 6.1 (Anm. 17), S. 165.

73 Wielands Briefwechsel. Bd. 6.1 (Anm. 17), S. 119. – Über die tatsächliche Höhe von Mercks Honoraren und deren Verhältnis zu seinen sonstigen Einkünften können an dieser Stelle keine Berechnungen angestellt werden. Vgl. allerdings Harald Steiner: Das Autorenhonorar – seine Entwicklungsgeschichte vom 17. bis 19. Jahrhundert. Wiesbaden 1998 (Buchwissenschaftliche Beiträge aus dem deutschen Bucharchiv München 59), S. 354. Demnach gilt, „daß wissenschaftliche Arbeiten keineswegs generell schlechter entlohnt wurden als belletristisch-literarische Werke" und „die Zeitungs- und Zeitschriftenmitarbeiter [...] großzügiger entlohnt" wurden als die Verfasser selbständiger Schriften.

74 Wieland an Merck, 5. Januar 1776; Wielands Briefwechsel. Bd. 6.1 (Anm. 17), S. 117.

75 Zum Kontext vgl. Wahl (Anm. 58), S. 127-135.

keiten der Redaktionsarbeit, aber auch mögliche Lösungen reflektiert,[76] antwortet Merck etwas überraschend:

> Schreib mir doch so ein bißchen auch von Eurem Wesen, damit mirs klar wird um Dich her, u. Du nicht Ewig bleibst der Merkurius u. ich des Merkurius Handlanger, daß wir einander sind wie zwey ehrliche Kerl, die ihre Pfeiffen zusammenrauchen, sich die Hosen naufziehen, u. denn so alles Labern, was ihnen ins Maul kommt.[77]

Merck forderte in der Zeit seiner engagiertesten Mitarbeit, als er für den Fortbestand des *Merkur* von größter Bedeutung war, von Wieland sowohl freundschaftliches Vertrauen als auch mehr Mitsprache und Verantwortung bei der Redaktion. Nachdem schon früher vermutlich ein Versuch gescheitert war, den Druck der Zeitschrift nach Darmstadt zu verlegen – was zweifellos eine Verlagerung der redaktionellen Kompetenzen zu seinen Gunsten bewirkt hätte –,[78] wollte er möglicherweise die Krise des *Merkur* dazu ,nutzen', seine seit den Tagen der *Frankfurter gelehrten Anzeigen* schwächer werdende Position innerhalb der literarischen Welt wieder zu stärken. Die für Gelehrtenfreundschaften typische Verschmelzung von inniger Zuwendung und prestigeorientiertem Kalkül konnte dann allerdings auch dazu führen, dass Merck schon kurz darauf, nach dem Erhalt zweier „HerzensBriefe",[79] seine kostenlose Mitarbeit auf sechs Jahre anbot[80] und sich darauf beschränkte, das Vertrauen des Partners einzufordern.

Dass Merck überdies als „Idealist"[81] handelte, dass er seine Beiträge im Sinne des genuin aufklärerischen Prinzips der ,Gemeinnützigkeit' oder aus schierem Interesse an der Sache selbst verfasste, dass er in einigen Rezensionen und Aufsätzen und besonders in den Erzählungen seine legendäre „swiftische Galle"[82] ausschütten und „Gifft blasen u. hauen u. stechen"[83]

---

76 Wieland Briefwechsel Bd. 7.1 (Anm. 26), S. 58-63.

77 Merck an Wieland, 28. Mai 1778; Kraft (Anm. 1), S. 183-185, hier S. 183.

78 Diese von Bräuning-Oktavio (Anm. 18), S. 285, und anderen geäußerte Vermutung stützt sich auf die für diese Zeit bezeugten Versuche Mercks, an die Erfolge seiner Selbstverlagsunternehmungen anzuknüpfen (s. u.), und auf die Antwort Wielands auf einen nicht erhaltenen Brief: „Wenn ich mit jemanden in der Welt mich in Projecte einlaßen möchte, so ists mit Ihnen [...]. Aber, lieber bester Merck, der Merkur kan aus einer Menge Ursachen nirgends als wo ich mich aufhalte gedruckt werden"; an Merck, 26. Januar 1776; Wielands Briefwechsel. Bd. 6.1 (Anm. 17), S. 119.

79 Merck an Wieland, 8. Juni 1778; Kraft (Anm. 1), S. 183-185, hier S. 183.

80 Vgl. ebd., S. 184f. und ein späteres, für den Juni 1781 bezeugtes Angebot; Wielands Briefwechsel (Anm. 1). Bd. 7.2: (Juli 1782 – Juni 1785). Anmerkungen. Bearbeitet von Waltraud Hagen. Weimar 1997, S. 367, Anm. zu Z. 67f.

81 Bräuning-Oktavio (Anm. 18), S. 292.

82 So Johann Wolfgang Goethe: Aus meinem Leben. Dichtung und Wahrheit. Hg. von Walter Hettche. Bd. 1. Stuttgart 1991, S. 544.

83 Merck an Wieland, Anfang Dezember 1777; Kraft (Anm. 1), S. 164f., hier S. 165.

wollte, dass das Schreiben überhaupt ein Ausgleich für den Umgang mit den „Herren Abderiten"[84] und der „hundetummsten Gesellschafft"[85] war – alle diese Erklärungen sind plausibel und fügen sich in das Bild, das die Forschung von Merck als einem typischen Vertreter der von *Skepsis, Desillusionierung und gesellschaftlicher Orientierungslosigkeit* geprägten spätaufklärerischen Intellektuellenzunft entworfen hat. Seine lebenslangen *Bemühungen um eine Integration in die internationale Republik der Gelehrten und Literaten* dürfen dabei allerdings nicht zu gering bewertet werden. In derjenigen Phase seines Lebens, die von der *Freundschaft zu Wieland,* der *Mitarbeit am Teutschen Merkur* und der *engen Beziehung zu Weimar* geprägt war, wurde sein Handeln bestimmt von der Einsicht:

> Daß man so hier u. da noch an einem SpinnWebfaden mit solchen Leuten [wie Goethe] zusammenhängt, erhält auch in der Welt.[86]

Wenn er sich in den *späteren* Jahren thematisch (Naturwissenschaften) und personell (Fachgelehrte, u. a. im Ausland) über sein unmittelbares Umfeld und auch über Weimar hinaus orientierte, ist dies nur eine zusätzliche Folge aus dem doppelten Bemühen um die Erweiterung seiner Kenntnisse und die Steigerung seiner Reputation über Fach- und Ländergrenzen hinweg, so dass die bislang erfolglose Suche nach einer ‚Trübung' im Verhältnis zu den Weimarern (von der problematischen Beziehung zu Goethe abgesehen) keine Grundlage besitzt,[87] zumal eine bisher nicht beachtete Stelle im spätesten überlieferten Brief Wielands an Merck dafür spricht, dass ersterer die Neuorientierung seines Darmstädter Freundes akzeptiert hatte.[88]

Dass Merck in seinen Briefen an Wieland vom Anfang bis zum Ende konkrete Ziele im Sinne der oben dargelegten ‚Strategie' verfolgte und seine Absichten sich anhand der semantischen wie der rhetorischen Strukturierung der Texte präzise belegen lassen – dies zu zeigen war das Anliegen der vorangegangenen Ausführungen. Im Briefwechsel mit den Koryphäen der zeitgenössischen *Naturwissenschaft,* darauf sei abschließend noch kurz hingewiesen,

---

84 Merck an Wieland, Anfang Mai 1776; ebd., S. 149f., hier S. 150.

85 Merck an Wieland, 7. November 1778; ebd., S. 200-202, hier S. 200.

86 Merck an Wieland, 1. April 1779; ebd., S. 212f., hier S. 213.

87 Die Geschichte des *Teutschen Merkur* und anderer Organe zeigt, dass Mitarbeiter nur in seltenen Fällen langfristig an eine Zeitschrift zu binden waren; vgl. Wahl (Anm. 58), S. 99. Eine allmähliche Verlagerung der Interessen (neben anderen denkbaren Motiven) ist gerade bei einem nebenberuflichen Autor nichts Auffälliges.

88 „Mich freut herzlich daß Du, lieber Herr u Bruder, in dem Forschen nach den geheimern magnalibus Naturæ Ruhe für Deine Seele findest. Trahit sua quemque voluptas [Vergil, Ekloge 2,65]"; an Merck, 17. Dezember 1786; Wielands Briefwechsel. Bd. 9.1 (Anm. 19), S. 209f., hier S. 210.

variierte Merck übrigens die Semantik seiner Selbstpositionierung in bezeichnender Weise. Wenngleich im Bereich der Paläontologie und verwandter Disziplinen aufgrund der besonderen Bedingungen des Wissenschaftssystems im ausgehenden 18. Jahrhundert eine fast auf gleicher Augenhöhe stattfindende Kommunikation mit Kapazitäten wie Samuel Thomas Soemmerring (1755–1830) oder Pieter Camper (1722–1789) möglich war,[89] behielt Merck in seinen Kontakten zu führenden Naturforschern meist die Rolle des dilettierenden Adepten bei, in der er die Korrespondenz mit ihnen begonnen hatte. Der früheste Brief an Camper,[90] in dem er sich dem berühmten Gelehrten empfiehlt, weist alle entsprechenden Charakteristika auf: Einerseits klassifiziert Merck sich, den Rahmen der obligatorischen Bescheidenheitstopik deutlich überschreitend, als naturwissenschaftlichen *Dilettanten,* nämlich als einen

> simple amateur de minéralogie, et qui n'a jamais eu de la Vocation directe pour cette Science de l'Anatomie, qui demande tant de Veilles, a mille obstacles à surmonter quand il veut s'instruire.[91]

Die *Begeisterung* als konstitutives Merkmal des Dilettanten wird plakativ und unverkennbar absichtsvoll vorgeführt, sei es durch Betonung des affektgesteuerten Zugangs zur Materie („je les [die Knochen] ai souvent baisés en les maniant"),[92] sei es durch forcierte Bewunderungsmetaphorik („il suffit de rester entre les portiques de ce Sanctuaire [der Osteologie], et d'admirer ceux qui sont admis dans le Sacrosanctum").[93] Der ebenfalls bekundete ‚dilettantische' *Sammeleifer* („Je posséde [...]; Je posséde encor [...]; Je finis Monsieur par vous dire, que je posséde [...]; On vient de m'apporter aussi [...]'") verbindet sich allerdings mit ebenso deutlich gesetzten *Kompetenzsignalen,* die vom Anspruch einer zumindest partiellen Gleichwertigkeit („J'ai d'autres faits à

---

89 Die recht umfangreiche Literatur zu Johann Heinrich Merck als Naturforscher ist hier nicht im einzelnen zu dokumentieren. Ich verweise auf die jüngst erschienene ausgezeichnete Monographie von Marie-Theres Federhofer: „Moi simple amateur." Johann Heinrich Merck und der naturwissenschaftliche Dilettantismus im 18. Jahrhundert. Hannover 2001. Die neuesten Publikationen von Briefen Mercks betreffen dessen Kontakte zu Naturforschern und Sammlern; vgl. zuletzt Robert Seidel: Drei ungedruckte Briefe Johann Heinrich Mercks an Petrus Bernardus van Damme in Amsterdam (8. September 1784, 24. Juli 1785, 9. September 1785). In: Lichtenberg-Jahrbuch 1999, S. 168-184. – Zur institutionellen Verankerung der Naturwissenschaften im akademischen Betrieb vgl. Rudolf Stichweh: Zur Entstehung des modernen Systems wissenschaftlicher Disziplinen. Physik in Deutschland 1740–1890. Frankfurt am Main 1984.

90 Merck an Pieter Camper, 31. Juli 1782; Kraft (Anm. 1), S. 344-347. Die Respektsbekundungen an Camper setzen sich, mit wechselnder Intensität, durch die gesamte Korrespondenz fort.

91 Ebd., S. 345.

92 Ebd., S. 346.

93 Ebd.

vous rapporter, Monsieur, et qui doivent vous interesser davantage")[94] bis zur herablassenden Kritik an ‚Kollegen' reichen („ce fou et ignorant de Walch").[95] Merck präsentiert sich hier – zwischen Bescheidenheit und Selbstbewusstsein geschickt balancierend – als naturwissenschaftlicher ‚Quereinsteiger', der im Medium des (wissenschaftlichen) Briefwechsels seine immer weiter gehende Integration in die internationale, disziplinen- wie sprachenübergreifene ‚scientific community' betrieb und sich zugleich durch entsprechende Salvationsklauseln gegen allfällige sachlich begründete Vorwürfe absicherte. Gelegentlich verschränkt sich der Kompetenzanspruch des versierten Dilettanten mit dem Klagegestus des sich verkannt wähnenden Gelehrten und Literaten, wie wir ihn in der Korrespondenz mit Wieland kennengelernt haben. Insofern ist der Brief vom 7. Januar 1783 an Samuel Thomas Soemmerring ein Dokument, das Mercks subjektive Wahrnehmung des unmittelbaren Umfeldes während seines letzten Lebensjahrzehnts so drastisch wie kaum eine andere Textstelle dokumentiert:

> Hier [in Darmstadt] lebt man in der Wüste [!]. In der ganzen Stadt ist kein Skelett bei 4 oder 5 Medicis und vielleicht 10 Chirurgis. Die Kerls sind mir alle spinnefeind, weil ich sie für Ignoranten bei allen Gelegenheiten deklarire und ich mag nichts von ihnen wissen und fragen.[96]

94   Ebd., S. 344.
95   Ebd. – Es handelt sich um den Jenaer Logikprofessor Johann Ernst Immanuel Walch (1725–1778), der mit seiner *Naturgeschichte der Versteinerungen* (Nürnberg 1755–1773) einer der Mitbegründer der Paläontologie wurde.
96   Merck an Soemmerring, 7. Januar 1782; Kraft (Anm. 1), S. 326. Der Brief ist auf 1783, nicht auf 1782 zu datieren.

JÖRG-ULRICH FECHNER (BOCHUM)

„die Meerkatze" – Bemerkungen über Johann Heinrich Merck im Briefwechsel von Johann Georg Hamann und Johann Gottfried Herder

Der ungewöhnlichste Eintrag, den ich in einem Personenregister der wissenschaftlichen Ausgabe eines Briefwechsels deutscher Sprache kenne, lautet: „Meerkatze" und bezieht sich auf einen Brief von Johann Georg Hamann an Johann Gottfried Herder vom 14. März 1775. Das Register führt dazu an: „Meerkatze, s. Merck, Johann Heinrich". Vergleicht man die dortigen Angaben, so findet sich nochmals ein Rückbezug: „Merck, Johann Heinrich (1741–1791), Kriegsrat in Darmstadt. ,Die Meerkatze'."[1]

Was hat es mit einer solchen umschreibenden Bezeichnung auf sich? Mehr noch, was leistet der Einbezug von brieflichen Äußerungen Dritter, wenn man eine kritische Ausgabe eines Briefwechsels plant? Neben dem eigentlichen Briefwechsel kann die Berücksichtigung etwa von Stammbucheintragungen und auch von solchen Bemerkungen in Briefen Dritter zu einer Dokumentation von Begegnungen und von heute nicht mehr erhaltenen Briefen führen. Die Beschäftigung mit solchen Nachweisen kann also sowohl den Bestand des Briefwechsels bereichern als auch vor allem für die Kommentierung der Briefausgabe hilfreich sein.

Wer sich eines Tiernamens für die Bezeichnung eines Menschen bedient, steht in einer großen und langen Tradition. Sie umfaßt den rhetorischen Strang des Bestiariums, dann die vermenschlichten Tiere der Fabel, aber auch noch den heutigen Schlager und die vertrauliche Rede unter Freunden und Liebenden. Auffällig ist die Häufigkeit von Koseformen wie ,Mäuschen', ,Kätzchen', ,Häschen', ,Bärlein' oder „du munteres Rehlein, du", die in der Regel ein kennzeichnendes und emotionales Eigenschaftswort mit der Verniedlichungsform verbinden. Daneben steht ein anderer Traditionsstrang, der sich auf die Schand- und Schmährede bezieht. Um nur ein Beispiel zu geben, sei auf die Wendungen der Bibel verwiesen, die in der Formel „ihr Schlangen, ihr Otterngezüchte!" beim Evangelisten Matthäus (Mat. 3,7; 12,34; 23,33) gipfeln.

---

1 Johann Georg Hamann: Briefwechsel. Hg. von Walther Ziesemer und Arthur Henkel. 7 Bde. Wiesbaden 1955–1979. Bd. 3: 1770–1777. Wiesbaden 1957, S. 460; 461.

* * *

Träger der Handlung sind im Folgenden Johann Heinrich Merck als der Mittelpunkt und Gegenstand der brieflichen Bemerkungen, dann Johann Georg Hamann und Johann Gottfried Herder als die hauptsächlichen Briefpartner und Verfasser dieser Äußerungen, des weiteren Friedrich Carl Freiherr von Moser (1723–1798) und Matthias Claudius (1740–1815). Sie alle kannten sich, standen über längere Zeit im Briefwechsel miteinander. Nur Hamann und Claudius blieb eine immer wieder geplante persönliche Begegnung versagt.

Die Merck-Forschung ist diesem Personengeflecht nur in bescheidener Weise nachgegangen. Für Georg Zimmermann gab es nur die Beziehung zwischen Hamann und Moser. Dass auch Merck mit Hamann in persönlichen Kontakt getreten war, wird von ihm mit keiner Silbe erwähnt.[2] Helmut Prangs Merck-Biographie von 1949 weiß von Mercks Besuch bei Hamann in Königsberg im November 1773 nur im Allgemeinen und schließt deshalb bloß Fragen und Mutmaßungen an:

Es wäre reizvoll zu wissen, was diese beiden Männer, die so gegensätzliche Naturen waren, miteinander besprochen haben. In dem dreiundvierzigjährigen Hamann, der als Magus des Nordens mit dem ganzen Irrationalismus seines Denkens, Sprechens und Schreibens ein Wegbereiter der Romantik war, traf der zweiunddreißigjährige Merck – mehr ein Vertreter des geraden Denkens und Schauens – einen Mann von imponierender Geistesgröße und Kraft, der in seiner Zeit neben den Gestalten Klopstocks und Lessings seinen Platz behauptete. Doch wird Merck in ihm mehr den verehrungswürdigen und einflussreichen Lehrer Herders besucht haben als den berühmten Verfasser der „Sokratischen Denkwürdigkeiten" von 1759.[3]

Hermann Bräuning-Oktavio kommt das Verdienst zu, als einziger sich dem Besuch Mercks in Königsberg eingehend zugewendet zu haben. Sein 1969 erschienener Aufsatz *Besuche Mercks in Riga und Königsberg*[4] ist allein deshalb hier zu ergänzen, weil Bräuning-Oktavio damals nur über die drei ersten Bände der Ausgabe des Hamann-Briefwechsels verfügen konnte.

---

2 Georg Zimmermann: Johann Heinrich Merck, seine Umgebung und Zeit. Frankfurt am Main 1871.

3 Helmut Prang: Johann Heinrich Merck. Ein Leben für andere. [Wiesbaden] 1949, S. 103f.

4 Hermann Bräuning-Oktavio: Johann Heinrich Merck und Herder. Darmstadt 1969 (Darmstädter Schriften 24), S. 65-75.

* * *

Im Hintergrund der hier zu schildernden Ereignisse und Meinungen steht ein vergeblich gebliebener Plan. Friedrich Carl von Moser hatte 1759 seine Schrift *Der Herr und Diener geschildert mit Patriotischer Freyheit* veröffentlicht, ein Buch, das mehrere Nachauflagen in Deutschland und auch Übersetzungen ins Französische, Italienische und Russische erlebte. In seinen *Vermischten Anmerkungen über die Wortfügung in der französischen Sprache, zusammengeworfen, mit patriotischer Freyheit, von einem Hochwohlgelahrten Deutsch-Franzosen*, die auf Beiträgen Hamanns zu den *Wöchentlichen Königsbergischen Frag- und Anzeigungsnachrichten* vom 6., 13. und 20. Dezember 1760 fußten, dann 1761 als selbständiges Schriftchen bei Kanter in Königsberg erschienen waren und schließlich zu einem längeren Abschnitt der *Kreuzzüge des Philologen* (o. O. u. D., aber Königsberg: Kanter 1762) wurden, hatte Hamann sich kritisch wie anerkennend darauf bezogen.[5] Moser antwortete seinerseits mit einer versöhnlichen Geste in seinem *Treuherzigen Schreiben eines Layen-Bruders im Reich an den Magum im Norden oder doch in Europa* (1762). Damit war nicht nur die Hand zur Versöhnung ausgestreckt; Hamann erhielt durch Moser dabei seinen bald allgemein anerkannten Beinamen eines „Magus in Norden", d. h. eines, der wie die Weisen aus Morgenland Christus gesehen hat, aber anders als sie eben nicht aus dem Morgenland, sondern aus dem Norden kommt.

Angesichts dieser Verbindung und auch Wertschätzung der beiden Christen und staatspolitischen Schriftsteller verwundert es wenig, dass Moser sich dafür einsetzte, Hamann, der damals arbeitslos war, für Hessen-Darmstadt zu gewinnen und ihn über die Große Landgräfin zum Hofmeister und Erzieher des Erbprinzen Ludwig durch den Landgrafen ernennen zu lassen. Der Plan scheiterte. Ob Merck bereits damals Kenntnis von Mosers Plan erhielt, ist unbekannt, aber wenig wahrscheinlich, da Moser erst am 11. April 1772 sein Amt als Kanzler in Hessen-Darmstadt antrat. Ebenso wenig weiß man, was Merck seit wann aus welchen Schriften Hamanns kannte.

Auf einen nicht bekannten Brief Mosers, der Hamann als Prinzenerzieher vorgeschlagen hatte, antwortete die Große Landgräfin am 22./23. August 1763:

---

5   Johann Georg Hamann: Sämtliche Werke. Historisch-kritische Ausgabe, hg. von Josef Nadler. 6 Bde. Wien 1949–1957. Bd. 2: Schriften über Philosophie / Philologie / Kritik. 1758–1763. Wien 1950, S. 135f. – Hamann besaß später laut Ausweis der „Biga Bibliothecarum" neben anderen Schriften Mosers ein Exemplar der Ausgabe Frankfurt 1766 als Geschenk des Verfassers; vgl. ebd., Bd. 5. Tagebuch eines Lesers. 1753–1788. Wien 1953, S. 74 (Abt. 111, Nr. 224-227, *Herr und Diener* Nr. 227).

Le 23. Ma lettre écrite et fermée, je reçus, hier au soir, la Vôtre du 20; j'en ai rendu compte au prince héréditaire qui paroit porté à prendre le sieur Hamann pour instructeur de Louis; j'espère qu'avec tous les talents qu'il possède, il aura celui d'enseigner avec facilité une partie de ses sciences à mon fils. Marquez-moi donc, Monsieur, les conditions qu'il y auroit à lui faire. Dieu veuille que cet homme soit tel que je le désire pour former le caractère moral de mon enfant. Il instruira mon fils sous les ordres et la direction de son gouverneur, il lui enseignera successivement tout ce qui fait partie des belles-lettres, de l'histoire, de la philosophie, de la mathématique; il aura connoissance du droit public. Il aura des sentiments dignes du vrai chrétien, sans cagoterie, sans bigoterie, une conduite sage qui serve de bonne exemple, beaucoup de douceur et l'art, s'il se peut, de rendre ses instructions utiles et amusantes. Il sera tenu de s'occuper quatre à cinq heures de temps avec mon fils, les leçons seront données en allemand, mais on désire qu'il sache le français assez bien pour connoître à fond les ouvrages de littérature écrits dans cette langue. On ne veut point de théologien.[6]

Einen Monat später liest man in einem Brief der Landgräfin an Moser vom 21. September 1763, ohne dass die dortigen Angaben erkennen ließen, ob Moser sich in der Zwischenzeit an Hamann in dieser Angelegenheit gewendet hätte:

Venons au sieur Hamann! Je crois que Vous pouvez lui accorder 500 florins par an; je n'ai pas, cependant, dit la somme au prince qui se rappelle, dans ces occasions, que ses instructeurs ont tiré tant et tant, mais s'il faisoit difficultés, j'aviserois aux moyens de les lever. La table, le logement et un domestique, sans la livrée des autres laquais, lui peuvent être assuré; le titre de conseiller ou *Hofrath,* au bout de trois mois, ne lui sera pas refusé non plus, et une place convenable à ses talents, quand on n'aura plus besoin d'instruction pour mon fils.[7]

Wieder einen Monat später enthält ein Brief der Landgräfin aus Pirmasens vom 31. Oktober 1763 den knappen Satz, der diesen Plan abschließt:

Je suis fâchée que le sieur Hamann refuse la place qu'on vouloit lui offrir. Le prince ne me paroît point porté pour celui que Vous nommez du pays de Darmstadt.[8]

Spätestens in dieser Zeit zwischen September und Oktober 1763 muss Moser also brieflichen Kontakt mit Hamann aufgenommen haben. Weder seine Anfrage noch Hamanns Antwort sind bekannt.

* * *

---

6 Briefwechsel der „Großen Landgräfin" Caroline von Hessen. Dreißig Jahre eines fürstlichen Frauenlebens. Nach den im Großh. Haus-Archive zu Darmstadt befindlichen Papieren hg. von Ph. A. F. Walther. Wien 1877, Bd. 2, S. 368f.

7 Walther (Anm. 6), S. 370.

8 Ebd., S. 371f.

Mercks eigene Briefe geben nur wenig zu Hamann her. Insbesondere stört es in diesem Zusammenhang, dass alle Briefe aus Königsberg und sonst von seiner Reise nach Russland fehlen. Aus Darmstadt schreibt er etwa am 2. April 1773 – also noch vor der Abreise – an Friedrich Nicolai:

> Ich danke Ihnen für den Brief von Haman[n], u. Ihre Antwort. Alles was von dem Menschen kommt[,] interessirt mich; auch Ihre Antwort hat mich gefreut, weil sie mir so viel gute Laune verrieth, obgleich der Fuß von Ihnen auf einem Kissen eingewickelt lag.[9]

Und nochmals an Nicolai heißt es in einem Brief aus Potsdam – also von der Rückreise – vom 9. Dezember 1773:

> Hier ist der Brief von Haman[n] an Eberharden, den ich in meinem Namen zu embrassiren bitte.[10]

Das geht auf Johann August Eberhard (1739–1809), der seit 1766 in Berlin lebte und mit seiner Schrift *Die neue Apologie des Sokrates oder Untersuchung der Lehre von der Seligkeit der Heiden* (1772) Hamann zu mancherlei kritischen und polemischen Entgegnungen veranlasste.

Alle weiteren Bezüge auf Hamann in Mercks Briefen an Nicolai, Lavater, Höpfner und Herzog Carl August sind eher beiläufig und brauchen hier nicht zitiert zu werden.[11]

* * *

Kommen wir also endlich zu den Erwähnungen Mercks in den Briefen, die Johann Georg Hamann und Johann Gottfried Herder wechselten!

Unter den literarischen Neuigkeiten berichtet Herder in seinem Brief vom September 1773:

> Die Fr[an]kf.[urter] Zeit.[ung] hat ein gewißer M e r k, obbenannter G ö t h e u.[nd] S c h l o ß e r geschrieben (der den Katechism.[us] fürs Landvolk edirt hat u.[nd] sich deßen baß freuet).[12]

---

9 Johann Heinrich Merck: Briefe. Hg. von Herbert Kraft. Frankfurt am Main 1968, S. 86.

10 Ebd., S. 94. – Ob es sich bei dem übersandten Brief Hamanns um einen der beiden zeitlich vorhergehenden des Jahres von Hamann an Eberhard handelt oder nicht, lässt sich nicht feststellen. Vgl. Hamann: Briefwechsel. Bd. 3 (Anm. 1), S. 6f. bzw. S. 18-21.

11 Kraft (Anm. 9), S. 110, 123, 124, 139, 172, 325, 331, 376.

12 Hamann: Briefwechsel. Bd. 3 (Anm. 1), S. 61. – Johann Georg Schlosser: Katechismus der Sittenlehre für das Landvolk. Frankfurt am Main 1771, erschien anonym, erlebte mehrere Auflagen und wurde von der Kritik begeistert aufgenommen, aber auch scharf kritisiert. Das Buch bietet eine Tugendlehre auf der Grundlage der Volksaufklärung und entwickelt in dreißig Abschnitten Verhaltenslehren, die nützlich und glücklich zu werden versprechen.

Hamann antwortete am 13. November 1773:

> Diesen Augenblick um 7 Uhr des Abends verläs[s]t mich Ihr Freund Merk, der im
> grös[s]ten Sturm es sich hat einfallen laßen[,] bis nach dem alten Graben eine W a l l -
> f a h r t zu thun[,] um den alten Ziegenpropheten in Norden zu sehen – Nun Gott
> gebe ihm eine glückliche Heimkunft nach seiner Herberge. Ich verlange sein Reise-
> gefährte nach dem Roßgarten nicht zu seyn; nein lieber nach dem *Pays le Vaud* über
> B ü c k e b u r g [,] um die Frau Consistorialräthin H e r d e r n kennen zu lernen und
> ihr mit brittischer Freyheit Wangen und Stirn zu küßen.[13]

Die nächste Nennung Mercks findet sich dann erst in Hamanns Antwort an
Moser vom 27. Februar 1774:

> So sehr ich mir schmeichle[,] Ew. *Excellenz* gnädige Zuschrift von allen möglichen Sei-
> ten verstanden und gefaßt zu haben; ist mir doch der einzige Umstand des ,Mannes,
> der mich verwichenen Sommer aufgesucht u[nd] ausgespäht haben soll' noch immer
> eine eiserne Maske. Im Herzen des November giebt es hier keinen S o m m e r mehr,
> und der neue Freund im Sturm war kein Nikodemus[,] sondern ein L ü g n e r *in omni*
> *sensu* – wie ich aus manchen u.[nd] ziemlichen P r a e m i s s e n nicht umsonst be-
> kennen und urtheilen muß.[14]

Damit setzen die negativen Bemerkungen ein, die zu einer durchgehenden
Haltung werden und sich erheblich steigern sollten. In seinem Osterbrief an
Herder vom 2./3. April 1774 schreibt Hamann wiederum über seine damali-
gen Besucher:

> Den t r e u h e r z i g e n L a y e n b r u d e r habe den 1. Advent kennen gelernt. Er
> hat alle meine Erwartung erfüllt[,] und bisher ist unsre Freundschaft gewesen wie zwi-
> schen Alcibiades u.[nd] Sokrates. Gesetzt daß er gegenwärtige Feuer Probe nicht aus-
> halten sollte – um aus dem Grunde zu wißen, ob er die W a h r h e i t liebt und auf die
> Ehre oder den Ruhm eines w o h l t h ä t i g e n S t a a t s m a n n s , der zugl.[eich] ein
> t r e u h e r z i g e r L a y e n b r u d e r noch bis auf den Sonntag *Reminiscere* hat seyn
> wollen, mit Fug Anspruch machen kann. Er mag für andere seyn was er will, wenn er
> nur für mich ist, was er bisher gewesen, und auf d e n e n t s t e h e n d e n Fall würde
> ich auch gleichgiltig seyn und mich damit trösten, daß alle Menschen Lügner sind.[15]

Und dann folgt unmittelbar eine ungewöhnliche Miniatur Mercks:

> Aber Ihr Freund, was ist mir an seinem Namen gelegen, desto beßer für ihn, wenn ich
> ihn auf immer vergeße – ich glaube daß ich ihm gar ein paar Zeilen an Sie mitgegeben
> habe – und in der Freude meines Herzens ihm zu gefallen an den anti-sokratischen
> Apologisten schrieb – auch ihm gar meine kleine politische Angelegenheiten in
> B.[erlin] anvertraute, – und der sich selbst anerbot mir zu schreiben u. s. w. Diesen
> Mann halt ich nicht nur für den grös[s]ten Belletristen, Virtuosen, Scheerenschleifer, –
> ja für etwas ärgers als einen Frankfurter Recensenten, dem ich die Augen auskratzen

---

13 Hamann: Briefwechsel. Bd. 3 (Anm. 1), S. 62.
14 Ebd., S. 73.
15 Ebd., S. 75.

möchte, wenn er sich noch einmal unterstünde[,] bey meiner Lebenszeit K[öni]gsberg durchzureisen. Ich merkte gleich Unrath, da er mir 3 mal mit seiner verfluchten *Distinction* zwischen Menschen und Autor – und religiosen Gesinnungen ins Gesicht schlug.

Das ist mehr als ungewöhnlich, wenn man die Äußerungen dieses Briefes mit denen des vorhergehenden an Herder über Merck vergleicht! Ein voraufgegangener Brief von Herder an Hamann, auf den diese Bemerkungen antworten könnten, ist nicht erhalten, so dass die Zusammenhänge für Hamanns Meinungswechsel unklar bleiben, die sich freilich schon in seinem Brief an Moser andeuteten.

Anscheinend hat Hamann den Namen Mercks nicht vergessen, sondern aus seinem Gedächtnis verbannt. Das ist eine traditionelle Strafe, wie sie die Antike kennt, aber auch die Bibel, die in Psalm 34,17 davon spricht, „daß er [Gott] ihr Gedächtnis ausrotte von der Erde". Hatte Merck in Berlin, etwa bei Friedrich Nicolai oder Johann August Eberhard, dem „anti-sokratischen Apologisten", aus Hamanns Sicht das Vertrauen missbraucht, das er Merck spontan bei der ersten Begegnung entgegengebracht hatte? Die Tripelformel eines ‚Bellettristen, Virtuosen, Scherenschleifers' ist bereits sprechend genug, wird durch die Kritik an dem Rezensenten noch gesteigert und führt zu dem Höhepunkt in dem Vorwurf, dass Merck dreimal eine Auffassung von einer, seiner „verfluchten Distinction zwischen Menschen und Autor" im Gespräch mit Hamann vertreten hatte und ihn damit auch unvereinbar in „religiösen Gesinnungen" verletzte. Die erhaltenen Briefe aus dem Zeitraum zwischen Mercks Besuch im Spätherbst 1773 und Ostern 1774 bieten keinen Aufschluss, so dass hier Fragen notwendig offenbleiben müssen.

Auf der Gegenseite lässt sich an entlegener Stelle dokumentieren, dass auch Merck nach seiner Rückkehr in die Heimat durchaus noch über Hamann sprach. So schreibt Susanna Katharina von Klettenberg am 21. Januar 1774 an Friedrich Carl Freiherr von Moser:

Gestern in einer Zahlreichen Gesellschafft Bel. Esprits habe ich mit K[riegs]R[ath] M[erck] viel von unserm Alten Nordischen Magus gesprochen. M[erck] lobt ihn und kann ihn nicht faßen, nach der Beschreibung[,] die er von ihm macht[,] muß Ham[ann] ein Christ oder ein narr seyn – ein artiges alternative, das aber mit M[erck] seinen begriffen doch zu combiniren ist – ich halte ihn, nach einigen Traits[,] so jener gar nicht faßen konnte, vor einen Christen, Mein Theurer Freund[,] wie haben Sie ihn gefunden? Das Schreiben Sie mir doch ein mal[,] wenn es Ihnen gefällig – so eben habe ich ordre gegeben[,] in allen buchläden seinen beitrag zu denen Sokratischen Denckwürdigkeiten, aufzusuchen[;] er ist und bleibt einer von meinen favorit authors; man sagt[,] ich werde obgenannte Blätter hier nicht finden – vielleicht könten Sie mir solche alsdann comuniciren, ich will es melden[,] was ich außgerichtet – ein wenig von den alten Liebhabereyen werden sich doch unter der Geschäfften Last noch immer bey Ihnen erhalten, da ist wohl kein Zweifel daran.

Und nach einem Gedankenstrich fährt die Klettenberg fort:

– haben Sie Herdern kennen lernen wie er in Darmstadt war? Der Gröste Satan im
Priester Rock, den man sich denken kann – den seine so genante Freunde selbst vor so
was halten – dann sie geben ihm den Ehren Titel eines erz-lügners – [...].[16]

So wie Herder sich gegenüber Hamann negativ zu Merck äußert, gab es im
Frankfurter Kreis der stillen Frommen also auch eine Kritik an Herder. Und
nicht nur dort: Eine vergleichbare Einstellung zu Herder findet Heinrich
Funck damals auch bei Johann Caspar Lavater, der sich in seinem Emser
Tagebuch für Darmstadt unter dem Datum des 3. August 1774 notiert:

> Zu Präsident Moser ... wir sprachen von der Klettenbergin, von Hamann, von Merck
> ... von Herder, *nb* eine *Canaille* [C. chiffriert], habe zu Darmstadt gepredigt und sein
> Gespött [G. chiffriert] gehabt.[17]

* * *

Bleiben wir in einem Zwischenschritt noch bei der ungewöhnlichen Formel
von der „Distinction zwischen Menschen und Autor"! Sie taucht unerwartet
in einem Brief von Matthias Claudius an Herder vom 5. Dezember 1775
wieder auf. Dieser hatte ein Schreiben von Claudius an Moser, in welchem
der Wandsbecker Bote die von Herder vermittelte Anstellung als Oberland-
kommissar in Hessen-Darmstadt annahm und sich empfahl, nicht nur nicht
weitergeleitet, sondern mit einer unmutigen Antwort über diese „unpraktische
Tölpelei, die alle Aussicht wieder verderben konnte",[18] an Claudius zurück-
geschickt. Auch dieser Brief Herders ist nicht erhalten; auch hier liegt nur die
Antwort von Claudius vor. Dort heißt es:

> [...] ich mag auch von keiner Distinction zwischen Schriftsteller und Menschen Proben
> ablegen, und meine Schriftstellerey ist <u>Realität</u> bey mir, oder sollt es wenigstens seyn,
> sonst hohl's der Teufel [...].[19]

---

16 Susanna Katharina von Klettenberg: Die schöne Seele. Bekenntnisse, Schriften und Briefe.
     Hg. von Heinrich Funck. Leipzig 1911, S. 257f. – Der Brief trägt die Datumsangabe: „1774,
     am 21 Jan: geht ab, wenn er dazu erlaubtnüs bekomt". – Zur Hamann-Begeisterung der
     Frankfurter vgl. jetzt vor allem den schönen und neue Wege weisenden Ausstellungskata-
     log von Paul Raabe: Separatisten, Pietisten, Herrnhuter. Goethe und die Stillen im Lande.
     Leipzig 1999 (Kataloge der Franckeschen Stiftungen zu Halle 6), besonders S. 120; 123f.
17 Klettenberg (Anm. 16), S. 343.
18 Wilhelm Herbst: Matthias Claudius, der Wandsbecker Bote. Ein deutsches Stillleben.
     Gotha ³1863, S. 154.
19 Matthias Claudius: Briefe an Freunde. Hg. von Hans Jessen. Berlin-Steglitz 1938, S. 164
     bzw. Matthias Claudius: Botengänge. Briefe an Freunde. Hg. von Hans Jessen. Witten,
     Berlin 1965, S. 178. – Vgl. das Faksimile des Briefausschnitts in: Matthias Claudius 1740 –
     1815. Leben – Zeit – Werk. Hg. von Jörg-Ulrich Fechner. Tübingen 1996 (Wolfenbütteler
     Studien zur Aufklärung, Band 21), S. X.

Ist das ein Zufall? Oder hatte Claudius eine Formel aus Herders Brief wieder-holt, die dieser aus Hamanns Brief übernommen und trotz des Abstands von anderthalb Jahren bei dieser Gelegenheit wiederverwendet hatte? Das würde zeigen, wie sehr Hamanns Formel Herder beeindruckt hatte. Dass Claudius gleich zu Eingang seines Briefes diese Formel aufgreift, belegt, wie sehr auch er sich davon getroffen fühlte. Dem entspricht, dass Claudius auch im Mittel-teil seines Briefes noch einmal auf die Einheit von Mensch und Autor zurück-kommt und sie in seiner außergewöhnlichen Manier umspielt.

> Also mein lieber brummscher Herder, seid nur wieder gut, ich werde ums Fratzen-gesicht des Schriftstellers und großen Geistes Eure Freundschaft nicht aufs Spiel setzen, zumal obgesagtes Fratzengesicht mir gleichgültiger ist, als Ihr vielleicht denkt, und ich will meinen Speichel gern wieder hinunterschlucken, wenn ich ihn nicht wieder zurück in die Speicheldrüsen zwingen kann, aus denen er nun einmal herausgetreten ist.[20]

Schon vom 3. Dezember 1775, also zwei Tage, bevor Claudius diesen Ant-wortbrief an Herder schrieb, datiert sein neuerliches Schreiben an Friedrich Carl von Moser. Auch es ging wiederum über Herder in Bückeburg nach Darmstadt, begleitet nun von dessen empfehlenden Worten vom 11. Dezem-ber 1775.[21]

Die Formel Hamanns von der „Distinction zwischen Menschen und Au-tor" ist ein deutliches Zeichen für die neue Auffassung, wie sie sich erst seit der Begründung der Ästhetik durch Alexander Baumgarten, unter dem Ein-fluss der englischen Philosophie, besonders der von Shaftesbury, und vor allem durch die neuen Beispiele und Leitgestalten des Genie-Gedankens und der Originalitätsforderung ergeben hatte. Hamann scheint mit seiner brieflichen Bemerkung der erste gewesen zu sein, der eine solche Forderung der Über-einstimmung von Mensch und Autor so deutlich, klar und knapp erhob.[22] Die Briefaussage von Claudius wird in der Forschung hingegen gern als das zen-trale Zeugnis für sein Selbstverständnis herangezogen.

Der Gegensatz zu Hamanns Formel von der „verfluchten Distinction", also die berechtigte Trennung von Mensch und Autor, hat seinerseits eine lange Tradition. Schon in der Antike wurde, besonders in der Liebesdichtung und in der Epigrammatik, ein Gegensatz zwischen dem ‚keuschen Leben' (vita casta) und der ‚scherzenden Dichtung' (musa jocosa) behauptet. Daran knüpften die Autoren der Renaissance und des Barock an, so etwa Martin Opitz, der mit diesem Argument begründete, warum ‚buhlerische Gedichte'

---

20 Claudius: Briefe an Freunde (Anm. 19), S. 165 bzw. Claudius: Botengänge (Anm. 19), S. 179.
21 Herbst: Claudius (Anm. 18), S. 154-157.
22 Vgl. Jochen Schmidt: Die Geschichte des Genie-Gedankens 1750–1945. Bd. 1: Von der Aufklärung bis zum Idealismus. Darmstadt 1985, besonders das Hamann-Kapitel S. 96-119, in welchem diese Briefstelle nicht berücksichtigt wird.

vielen angesprochenen Damen gelten und der Dichter doch treu ist. Und diese Tradition erhielt sich noch bis in die Anakreontik, in welcher erneut der Gegensatz zwischen den bedichteten Freiheiten und dem bürgerlichen Leben betont wurde.

Steht Johann Heinrich Merck also noch in der Tradition der rhetorischen Dichtung? Ist er v o r dem neuen Genie-Gedanken und der Forderung nach Originalität einzuordnen? Seine Texte geben hierzu nur eingeschränkt Auskunft, doch sollte man dies nach den Argumenten seines Essays *Ein Gespräch zwischen Autor und Leser*,[23] erstmals im *Teutschen Merkur* (1780, II) erschienen, durchaus vermuten.

Eine späte Replik auf die von Hamann aufgestellte Formel findet sich jedoch am deutlichsten bei Johann Wolfgang von Goethe, der im zwölften Buch von *Dichtung und Wahrheit* seine Charakteristik des Königsbergers so darstellt:

> Das Prinzip, auf welches die sämtlichen Äußerungen Hamanns sich zurückführen lassen, ist dieses: „Alles was der Mensch zu leisten unternimmt, es werde nun durch Tat oder Wort oder sonst hervorgebracht, muß aus sämtlichen vereinigten Kräften entspringen; alles vereinzelte ist verwerflich." Eine herrliche Maxime! aber schwer zu befolgen. Von Leben und Kunst mag sie freilich gelten; bei jeder Überlieferung durchs Wort hingegen, die nicht gerade poetisch ist, findet sich eine große Schwierigkeit: denn das Wort muß sich ablösen, es muß sich vereinzeln, um etwas zu sagen, zu bedeuten. Der Mensch, indem er spricht, muß für den Augenblick einseitig werden; es gibt keine Mitteilung, keine Lehre, ohne Sonderung. Da nun aber Hamann ein für allemal dieser Trennung widerstrebte, und wie er in einer Einheit empfand, imaginierte, dachte, so auch sprechen wollte, und das gleiche von andern verlangte; so trat er mit seinem eignen Stil und allem was die andern hervorbringen konnten, in Widerstreit. Um das Unmögliche zu leisten, greift er daher nach allen Elementen; die tiefsten geheimsten Anschauungen, wo sich Natur und Geist im Verborgenen begegnen, erleuchtende Verstandesblitze, die aus einem solchen Zusammentreffen hervorstrahlen, bedeutende Bilder, die in diesen Regionen schweben, andringende Sprüche der heiligen und Profanskribenten, und was sich sonst noch humoristisch hinzufügen mag, alles dieses bildet die wunderbare Gesamtheit seines Stils, seiner Mitteilungen.[24]

Und ein zu diesen Ausführungen gehöriges, ebenso knappes wie treffendes Paralipomenon Goethes besagt:

> Hamann hatte Keine Lehre als für den Gesammtgebrauch unsrer Kräfte, Keinen Streit als gegen ihre Vereinzelung.[25]

---

23 Johann Heinrich Merck: Werke. Ausgewählt und hg. von Arthur Henkel. Mit einer Einleitung von Peter Berglar. Frankfurt am Main 1968, S. 418-423.

24 Johann Wolfgang Goethe: Aus meinem Leben. Dichtung und Wahrheit. Hg. von Walter Hettche. Stuttgart 1991, Bd. 1, S. 552.

25 Johann Wolfgang Goethe: Aus meinem Leben. Dichtung und Wahrheit. Historisch-kritische Ausgabe, bearbeitet von Siegfried Scheibe. Berlin [DDR] 1974, Bd. 2, S. 583. – Walter Hettche, der diese Stelle in seinem Kommentar verzeichnet, vermutet, dass die als

* * *

Zurück zu den Bemerkungen über Johann Heinrich Merck im Briefwechsel zwischen Hamann und Herder! Auf Hamanns Brief vom 3. April 1774 antwortete Herder im Mai des Jahres:

> Was Ihnen M e r k, (so heißt der Darmst.[ädter] *malae notae*) das ist er mir in tausendfachem Maas u.[nd] meinem Weibe noch mehr, als das, gewesen. Heuchler, heiml.[icher] Betrüger, Lästerer, Verhetzer würde vielleicht noch zu wenig seyn, wenn er genannt werden sollte: ich will ihn aber nicht nennen, u.[nd] auch Sie müßen ihn vergeßen, u.[nd] ja nicht mit ihm anbinden. Ueber Ihren Brief, den er mir zugeschickt, hat er eine kahle Antwort, u.[nd] soll, wo's angeht, keine Zeile mehr von meiner Hand sehen. Nicht blos, daß er Geheimniße einer Sache, wo ich ihn in der Blindheit meines Zutrauens Ersten Freund nannte, verschwatzt: verläumdet, verschwärzt hat er sie, u.[nd] aufs ärgste, tausendfach spitzfündig verunstaltet. Der 3te Mensch auf Erden, den ich wünschte, nicht gesehn zu haben – doch auch der Wunsch ist thöricht! Die höllische Katze muste mir ohne und wider sein Wißen u.[nd] Willen zu einer Sache behülfl.[ich] seyn, wo ich recht Finger Gottes sehe – es ist mein Weib. Und eben die u.[nd] mich in ihr hat er mit Feuerstichen beleidigt – er ist keines Menschen Freund, jetzt ein großer Freund des HE. Fr. Nikolai – Jetzt ist er in der Schweiz, sein gutes Weib zur neuen Quaal nach Deutschland zu stehlen – gehab' er sich wohl![26]

Damit wird Hamann in seiner Ablehnung Mercks nicht nur bestätigt, die Ablehnung wird deutlich gesteigert und mit persönlichen Erfahrungen begründet, die Herder und seine Braut, Caroline Flachsland, inzwischen seine Frau, betreffen. Wie auch bei Hamann hat eine erste Begegnung zu einer vermeintlichen Freundschaft geführt, die dann durch das Verhalten Mercks betrogen worden sein soll.[27] Und noch ein Weiteres kommt hinzu: Herder radikalisiert seinen anklagenden Ton, indem er Merck mit dem tierischen Beinamen einer „höllischen Katze" bezeichnet.

Im selben Brief warnt Herder dann Hamann auch vor dem Hamburger Verleger Bode, bei dem Herders *Von Deutscher Art und Kunst* (Hamburg 1773) erschienen war und nun eine kleine Schrift Hamanns im Druck erscheinen sollte:

> Auf Bode verlaßen Sie sich ja nicht, oder Sie werden ärger als durch Merk betrogen. Auch ich habe unangenehmes Lehrgeld gegeben, u.[nd] wollte Gott, ich könnte Klau-

---

Zitat markierten Sätze des gedruckten Textes kein Zitat aus den Schriften Hamanns bilden, sondern eine Charakterisierung durch Goethe selbst sind.

26 Hamann: Briefwechsel. Bd. 3 (Anm. 1), S. 92f.

27 Vgl. dazu besonders die Merck verteidigenden Ausführungen von Hermann Bräuning-Oktavio in seinem Aufsatz *Merck und Herder in den Jahren 1770 bis 1773.* In: Bräuning-Oktavio (Anm. 4), S. 37-64, sowie die weiteren Aufsätze dieser Sammlung.

dius, (ein guter Mensch, ein schlechter Commißionär,) von dem Dickbauch erretten. Er ist ein V e t t e r von Nikolai.[28]

Das bezieht sich auf Hamanns *Mancherley und Etwas zur Bolingbroke-Hervey-Hunterschen Übersetzung von einem Recensenten trauriger Gestalt.*[29] Hamann hatte seinen Wandsbecker Gevatter für die Vermittlung des Kontakts zu Bode eingeschaltet; Claudius sollte dann in der Folge auch die Drucklegung betreuen. Eben in Wandsbeck aber entstanden – aus welchem Grund, aus wessen Schuld auch immer – jene Verzögerungen, welche Hamanns wiederkehrenden Unmut in seinen Briefen besonders an Herder auslösten.

Hamann, der Herders Brief am 27. Mai erhalten hatte, greift in seiner schnellen Antwort vom 31. Mai 1774 den Faden unverzüglich auf:

> Der Name eines Lügners verräth sich eben so leicht meinem Geruch, als er meinem Sinn entfällt. Er hat Ihnen den edelsten und unschuldigsten Charakter, den ich auf der Welt noch kennen gelernt habe[,] verschwärzt. Ich erkannte an Ihren Winken gleich die giftige Quelle der U r k u n d e n [,] seine Unwißenheit, Nasenweisheit, und Dumdreistigkeit[,] von Dingen zu urtheilen, zu denen sich unsere 5 Sinne als so viel Schweine verhalten. – Alle unsere *Dilettanti,* die sich zu Kunstrichtern aufwerfen, sind die gröbsten H e u c h l e r und I g n o r a n t e n .
> Daß dieser Feind nicht müßig gewesen[,] im Finstern *Infamiam* zu säen in B.[erlin] u.[nd] D.[armstadt][,] habe zieml.[ich] aus einem *dilemma* errathen können[,] welches ich keinem andern als ihm vor die Thür legen kann und auch wirkl.[ich] gethan habe. Wir sind also *liquide* – Ich erinnere mich noch gar gut, mit welchem *genio repulsiuo* ich an ihn schrieb nach Berlin, als ich ihm die Einlage an den t r e u h e r z i g e n B r u d e r und **wohlthätigsten Staatsmann** anvertrauen muste.[30]

Als Herder dann endlich von Claudius zwei Exemplare der bei Bode fertiggestellten Kleinschrift Hamanns mit dem Auftrag erhielt, sie nach Darmstadt weiterzuleiten, fragte er vorsorglich am 11. Februar 1775 bei Hamann nach:

> Claud.[ius] hat mir noch 2 Ex.[emplare] der Proleg.[omena] gesandt[,] die ich an die Darmstädter senden soll. – Wer sind die Darmst.[ädter]? Ists etwa Moser? Denn Merk ist eher mein Verräther, wie ich zu glauben Ursach habe, als mein Freund.[31]

Hamann antwortete am 14. März 1775:

> Ich möchte ihm [d. i. Matthias Claudius] die Kolbe lausen mit seinen 2 *Exempl.*[aren] an die Darmstädter: so rasend bin ich böse auf den *infamen* Streich. Dem Himmel sey Dank, daß er den geradesten Weg, nach seiner Art, über Bückeburg genommen. Kann es Ihnen wol einfallen, daß ich an den Layenbruder und die Meerkatze, an die ich nicht mehr denken mag, mich zu gl.[eicher] Zeit zu empfehlen suchen würde, welches gegen allen W o h l s t a n d und noch mehr gegen den unsichtbaren Geist meiner politischen

---

28 Hamann: Briefwechsel. Bd. 3 (Anm. 1), S. 95.
29 Hamann: Werke (Anm. 5). Bd. 4: Kleine Schriften 1750–1788. Wien 1952, S. 443–447.
30 Hamann: Briefwechsel. Bd. 3 (Anm. 1), S. 99. – Die von Hamann erwähnten Briefe an Merck nach Potsdam und die Anlage für Moser sind nicht erhalten.
31 Ebd., S. 154.

Kannengießerey oder Autorschaft unvergeblich gesündigt wäre. Sie werden doch wol nicht so dienstfertig für *Assmi Commission* bey Ihrer ungelenken, unebnen, trägen handlungslosen und bildervollen Denkungs-Art gewesen seyn – Auch selbst in dem Fall wär ich im Stande[,] nach Darmstadt zu schreiben, daß er das *Exemplar* wieder ausspeyen sollte, wenn es auch von hinten wäre – –Nein, *Claudius* hat keinen andern Auftrag bekommen[,] als an Layenbruder u[nd] Lavater und etwa an Leßing eins selbst zu befördern. Beruhigen Sie mich ja so bald Sie nur können über diesen Punct – und weil ich nicht anders vermuthe, als daß die Exempl.[are] noch in Ihren Händen sind; so *expediren* Sie eins nach D.[armstadt] und das andere an den Physiognomisten[,] um ihm Lust auch zu einem Schattenriß meines Kopfes zu machen.[32]

Damit greift Hamann die briefliche Wendung Herders von der „höllischen Katze" auf und erweitert sie zur ‚Meerkatze'. Was hat das zu besagen? Das *Deutsche Wörterbuch* kennt drei Bedeutungen für die Meerkatze:

1) langgeschwänzte affenart, als eine über meer gekommene, fremde katze von alters her aufgefaszt; 2) schelte für ein hämisches oder äffisches weib; 3) ein fabelthier.[33]

Das scheint in diesem Zusammenhang kaum Sinn zu ergeben.[34] Etwas weiter führt der entsprechende Artikel in Zedlers *Universal-Lexikon*, wo es zur Meerkatze unter anderem heißt:

Die Meer-Katzen sind sonderlicher scharffer Art und Verstandes, und werden wegen ihrer seltsamen Geberdung sehr werth gehalten, sie sind scharff zu aller Büberey.[35]

Aber auch das reicht noch nicht. Erst die Erinnerung, dass Goethe in seinem *Faust*, und zwar besonders in den Szenen der Hexenküche und der Walpurgisnacht, Katzen wie Meerkatzen auftreten und in Mephistos anspielungsreiche Reden einfließen lässt, hilft hier weiter. Die Kommentare verweisen auf eine Tradition, die auf Martin Luthers *Tischreden* zurückgeht, wo es heißt, dass man mit ‚affen und meerkatzen' nicht spielen solle; in ihnen sei Satan verborgen.[36] Damit wird der Sinn der Wendungen Hamanns wie Herders eindeutig fixierbar; beide beziehen sich als Kenner der theologischen Literatur und als be-

---

32 Ebd., S. 168.

33 Jacob und Wilhelm Grimm: Deutsches Wörterbuch. Leipzig 1845ff. Bd. 6. Bearbeitet von Moriz Heyne. Leipzig 1885 [Reprint: München 1984], Sp. 1852f.

34 Zum weiteren Hintergrund für die Auffassung, dass Katzen im Zusammenhang mit dem Teufel, Hexen und Dämonen stehen, vgl. den Sachartikel in Hanns Bächtold-Stäubli: Handwörterbuch des deutschen Aberglaubens. Berlin und Leipzig 1931/1932. Bd. 4, Sp. 1107-1124 (Güntert).

35 Johann Heinrich Zedler: Grosses Universal Lexikon Aller Wissenschaften und Künste, Welche bißhero durch menschlichen Verstand und Witz erfunden und verbessert worden. Halle und Leipzig 1732ff. Bd. 20. Halle und Leipzig 1739, Sp. 183f.

36 Johann Wolfgang von Goethe: Faust. Hg. von Albrecht Schöne. Frankfurt am Main ⁴1999. Bd. 2, S. 284. – Schöne belegt die Wendung Luthers mit einem Verweis auf die *Weimarer Ausgabe* der *Tischreden* (Abt. III: Hg. von Ernst Kroker und Oskar Brenner. Bd. 4. Weimar 1916, S. 29).

wundernde Leser Luthers auf diese Vorstellung der ‚höllischen Katzen' bzw. der satanischen Meerkatzen! Hamanns Wendung ist also nicht bloß eine Variation der Bezeichnung Mercks in Herders früherem Brief; sie ist auch kein Wortspiel, das von Merck zur Meerkatze führte – eine für das Ostpreußische wohl ohnehin kaum annehmbare Weiterung. Herder wie Hamann setzen ihr Bild von Johann Heinrich Merck in eine theologische Tradition, die mit Luther – ist sie nur in der lutherischen Theologie gegeben? – die Hölle mit Gestalten der Tierwelt ausstattet.

Erst in seinem an Hamann gerichteten Geburtstagbrief vom 25. August 1775 kommt Herder erneut auf die Angelegenheiten Mercks zurück:

> Wie schrecklich über Ihren Judas Ischarioth Merk Ihr Fluch gekommen, zu eben der Zeit, da er reisete – u.[nd] Sie sah, hab' ich Ihnen, glaub ich, längst geschrieben, oder hätts schreiben können. Er hat mich neul.[ich] [,] da ich in Darmstadt war, mehr gedauert, als geärgert, so viel er auch mir Poßen gespielt hatte. Also *compesce mentem*[37]

Damit ist ein weiterer Höhepunkt erreicht! Nicht genug, dass die Tiernamen in den Briefen Herders wie Hamanns[38] aus Merck ein Tier der Hölle und des Satans machten; hier wird Merck nun sogar mit dem Verräter des Heilands in einsgesetzt ... Wenigstens diese Benennung führte zu keiner Aufnahme in den Folgebriefen Hamanns, der wohl auch nicht ahnen konnte, auf was sich Herders Anspielung bezüglich des Fluches Hamanns bezog. Wohl kaum reicht es, die Anspielung auf den damals erfolgten Tod eines Sohnes von Merck zu beziehen; dazu war die Kindessterblichkeit im ausgehenden 18. Jahrhundert noch viel zu groß. Zutreffender erscheint die Erklärung Hermann Bräuning-Oktavios, dass Herder sich hier auf Louise Mercks Fehltritt während der Russlandreise ihres Mannes und die Geburt eines außerehelichen Kindes bezieht.[39] So gesehen eröffnet sich ein weiterer Anspielungshorizont, verbirgt sich hinter Herders Wendung vom „Fluch", dessen Erwähnung in Hamanns Briefen ja völlig fehlte, ein Verweis auf die biblische Stelle im 1. Buch Mose 8, 17: „verflucht sei der Acker um deinetwillen" ...

Nur beiläufig sind die Bemerkungen Herders wie Hamanns über Merck in den Briefen der Folgejahre.

Dann erfolgt in einem langen, im Spätjahr 1780 geschriebenen Brief Herders an Hamann die stärkste Äußerung gegen Merck, die nun freilich die Bildsprache des Bestiariums wie die des Neuen Testaments preisgibt. Am 18. Dezember 1780 fügt Herder seinem Brief eine Nachschrift an, die in der

---

37 Hamann: Briefwechsel. Bd. 3 (Anm. 1), S. 210.
38 Untersuchungen über den Gebrauch von Tiernamen in den Briefen Hamanns und Herders fehlen überhaupt.
39 Bräuning-Oktavio: Mercks Ehe 1774. In: Bräuning-Oktavio (Anm. 4), S. 80.

Forschung bei Prang wie bei Bräuning-Oktavio[40] schon mehrfach aufgerufen und kommentiert wurde. So schreibt Prang:

> Herder schrieb freilich am 18. Dezember 1780 an Hamann den fürchterlichsten Anklagebrief, den man nur gegen einen ehemaligen Vertrauten und Herzensfreund schreiben kann, und den wir als document humain hier folgen lassen wollen.[41]

Der Merck betreffende Briefabschnitt, der den Teil des Briefes vom 18. Dezember 1780 einleitet und der auch hier nicht fehlen darf, lautet:

> Machen Sie sich fertig, lieber H.[amann], Ihren alten Bekannten u.[nd] Verehrer, Merk, nächstens mit seinem Haupte erhöht u.[nd] vielleicht bald als Cammer-Präsident oder d[er]gl.[eichen] am Darmstädtischen durch die Zeitungen ausgeruffen zu vernehmen. Dem Geh.[eimen] R.[at] Moser ist sein Bruder Cammer-Präsident daselbst im Schicksal gefolgt: man sagt, daß Merk bei dem Allen seine Hand insgeheim durch den Erbprinzen, der Mosern eigentl.[ich] gestürzt hat, mit im Spiel gehabt; wenigstens ist soviel gewiß, daß er sogleich nach dem Sturz dem Volk vom Erbprinzen in großer Vertraulichkeit, da beide zusammen in Einem Wagen gefahren, gezeigt worden, auch sogleich zu einer Geldnegotiation in Cassel, wo man für Gelde von den verkauften Amerikanern sich nicht zu lassen weiß, gebraucht worden. Zu diesem Glück! hat ihm Niemand als der hiesige Herzog u.[nd] sein Vertrauter Göthe geholfen, denn voraus konnte ihn der Erbprinz auf den Tod nicht leiden. Sie haben ihn, so hier als gewiß auch dort, vor den einzigen kapabeln Menschen im ganzen Darmstädter Lande ausgeschrieen, ihn als die reinste, uneigennützigste Seele (*hem! heu!*) vor aller Welt erklärt u.[nd] haben mit ihm auch nach ihrer Zurückkunft hieselbst noch eine geh.[eime] Staatsunterredung auf der Grenze gehabt, wobei sich denn Merk, der vorher der berühmte Recensent des Merkurs war, sogleich von dieser ihm jetzt unanständigen Arbeit losgesagt u.[nd] also jetzt *in cameralibus* u.[nd] Negotiationen Darmstädter Landes arbeitet. Die Art, wie der 2te Moser seinen Abschied erhalten, ist der seines Bruders gleich. Der Landgraf hat ihn fragen lassen, ob er nicht vor so u.[nd] soviel Jahren das u.[nd] jenes an seinem Bette gesagt. Da dieser gesagt: er erinnere sich dessen nicht, hat er ihm zur Antwort geben lassen, „er sei ein Lügner" u.[nd] die natürliche Folge war, daß er seinen Abschied nehmen muste. Die Sache war darauf angelegt u.[nd] zum Gelderpressen oder Borgen, worauf es allein angelegt ist, ist kein beßerer Spitzbub in der Welt, als Merk – – weh dem armen Lande! u.[nd] hinten nach, weh ihm selbst! – [...][42]

Prang versucht in seiner Merck-Monographie von 1949, anschließend an den Abdruck dieses Briefausschnitts die Argumente Herders zu entkräften. Das soll hier nicht wiederholt werden. Vielmehr geht es mir um den Hinweis darauf, wie Herder noch aus der Ferne, nach seiner Übersiedlung nach Weimar, Mercks Geschick verfolgt und hässlich – ohne jede christliche Nächstenliebe, die man dem Weimarer Superintendenten nur zu gern zubilligen möchte! – hämisch kommentiert. Wie tief muss Herders moralische Verletzung durch Merck gewesen sein! Vermutlich bezog er sich bei seinen Angaben, die ja kurz

---

40 Hermann Bräuning-Oktavio: Das Jahr 1780 und darnach. In: Bräuning-Oktavio (Anm. 4), S. 96.
41 Prang (Anm. 3), S. 206f.
42 Hamann: Briefwechsel (Anm. 1). Bd. 4: 1778–1782. Wiesbaden 1959, S. 245.

vor dem öffentlichen Sturz Mosers liegen, auf Nachrichten, die er oder seine Frau aus Darmstadt, mutmaßlich über Carolines Schwester oder deren Mann, Andreas Peter von Hesse, erhalten hatten. Sie schienen Herder offenbar wichtig genug, um sie unverzüglich an Hamann nach Königsberg weiterzumelden.

Hamann antwortete in seinem nächsten Brief übrigens nicht mehr auf Herders Anschuldigungen. Ist das eine Folge der Amnesie, die Hamann sich in Bezug auf Merck auferlegt hatte? Jedenfalls schließt mit diesem Paukenschlag die Reihe der aussagekräftigen Erwähnungen Mercks im Briefwechsel zwischen Hamann und Herder. Nur einmal heißt es noch beiläufig – und das zeigt, dass Hamann den Namen doch nicht ganz vergessen hatte! – in Hamanns Brief an Johann Friedrich Reichardt vom 16./24. November 1783:

> Merk hat sich meiner so wenig erinnert, daß ich mich beynahe wundere[,] noch in so gutem Andenken zu seyn; wiewol es freylich immer beßer ist[,] sein Wort thätig als mündlich zu halten.[43]

Da der voraufgegangene Bezugsbrief Reichardts fehlt, bleibt einmal mehr undeutlich, worauf sich Hamanns Anspielung bezieht.

* * *

Was ist nun das Fazit der hier vorgestellten Erwähnungen? Zum einen geht es darum, die Bezüge nachzuvollziehen, erwähnte, wenn schon nicht erhaltene Briefe zwischen den Beteiligten zu erfassen und zu erwägen. Zum anderen geht es um eine zumindest ansatzweise Interpretation der Erwähnungen, hier mit ihren hasserfüllten Anschuldigungen und bestialischen Umschreibungen des Betroffenen. Dabei stößt der spätere, heutige Editor und Kommentator notgedrungen an seine Grenzen. Falls sich nicht weitere Funde im Verlauf der nun vorbereiteten Briefedition – etwa durch die Briefe Mercks an Sophie von La Roche nach den Handschriften in Weimar – ergeben, wird man sich mit einer offenen Interpretation und ungelösten Fragen begnügen müssen. Aber auch dann gilt es, solche Erwähnungen wahrzunehmen und in die Aufgaben und Möglichkeiten der Edition einzubeziehen. Inzwischen kann man wohl nur festhalten, dass sowohl Merck als auch Hamann, Claudius und vor allem Herder schwierige Charaktere waren, zur schnellen, empfindsamen Freundschaft ebenso bereit wie auch zu einem radikalen Umschwung, welcher die vorherige Freundschaft in einen unbändigen Hass verwandeln konnte.

---

43   Ebd., Bd. 5: 1783–1785. Wiesbaden 1965, S. 103.

Abb. 4: Johann Heinrich Merck: Porträtbüste des P. Camper

MARIE-THERES FEDERHOFER (TROMSØ)

Paläontologie in Briefen.
Johann Heinrich Mercks Korrespondenz mit Petrus Camper

Johann Heinrich Merck beschäftigte sich mit Fragen der Wirbeltier-Paläontologie vornehmlich im Medium des Briefes. Zu seinen wichtigsten und umfangreichsten Veröffentlichungen auf diesem Gebiet zählen bekanntlich die drei im Selbstverlag publizierten *Lettres sur les os fossiles*, die sog. *Knochenbriefe*.[1] Ihrer Form nach, nämlich als Briefe, bedienen sie sich einer Darstellungsweise, die insbesondere in der Literatur, Philosophie oder Theologie, mithin in – im Unterschied zur Paläontologie – tradierten Wissensbereichen gewählt worden ist. Ihrem Inhalt nach handelt es sich um detaillierte und spröde Beschreibungen unterschiedlicher Rhinozeros- und Elefantenschädel, die durch Abbildungen ergänzt werden. Daneben dokumentiert sich Mercks wissenschaftliches Interesse an fossilen Faunaformen aber auch in seiner Korrespondenz. Wie die meisten Mitglieder der gelehrten Republik unterhielt auch er eine Reihe gelehrter Briefwechsel. Es waren Petrus Camper (1722–1789) und Samuel Thomas Soemmerring (1755–1830), die der Darmstädter Kriegsrat als Adressaten osteologischer und anatomischer Fragen bzw. Mitteilungen am häufigsten frequentierte. 31 Briefe Mercks an den illustren niederländischen

---

1 Johann Heinrich Merck: Lettre à Monsieur de Cruse [...] sur les os fossiles d'éléphans et de rhinocéros qui se trouvent dans le pays de Hesse-Darmstadt. Darmstadt 1782; Seconde lettre à Monsieur de Cruse [...] sur les os fossiles d'eléphans et de rhinocéros qui se trouvent en Allemagne et particulierement dans le pays de Hesse-Darmstadt. Ebd. 1784; Troisieme lettre sur les os fossiles d'eléphans et de rhinocéros qui se trouvent en Allemagne et particulierement dans le pays de Hesse-Darmstadt. Addresseé à Monsieur Forster [...]. Ebd. 1786. – Auch die beiden paläontologischen Beiträge Mercks für den *Teutschen Merkur* sind ihrer Form nach Briefe: Nachtrag verschiedener Bemerkungen über merkwürdige ausgegrabene Thier-Knochen u. s. w. An den Herausgeber des T. M. In: Der Teutsche Merkur 1783 I, S. 204-215; An den Herausgeber des Teutschen Merkur über den Ursprung der Fossilien, in Teutschland. In: Der Teutsche Merkur 1784 I, S. 50-63. Dieser Aufsatz ist wiederabgedruckt in: Johann Heinrich Merck: Werke. Ausgewählt und hg. von Arthur Henkel. Mit einer Einleitung von Peter Berglar. Frankfurt am Main 1968, S. 494-502; im Folgenden zit. als Henkel.

Gelehrten – verfasst im Zeitraum von 1782 bis 1787[2] – und 25 Briefe an dessen kaum weniger bekannten, jüngeren deutschen Kollegen – geschrieben im selben Zeitraum (in den Jahren 1782 bis 1787)[3] – sind bislang bekannt. Offensichtlich bevorzugte Merck also zur Darstellung seiner naturkundlichen Forschungen die Textsorte Brief. Diese generelle Feststellung ließe sich freilich insofern modifizieren, als zu Recht darauf verwiesen werden könnte, es handele sich bei den *Knochenbriefen* um veröffentlichte, bei der Korrespondenz mit Camper und Soemmerring dagegen um private Schriften. Begegnen möchte ich dem Einwand, der den unterschiedlichen kommunikativen Status beider Textgruppen betont, mit der Behauptung, dass jener Unterschied in einer wissenschaftshistorischen Perspektive eine vergleichsweise geringe Rolle spielte.

Tatsächlich ließ sich die Grenze zwischen privat und öffentlich nicht immer scharf ziehen, sie wurde vielmehr häufig überschritten.[4] Das zeigt sich allein daran, dass die persönliche Korrespondenz zwischen Gelehrten öffentlich zitierbar war. Privatbriefe – im heutigen Sinne – verloren gleichsam ihren Privatcharakter. Merck beispielsweise erwähnte in eigenen paläontologischen

---

2 Vgl. Johann Heinrich Merck: Briefe. Hg. von Herbert Kraft. Frankfurt am Main 1968; im Folgenden zit. als Kraft. – Vor Erscheinen der Briefausgabe Krafts ist Mercks Korrespondenz mit Petrus und Adrian Camper von Hermann Bräuning-Oktavio ediert worden. Allerdings sind die Briefe nicht alle vollständig und teilweise fehlerhaft transkribiert wiedergegeben: Briefwechsel von Johann Heinrich Merck und Peter und Adrien Gilles Camper mit Erläuterungen. In: Archiv für die Geschichte der Naturwissenschaften und der Technik 4/4 (1912), S. 285-306 und 4/5 (1913), S. 360-388.

3 Die Korrespondenz zwischen Merck und Soemmerring findet sich jetzt in: Samuel Thomas Soemmerring: Werke. Begründet von Gunter Mann. Hg. von Jost Benedum und Werner Friedrich Kümmel. Akademie der Wissenschaften und der Literatur Mainz. 19 Bde. Stuttgart, Jena, New York 1990ff. Bd. 18: Briefwechsel 1761/65 – Oktober 1784. Hg. und erläutert von Franz Dumont. Ebd. 1996; Bde. 19/I und 19/II: Briefwechsel 1784-1792. Hg. und erläutert von Franz Dumont. Stuttgart, Jena, Lübeck, Ulm 1997 und 1998.

4 Auf die Komplexität des Begriffes Öffentlichkeit im 18. Jahrhundert hat Lucian Hölscher verschiedentlich hingewiesen und darauf aufmerksam gemacht, dass im Verständnis jener Zeit der Gegenbegriff zu „öffentlich" weniger „privat", sondern „geheim" war. Vgl. z. B.: Lucian Hölscher: Die Öffentlichkeit begegnet sich selbst. Zur Struktur öffentlichen Redens im 18. Jahrhundert zwischen Diskurs- und Sozialgeschichte. In: „Öffentlichkeit" im 18. Jahrhundert. Hg. von Hans-Wolf Jäger. Göttingen 1997, S. 11-31. Zur „Öffentlichkeit" privater Gelehrtenbriefwechsel vgl. auch: Ernst Fischer, Wilhelm Haefs, York-Gothart Mix: Einleitung: Aufklärung, Öffentlichkeit und Medienkultur in Deutschland im 18. Jahrhundert. In: Von Almanach bis Zeitung. Ein Handbuch der Medien in Deutschland 1700-1800. Hg. von Ernst Fischer, Wilhelm Haefs, York-Gothart Mix. München 1999, S. 9-23, hier S. 10f.; Robert Seidel: Vorwort. In: Cardanus. Jahrbuch für Wissenschaftsgeschichte. Bd. 2 (2001): Die ‚exakten' Wissenschaften zwischen Dilettantismus und Professionalität. Studien zur Herausbildung eines modernen Wissenschaftsbetriebs im Europa des 18. Jahrhunderts. Hg. von Robert Seidel, S. 7-11, hier S. 8f.

Arbeiten, etwa in den *Knochenbriefen*, öfters naturwissenschaftliche Auskünfte, die er aus Briefen erhalten hatte. Datum und Absender des betreffenden Schreibens wurden dabei stets genau angeführt, mithin wurde es wissenschaftlich zitiert.[5] Es gehörte zum guten Ton der ‚scientific community', die in Briefen mitgeteilten Informationen anderen Mitgliedern nicht vorzuenthalten. Umgekehrt legte Merck die selbst verlegten *Knochenbriefe* häufig seinen persönlichen Schreiben an Naturforscher bei und sorgte auf diese Weise für deren Distribution.[6] Die Grenze zwischen Texten, die wir heute als zwei unterschiedliche Textsorten auffassen, die im Zeitsinn des 18. Jahrhunderts jedoch ohne weitere Unterscheidung als ‚Briefe' oder ‚Lettres' bezeichnet wurden, war also unscharf und fließend.[7] Die gedruckten wie handgeschriebenen Briefe waren aber Teile einer Korrespondenz, die in einem ursprünglicheren und mittlerweile obsolet gewordenen Wortsinne auf „Übereinstimmung" von Beobachtungen, Einschätzungen und Auffassungen abzielte. Als weiteres Element, auf das ich noch eingehen werde, konnten Sachbeigaben wie Abbildungen, Objekte und Instrumente hinzu kommen, die die so verstandene wissenschaftliche Korrespondenz ergänzten.

Statt Mercks paläontologische Briefe also schematisch in private und öffentliche, da publizierte, Briefe zu unterteilen, scheint es gewinnbringender, auf die Schnittstellen zu verweisen und die Bedeutung der Gattung Brief im System der sich ausdifferenzierenden Wissenschaften am Ende des 18. Jahrhunderts generell zu berücksichtigen. Dabei lädt der Befund, dass Merck das epistolare Genre privilegierte, zu Überlegungen ein, die sich stilkritisch, verhaltensökonomisch und wissenschaftshistorisch perspektivieren lassen.

Stilkritisch gesehen, lässt die Bevorzugung der Textsorte Brief zunächst Rückschlüsse auf den frühen Entwicklungsstand der Paläontologie als einer Wissenschaft zu. Anders gesagt: da sich die Paläontologie als eine selbständige

---

5   Vgl. Merck: Troisieme Lettre (Anm. 1), S. 10, 17, 28. Vgl. zu diesem Aspekt auch: René Taton: Le rôle des correspondances scientifiques dans la diffusion de la science aux XVIIe et XVIIIe siècles. In: Proceedings of the XIVth International Congress of the History of Science. Bd. 2. Tokyo 1975, S. 214-230; Armin Herrmann: Die Funktion von Briefen in der Entwicklung der Physik. In: Berichte zur Wissenschaftsgeschichte 3 (1980), S. 55-64.

6   Vgl. z. B. folgende Briefe Mercks: an Th. S. Soemmerring, 11. Sept. 1782; Kraft (Anm. 2), S. 351f., hier S. 351; an Herzogin Anna Amalia, 14. Sept. 1782; ebd., S. 352f., hier S. 353; an P. Camper, 24. Sept. 1782; ebd., S. 354-357, hier S. 355; an Herzog Ernst II. von Sachsen-Gotha, vermutlich Mai 1783; ebd., S. 391f., hier S. 392; an Herzog Carl August, vermutlich Mai 1784; ebd., S. 445-447, hier S. 446; an Johann Christian Daniel von Schreber, 18. April 1785; ebd., S. 487-490, hier S. 487; an P. Camper, 13. August 1786; ebd., S. 560f., hier S. 561; an Th. S. Soemmerring, 1. Sept. 1786; ebd., S. 563.

7   Vgl. Marie-Theres Federhofer: „Moi simple amateur". Johann Heinrich Merck und der naturwissenschaftliche Dilettantismus im 18. Jahrhundert. Hannover 2001, S. 200-222.

Naturwissenschaft noch nicht herausdifferenziert hat, war auch die Art und Weise, in der es wissenschaftliche Ergebnisse darzubieten galt, noch nicht standardisiert.[8] Die Form wissenschaftlicher Aufsätze existierte bislang nicht, und man machte daher Anleihen bei tradierten Formen der Wissenspräsentation, etwa beim Brief. Darüber hinaus mag sich der Brief, der aufgrund seiner tendenziellen Unabgeschlossenheit und Offenheit als ein Vorläufer des Essays gilt,[9] Merck um so mehr als Textsorte angeboten haben, da auch die von ihm gebotenen paläontologischen Ergebnisse eher aneinandergereihten Einzelerkenntnissen glichen und weniger das Resultat eines methodisch-systematisch strengen Vorgehens waren. Die neuen Erkenntnisse auf dem Gebiet der Paläontologie waren notwendigerweise fragmentarisch und ließen sich daher noch nicht als Handbuchwissen systematisch darstellen. Eben diesen Unterschied zwischen einer „Handbuchwissenschaft" und einer in sich unabgeschlossenen und widersprüchlichen „Zeitschriftenwissenschaft"[10] nimmt der jüdisch-polnische Mediziner und Wissenschaftstheoretiker Ludwik Fleck in seiner 1938 in deutscher Sprache veröffentlichten Studie über das Entstehen einer wissenschaftlichen Tatsache generell in den Blick. Prägnant bezeichnet er die Darstellungsform erst entstehender Wissenschaften als „mühsam ausgearbeitete, lose Avisos eines Denkwiderstands"[11] und benennt damit eine formal wie inhaltlich notwendige Fragmentarität, wie sie eben auch Mercks Schriften eignet.

Im Zusammenhang mit der Frage nach dem Entstehen und Funktionieren einer wissenschaftlichen Öffentlichkeit sind Gelehrtenbriefwechsel des 17. und 18. Jahrhunderts in jüngster Zeit zunehmend in den Fokus wissenschaftshistorischer und -soziologischer Forschungsinteressen geraten. Aufschlussreich erweisen sich gelehrte Korrespondenzen sowohl als Dokumente eines Wissenstransfers wie als Zeugnisse sozialen Umgangs.[12] Denn Briefe zwischen Forschern dienten der Informationsvermittlung, sie waren Kommunikations-

---

8   Vgl. Rudolf Stichweh: Zur Entstehung des modernen Systems wissenschaftlicher Disziplinen. Physik in Deutschland 1740–1890. Frankfurt am Main 1984, S. 394–441.

9   Vgl. Reinhard M. G. Nickisch: Brief. Stuttgart 1991, S. 171f.

10   Ludwik Fleck: Entstehung und Entwicklung einer wissenschaftlichen Tatsache. Einführung in die Lehre vom Denkstil und vom Denkkollektiv. Mit einer Einführung hg. von Lothar Schäfer und Thomas Schnelle. Frankfurt am Main 1980, S. 156, 158.

11   Ebd., S. 157.

12   Vgl. Michael Kempe: The Anglo-Swiss-Connection. Zur Kommunikationskultur der Gelehrtenrepublik in der Frühaufklärung. In: Cardanus. Jahrbuch für Wissenschaftsgeschichte. Bd. 1 (2000): Wissen und Wissensvermittlung im 18. Jahrhundert. Beiträge zur Sozialgeschichte der Naturwissenschaften zur Zeit der Aufklärung. Hg. von Robert Seidel. S. 71-91. Hier auch weiterführende Literatur zum gelehrten Briefwechsel im 17. und 18. Jahrhundert.

medien, um einander Überlegungen, Einwände oder neuerworbene Einsichten mitzuteilen. Dies galt um so mehr, als es zu jener Zeit, da sich die Naturwissenschaften erst allmählich ausdifferenzierten, noch keine Fachzeitschriften gab, in denen eine wissenschaftliche Auseinandersetzung hätte stattfinden können. Briefe waren mithin Vehikel eines fachlichen Austausches. In ihnen konnten, wie Karl Robert Mandelkow es einmal im Hinblick auf Goethes naturwissenschaftlichen Briefwechsel formuliert hat, „Werkstattgespräche"[13] geführt werden.

Aufschlussreich sind gelehrte Briefwechsel aber nicht nur als – kommunikationsgeschichtlich gesehen – frühe wissenschaftliche Informationsträger. Aufschlussreich sind sie weiterhin auch als Dokumente, in denen sich der Anspruch auf einen bestimmten sozialen Habitus artikuliert. Höflichkeit, Geselligkeit und das Beherrschen der demokratischen Spielregeln in der Gelehrtenrepublik sind Verhaltensformen, die sich mit der Briefkultur des 17. und 18. Jahrhunderts einüben ließen. Die gelehrte Korrespondenz indiziert und praktiziert bestimmte soziale Umgangsformen.

Am 31. Juli 1782 nahm Johann Heinrich Merck brieflich Kontakt zu dem berühmten niederländischen Naturforscher Petrus Camper auf.[14] Eingeleitet wurde mit diesem Schreiben eine rege, fünf Jahre während, in französischer Sprache geführte Korrespondenz, von der sich 31 Briefe Mercks und 13 Briefe Campers erhalten haben. In diese Zeit fallen außerdem zwei Besuche Mercks bei Camper, die ihn 1784 und 1785 in die Niederlande führten. Ein angekündigter Gegenbesuch Campers[15] kam dagegen, vermutlich aus gesundheitlichen Gründen, nicht zustande. Das letzte überlieferte Schriftstück des epistolaren Austausches zwischen Merck und Camper ist ein Brief Mercks, datiert auf den 6. Dezember 1787. Zwei Jahre später, 1789, starb Petrus Camper.

Bereits mit dem erstem Schreiben aus dem Jahre 1782 an eine der seinerzeit führenden Kapazitäten[16] in der europäischen Gelehrtenrepublik markiert der Darmstädter souverän die eigene Position. Denn diese war alles andere als

---

13   Goethes Briefe. Hamburger Ausgabe in vier Bänden. Textkritisch durchgesehen und mit Anmerkungen versehen von Karl Robert Mandelkow unter Mitarbeit von Bodo Morawe. Hamburg 1962–1967. Bd. 1, S. 630.

14   Vgl. Merck an P. Camper, 31. Juli 1782; Kraft (Anm. 2), S. 344-347.

15   Vgl. Camper an Merck, 9. Okt. 1786. In: Bräuning-Oktavio: Briefwechsel (Anm. 2), S. 384f., hier S. 384.

16   Zu P. Camper vgl.: Robert Paul Willem Visser: The Zoological Work of Petrus Camper (1722–1789). Amsterdam 1985; Petrus Camper (1722–1789). Onderzoeker van nature. Onder redactie van J. Schuller tot Perseum-Meijer en W. R. H. Koops. [Katalog zur P. Camper-Ausstellung im Universitätsmuseum Groningen.] Groningen 1989; Miriam Clauder Meijer: The anthropology of Petrus Camper (1722–1789). Los Angeles 1992.

die des hilfesuchenden und schlecht informierten Bittstellers. Verorten lässt sich Mercks selbstgewählter Standort vielmehr zwischen der selbstbewussten Demonstration von Kompetenz einerseits und dem bescheidenen Eingeständnis andererseits, nur ein einfacher Amateur zu sein, der die fachliche Überlegenheit des Ranghöheren unbesehen akzeptiert. Merck bestätigte das Rang- und Wissensgefälle zwischen sich und Camper einerseits, um es andererseits gelegentlich auszugleichen. In solchen Momenten nahm dann er die Rolle des Schenkenden, Beratenden und Informierenden ein.[17] Es ist der verhaltensökonomisch kluge Versuch, sich durch Geschenke oder Vermittlung wissenschaftlicher Neuigkeiten Verbindlichkeiten zu schaffen, ohne den anderen zu nötigen oder in Verlegenheit zu bringen. Sein feines Gespür für die sozialen und wissensmäßigen Unterschiede zwischen sich und Camper erlaubte es Merck, eben diese Unterschiede hin und wieder zu vernachlässigen.

Unaufdringlich und sein Begehr durch die Lichtmetaphorik der Aufklärungszeit rhetorisch verklammernd, formulierte Merck zu Beginn seines ersten Briefes den einfachen Wunsch, sich durch die Ratschläge und Einsichten („lumieres") Campers aufklären („eclairer") zu wollen.[18] Allerdings ließ er sich nicht auf die Rolle des zu belehrenden Schülers ein, da er Camper gleichzeitig versprach, ihn über den Verlauf und die Ergebnisse eigener paläontologischer Untersuchungen zu informieren. Der unmittelbare Anlass, Camper zu schreiben, war der Fund nicht genau zu identifizierender fossiler Knochen in der Uttenreuther Höhle bei Erlangen. Durch seine Kasseler Bekannten Georg Forster und Soemmerring wusste Merck, dass sich Camper mit diesem "Incognitum"[19] – es handelt sich nach heutiger Erkenntnis um einen Höhlenbären – beschäftigte. Er konnte Camper mitteilen, dass er selbst Überreste aus dieser Höhle besaß, einen bezahnten Kieferknochen, den Merck aufgrund der Ausmaße einem Wolf oder einem Löwen zuordnete, während er bislang einem Nilpferd zugeschrieben worden war. Nach dieser knappen Mitteilung wartete Merck mit einer beeindruckenden Fülle an osteologischen Detailbeschreibungen auf, die ihn als kompetenten Paläontologen auswiesen. Offensichtlich beherrschte er die wissenschaftliche Terminologie und wusste, wo-

---

17 Beispielsweise übersetzte Merck eine Schrift Campers vom Holländischen ins Deutsche und ließ sie im *Teutschen Merkur* publizieren, vgl. Merck an P. Camper, 3. Nov. 1784; Kraft (Anm. 2), S. 470-472 und S. 765; er bot Camper einen Kupferstecher sowie die Veröffentlichung seiner Schriften in Deutschland an, vgl. Merck an P. Camper, 10. März 1786; ebd., S. 543-545, und er ließ für Camper eigens einen Reisewagen in Frankfurt bauen, vgl. Merck an P. Camper, 12. Juni 1784; ebd., S. 455-457, hier S. 456; 16. Sept. 1784; ebd., S. 466-468, hier S. 466f.; vermutlich Mai 1785; ebd., S. 493-496, hier S. 493f.

18 Vgl. Merck an P. Camper, 31. Juli 1782; ebd., S. 344-347, hier S. 344.

19 Vgl. ebd., S. 344.

rauf es beim Beschreiben anatomischer Einzelheiten ankommt.[20] Merck präsentierte sich hier Camper gegenüber als ein ebenbürtiger Gesprächspartner, der die Fachliteratur kannte, der sich hinsichtlich Forschungsmeinungen eine selbständige Meinung bilden konnte und der auch finanziell in der Lage war, sich eine eigene Sammlung anzulegen.

Gleichsam um abzuwiegeln, bezeichnete sich Merck nach dieser imponierenden Zurschaustellung von kulturellem und ökonomischem Kapital bescheiden als einen „simple amateur",[21] der Camper um Aufschlüsse über bestimmte Fachliteratur zur Anatomie und über osteologische Detailfragen bat. Als ein Bittsteller beendete Merck dieses Schreiben freilich nicht. Vielmehr versuchte er, Campers Interesse für seine paläontologische Sammlung zu wecken und diese wissenschaftliche Neugier als Movens einer gelehrten Korrespondenz zu nutzen. Falls Camper ihn mit einer Antwort würdige, so lautete Mercks Versprechen, werde er ihm in seinem nächsten Schreiben Einzelheiten über einige neu erworbene, aber noch nicht eingetroffene Elefantenknochen mitteilen können. Verbindlichkeiten schuf der Kriegsrat weiterhin, indem er Zeichnungen jener fossiler Nashornknochen beilegte, die er in seinem Brief beschrieben hatte.[22] Klug mit seinem wissenschaftlichen Kapital kalkulierend, knüpfte Merck den Kontakt zu Camper so an, dass er weitergeführt werden konnte.

Diese Geste gegenseitigen Gebens und Nehmens bestimmte den weiteren Verlauf der Briefkorrespondenz zwischen Camper und Merck. Verwundert monierte Camper einmal, Merck habe ihm in seinem letzten Brief nur belanglose Klatschnachrichten mitgeteilt, aber nichts für ihn, Camper, beigelegt.[23] Tatsächlich schickte Merck selten ein Schreiben an Camper, ohne eine Zeichnung bzw. einen Druck beizufügen[24] oder – so zu Beginn des Briefwechsels – zwei Kisten mit geologischen und fossilen Besonderheiten mitzugeben.[25] Umgekehrt versah auch Camper seine Briefe an Merck mit Skizzen bzw.

---

20 Vgl. ebd., S. 344-347.

21 Vgl. ebd., S. 345.

22 Vgl. ebd.; S. 346f.

23 Vgl. P. Camper an Merck, 18. August 1785. In: Bräuning-Oktavio: Briefwechsel (Anm. 2), S. 367f., hier S. 367: „Point de dessins, point de doutes, point de nouveautés; [...] n'y a-t-il rien pour moi?"

24 Vgl. beispielsweise folgende Briefe Mercks an P. Camper: 24. September 1782; Kraft (Anm. 2), S. 354-357, hier S. 356f.; vermutlich Okt./Nov. 1782; ebd., S. 364; 7. Juni 1783; ebd., S. 394-396; 5. Sept. 1785; ebd., S. 507-509, hier S. 507; 24. Sept. 1786; ebd., S. 567-569, hier S. 567; 28. April 1787; ebd., S. 589f., hier S. 590; 6. Dez. 1787; ebd., S. 599-601, hier S. 601.

25 Merck an P. Camper, 20. August 1783; Kraft (Anm. 2), S. 406-409, hier S. 408; 20. Okt. 1783; ebd., S. 415-417, hier S. 415.

Drucken[26] und eigenen Schriften[27] oder schickte eine Kiste mit Geschenken.[28] Der Austausch von Geschenken etablierte sich mit einer solchen Selbstverständlichkeit, dass das Ausbleiben von Beilagen sofort als Ausnahme registriert wurde.

Diese ebenso gewichtigen wie typischen Beilagen der Gelehrtenkorrespondenz der Aufklärung und auch späterer Epochen der Wissenschaftsgeschichte sind bislang kaum beachtet worden. Schlaglichtartig springt die Bedeutung solcher Bestandteile einer naturwissenschaftlichen Korrespondenz ins Auge auf einem als Farblithographie vervielfältigten Aquarell des Arbeitszimmers bzw. der Bibliothek Alexander von Humboldts aus der Zeit um 1850. Auf ihm sind zwei bzw. drei große Schachteln neben dem Stuhl des großen Naturforschers zu sehen.[29] Gewiss könnten diese Schachteln auch Bücher enthalten, nur: auf etwa gleichzeitigen Abbildungen der Arbeitszimmer der Brüder Grimm findet sich nichts Vergleichbares.[30]

Das einseitige historisch-philologische Interesse an schriftlich fixierten Dokumenten übersah die Bedeutung nicht-schriftlichen Materials für die Naturforscher jener Zeit, das beispielsweise im Falle von Illustrationen ebenso zu Kritik und Kommentar herausforderte wie schriftliche Zeugnisse. Diese Nachlässigkeit und verengte Rezeption führten dazu, dass der Verbleib etwa der Geschenke Mercks an Camper oder Campers an Merck heute unbekannt ist. Gleichwohl lässt sich vermuten, dass diese Teile einer damaligen Gelehrtenkorrespondenz nicht einfach verschwunden, sondern in dem anders gearteten, nicht historisch, sondern systematisch organisierten Registrationssystem naturwissenschaftlicher Sammlungen, die in Museen überführt wurden, ver-

---

26   Vgl. beispielsweise P. Camper an Merck, 20. Juli 1783. In: Bräuning-Oktavio: Briefwechsel (Anm. 2), S. 291f., hier S. 291; für ein empfangenes Portrait Campers dankte Merck im Brief vom 20. Okt. 1783; Kraft (Anm. 2), S. 415-417, hier S. 416; für empfangene Drucke Campers dankte Merck im Brief vom 3. November 1784; ebd., S. 470-472, hier S. 470.

27   Vgl. P. Camper an Merck, 28. März 1784. In: Bräuning-Oktavio: Briefwechsel (Anm. 2), S. 297.

28   Dafür bedankte sich Merck in einem Brief vom 15. Mai 1786; Kraft (Anm. 2), S. 546-549, hier S. 546f.

29   Vgl. die Farblithographie von Storch und Kramer nach einem Aquarell von Eduard Hildebrandt *Alexander von Humboldt in seiner Bibliothek*, 1856. Abgebildet im Ausstellungskatalog: Alexander von Humboldt. Netzwerke des Wissens. Hg. von der Kunst- und Ausstellungshalle der Bundesrepublik Deutschland GmbH. Bonn, München, Berlin 1999, S. 185 sowie die Farblithographie von Paul Grabow, ebenfalls nach einem Aquarell von Eduard Hildebrandt *Humboldt in seinem Arbeitszimmer*, 1848. Abgebildet in: Ebd., S. 193.

30   Vgl. die aquarellierten Zeichnungen von Michael Hofmann der Arbeitszimmer von Jacob und Wilhelm Grimm. Abgebildet in: Die Bibliothek der Brüder Grimm. Annotiertes Verzeichnis des festgestellten Bestandes. Erarbeitet von Ludwig Denecke und Irmgard Teitge. Hg. von Friedhilde Krause. Weimar 1989, S. 21, 23.

schollen sind. Überspitzt ließe sich also sagen, dass gelehrte Briefwechsel heute nicht adäquat ediert werden können, da das Komplement dieser Korrespondenzen, nämlich die Beilagen, fehlt bzw. verloren ist.

Schenken als eine soziale Geste ist von Wissenschaftlern wiederholt beschrieben worden. In ihren einschlägigen anthropologischen Arbeiten verstehen Marcel Mauss und Claude Lévi-Strauss den Austausch von Präsenten als eine gesellschaftliche Handlung, die die freundschaftliche Gesinnung des Schenkenden signalisieren und den Beschenkten zu einem ähnlichen Verhalten verpflichten soll. Die Eigendynamik des Gebens und Wiedergebens verstärkt das friedliche Beisammensein unterschiedlicher ethnischer oder nationaler Gruppen und lässt sich als Strategie der Konfliktvermeidung verstehen.[31]

Selbstverständlich gehorchen auch wissenschaftliche Gaben dieser Logik sozialer Kohäsion und gegenseitigen Sich-Verpflichtens.[32] Dies gilt um so mehr, als das Ideal des höflichen und altruistisch handelnden Gentleman bekanntlich verhaltensbildend für den Gelehrten und Wissenschaftler des 17. und 18. Jahrhunderts war.[33] Wissenschaft zeichnete sich nicht nur durch spezifische Inhalte, sondern auch durch spezifische Formen aus. Dass Geschenke ein Mittel der Respektbezeugung waren, formulierte Merck selbst auf treffende Weise in einem Brief an die sachsen-weimarische Herzogin Anna Amalia. Im Vorausblick auf die geplante erste Reise nach Klein Lankum, Campers Wohnsitz, schreibt er, er werde dort „vor dem Throne [ihres] aller Herrn u. Meisters nach Morgenländischer Weise [s]eine Gabe darbringen".[34] Erläuternd fährt er fort, dass diese „zum Grusse" aus „RhinocerosZähnen", einer „LöwenMaxille aus der GailenReiter Höhle", einem „Stük von einem in Deutschland gefundenen Wallfisch" und seiner „Dissertation über die ElephantenZähne der Vor- und Nachwelt" bestehe.[35]

Gleichwohl erschöpft sich die Bedeutung wissenschaftlicher Geschenke und Beilagen nicht nur in bloßer Etikette und im Zugeständnis gegenseitigen Wohlwollens. Ihnen eignet – anders etwa als den von Mauss und Lévi-Strauss

---

31 Vgl. Marcel Mauss: Die Gabe. Form und Funktion des Austauschs in archaischen Gesellschaften. In: Ders.: Soziologie und Anthropologie, Bd. 2: Gabentausch, Soziologie und Psychologie, Todesvorstellung, Körpertechniken, Begriff der Person. Frankfurt am Main, Berlin, Wien 1978, S. 11–144; Claude Lévi-Strauss: Die elementaren Strukturen der Verwandtschaft. Frankfurt am Main 1981.

32 Diesen Aspekt betont Anne Goldgar: Impolite Learning. Conduct and Community in the Republic of Letters 1680–1750. New Haven, London 1995, S. 26-30.

33 Vgl. Steven Shapin, Simon Scheffer: Leviathan and the Air-Pump. Hobbes, Boyle and the Experimental Life. Princeton 1985; Steven Shapin: A Social History of Truth. Civility and Science in Seventeenth-Century England. Chicago 1994.

34 Merck an Herzogin Anna Amalia, 17. Mai 1784; Kraft (Anm. 2), S. 444f., hier S. 445.

35 Ebd.

untersuchten Gaben –, nicht nur ein sozialer, sondern auch ein wissenschaftlicher Wert. Ausdrücklich bat beispielsweise Camper Merck darum, bestimmte Einzelstücke aus seiner paläontologischen Sammlung auf die Reise in die Niederlande mitzunehmen, um sie genauer dort untersuchen zu können.[36] Im Reisegepäck Mercks fand sich außerdem ein heute wohl etwas makaber anmutendes Geschenk, die Leiche eines afrikanischen Mädchens, die Soemmerring dem niederländischen Gelehrten für anatomische Untersuchungen überlassen wollte.[37] Einen Erkenntniswert besaßen diese Präsente also insofern, als sie untersucht, behandelt bzw. dokumentiert werden sollten und als dieser Zugriff weiterhin Fragen nach bestimmten, ihrerseits diskutierbaren Methoden aufwarf. Überlegungen zur anatomischen Position etwa eines Zahnes oder eines Knochens zählen ebenso dazu wie Ausführungen über Sammlungen und neuerworbene Exponate oder die Diskussion einer geeigneten Darstellungs- bzw. Illustrationstechnik. Wissenschaftshistorisch gesehen, erzählen solche Beigaben offenbar eine andere Geschichte als dies in einer sozialanthropologischen Perspektive der Fall ist. Auf eben jenen wissenschaftsgeschichtlichen Aspekt möchte ich abschließend anhand von zwei Beispielen kurz eingehen.

Der Briefwechsel zwischen Merck und Camper dokumentiert u. a., dass sich beide ernsthaft mit den Problemen und Standards einer genuin wissenschaftlichen Illustrationstechnik auseinander setzten. Klagen über unsachgemäß ausgeführte Abbildungen und ungenau arbeitende Illustratoren sowie Empfehlungen von zuverlässigen Malern, Zeichnern oder Druckern lassen sich häufiger finden.[38] Offensichtlich waren sich Merck wie Camper darüber im Klaren, dass sich die Paläontologie nur dann als eine eigenständige Wissenschaft herausbilden konnte, wenn es gelang, eine eigenständige visuelle Darstellungstechnik zu entwickeln. Zuverlässiges Bildmaterial war im Bereich der Paläontologie seinerzeit um so wichtiger, als es kaum öffentlich zugängliche Museen gab. Abbildungen boten daher oft die einzige Möglichkeit, einen naturkundlichen Gegenstand zu studieren. Es liegt indes auf der Hand, dass in einer Zeit einer vordisziplinären Ordnung der Naturwissenschaften eine visu-

---

36   Vgl. P. Camper an Merck, 28. März 1784. In: Bräuning-Oktavio: Briefwechsel (Anm. 2), S. 297: „Si vous pouvez m'apporter l'Oedipus osteologicus, vous m'obligerez beaucoup, mais n'oubliez pas de m'apporter quelques crânes de Mammout, de Rhinocéros, d'Eléphans, d'animaux inconnus, surtout d'Elans!"

37   Vgl. Merck an Herzogin Anna Amalia, 17. Mai 1784; Kraft (Anm. 2), S. 444f., hier S. 445; Merck an P. Camper, 20. Mai 1784; ebd., S. 447-449, hier S. 448.

38   Vgl. z. B. die folgenden Briefe Mercks an P. Camper: 7. Juni 1783, ebd., S. 394-396, hier S. 396; 28. April 1785, ebd., S. 490f., hier S. 490; 15. Mai 1786, ebd., S. 546-549, hier S. 548. Vgl. auch P. Camper an Merck, 21. März 1786. In: Bräuning-Oktavio: Briefwechsel (Anm. 2), S. 379f., hier S. 380.

elle Darstellungsform, die den spezifischen Interessen einer Wissenschaft angepasst war, kaum entwickelt war. Oftmals erfüllten naturwissenschaftliche Abbildungen in jener Zeit, etwa im Bereich der medizinischen Anatomie, ästhetische und eben nicht wissenschaftliche Anforderungen. Die Forderung nach Schönheit ließ sich indes in den wenigsten Fällen mit der Forderung nach wissenschaftlicher Exaktheit vereinbaren.[39] Auch aus diesem Grund zeigte sich Merck interessiert an einem Darstellungsverfahren, das Petrus Camper für anatomische Abbildungen entwickelt hatte. Es handelt sich dabei um eine parallel-perspektivische Darstellung, die die perspektivische Verkürzung vermeidet, mit der Gegenstände vom menschlichen Auge gewöhnlich wahrgenommen werden.[40] Selbst begabte und ausübende Zeichner, achteten Merck wie Camper streng auf die Qualität paläontologischer bzw. anatomischer Abbildungen, die sie entweder selbst anfertigten oder unter ihrer eigenen Leitung anfertigen ließen. So gesehen sind die ihren Briefen häufig beigefügten Drucke, Skizzen oder Zeichnungen auch ein wissenschaftshistorisch früher Versuch, eine der Paläontologie und Anatomie adäquate visuelle Darstellungstechnik zu erproben und anzuwenden.[41]

Auffallend an Mercks Geschenken ist weiterhin, dass sich darunter häufig auch geologische bzw. mineralogische Besonderheiten fanden. Zudem behandelte er in seinen Briefen an Camper nicht nur paläontologische bzw. anatomische, sondern ebenso geologische Fragestellungen.[42] Das dezidierte Interesse Mercks und Campers an mineralogischen Problemen ist freilich nicht nur einer individuellen Vorliebe zuzuschreiben. Es dokumentiert auch die Konsequenz einer generellen wissenschaftshistorischen Entwicklung. Insbesondere Merck verband seine mineralogischen Forschungen mit paläontologischen Untersuchungen und stellte im Zusammenhang mit diesen beiden Interessengebieten Überlegungen über die geologische Entwicklung der Erde an. Tatsächlich aber ist die Fokussierung auf einen erdgeschichtlichen Wandlungs-

---

39 Diesem Spannungsverhältnis ist Sigrid Oehler-Klein in einem fundierten Beitrag zu Soemmerring nachgegangen: Anatomie und Kunstgeschichte. Soemmerrings Rede über die Schönheit der antiken Kindesköpfe vor der Société des Antiquités in Kassel (1779). In: Samuel Thomas Soemmerring in Kassel (1779–1784). Beiträge zur Wissenschaftsgeschichte der Goethezeit. Hg. von Manfred Wenzel. (Soemmerring-Forschungen Bd. 9). Stuttgart, Jena, New York 1994, S. 189-225.

40 Vgl. Merck an Goethe, 29. April 1784; Kraft (Anm. 2), S. 439-442, hier S. 440.

41 Die Herausbildung einer visuellen Wissenschaftssprache ist bislang nur ungenügend untersucht. Auf dem Gebiet der Geologie ist Martin J. S. Rudwick diesem Thema genauer nachgegangen: The Emergence of a Visual Language for Geological Science 1760–1840. In: History of Science 4 (1976), S. 149-195.

42 Vgl. beispielsweise Merck an P. Camper, 20. Okt. 1783; Kraft (Anm. 2), S. 415-417, hier S. 415; 8. August 1784; ebd., S. 463f.; 15. Mai 1786; ebd., S. 546-549, hier S. 548; 21. Nov. 1786; ebd., S. 574-576, hier S. 576.

prozess im Rahmen mineralogischer und paläontologischer Untersuchungen wissenschaftshistorisch nur folgerichtig. Denn historisch gesehen, ging die Paläontologie als die Wissenschaft von den Pflanzen und Tieren vergangener Epochen aus der frühen Mineralogie und Gesteinskunde hervor. Dabei verdankte sich der Gedanke, Fossilien als Überreste vergangener Lebensformen zu verstehen, der Beobachtung, dass Fossilien in manchen Gesteinsschichten vorhanden, in anderen wiederum nicht vorhanden waren. Dieses formationsspezifische Vorkommen von Fossilien führte wiederum dazu, dass man die Aufeinanderfolge unterschiedlicher Schichtgesteine als eine zeitliche verstand und einen erdgeschichtlichen Wandlungsprozess postulierte. Somit war die Paläontologie ein Teilgebiet der Geologie, da die Untersuchung der Fundorte und die Art und Weise der Einbettung der Fossilien Rückschlüsse auf die Geschichte der Erdoberfläche zuließen.[43] Diese Zusammenhänge waren Merck durchaus präsent, und er verstand seine naturwissenschaftlichen, insbesondere paläontologischen Arbeiten konsequent als Beiträge zur „Cosmogonie oder Entstehung der Dinge"[44] und zur „Physische[n] Geschichte der Erde".[45]

Wissenschaftshistorisch bemerkenswert ist freilich, dass Merck wie Camper Fossilien einerseits als Beweisstücke erdgeschichtlicher Veränderungen nahmen, andererseits aber offenbar davor zurückschreckten, diesen Wandlungsprozess auf den Bereich der Lebenserscheinungen zu übertragen. Eine Geschichte der Erde wurde postuliert, eine Geschichte der Lebewesen dagegen negiert.[46] Der Befund ist um so verblüffender, als sich Camper wie Merck bei der Identifizierung paläontologischen Materials einer Methode bedienten, die am ehesten zur Annahme eines Artenwandels hätte führen können. Die Anatomia Comparativa, die Vergleichende Anatomie, wurde erstmals von Paläontologen des 18. Jahrhunderts verwendet, um durch den Vergleich mit rezenten Faunaformen fossile Funde zu beschreiben und einzuordnen. Systematisch begründet wurde die Vergleichende Anatomie bekanntlich zu Beginn des 19. Jahrhunderts durch Georges Cuvier, der ebenso wie seine innovativen Vorgänger Merck, Camper oder Soemmerring auf der Artenkonstanz beharrte.

Meine Vokabeln „bemerkenswert" und „verblüffend" indizieren indessen die Selbstverständlichkeit eines naturwissenschaftlichen Paradigmenwechsels, den man mit dem Schlagwort *Darwins Evolutionstheorie* etikettieren könnte. Aus

---

43 Vgl. Martin J. S. Rudwick: The Meaning of Fossils. Episodes in the History of Palaeontology. New York ²1976.

44 Johann Heinrich Merck: An den Herausgeber des T. M. über den Ursprung der Fossilien, in Teutschland. In: Henkel (Anm. 1), S. 496.

45 Ebd.

46 Zu diesem widersprüchlichen Sachverhalt vgl. Wolfgang Lefèvre: Die Entstehung der biologischen Evolutionstheorie. Frankfurt am Main, München, Wien 1984.

der Perspektive einer an glanzvollen Höhepunkten orientierten, traditionellen Wissenschaftsgeschichte erscheinen der Dilettant Merck wie die Professoren Camper und Soemmerring als vergleichsweise bescheidene Leuchten. Indessen vermag ihre Korrespondenz eben doch, aus einer kulturwissenschaftlichen Perspektive einiges Licht auf die europäische Organisation und auf die hohe Komplexität der Gelehrtenrepublik im Zeitalter der Aufklärung zu werfen. Vielleicht kann man auch dies, nämlich aus der Erwartungshaltung einer traditionellen Literaturwissenschaft, die sich um Fragen zum Status wissenschaftlicher Briefe[47] oder zu einer visuellen Wissenschaftssprache[48] wenig gekümmert bzw. wissenschaftshistorische Beiträge der vergangenen 30 Jahre dazu kaum berücksichtigt hat, bemerkenswert und verblüffend nennen.

---

47   Vgl. Anm. 5.
48   Vgl. Anm. 41.

Ulrike Leuschner (Darmstadt)

„Werde das Vergnügen haben zu erscheinen."
Die Edition des Briefwechsels
von Johann Heinrich Merck. Ein Werkstattbericht

> Spricht man von einem Brief, ist nicht nur das Ge-
> schriebene gemeint. Ein Brief wird genau wie ein Buch
> gelesen, indem man ihn beriecht, berührt und abtastet.
> Deshalb sagen die Klugen: Lies einmal, was der Brief zu
> sagen hat, die Dummen aber: Lies einmal was geschrie-
> ben steht. Das Talent liest nicht nur die Schrift, sondern
> den Brief als Ganzes.
>
> *Orhan Pamuk: Rot ist mein Name*

1. Mercks Briefe

Im 18. Jahrhundert erfuhr der Brief eine signifikante funktionale Erweiterung. Ließ er sich lange Zeit in die beiden Sparten ‚private Mitteilung' und ‚amt-liche, auch juridische Verlautbarung' rubrizieren, so wirkte jetzt die sich in der Renaissance mit den Humanistenbriefen angebahnte Bildung einer Diskurs-gemeinschaft bürgerlicher Intellektueller in die Breite. Im Zuge des ‚Struktur-wandels der Öffentlichkeit' (Jürgen Habermas) war der Brief neben Zeit-schriften und literarischen Fehden das dritte wichtige Instrument des gebilde-ten Bürgertums zur Herstellung einer ‚Gelehrtenrepublik', die etwa seit 1760 intentional den Namen ‚Publicum' (seit Ende des Jahrhunderts: ‚Publikum') trägt.[1] In allen drei Bereichen einer generativen Kommunikation ist Merck

---

1 Lucian Hölscher: Artikel „Öffentlichkeit". In: Geschichtliche Grundbegriffe. Historisches Lexikon zur politisch-sozialen Sprache in Deutschland. Bd. 4. Stuttgart 1978, S. 413-467, hier S. 436; vgl. ders.: Öffentlichkeit und Geheimnis. Eine begriffsgeschichtliche Unter-suchung zur Entstehung der Öffentlichkeit in der frühen Neuzeit. Stuttgart 1979, S. 88. – In kritischer Auseinandersetzung mit Habermas begreift die aktuelle Diskussion „Öffent-lichkeit" nicht als Synonym für ein homogenes Bürgertum, sondern als heterogenes Kom-

durch Präzision und situatives Gespür präsent: Mit dem Jahrgang 1772 der *Frankfurter gelehrten Anzeigen*, den er in leitender Position betreute, setzte er neue Maßstäbe einer Publikumszeitschrift, die mit Intelligenz und stilistischer Raffinesse die Verständigung mit einer kritischen Leserschaft suchte. Nachdem dieses Projekt durch die Intervention der Frankfurter Orthodoxie[2] an Glanz eingebüßt hatte, schloss er sich für drei Jahre Nicolais *Allgemeiner deutscher Bibliothek* als Rezensent an, fand dann aber das ihm angemessenere Forum in Wielands *Teutschem Merkur*, der sich dem pluralistischen Meinungsaustausch geradezu verschrieben hatte: Nicht der „Oberrichter über die deutsche Literatur" solle der *Merkur* sein, jeder Mensch habe das Recht auf eine eigene Stimme. „Das Publicum allein ist der Richter", heißt es in der *Vorrede des Herausgebers* zum ersten Stück 1773.[3] Die literarische Stimme Mercks verstummte zwar bereits 1782 mit *Herr Oheim der Jüngere*,[4] der skeptischen Replik des Spätaufklärers auf den eigenen utopischen Entwurf vom autonomen Landleben in der *Geschichte des Herrn Oheims* am gleichen Ort vier Jahre zuvor.[5] Rezensierend und kollationierend aber war Merck für den *Teutschen Merkur* bis zu seiner schweren Erkrankung im Jahr 1787 tätig.[6] Auch bei den literarischen Fehden seines Umkreises intervenierte er mit poetischen Mittel nur vereinzelt: In der Verssatire *Rhapsodie von Johann Heinrich Reimhart, dem Jüngern*[7] zog er im allgemeinen Positionskampf die Chancen der jungen Genies im literarischen Feld in Zweifel, im Falle des Freundes Goethe reagierte er gezielt mit der Verssatire *Pätus und Arria*[8] auf die Konfiszierung der *Leiden des jungen Werthers*

---

munikationssystem mit distinktiven Zugangsregeln; vgl. Hans-Wolf Jäger (Hg.): „Öffentlichkeit" im 18. Jahrhundert. Göttingen 1997.

2   Hermann Dechent: Die Streitigkeiten der Frankfurter Geistlichkeit mit den Frankfurter Gelehrten Anzeigen im Jahr 1772. In: Goethe-Jahrbuch 10 (1889), S. 169-195.

3   [Christoph Martin Wieland:] Vorrede des Herausgebers. In: Der Teutsche Merkur. 1773 I (Januar), S. III-XXII, hier S. XIV.

4   [Johann Heinrich Merck]: Herr Oheim der Jüngere, eine wahre Geschichte. In: Der Teutsche Merkur 1781 IV, S. 144-166 und 193-211; 1782 I, S. 123-138.

5   [Johann Heinrich Merck]: Geschichte des Herrn Oheims. In: Der Teutsche Merkur 1778 I, S. 30-48, 151-172, 1778 II, S. 51-65, 212-227, 1778 IV, S. 27-37 und 239-248.

6   Vgl. die bibliographischen Angaben in: Thomas C. Starnes: Der Teutsche Merkur. Ein Repertorium. Sigmaringen 1994.

7   [Johann Heinrich Merck]: Rhapsodie von Johann Heinrich Reimhart, dem Jüngern. O. O. [Darmstadt] 1773; wieder, mit zahlreichen Abweichungen vom Erstdruck, in: Johann Heinrich Merck: Werke. Ausgewählt und hg. von Arthur Henkel. Mit einer Einleitung von Peter Berglar. Frankfurt am Main 1968, S. 155-162; im Folgenden zit. als Henkel.

8   [Johann Heinrich Merck]: Pätus und Arria eine Künstler-Romanze. Freistadt am Bodensee [Darmstadt] 1775; vgl. Henkel (Anm. 7), S. 162-167. – Beide Werke erschienen in Mercks eigenem Verlagsunternehmen, gedruckt bei der Darmstädter Hofdruckerei Wittich; vgl. Hermann Bräuning-Oktavio: Wo ist Goethes „Götz von Berlichingen" gedruckt? Ein Beitrag zur Geschichte eines Verlags aus der Sturm-und-Drang-Zeit. In: Hessische Chronik 1

durch die Kurfürstlich-Sächsische Bücher-Kommission. In weit größerem Umfang griff er durch seine Rezensionen ein, in denen er einzelfallgerecht und parteienübergreifend auf dem souveränen Standpunkt der Vernunft beharrte. Nach dem der Literatur gewidmeten Jahrzehnt von 1772 bis 1782 wandte sich Merck den Naturwissenschaften zu, von denen er sich, von je her zur Sprachskepsis neigend,[9] einen exakteren Zugang zur Wirklichkeit versprach. Seine Veröffentlichungen im Rezensionsgeschäft wie in den eigenen Schriften widmeten sich nun vornehmlich der Paläontologie, Osteologie und Mineralogie. Neben Literatur und Naturwissenschaften betrieb er als drittes Hauptgebiet die Kunst, kontinuierlich und im breiten Spektrum bearbeitet von der ersten Besprechung zeitgenössischer Kupferstiche in den *Frankfurter gelehrten Anzeigen* 1772[10] bis zur kunsthistorischen Studie über ein antikes Thema im *Teutschen Merkur* 1787, der letzten Veröffentlichung zu Lebzeiten.[11]

Die Gattung Brief wird, einem zeittypischen Muster folgend, aber auffallend häufig, zur Schnittstelle zwischen privatem Schreiben und ‚Publikation': Viele von Mercks Veröffentlichungen im *Teutschen Merkur* tragen den Titel[12]

(1912), S. 13-16, 88-97. – Mercks Verssatire liegt eine Episode aus den *Epistolarum libri decem* (Buch III, Kap. 16) zugrunde; vgl. Gaius Plinius Caecilius Secundus: Briefe. Epistularum libri decem. Lateinisch-deutsch hg. von Helmut Kasten. Zürich 1995, S. 172-175. Den heroischen Ausspruch der Selbsttöterin Arria „Pate, non dolet" (Pätus, es tut nicht weh), mit dem sie nach dem Stich ins eigene Herz den Dolch an ihren Mann weiterreichte, verwandte Merck als Motto.

9   So heißt es im Brief an Lenz vom 8. März 1776, dass „von jedes Menschen Empfindung so viel verraucht, biß's auf s Papier kommt u. dabei wird, daß nichts übrig bleibt als caput mortuum" (Johann Heinrich Merck: Briefe. Hg. von Herbert Kraft. Frankfurt am Main 1968, Nr. 90, S. 145-147, hier S. 145; im Folgenden zit. als Kraft. Revidiert nach der Handschrift in der Lettischen Akademischen Bibliothek Riga, Signatur: Ms 1113, F. 25, V. 32, Nr. 39). – Die abweichende Typographie gibt lateinische Schrift in der Handschrift wieder; „dabei" ist ein südhessisches Dialektwort im Sinne von annehmbar, präsentabel, ein „caput mortuum" in der alchemistischen Fachsprache der Bodensatz in der Phiole nach einer Destillation.

10   [Johann Heinrich Merck:] Kupferstich. Les offres reciproques, dediées a S. A. Mgr. Adam, Prince Czartoryski, gravées d'après le tableau original de Dietricy, Peintre de la Cour Electorale de Saxe, par I. C. Wille, Graveur du Roi, de L. M. I. et R. et de Sa Majestè le Roi de Danemarck. In: Frankfurter gelehrte Anzeigen vom Jahr 1772. Nachdruck der Ausgabe des Verlages der Eichenbergischen Erben 1772. Erweitert um ein Vorwort von Dr. phil. Hermann Bräuning-Oktavio und Konkordanz zu Bernhard Seufferts Nachdruckausgabe 1883. Bern 1970. Nr. 111 vom 10. Januar 1772, S. 24.

11   M. [Johann Heinrich Merck]: Ueber die Schwierigkeit antiken weiblichen Statuen sogleich ihren wahren Charakter anzuweisen. In: Der Teutsche Merkur 1787 II, S. 266-277.

12   Von den zwölf Beiträgen mit dem Titel *An den Herausgeber des Teutschen Merkur* stammt nachweislich die Hälfte von Merck; vgl. Starnes, Repertorium (Anm. 6), S. 98f.

oder Untertitel[13] „An den Herausgeber", andere bedienen sich der fiktiven
Briefform an nicht namentlich bezeichnete Empfänger.[14] Nicht zuletzt seine
drei zentralen fossilen Studien, die sogenannten ‚Knochenbriefe', unterstellt
er explizit und adressatenbezogen der Gattungsbezeichnung Brief.[15]

Mercks Briefe im konkreten Sinn der persönlichen schriftlichen Mitteilung
zwischen zwei Partnern[16] reflektieren die Ambivalenz von Privatheit und
Öffentlichkeit im ausgehenden 18. Jahrhundert. Sie stehen in wechselseitiger
Referenz zu den drei Arbeitsgebieten Mercks (Kunst, Literatur, Naturforschung) und dienen der Positionierung im intellektuellen Feld der Aufklärung
über die deutschen Grenzen hinaus. Weitere Themen der Briefe sind die
kritische Beobachtung der politischen Verhältnisse, unternehmerische Aktivitäten und die kameralistischen Dienstobliegenheiten des Kriegsrats am Hof
zu Hessen-Darmstadt. In den Briefen vornehmlich privaten Inhalts wird All-
tagsgeschichte greifbar, und beispielhaft für die Psychogenese des Bürgertums
im späten 18. Jahrhundert lassen sich viele von Mercks Briefen auch lesen als
Überbrückungshilfen der Einsamkeit, als Mittel der Inszenierung eines in seiner Umgebung erratischen Geistes.

Seit 1999 ist am Institut für Sprach- und Literaturwissenschaft der Technischen Universität Darmstadt die Forschungsstelle Merck etabliert. Ziel des
Drittmittelprojekts, finanziert von der Merck'schen Gesellschaft für Kunst
und Wissenschaft, ist die Edition des Briefwechsels in Form einer kommentierten Studienausgabe aller im Druck oder autographisch überlieferten Briefe
von und an Johann Heinrich Merck.

Am Beginn der Arbeit stand die Erfassung der gedruckten Briefe.

---

13 Z. B. [Johann Heinrich Merck:] Eine mahlerische Reise nach Cöln, Bensberg und Düssel-
     dorf. Auszüge aus Briefe an den Herausgeber. In: Der Teutsche Merkur 1778 III, S. 113-
     128; J. G. M. [Johann Heinrich Merck]: Nachtrag verschiedener Bemerkungen über merk-
     würdige ausgegrabene Thier-Knochen u. s. w. An den Herausgeber des T. M. In: Der
     Teutsche Merkur 1783 I, S. 204-215.
14 Z. B. [Johann Heinrich Merck:] Briefe über Mahler und Mahlerey an eine Dame. In: Der
     Teutsche Merkur 1779 IV, S. 31-40 und 104-112; [Johann Heinrich Merck:] Schreiben eines
     Landedelmannes aus dem Pais de Vaud. In: Der Teutsche Merkur 1780 III, S. 177-183.
15 Johann Heinrich Merck: Lettre à Monsieur de Cruse […] sur les os fossiles d'éléphans et
     de rhinocéros qui se trouvent dans le pays de Hesse-Darmstadt. Darmstadt 1782; Seconde
     lettre à Monsieur de Cruse […] sur les os fossiles d'eléphans et de rhinocéros qui se trou-
     vent en Allemagne et particulierement dans le pays de Hesse-Darmstadt. Ebd. 1784; Troi-
     sieme lettre sur les os fossiles d'eléphans et de rhinocéros qui se trouvent en Allemagne et
     particulierement dans le pays de Hesse-Darmstadt. Addesseé à Monsieur Forster […].
     Ebd. 1786.
16 Zur Definition des Briefs s. u. Anm. 100.

2. Geschichte der Editionen

Die besondere Qualität des Briefwechsels von Johann Heinrich Merck erregte schon früh Interesse, wenn auch zunächst unter regionaler und kanonischer Rücksicht. Karl Wagner, Lehrer am Großherzoglichen Gymnasium zu Darmstadt, wertete Mercks Nachlass in drei gewichtigen, deutlich auf die Prominenz der Briefpartner abhebenden Publikationen aus: Der erste Band mit dem Titel *Briefe an Johann Heinrich Merck von Göthe, Herder, Wieland und andern bedeutenden Zeitgenossen. Mit Merck's biographischer Skizze* erschien 1835 in Darmstadt. In die Fortsetzung 1838 nahm Wagner schon zwölf Briefe von Merck auf und gab ihr den Titel *Briefe an und von Johann Heinrich Merck. Eine selbständige Folge der im Jahre 1835 erschienenen Briefe an J. H. Merck. Aus den Handschriften herausgegeben [...] Mit Facsimilien der Handschrift von Göthe, Herder, Wieland, Karl August und Amalia v. Weimar, W. Tischbein, Claudius und Merck.* Die dritte Folge, erweitert auf *Briefe aus dem Freundeskreise von Goethe, Herder, Höpfner und Merck. Eine selbständige Folge der beiden in den Jahren 1835 und 1838 erschienenen Merckischen Briefsammlungen. Aus den Handschriften herausgegeben* genoss nun schon überregionalen Ruf und wurde 1847 in Leipzig verlegt.[17] Von Merck finden sich in diesem Band 54 Briefe. Die letzten 33 Textzeugen datieren nach Mercks Tod und sind sämtlich an seinen Freund Julius Höpfner gerichtet.[18] Abzüglich dieser Drittbriefe und einiger weiterer Textdokumente stellt Wagner in den drei Bänden insgesamt 395 Briefe an Merck und 66 von ihm zur Verfügung. 103 der uns heute bekannten Briefe sind nur bei Wagner zu finden, von denen 46 mit den Handschriften kollationiert werden können. Für 57 Briefe aber bleibt Wagner voraussichtlich die einzige und durch vielerlei Eingriffe des Herausgebers nicht unproblematische Textgrundlage.

In gewisser Weise eine Fortsetzung Wagners ist die zweibändige Merck-Ausgabe von Kurt Wolff. Der große Verleger des Expressionismus und Entdecker Franz Kafkas war durch Heirat mit der Familie Merck verbunden.[19]

---

17   Im Folgenden zit. als Wagner I, II und III.

18   Ludwig Julius Friedrich Höpfner (1743–1797), 1767 Professor der Rechte am Collegium Carolinum in Kassel, 1771 Professor in Gießen, seit 1781 Oberappellationsgerichtsrat in Darmstadt.

19   Kurt Wolff (1887–1963) heiratete 1907 die siebzehnjährige Elisabeth Merck. Die Ehe wird 1930 geschieden. Wolff begann seine Verlagslaufbahn 1908 zusammen mit Ernst Rowohlt und führte 1912 den Verlag unter seinem Namen allein weiter. Sein Gespür für Qualität verlieh dem jungen Verleger schon bald ein unverwechselbares eigenes Profil, so wurden bedeutende Schriftsteller wie Georg Trakl, Franz Werfel, Jakob Wassermann, Walter Hasenclever und Robert Walser Kurt Wolffs Autoren und oft auch seine Freunde. 1930 wurde der mittlerweile in München ansässige Verlag aus finanziellen Gründen auf-

Der zweite Band von *Johann Heinrich Mercks Schriften und Briefwechsel. In Auswahl herausgegeben. Leipzig 1909* enthält 36 Briefe, die sich bei Wagner nicht finden, davon 28 von Merck. Von den acht Briefen an Merck stehen zwei bis heute nur bei Wolff,[20] ein dritter[21] wird in der von Arthur Henkel 1968 veranstalteten Ausgabe der Werke Mercks als Gedicht behandelt und infolgedessen in der von Herbert Kraft parallel herausgegebenen Briefausgabe nicht geführt.

1911 sammelte Hans Gerhard Gräf die Briefe Mercks an Anna Amalia und Carl August von Sachsen-Weimar-Eisenach in einem materialreichen Band.[22]

Die mit 385 Briefen größte Sammlung der Briefe von Merck ist die bereits erwähnte Ausgabe von Herbert Kraft.[23] Er leistete die kritische Textkonstitution nach den Autographen, soweit sie ihm vorlagen. Auch wenn die Kollation an vielen Stellen abweichende Lesarten ergibt, bleibt die Ausgabe Krafts die maßgebliche Vergleichsgröße der Textkonstitution. Einige Handschriften konnten mittlerweile neu aufgefunden werden. Hier wird über Kraft hinausgehend, der ältere Drucke zugrundelegen musste, erstmals eine kritische Textkonstitution geleistet. Neue Erträge der Forschung insgesamt kommen hinzu.

So wurden 14 Briefe von Merck in den Jahren nach 1968 neu entdeckt.[24] Die Überprüfung und Neubewertung älterer Quellen erbrachte fünf weitere Brief von Merck.[25]

---

gelöst. Während des Nationalsozialismus verließ Kurt Wolff Deutschland und zog über Italien und Frankreich 1941 schließlich in die USA. In New York gründete er den Verlag „Pantheon Books", der 1958 mit Boris Pasternaks *Doktor Schiwago* einen Welterfolg landete. 1960 remigrierte Wolff, drei Jahre später verunglückte er tödlich. Er wurde in Marbach am Neckar bestattet.

20   Friedrich Justin Bertuch an Merck, 6. November 1780 (Wolff Nr. 171, S. 171, mit signifikanten Abweichungen von der Handschrift in der Biblioteka Jagiellońska in Krakau); Johann Heinrich Tischbein an Merck, Oktober 1782 (Wolff Nr. 201, S. 202f. Von diesem Brief druckt Wolff nur vier Sätze, die Handschrift ist nicht überliefert).

21   Es handelt sich um das Ende 1770 von Merck an Herder gesandte Briefgedicht *An den StrafProphete*; Wolff Nr. 8, S. 13-15; Henkel (Anm. 7), S. 166f.; revidierbar nach der Handschrift in der Biblioteka Jagiellońska in Krakau.

22   Johann Heinrich Mercks Briefe an die Herzogin-Mutter Anna Amalia und an den Herzog Carl August von Sachsen-Weimar. Hg. von Hans Gerhard Gräf. Leipzig 1911; im Folgenden zit. als Gräf. Der Band enthält 106 Briefe Mercks, 64 an Carl August, 42 an Anna Amalia, und als Anlagen zwei Briefe Mercks an Goethe und je einen Brief von Christoph Martin Wieland und Heinrich Wilhelm Tischbein an Merck.

23   Kraft (Anm. 9).

24   Bianca Cetti Marinoni: Fünf ungedruckte Briefe naturwissenschaftlichen Inhalts von Johann Heinrich Merck an Samuel Thomas Sömmerring. In: Goethe-Jahrbuch 99 (1982), S. 250-274; Marie-Theres Federhofer: Fossilien-Liebhaberei. Johann Heinrich Merck und der naturwissenschaftliche Dilettantismus des 18. Jahrhunderts. Mit drei ungedruckten Briefen Mercks an Sir Joseph Banks. In: Lenz-Jahrbuch. Sturm-und-Drang-Studien 6 (1996), S. 127-159; Robert Seidel: Drei ungedruckte Briefe Johann Heinrich Mercks an

Für einige der Korrespondenzpartner Mercks liegen mittlerweile Kritische Editionen vor:

Seit 1963 erscheint in der Berliner Akademie der Wissenschaften *Wielands Briefwechsel*.[26] Die Korrespondenz zwischen Wieland und Merck ist mit insgesamt 143 Briefen (davon 105 von Wieland und 38 von Merck) die umfangreichste, auch die literarisch und menschlich gehaltvollste, voller Sprachwitz und Erfindungsfreude und stets in der Lage, die Dinge des Alltags, die Kinder- und Familienfreuden und -sorgen neben den Geschicken des *Teutschen Merkur* und der großen Welt bestehen zu lassen. Über Kraft hinausgehend führt der Wieland-Briefwechsel unter dem Datum 15. März 1776 Mercks Satire *Matinée eines Recensenten* als Brief,[27] unter dem 10. Juni [recte: 20. Mai] 1776 das Briefgedicht *Paroxysmus von gestern Abend den 9ten Jun. 1776*.[28]

Drei Briefe an und zwei Briefe von Merck enthält der Briefwechsel von Friedrich Heinrich Jacobi, der seit 1981 erscheint.[29]

Petrus Bernardus van Damme in Amsterdam (8. September 1784, 24. Juli 1785, 9. September 1785). In: Lichtenberg-Jahrbuch 1999, S. 168-184. – Zwei der von Cetti Marinoni wiedergegebenen Briefe stehen bereits bei Kraft (Anm. 9). – Drei weitere Briefe fanden sich bei der Auswertung der *Briefe an Goethe. Gesamtausgabe in Regestform. Band 1: 1764–1795* (hg. von Karl-Heinz Hahn. Weimar 1980; dort die Nrn. 141, 165 und 184 mit den Angaben zu den jeweiligen Drucken, im Folgenden zit. als RA).

25 Merck an Bürger, Göttingen, 15. Mai 1781. In: Briefe von und an Gottfried August Bürger. Ein Beitrag zur Literaturgeschichte seiner Zeit. Aus dem Nachlasse Bürger's und anderen, meist handschriftlichen Quellen, hg. von Adolf Strodtmann. Dritter Band. Briefe von 1780–1789. Bern 1970 (Nachdruck der Ausgabe Berlin 1874, Nr. 595, S. 36. – Vier Briefgedichte, darunter das bereits erwähnte erstmalig bei Wolff gedruckte Briefgedicht an Herder (Anm. 21), wurden aus der Werkausgabe Henkels (Anm. 7), S. 84f., 111f., 116f. und 141, übernommen.

26 Briefe von und an Merck in folgenden Bänden: Wielands Briefwechsel. Hg. von der Akademie der Wissenschaften der DDR. Zentralinstitut für Literaturgeschichte durch Hans Werner Seiffert; ab Bd. 6: Hg. von der Berlin-Brandenburgischen Akademie der Wissenschaften durch Siegfried Scheibe. Bd. 5: Briefe der Weimarer Zeit (21. September 1772 – 31. Dezember 1777). Berlin 1983; Bd. 6.1: Nachträge zu Band 1 bis 5. Überlieferung, Varianten und Erläuterungen zu Band 3. Bearbeitet von Siegfried Scheibe. Berlin 1995; Bd. 7.1: Januar 1778 – Juni 1782. Bearbeitet von Waltraud Hagen. Berlin 1992; Bd. 8.1: Juli 1782 – Juni 1785. Bearbeitet von Annerose Schneider. Berlin 1992; Bd. 9.1: Juli 1785 – März 1788. Bearbeitet von Uta Motschmann. Berlin 1996; im Folgenden zit. als Wielands Briefwechsel.

27 Wielands Briefwechsel. (Anm. 26) Bd. 6.1, Nr. V 526 a, S. 121-123; vgl. Henkel (Anm. 7), S. 167-169.

28 Wielands Briefwechsel. (Anm. 26) Bd. 5, Nr. 556, S. 511-514.

29 Briefe von und an Merck in folgenden Bänden: Friedrich Heinrich Jacobi: Briefwechsel. Gesamtausgabe. Hg. von Michael Brüggen und Siegfried Sudhof. Reihe I Bd. 1: Briefwechsel 1762–1775. Nr. 1-380. Hg. von Michael Brüggen und Siegfried Sudhof in Zusammenarbeit mit Peter Bachmaier, Reinhard Lauth und Peter-Paul Schneider. Stuttgart-

Weitaus umfangreicher ist die mit 25 Briefen von und 31 Briefen an Merck ausgewogene Korrespondenz zwischen Samuel Thomas Soemmerring und Merck. Der Briefwechsel Soemmerrings ist Bestandteil der von der Mainzer Akademie der Wissenschaften und der Literatur betreuten Gesamtausgabe.[30] Die Briefe von Merck an Soemmerring gehen durch Autopsie der Handschriften teilweise über die Ausgabe Krafts hinaus; zwei Briefe Mercks an Soemmerring fehlen dort gänzlich.[31]

Fünf Briefe von Georg Forster an Johann Heinrich Merck sind in den Briefwechsel-Bänden der Forster-Gesamtausgabe der Berliner Akademie der Wissenschaften enthalten, deren Anfänge bis 1958 zurückreichen[32] – Gegenbriefe sind derzeit nicht bekannt.

Zwei Briefe Georg Christoph Lichtenbergs an Merck liefert der Briefwechsel von Georg Christoph Lichtenberg,[33] einen vom Bruder Ludwig Christian Lichtenberg das Lichtenberg-Jahrbuch 1999[34] – auch hier fehlen Gegenbriefe.[35]

Bad Cannstatt 1981; Reihe I Bd. 2: Briefwechsel 1775–1781. Nr. 381-750. Hg. von Peter Bachmaier, Michael Brüggen, Reinhard Lauth und Siegfried Sudhof † in Zusammenarbeit mit Peter-Paul Schneider. Stuttgart-Bad Cannstatt 1983.

30 Briefe von und an Merck in folgenden Bänden: Samuel Thomas Soemmerring: Werke. Begründet von Gunter Mann. Hg. von Jost Benedum und Werner Friedrich Kümmel. Bd. 18. Hg. von Franz Dumont: Briefwechsel 1761/65-Oktober 1784. Stuttgart, Jena, New York 1996; Bd. 19: Hg. von Franz Dumont: Briefwechsel 1784–1792. Teil 1 November 1784 – Dezember 1786. Hg. von Franz Dumont. Stuttgart, Jena. Lübeck, Ulm 1997; Teil 2 Januar 1787 – Oktober 1792. Hg. von Franz Dumont. Ebd. 1998; im Folgenden zit. als Soemmerring Briefwechsel. – Versehentlich dort nicht aufgenommen wurde der Brief Soemmerrings an Merck, 9. Dezember 1785. Einzige Überlieferung dieses Briefes ist der Druck bei Wagner I Nr. 236, S. 476f. Die Handschrift ist nicht mehr verfügbar.

31 Merck an Soemmerring, 19. Dezember 1786; Soemmerring Briefwechsel. Bd. 19/I, Nr. 416, S. 469f. – Merck an Soemmerring, 25. November 1787; Soemmerring Briefwechsel. Bd. 19/II, Nr. 491, S. 663.

32 Briefe an Merck in folgenden Bänden: Georg Forsters Werke. Sämtliche Schriften, Tagebücher, Briefe. Hg. von der Akademie der Wissenschaften der DDR. Zentralinstitut für Literaturgeschichte. Bd. 13: Briefe bis 1783. Bearbeitet von Siegfried Scheibe. Berlin 1978; Bd. 14: Briefe 1784 – Juni 1787. Bearbeitet von Brigitte Leuschner. Berlin 1978.

33 Lichtenberg an Merck, 22. März 1781. In: Georg Christoph Lichtenberg: Briefwechsel. Im Auftrag der Akademie der Wissenschaften zu Göttingen hg. von Ulrich Joost und Albrecht Schöne. Bd. II 1780–1784. München 1985, S. 184; Lichtenberg an Merck, 20. Oktober 1786. In: Ebd., Band III 1785–1792. München 1990, S. 26.

34 Ludwig Christian Lichtenberg an Merck, 8. Oktober 1782. In: Ulrich Joost: Kleinigkeiten aus Ludwig Christian Lichtenbergs Korrespondenz, dabei etwas von und an Johann Heinrich Merck. In: Lichtenberg-Jahrbuch 1999, S. 184-192, hier S. 190.

35 Das fälschlich als Brief Mercks an Georg Christoph Lichtenberg vom 10. August 1780 in Heinrich Christian Boies *Deutschem Museum*, 1780, 2. S. 435-439 erstmals gedruckte Schreiben übernahm noch Kraft (Anm. 9, Nr. 169) aus den *Schriften von Helfrich Peter Sturz* (Zwei-

Die Briefe von Herder werden im Goethe- und Schillerarchiv in Weimar ediert. Die Textbände – der erste erschien 1984 – sind abgeschlossen,[36] der erste, für die Korrespondenz mit Merck dem Zeitraum nach maßgebliche Kommentarband ist jüngst erschienen.[37] Erhalten sind 19 Briefe von Herder an Merck. Durch ein Autodafé Herders ist es um die Gegenbriefe schlecht bestellt, doch können zwei Gedichte Mercks als Gedichtbriefe gewertet werden.[38] In der Konsequenz dieser Entscheidung wurde dann auch ein Gedicht von Herder unter die Briefe aufgenommen.[39]

Besondere Sorgfalt erfordert der Briefwechsel zwischen Merck und Goethe. Er ist als ein recht einseitiges Briefgespräch überliefert; von 52 Briefen insgesamt stammen nur sechs von Merck.[40] Die übrigen Briefe Mercks wurden

---

te Sammlung. Leipzig 1782, S. 15-20); es stammt jedoch, wie bereits Theodor Merzdorf im *Archiv für Litteraturgeschichte* 7 (1878), S. 68 richtig gestellt hat, nicht von Merck, sondern von Friedrich Stürz, Empfänger ist nicht Georg Christoph, sondern Ludwig Christian Lichtenberg. Vgl. Jörg-Ulrich Fechner: Helfrich Peter Sturz. Zwischen prosaischem Leben und der Kunst der Prosa. In: Photorin. Mitteilungen der Lichtenberg-Gesellschaft 2 (1980), S. 2-23, hier S. 4; vgl. zuletzt Ulrich Joost: Kleinigkeiten (Anm. 34), hier S. 191.

36 Briefe an Merck in folgenden Bänden: Johann Gottfried Herder: Briefe. Gesamtausgabe 1763–1803. Unter Leitung von Karl-Heinz Hahn hg. von den Nationalen Forschungs- und Gedenkstätten der klassischen deutschen Literatur in Weimar (Goethe- und Schiller-Archiv). Erster Band. April 1763 – April 1771. Bearbeitet von Wilhelm Dobbek † und Günter Arnold. Weimar 1984; Zweiter Band. Mai 1771 – April 1773. Bearbeitet von dens. ebd. 1984; Dritter Band. Mai 1773 – September 1776. Bearbeitet von dens. ebd. 1985 (im Folgenden zit. als Herder-Briefe, Bd. Nr.).

37 Herder-Briefe (Anm. 36) Band 11. Kommentar zu den Bänden 1-3. Bearbeitet von Günter Arnold. Weimar 2001.

38 Das auf Ende Oktober 1770 zu datierende Gedicht *Antwort* (Henkel (Anm. 7), S. 166f.) und das auf Anfang Januar 1771 zu datierende Gedicht *Die beyden Baumeister* (ebd., S. 84 f.). Die Autographen beider Gedichte liegen in der Biblioteka Jagiellońska in Krakau.

39 Herder an Merck, Ende 1770. In: Herders Poetische Werke. Hg. von Carl Redlich. Fünfter Band. Berlin 1889, S. 517-519 (Herders Sämmtliche Werke. Hg. von Bernhard Suphan. 29. Band); Günter Arnold sei für Hilfe bei der Datierung und Bestimmung als Briefgedichte herzlich gedankt.

40 Neben den drei bei Kraft (Anm. 9) gedruckten Briefen sind dies: *Auszug aus einem Schreiben des HE KriegsR. Merk* von Ende März 1781 über *Vulkanische Produkte von der Cassler Gegend*, als Teilabschrift im Goethe- und Schiller-Archiv Weimar unter der Signatur 26/LVIII, 37 erhalten; die kurze Notiz über den Fund eines fossilen Rhinozeroskopfs im Rhein von vor Oktober 1782 aus dem Germanischen Nationalmuseums in Nürnberg (Bestand: Archiv Autographen K. 36), Druck in: Goethe: Die Schriften zur Naturwissenschaft. Vollständige mit Erläuterungen versehene Ausgabe hg. im Auftrage der Deutschen Akademie der Naturforscher Leopoldina von K. Lothar Wolf †, Wilhelm Troll, Rupprecht Matthaei †, Dorothea Kuhn und Wolf von Engelhardt. Zweite Abteilung: Band 9 A: Zur Morphologie von den Anfängen bis 1795. Ergänzungen und Erläuterungen. Bearbeitet von Dorothea Kuhn. Weimar 1977, S. 280; die als Goethes auszugsweises Diktat an den Jenaer Bibliothekar Johann Georg Lenz weitergereichte Bitte um Literaturbeschaffung von April/Mai 1784

ein Opfer der Flammen. Unter den „an mich gesendeten Briefen seit 1772", die Goethe am 9. Juli 1797 „aus entschiedener Abneigung gegen Publikation des stillen Gangs freundschaftlicher Mitteilung"[41] dem Feuer übergab, kosteten ihn nach Auskunft eines Zeitgenossen besonders diejenigen „des Selbsttöters Merck wegen ihres Geistesinhalts zwei Tage Überwindung".[42] Für die Briefe von Goethe immer noch grundlegend, trotz schon bald nach Erscheinen geäußerter Kritik an den Editionsprinzipien, ist die Abteilung IV der Weimarer Ausgabe.[43] Ein erster bedeutender Schritt zur historisch-kritischen Neuausgabe ist das Repertorium der Briefe von Goethe, das seit August 2000 im Internet verfügbar ist.[44]

Außerhalb der großen Ausgaben finden sich Briefe von oder an Merck verstreut in Sammelwerken, Biographien, Jahrbüchern, Zeitschriften und Zeitungen, einige von ihnen nur dort.[45] Auf die lebenslange Forschung und Sammeltätigkeit von Hermann Bräuning-Oktavio kann an dieser Stelle nur summarisch hingewiesen werden.[46]

(Erstdruck im Goethe-Jahrbuch 11 (1890), S. 72f.; als Schreiben Goethes aufgenommen in die Weimarer Ausgabe Abt. IV, Bd. 7, Nr. 1921a, S. 366f.; Leopoldina II 9A, 291f.). – Ein unentbehrliches Findmittel in diesem Zusammenhang ist die Regestausgabe der Briefe an Goethe. Band 1 (Anm. 24) deckt den Merck betreffenden Zeitraum ab (RA I, Nrn. 141, 165, 184, 186, 273 und 303); Sabine Schäfer sei für Hilfe bei der Bewertung strittiger Zuordnungen herzlich gedankt.

41   Johann Wolfgang Goethe: Tag- und Jahres-Hefte als Ergänzung meiner sonstigen Bekenntnisse. In: Johann Wolfgang Goethe: Sämtliche Werke nach Epochen seines Schaffens. Münchner Ausgabe. Hg. von Karl Richter in Zusammenarbeit mit Herbert G. Göpfert, Norbert Miller und Gerhard Sauder. Bd. 14. Autobiographische Schriften der frühen Zwanzigerjahre. Hg. von Reiner Wild. München 1986, S. 7-322, hier S. 54.

42   Heinrich Sebastian Hüsgen an Johann Isaak Gerning, 11./12. August 1797; zit. nach Berglar, Einleitung (Anm. 7), S. 7-39, hier S. 37.

43   Goethes Werke. Hg. im Auftrag der Großherzogin Sophie von Sachsen. 143 Bde. Weimar 1887–1919, die sog. Sophien-Ausgabe oder Weimarer Ausgabe. Die Abteilung IV enthält die Briefe von Goethe (im Folgenden zit. als WA IV, Bd., Nr.).

44   Repertorium der Datenbank der Goethe-Briefe über: http://ora-web.weimar-klassik.de/ swk-db/db_goe.html. – Vgl. Elke Richter: Zur historisch-kritischen Gesamtausgabe von Goethes Briefen. In: Goethe-Philologie im Jubiläumsjahr – Bilanz und Perspektiven. Kolloquium der Stiftung Weimarer Klassik und der Arbeitsgemeinschaft für germanistische Edition 26. bis 27. August 1999 (Beihefte zur editio 16). Tübingen 2001, S. 123-145. – Elke Richter, die das Repertorium aufgebaut hat und weiterentwickelt, sei für konstruktive Gespräche über Bewertungs- und Datierungsfragen der Goethe-Briefe herzlich gedankt.

45   Friedrich von Alten: Aus Tischbein's Leben und Briefwechsel. Leipzig 1872: Brief von Heinrich Wilhelm Tischbein an Merck, 11. Oktober 1781 (S. 13-16) und ein teilweise überliefertes, vermutlich an Merck gerichtetes Schreiben von Aloys Hirt aus dem Jahre 1784 (S. 35). – Werner Deetjen: Siegmund Freiherr von Seckendorff. In: Jahrbuch der Samm-

3. Die Arbeit der Forschungsstelle Merck
Daten, Zahlen, Namen

Auf der Basis der genannten Veröffentlichungen hat die Forschungsstelle Merck die Daten und Textcorpora von 856 Briefen ermittelt. Die Zuverlässigkeit der Drucke ist unterschiedlich zu bewerten. Zu 166 Briefen liegen derzeit keine Handschriften vor. In allen Fällen überlieferter Handschriften werden Kollationen durchgeführt, nach Möglichkeit am Original.

Die routinemäßige Abfrage bei 140 nationalen und internationalen Archiven, insbesondere die Auswertung des Firmenarchivs Merck in Darmstadt[47] und des Merckschen Privatarchivs[48] brachten 109 ungedruckte Briefe (davon neun von Merck)[49] zum Vorschein; sie werden im Merck-Briefwechsel erstmals zum Abdruck kommen. Nicht alle Absender sind heute noch bekannt, doch finden sich darunter auch Briefe von Sophie von La Roche, Carl August von Sachsen-Weimar-Eisenach, dem hessen-darmstädtischen Landespräsidenten Karl Friedrich von Moser, den Künstlern Johann Heinrich und Wilhelm

---

lung Kippenberg Bd. 10, Leipzig 1935, S. 261-291: Siegmund von Seckendorff an Merck, 9. September 1783, hier S. 273-275. –Vier Briefe Lavaters (und Pfenningers) an Merck in: Heinrich Funck: Briefwechsel zwischen Merck und Lavater. In: Historische Monatsschrift 1 (1900) H. 1, S. 48-70. – Brief der Tochter Adelheid Merck an den Vater vom 4. Dezember 1786: F. Herrmann: Aus dem Leben des Kriegsrats Joh. Heinrich Merck und seiner Kinder. In: Mercksche Familien-Zeitschrift IX (1924) H. 2 u. 3, S. 41-86, hier S. 70. – Drei Briefe des Landgrafen Georg Wilhelm von Hessen-Darmstadt an Merck in: Ders.: Neues vom Kriegsrat Johann Heinrich Merck. 3. Des Kriegsrats Baumwollspinnerei und Kattunfabrik und ihr Zusammenbruch. In: Ebd. XI (1930) H. 3 u. 4, S. 126-148. – Brief von Ludwig IX., Landgrafen von Hessen-Darmstadt an Merck vom 21. Oktober 1782 in: Rudolf Kunz: Kriegsrat Merck fördert den Kupferstecher Johann Leonhard Zentner (1761–1802). In: Ebd. XXII (1966) H. 1 u. 2, S. 273-286, hier S. 281.

46 Die Bibliographie der einschlägigen Veröffentlichungen Hermann Bräuning-Oktavios, deren Auflistung den Rahmen dieses Beitrags sprengen würde, steht bei: Robert Seidel: Literarische Kommunikation im Territorialstaat. Funktionszusammenhänge des Literaturbetriebs in Hessen-Darmstadt zur Zeit der Spätaufklärung. Habilitationsschrift Heidelberg 2000 (im Druck). – Robert Seidel sei für die Überlassung eines Typoskripts seiner Arbeit herzlich gedankt.

47 Dank an Frau Dr. Ingunn Possehl, Frau Dr. Sabine Bernschneider und Frau Katja Glock, die die Arbeiten vor Ort unterstützten!

48 Besonderer Dank gilt Frau Heidi Stangenberg-Merck und Herrn Karl Stangenberg für die gastfreundliche Aufnahme.

49 Darunter befindet sich der Brief von Merck an Georg Eberhard Müller, Stallmeister in Lübeck, geschrieben am 8. August 1773 während der Russlandreise mit der Großen Landgräfin, Standort: Archiv der Hansestadt Lübeck, Altes Senatsarchiv; Interna, Ceremonialia 5/6. Für die Mitteilung des Briefs sei Herrn Berthold Matthäus herzlich gedankt.

Tischbein, Joseph Fratrel, Rudolf Hentzi und Georg Melchior Kraus, den Naturforschern Berthout van Berchem, Johann Friedrich Blumenbach, Joseph Mayer, Pieter Camper und Jakob Samuel Wyttenbach.

Im November 2001 und im Juni 2002 konnte der Bestand im Firmenarchiv Merck durch fünf Briefautographen an Merck ergänzt werden. Alle fünf sind, wenn auch mit Auslassungen, gedruckt, die Handschriften galten bis dato als verschollen. Sie befanden sich in der Sammlung von Max Warburg[50] und kamen durch das Auktionshaus Stargardt in Berlin zur Versteigerung: Goethes berühmter Brief von Philip Seidels Hand mit eigenhändiger Initiale, diktiert am 23. April 1784 kurz nach der Entdeckung des Zwischenkieferknochens;[51] Anna Amalia von Sachsen-Weimar-Eisenach an Merck, Tiefurt, 29. August 1785,[52] zwei Briefe Herders an Merck, Straßburg, 28. Oktober 1770 und Bückeburg, 16. November 1771 – beides zentrale Dokumente des Sturm und Drang;[53] Karoline Herder an Merck, Bückeburg, Oktober 1775, mit Herders eigenhändigem Nachsatz „Unterzeichne Alles. Herder".[54]

Spezifische Suchen nach Nachlässen von Korrespondenzpartnern schlossen und schließen sich an, nämlich dann, wenn zwar in größerer Zahl Briefe an Merck, aber keine Gegenbriefe vorhanden sind. So z. B. im Falle von Joseph von Beroldingen, Domherr zu Speyer und Hildesheim, von dem acht Briefe vorliegen, die eine enge persönliche Bekanntschaft erkennen lassen.[55] Diese Suche landete nach Umwegen über Speyer, Karlsruhe, Hannover und zwei Schweizer Archive (die Familie stammt aus dem Kanton Uri) schließlich im Stadtarchiv Schwäbisch Gmünd, wo sie eindeutig negativ beschieden wurde. Erfolgreicher war die Nachfrage im Falle von Ernst II. von Sachsen-Gotha-Altenburg. Die Forschungsbibliothek Gotha meldete vier Briefe von

50 Zur Geschichte der Sammlung Max Warburg vgl. Katalog 675 des Antiquariats J. A. Stargardt. Berlin 2001, Vorwort S. 6f.
51 Wagner I Nr. 202; WA IV, 6 (Anm. 43), Nr. 1917.
52 Wagner I Nr. 227.
53 Wagner I Nr. 4 und Nr. 8; Herder-Briefe (Anm. 36), Bd. 1 Nr. 111 und Bd. 2 Nr. 37. – Hier im Anhang als Briefe 2 und 3 abgedruckt.
54 Wagner I Nr. 28; Herder-Briefe (Anm. 36), Bd. 3 Nr. 205. – Hier im Anhang als Brief 6 abgedruckt.
55 Beroldingen an Merck, 25. Mai 1779 (Wagner I Nr. 72, Handschrift im Firmenarchiv Merck); 31. Dezember 1779 (Wagner I Nr. 92, Handschrift nicht vorhanden); 14. Januar 1780 (Wagner I Nr. 95, Handschrift im Firmenarchiv Merck); 21. März 1780 (Wagner I Nr. 100, Handschrift im Firmenarchiv Merck); 9. Mai 1780 (Wagner I Nr. 107, Handschrift im Firmenarchiv Merck); 30. Juli 1784 (ungedruckt, Handschrift im Firmenarchiv Merck); 19. Oktober 1785 (Wagner II Nr. 118, Handschrift nicht vorhanden); 21. April 1790 (Wagner I Nr. 260, Handschrift im Firmenarchiv Merck); alle Handschriften im Firmenarchiv Merck im Bestand C VII 10 (19) Goethe-Briefe.

Merck an den Herzog, mit dem Merck 1785 eine Reise in die Niederlande unternommen hatte.[56] In anderen Fällen dauert die Suche noch an.

Von allen verfügbaren Handschriften wurden Kopien angefordert. Die Bestände im Firmenarchiv Merck und im Merckschen Privatarchiv München wurden in digitalisierter Form aufgenommen. Insgesamt 354 Briefe (Firmenarchiv: 176, 31 von, 145 an Merck; München: 178, 47 von, 131 an Merck) können dank der hohen Qualität dieser Technik am Bildschirm kollationiert werden.

Insgesamt verwaltet die Merck-Forschungsstelle derzeit (Stand: Juli 2002) 965 Briefe, davon 419 von und 546 an Johann Heinrich Merck, der mit rund 150 Korrespondentinnen und Korrespondenten in Verbindung stand. Alle Informationen werden in einer ständig zu aktualisierenden Access-Datenbank bereitgehalten.

Der mit Abstand umfangreichste Briefwechsel ist der mit Wieland (143 Briefe), gefolgt von dem mit Carl August von Sachsen-Weimar-Eisenach (97), Mercks Frau Louise, geb. Charbonnier (79), Anna Amalia von Sachsen-Weimar-Eisenach (63), Soemmerring (56), Pieter Camper (54), Goethe (52), der Tischbein-Familie (28), Bertuch (28), Sophie von La Roche (26), Nicolai (21), Herder (19) und Lavater (15). Diese großen Bestände umfassen mit 681 Briefen mehr als zwei Drittel des Gesamtbestandes. Außer dem Schwiegervater Jean Emanuel Charbonnier, der mit zehn Briefen zu Buche schlägt, bewegen sich alle anderen Zahlen im einstelligen Bereich.

Zu jedem einzelnen Brief wurde ein Dossier erstellt. Es enthält auf einem Formblatt die ermittelten Daten, im Überlieferungsfall Kopien der Handschrift, Kopien der Drucke und zugehöriger Materialien; die Dossiers sind chronologisch in Ordnern abgelegt.

Das Procedere

Trotz der Sammlung und Aufbewahrung in chronologisch fortlaufenden Ordnern erfolgt die Bearbeitung der Briefe zunächst korrespondentenbezogen. Untersucht werden im Zusammenhang alle Briefe, die zwischen Merck und einer zweiten Person gewechselt wurden.

---

56 Forschungsbibliothek Gotha, Signatur: Chart. B 1918 IV.III.4; zwei davon druckt Kraft (Anm. 9), Nr. 305 und 306, nach den unvollständige Wiedergaben bei: August Beck: Ernst II., Herzog von Sachsen-Gotha und Altenburg, als Pfleger der Wissenschaften und Kunst. Gotha 1854, S. 379-382 bzw. S. 382-385; die beiden anderen vom 26. Dezember 1785 und vom 9. Februar 1786 sind ungedruckt. – Die Forschungsbibliothek Gotha meldete zugleich noch einen ungedruckten Brief Rudolf Hentzis an Merck, 31. Januar 1786; Signatur: Chart. B 1918 IV. III. 5.

Diese Vorgehensweise hat mehrere Vorteile: Transkription bzw. Kollation sind erleichtert, da die Handschrift der Gegenseite die gleiche bleibt und Vergleichsbuchstaben im Gesamtzusammenhang zur Verfügung stehen, Schreibgewohnheiten leichter überprüft und beachtet werden können – bei insgesamt etwa 150 verschiedenen Handschriften ist das nicht ohne Nutzen. Zudem ergeben sich aus direkten Verweisen von Brief zu Brief unmittelbare Verständnishilfen.[57] In der Konzentration deutlicher wird die Qualität der Beziehung zwischen den Briefpartnern. Grußformeln z. B. schleifen sich ein, gewinnen überkonventionelle Bedeutung, deuten Schwankungen an. Auch ihr gänzliches Fehlen hat Aussagekraft, signalisiert oft besondere Vertrautheit, was die Briefe als Teile eines nur notgedrungen unterbrochenen permanenten Dialogs erscheinen lässt.

Der erste Arbeitsschritt ist die Texterfassung, die nach Möglichkeit mit Hilfe des Scanners erfolgt; Vorlagen in Fraktur werden abgeschrieben. Die so gewonnenen Textvorlagen werden mit den Autographen kollationiert.

Auch im engen zeitlichen Rahmen eines Editionsprojekts muss Textkritik eine unabdingbare Leistung sein: Nur auf diese Weise sind haltbare Texte zu gewinnen, die wissenschaftlichen Ansprüchen genügen und zugleich der historischen Verortung und individuellen Charakterisierung der Korrespondierenden Richtigkeit und ästhetischen Gehalt verleihen.

Kollation der Briefe von Merck

Die kritische Textkonstitution der Briefe von Merck ist die vornehmste Aufgabe des entstehenden Merck-Briefwechsels. Dass auch die Vorlagen aus der Ausgabe von Kraft der genauen Überprüfung bedürfen, demonstrieren zwei Beispiele aus der Korrespondenz mit Nicolai:[58]

Kurz nach Erscheinen von Klopstocks *Gelehrtenrepublik*,[59] am 28. Juni 1774, beantwortet Merck einen nichterhaltenen, aber offensichtlich sehr inhalts-

---

57 Brigitte Leuschner: Kommentierende und kommentierte Briefe. Zur Kommentargestaltung bei Briefausgaben. In: Kommentierungsverfahren und Kommentarformen. Hamburger Kolloquium der Arbeitsgemeinschaft für germanistische Edition 4. bis 7. Mai 1992, autor- und problembezogene Referate. Hg. von Gunter Martens. (= Beihefte zu editio 5), Tübingen 1993, S. 182-187.

58 Überprüft in der Staatsbibliothek zu Berlin, Preußischer Kulturbesitz, Nachlass Nicolai Bd. 49.

59 Friedrich Gottlieb Klopstock: Die deutsche Gelehrtenrepublik. Ihre Einrichtung, ihre Geseze, Geschichte des lezten Landtags. Auf Befehl der Aldermänner durch Salogast und Wlemar. Erster Theil. Hamburg 1774.

reichen Brief des Berliner Aufklärers. Dem Anspielungsreichtum des Werks prognostiziert Merck einigen Erfolg in der Leserschaft, zeigt sich aber über die Tendenz insgesamt unzufrieden:

> [...] Klopstocks Vorschläge sind ausser der Poetik der Einkleidung die sich doch nicht im 2ten Bande wird dulten lassen, nichts weniger als Bakonisch.

In gewisser Weise behielt Merck recht, der angekündigte zweite Band der *Gelehrtenrepublik* sollte nie erscheinen. Der erste Band führt ein ausdifferenziertes Gesellschaftssystem vor; die Mitglieder der Republik sind in funktionsbezogene Kasten eingeteilt, deren teils skurrile Namen ihre soziale Position ausweisen. Die „Poetik der Einkleidung" erinnert so an das von Francis Bacon[60] in *De sapientia veterum* (1609) vorgeführte Allegorisierungsverfahren, durch das er die antiken Götter empirisch-systematisch auf Kausalzusammenhänge der Natur rückbezog. Ein ähnliches Verfahren hatte man von Klopstocks germanischer Ätiologie erwartet, die sich jedoch als „nichts weniger als Bakonisch" herausstellte. Ungeachtet der Deutlichkeit der Handschrift flüchtet Krafts Ausgabe in die Lesart „lakonisch",[61] ein Attribut, das im Kontext des Klopstockschen Stils denn doch überraschen muß.[62]

In Mercks Brief an Nicolai vom 19. Januar 1776 geht es u. a. um Goethes *Stella*:[63]

> Die am Ende angebrachte Inscription der Gleichischen Historie ist Einer von seinen grossen Marktschreyerstreichen, womit Er den Klugen einen Wink giebt, was Er von der ganzen FreskoArbeit menschlicher Geschichte, die man Drama nennt, Eigentlich Selbst hält.[64]

Bei Kraft ist aus der „Gleichischen Historie" eine „Griechische Historie" geworden,[65] als deren Bezug der Kommentar „vielleicht die Erzählung der Cezilie von dem gefangenen Grafen, der von der Tochter seines Herrn befreit wird und mit ihr flieht" vermutet.[66] Hinter dieser Erzählung jedoch verbirgt sich die Geschichte vom Grafen von Gleichen. Sie berichtet, dass der Graf auf einem Kreuzzug von einer jungen Frau aus der Sklaverei befreit wurde und mit ihr nach Hause zurückkehrte. Die Ehefrau nahm die Retterin ihres Man-

---

60 Francis Bacon, Baron of Verulam (1561–1626), englischer Philosoph und Naturforscher, Begründer des Empirismus und früher systematischer Enzyklopädist.

61 Kraft (Anm. 9), Nr. 76, S. 113f., hier S. 114.

62 Mein Dank gilt Günter Arnold, mit dem ich diese Stelle diskutieren durfte.

63 Johann Wolfgang Goethe: Stella. Ein Schauspiel für Liebende. Berlin 1776 [um ein Jahr vordatiert].

64 Handschrift: Berlin, Staatsbibliothek; Nachlass Nicolai Bd. 49.

65 Kraft (Anm. 9), Nr. 89, S. 141-144, hier S. 143.

66 Ebd., S. 681.

nes auf und willigte in eine Ehe zu dritt ein.[67] Im Brief vom 28. Dezember 1775 hatte Nicolai die Verwendung der Sage moniert;[68] auf diesen Vorwurf reagiert Mercks pragmatische Beschwichtigung.

Oft erfordert die Absicherung der Lesarten bereits erste Maßnahmen zu Worterläuterungen oder Personenermittlungen, bibliographische, historische oder geographische Recherchen, auf denen der Stellenkommentar aufbaut. In der kritischen Textkonstitution müssen diplomatische Transkription und Kommentierung eine Einheit bilden,[69] und es ist in der editorischen Praxis ein fruchtbares Paradox, dass manches Wort sich erst entziffern lässt, wenn man weiß, was es bedeutet.

Kollation der Briefe an Merck

Dass auch die Kollation der Briefe an Merck dringend geboten ist, zeigt als erstes Beispiel der Brief von Friedrich Justin Bertuch an Merck, Weimar, 12. September 1781. Vergleichsgrundlage ist zunächst der Erstdruck bei Wagner.[70] Alle auf der Kollation beruhenden größeren Abweichungen sind im Fettdruck wiedergegeben:[71]

---

67 Möglicherweise geht die seit dem 16. Jahrhundert bekannte Sage, zu der kein historischer Vorfall bekannt ist, auf ein Grabmal im Erfurter Dom zurück, das den Grafen von Gleichen zwischen zwei Frauen darstellt. Zeitgenössische Bearbeitungen des Stoffs lieferten Johann Friedrich Löwen in *Romanzen. Nebst einigen andern Poesien* (1769) und Johann Jakob Bodmer *Die Gräfin von Gleichen ein Gedicht* (1771); vgl. Münchner Ausgabe (Anm. 41) Bd. 1.2: Der junge Goethe 1757–1775. Hg. von Gerhard Sauder. München 1987, S. 711f.

68 „Stella habe ich gelesen, und ich gestehe, ich hätte mir einen ganz andern Ausgang vorgestellet, nämlich, daß die beiden Weiber den Schurken Fernando, der sie ohne Ursache verlassen hat, und gewiß nächstens wieder verlassen wird, beide würden verabschiedet haben. Beym Grafen von Gleichen, war einst die Sache ganz anders motivirt. Doch, ob ich gleich verliebt gewesen binn, und noch seyn kann, so mag vielleicht ein Liebender ein ganz anderes Ding, und das Schauspiel nicht für mich geschrieben seyn." Wagner I Nr. 29, revidiert nach der Handschrift im Freien Deutschen Hochstift Frankfurt, Frankfurt am Main, Signatur 58812-13 (Unterstreichungen des Autors).

69 Vgl. Ulrich Joost: Der Kommentar im Dienste der Textkritik. Dargestellt an Prosa-Beispielen der Aufklärungsepoche. In: editio 1 (1987), S. 184-197, hier S. 190f.

70 Wagner I Nr. 141, S. 307f.

71 Handschrift: Darmstadt, Firmenarchiv Merck; Bestand C VII 10 (19) Goethe-Briefe. Seitenwechsel in der Handschrift ist mit | markiert.

Weimar d. 12. Sept. 1781.

Da der Berg nicht zu Mahomed kam, so gieng Mahomed zum Berge! Diesem Wunder des Propheten zu folge, Hochzuehrender Herr Kriegsrath, schreibe ich Ihnen, da Sie mir nicht schreiben **und sagen, ob ich den Saldo unsrer lezten Abrechnung vom 19t May a. c. gerade an Sie oder irgends sonst wohin zahlen soll.**

Die 60 fl.	welche ich Ihnen damals lt Ihrer Berechnung nach schuldig
	blieb,
	folgen also hier baar, nebst

54 fl. 12^{Kr}	welche HE. Batty, wie er sagte, auf Ihre **Ordre,**
	vorgestern an mich bezahlt hat; nebst Briefe
	von ihm.

Summ. 111 fl. 12 Kr.

Sie werden die Gütigkeit haben mir über die 650 fl. als den ganzen Betrag der Berechnung für Kunstsachen vom 19.^{n} **May noch vor Michael**[72] **Quittung zu senden, weil da mein Rechnungs Abschluß ist.** | Unser schöner rosenfarbner Traum von einem gewünschten Prinzen ist leider verschwunden; und eine todte Prinzeßin, **mit welcher unsre Frau Herzogin vorgestern nachmittags, obgleich höchst leicht und glücklich, niederkam,** hat uns diese süße Hoffnung geraubt. **Die Wöchnerin ist außerordentlich wohl, und** der Herzog erträgt diesen traurigen Fall männlich und gelaßen als ein Opfer des Schicksaals. **Die Aerzte sagen es sey der Fall, daß das Kind wenige Stunden vor der Geburt, durch Quetschung der Nabelschnur zwischen Kopf und Becken, sich die Pulsation derselben gehemmt und den Schlag verursacht habe. Der Herzog** wird Ihnen vermuthlich heute oder morgen selbst schreiben. Erhalten Sie Ihr Andenken und Freundschaft

Ihrem

FJ Bertuch

Eilend.

N. S.

Ich muß Ihnen 1 fl. 12 Kr auf diese Zahlung schuldig bleiben, weil ichs nicht gerade machen kann; notieren Sie es für die nächste.

Die Rechnung Bertuchs hat Wagner mit Auslassungsvermerk[73] wegfallen lassen. Ohne Hinweis auf Auslassungen aber fehlen die näheren Umstände der Geburt, die Nachrichten über die Mutter und der Nachsatz. Während wir den ausgelassenen Nachsatz großzügig der markierten Auslassung der Kostenaufstellung zurechnen könnten, verlangen die übrigen Kürzungen nach einer anderen Erklärung: Medizinische Details rund um den Geburtsvorgang sind wohl der Schicklichkeit des 19. Jahrhunderts geopfert worden, um so mehr,

---

72   St. Michaelstag: 29. September.
73   „folgt eine Berechnung über 650 fl., die Merck seit dem 19ten Mai für Kunstsachen gut hatte." Wagner I, S. 307.

als die erwähnte „Frau Herzogin" die gebürtige Darmstädter Prinzessin Luise Auguste (1757–1830) war, die am 3. Oktober 1775 Herzog Carl August von Sachsen-Weimar-Eisenach geheiratet hatte. Zum Zeitpunkt des Erstdrucks des Briefs war sie erst fünf Jahre tot; auch darauf dürfte der diskrete Wagner in seiner in Darmstadt gedruckten Sammlung Rücksicht genommen haben.[74]

Die Wiedergabe der Brieftexte in der Kritischen Ausgabe des Merck-Brief-wechsels erfolgt zeichengetreu. Eine sogenannte Modernisierung von Orthographie und Interpunktion, die den konstituierten Text spätestens nach der nächsten Rechtschreibreform zur Makulatur werden ließe, wird nicht durchgeführt. Historische Schreibungen veralten nicht.

Auch der Brief des Herzogs Carl August von Sachsen-Weimar-Eisenach an Merck, geschrieben in Weimar am 18. August 1783, tritt uns aus dem Erstdruck bei Wagner in entstellter Form entgegen.[75] Orthographische Verbesserungen wurden nicht markiert, lediglich die inhaltlich bedeutsamen Abweichungen nach Kollation der Handschrift sind wieder fett unterlegt:

W. den 18ᵗ August. 1783.

Schrautenbachs Tod ist mir u. zumahl meiner Frauen sehr empfindl. gewesen. Mir war ers doppelt als in Rücksicht auf Ihnen mit. E<S>r war so viel ich weiß, fast, wo nicht *üdZ* [gar] gantz, der eintzige Mensch mit dem Sie vertraut lebten, u. dem Sie sich mittheilen konnten. Sie haben seit einigen jahren sehr empfindl. verluste erlitten. Ich kan nicht sagen wie sehr mir die trennung auf, Gott weis wie lange von diesem weisen, schönen, feinfühlenden Menschen wehe gethan hat. Man raisonnirt sich so das gantze Jahr über dergl. fälle vor, u. wenns zum treffen komt, so ist man so wenig an dergl. Scheidungen <Scheidungen> gewöhnt, als wie das bestvorbereitete Kind ans Medicin-nehmen. Von allem Unglück muß man aber wie bekannt einigen Nutzen ziehen; | Schrautenbachs heimreise, od. reise in die fremde, die begriffe sind hierüber sehr willkürl. kan uns durch Ihre Hülfe nützlich werden: Er hat so viel ich weis keine sehr nahen verwandte, u. also niemand der sich mit freundschaftl. Empfindung um seinen Nachlaß bekümmerte; sehn Sie doch also zu, daß Sie sich seiner Papiere bemeistern können, u. das Zinzendorfische leben, nebst der Geschichte der Herrenhuter, von dem Sie mir einmahl sagten heraus <zu> finden: dieses darf nicht verlohren gehn. Vieleicht finden Sie noch dorten intereßante Moralische Aufsätze, denn des lieben abwesenden Gedanken waren zu schön gebildet, um daß er nicht manchmahl der Neigung untergelegen wäre sie aufzuschreiben. |
Fr. v. diede[76] **wird untröstl. seÿn. Sie leidet jezt von vielen Seiten; die Fr. v. lichtenstein, die Ihre Kinder**[77] **einstweilen in verwahrung hat**[78]**, ist in den be-**

---

74 Zu Wagners Eingriffen vgl. seine eigene Anmerkung in Wagner II, S. 60 und Hermann Bräuning-Octavio: Goethe und Johann Heinrich Merck. J. H. Merck und die Französische Revolution. (Darmstädter Schriften 26) Darmstadt 1970, S. 142.

75 Wagner I Nr. 189, S. 395-397.

76 Ursula Margareta Konstantia Louise Diede zum Fürstenberg, geb. Gräfin von Callenberg aus Muskau (1752–1803).

trübtesten leibes Umstenden; ihr Kopf hat so gelitten, daß man nicht für gäntzl. Melancholÿ sicher war. Man sagt daß ihr Sensorium so betäubt gewesen, daß man ihr Eis auf den geschornen Kopf gelegt hat, ohne daß sie es fühlte. Grüßen Sie meinen Schwager, u. sagen ihm wie es mich freute, daß er sich jezt <nach u. nach> in Posses[79] Gutes zu thun sezte; ich wünsche ihm Glück dazu. Ich war neuerl. zu Würtzburg; ich habe da die bekantschaft einer sehr reinen, u. heitren Religiösen Figur, <j> in der Person des Fürsten gemacht. Ich verehre ihn würckl. u. kan mir seine **Schwacheiten**, mit seinen | gantz eintzigen Eigenschaften sehr compatible vorstellen. Er hat eine leidenschaft gutes zu thun die gantz unglaubl. ist. Ich weis nicht ob Göthe heuer nach Frf. kommen wird; eine andere Reise die er auf den Hartz vorhatte u. die wohl zuende dieses <Jahres> Monaths wird aus geführt werden, müste ihn davon abhalten. Ich treibe ihn fort so viel ich kan. Seine Gesundheit ist jezt beßer als sie diesen Winter war. Mich scheint nach u. nach die Gicht ins Petitorium zu verweisen, da sie sehr ernstl. anfängt poßes zu ergreifen. leben Sie wohl.

C. A v SW.

In Würtzburg sind gantz vortrefl. Gemählde, u. sehr wohlfeil: für 200 Duc. hätte ich mir getraut Gemählde von 3 – 400 D: an werthe zu erhandeln[80]

Zunächst ist die Rede von Ludwig Karl von Weitolshausen, genannt Schrautenbach, dessen Tod Merck am 15. August „mit dem stummsten Schmerze" mitgeteilt hatte.[81] Schrautenbach, geboren 1724 in Darmstadt, wurde zusammen mit Zinzendorfs Sohn Christian Renatus von einem mährischen Herrnhuter Bruder erzogen. Er heiratete 1748 Gräfin Sophie Auguste von Reuß-Ebersdorf, eine Nichte der Gräfin von Zinzendorf, vertrat 1749 erfolgreich die Herrnhuter bei den Anerkennungsverhandlungen vor dem britischen Parlament, zog sich 1750 zur Verwaltung seiner Güter nach Lindheim zurück, blieb aber in engen Kontakt mit den Brüdern. Als 1773 Karoline von Hessen-Darmstadt, die ‚Große Landgräfin', mit ihren drei Töchtern Amalie, Luise und Wilhelmine auf Einladung der Zarin Katharina nach St. Petersburg reiste, auf dass sich der Thronfolger Paul eine Braut aussuche, befanden sich Schrautenbach und Merck in der Reisegesellschaft. Spätestens aus dieser Zeit rührt ihre Bekanntschaft, die Züge einer Vater-Sohn-Bindung annahm. Dies

---

77   Karoline Henriette Susanne Diede zum Fürstenberg (1773–1795), heiratete 1795 Graf Christian Detlef Karl von Rantzau-Ascheberg. Eine zweite, namentlich nicht bekannte Tochter war lungenkrank und starb 1789.

78   Vom 3. November 1782 bis zum 26. August 1784 befand sich das Paar Diede zum Fürstenstein auf einer Italienreise.

79   Besitz, Besitzstand.

80   Handschrift: USA, New Haven, Yale University Library; Signatur: YCGL MS 6 (William A. Speck Collection), folder 427. – Links oben beziffert „20./". – Diakritische Zeichen: Herausgebertext *kursiv*, *üdZ* für über der Zeile, [Hinzufügung des Autors], <Streichung des Autors>, | Seitenwechsel in der Handschrift.

81   Kraft (Anm. 9), Nr. 242, S. 405f., hier S. 405.

rührt ihre Bekanntschaft, die Züge einer Vater-Sohn-Bindung annahm. Dies ist um so verwunderlicher, als Merck sonst ein eher agnostischer, der Frömmigkeit abgeneigter Geist war.

Carl Augusts Sorge um Schrautenbachs literarischen Nachlass war überflüssig. Schrautenbach hatte seine *Geschichte der Herrenhuter*, an der er viele Jahre und durchaus mit kritischer Distanz arbeitete, nicht zur Veröffentlichung bestimmt und der Brüdergemeine übermacht. Eine postume Ausgabe erschien 1851.[82] Vom 14. bis 17. Juli 1782 besuchte Lavater in Begleitung Schrautenbachs Schloss Ziegenberg; Frau von Diede begleitete die Reisegesellschaft noch ein Stück auf der Rückreise in die Schweiz.[83]

Soviel zu Schrautenbachs Tod und Hinterlassenschaft, die die erste Seite des Briefs einnehmen. Dann aber schlägt wieder Wagners historisch bedingte Diskretion Lücken. Zwei Absätze fehlen ganz. Wieder geht es um empfindliche medizinische Sachverhalte, wieder im Umkreis der regionalen guten Gesellschaft, mit der Merck am Jahreswechsel 1779/1780 in Berührung gekommen sein könnte; setzt doch die lapidare Darstellung durch Carl August gewisse Kenntnisse der Verhältnisse beim Adressaten des Briefs voraus.[84]

Entfallen sind auch Carl Augusts Grüße an den Schwager. Am 22. Juli hatte Merck dem Herzog mitgeteilt, dass Erbprinz Ludwig von Hessen-Darmstadt, der spätere Ludwig X., sich weigere, weitere Schuldscheine zu unterzeichnen und damit die Erlaubnis zu umfangreichen Einsparmaßnahmen erwirkt habe.[85] Die Misswirtschaft am Darmstädter Hof unter Ludwig IX., häufig wiederkehrendes Thema in der Korrespondenz zwischen Merck und Carl August, wird durch Wagners Auslassung taktvoll verschwiegen.

Nicht verschwiegen wird Carl Augusts Besuch in Würzburg, der im Zuge seines vorsichtigen Engagements[86] für einen föderalen Fürstenbund stand. Parallel dazu agierten die deutschen Fürstbischöfe. Auf der Rheinreise im Juni 1785, an der auch Merck teilnahm, traf Carl August die Fürstbischöfe von

---

82 Ludwig Carl von Schrautenbach: Der Graf von Zinzendorf und die Brüdergemeine seiner Zeit. Hg. von F[riedrich] W[ilhelm] Kölbing. Gnadau und Leipzig 1851.

83 Veit Valentin: Goethes Beziehungen zu Wilhelm von Diede. Mit sechs ungedruckten Briefen Goethes. In: Festschrift zu Goethes 150. Geburtstagsfeier dargebracht vom Freien Deutschen Hochstift. Frankfurt am Main 1899, S. 1-48, hier S. 30.

84 Den Jahreswechsel 1779/1780 verbrachten Goethe und Carl August auf der Rückkehr von der Reise in die Schweiz in Darmstadt, Dieburg und Frankfurt, wo sich auch das Ehepaar von Diede aufhielt. Vgl. ebd., S. 10f. Merck traf mehrmals mit der Reisegesellschaft zusammen.

85 Handschrift im Staatsarchiv Weimar; Druck: Gräf (Anm. 22), Nr. 72; Kraft (Anm. 9), Nr. 241.

86 Carl August nahm Rücksicht auf seinen Onkel, Carl Wilhelm Ferdinand von Braunschweig, Bruder Anna Amalias und Feldherr Friedrichs II.

Köln[87] und Trier,[88] die sich im Jahre 1786 mit den Fürstbischöfen von Mainz und Salzburg zur Emser Punktation zusammenschlossen, deren Zweck es war, die episkopalen Freiheiten gegenüber der päpstlichen Hegemonie zu wahren. Auch Franz Ludwig Freiherr von Erthal (1730–1795), Fürstbischof von Würzburg und Bamberg, von dem Carl August hier berichtet, war ein Anhänger größerer Unabhängigkeit gegenüber Rom, konnte sich dann aber letzten Endes doch nicht zur Unterzeichnung der Emser Punktation entschließen. Sein Wahlspruch „Alles für die Untertanen, aber alles durch den Fürsten", macht Carl Augusts „würkliche" Verehrung plausibel.

Das drittletzte Wort auf der dritten Seite unten ist von Wagner mit „Seelenfrieden" wiedergegeben worden, ein Wort, das im Satzzusammenhang keinen rechten Sinn ergibt. Eingehende Buchstabenvergleiche führten statt dessen zur Lesart „Schwacheiten", stimmiger, aber auch sehr viel despektierlicher und deshalb wohl von Wagner nicht vollzogen.

Ein echtes Desiderat der Forschung ist die korrekte Wiedergabe der Briefe von Goethe an Merck. Goethe-Briefe werden bis heute, bis in den von Hartmut Reinhardt herausgegebenen Band des Deutschen Klassiker Verlags,[89] nach der Weimarer Ausgabe gedruckt.

Das Freie Deutsche Hochstift in Frankfurt verwahrt z. B. die Kopie der eigenhändigen Briefhandschrift Goethes an Merck vom 16. September 1776 mit dem Hinweis, Besitzerin des Originals sei „eine Dame in Californien".[90] Das Repertorium der Briefe von Goethe[91] gibt als heutigen Standort des Autographen die Bancroft Library der University of California in Berkeley an.[92] Der

---

87 Maximilian Franz Xaver Joseph Erzherzog von Österreich (1756–1801), jüngster Sohn der Kaiserin Maria Theresia, wurde 1784 der letzte Erzbischof von Köln und Bischof von Münster. Unter seiner Regierung wurde die Vorläuferin der heutigen Bonner Universität, die 1777 gegründete Kurfürstliche Akademie, in den Rang einer Universität erhoben. Von den französischen Revolutionsheeren vertrieben, fand er 1794 in Wien Zuflucht.

88 Clemens Wenzeslaus von Sachsen (1739–1801), Sohn des Kurfürsten Friedrich August II. von Sachsen, Vertreter der katholischen Aufklärung, erließ 1784 ein Toleranzedikt, das wirtschaftlich potenten Protestanten den Zuzug gestattete. Als die Unterstützung Kaiser Josephs II. zur Emser Punktation ausblieb, arrangierte sich Clemens Wenzeslaus beim Ausbruch der Französischen Revolution mit der Kurie.

89 Johann Wolfgang Goethe: Sämtliche Werke. Briefe, Tagebücher und Gespräche. Vierzig Bände. II. Abteilung: Briefe, Tagebücher und Gespräche. Hg. von Karl Eibl u. a. Bd. 2 (29): Johann Wolfgang Goethe: Das erste Weimarer Jahrzehnt. Briefe, Tagebücher und Gespräche vom 7. November 1775 bis 2. September 1786. Hg. von Hartmut Reinhardt. Frankfurt am Main 1997; der im Folgenden behandelte Brief dort S. 65.

90 Mitteilung von Hans Grüters vom Freien Deutschen Hochstift / Frankfurter Goethemuseum, 8. Januar 2001, dem für seine Hilfsbereitschaft einmal mehr gedankt sei.

91 Vgl. Anm. 44.

92 Goethe an Merck, 16. September 1776. Handschrift in: USA, Berkeley CA, University of California, The Bancroft Library; Signatur: BANC MSS 92/791 z.

Druck in der Weimarer Ausgabe basiert auf Wagner.[93] Zum Vergleich sind in der Textkonstitution wieder alle Ergänzungen im Fettdruck hervorgehoben.

Dass die Weine glücklich angelangt sind wird dir Fr Aja geschrieben haben, ich will Dir nun auch für's Geld sorgen.

Dein Erbprinz kommt nun bald zu Euch den empfehle ich dir sehr, es ist eine grose, feste, treue Natur, **aber gewaltsam, verschlossen,** mit einer ungeheuren Imagination, und einer graden, tüchtigen Existenz. Wir sind die besten Freunde, zu dir hat er schon viel Zutrauen, sei nur ganz wie du bist gegen ihn, er bedarf sehr Menschen zu finden. **Seine Einbildungskraft trommelt noch sehr auf den pudendis**[94] **herum** – Ich wünschte gar sehr und um beider Willen dass ihr gut zusammen stehn möchtet, **er hat, so er nicht Menschen findet und behält die er lieben und schäzzen kann, tyrannische Anlagen genug. Trag dis Blat nicht auf's Scheishaus sondern bewahrs in einem feinen Herzen.** Grüse Frau und Kinder, Verlass' meine Alten nicht. Lenz ist unter uns wie ein krankes Kind, wir wiegen und tänzeln ihn, und geben und lassen ihm von Spielzeug was er will. Er hat Sublimiora[95] gefertigt. Kleine Schnizzel die du auch haben sollst. Klinger ist uns ein Splitter im Fleisch, seine harte Heterogeneität[96] schwürt mit uns, und er wird sich herausschwüren. Ich hab über die beyden Kerls nichts treffenderes zu sagen. Ade. Schreib uns du machst uns wohl. Wiel. hat Dich seelig Lieb und ist ein ganz unendlich guter Mensch.

d. 16. S. 76.   Goethe.

verso quer [Wenn du von einer Canaille hörst die sich Gerstenberg[97] nennt, und sagt sie sey hier gewesen, kenne mich u.s.w. so sage öffentlich er sey ein Spizbube denn wir haben ihn nicht mit Augen gesehn, wissen auch nichts von ihm.]

Wieder werden negative Urteile über einen Angehörigen des Darmstädter Hofs ausgelassen. Was für Wagner verständlich scheint – Erbprinz Ludwig, seit 1790 Landgraf Ludwig X., seit 1806 Großherzog Ludewig I. von Hessen-Darmstadt, war bei Drucklegung gerade erst fünf Jahre tot –, was für die Weimarer Ausgabe, deren Bearbeitern in den 1870er Jahren die Handschrift nicht mehr vorgelegen hat, zu entschuldigen ist, ist für den heutigen Stand der Kenntnisse nicht mehr akzeptabel. Denn wieder ergibt sich durch die Intimität der Mitteilungen ein ganz neues Bild des Verhältnisses zwischen den Korrespondenten, in dem die historische Situation bürgerlicher Intelligenz gegenüber dem Adel im Vorfeld der Französischen Revolution aufgehoben ist.

Der Merck-Briefwechsel wird auch die Briefe von Goethe an Merck erstmals zeichengetreu wiedergeben.[98]

---

93   Wagner I Nr. 39; WA IV, 3 (Anm. 43), Nr. 514.

94   Pudenda, im zeitgenössischen Wortgebrauch Schamteile.

95   Kostbarkeiten.

96   Heterogenität: Fremdartigkeit, Verschiedenartigkeit.

97   Nicht ermittelt; gemeint ist nicht Heinrich Wilhelm von Gerstenberg, dessen Schriften, besonders das Drama *Ugolino* (1768), der junge Goethe schätzte und mit dem er seit 1773 in brieflicher Verbindung stand.

98   Nur für drei der 46 Briefe von Goethe an Merck ist keine Handschrift überliefert: 8. August 1775, Wagner I Nr. 25; WA IV, 2 (Anm. 43), Nr. 345 (s. u.); 17. Oktober 1779, Wagner I

4. Die kommentierte Studienausgabe

Aufnahmekriterien oder: Was ist ein Brief?

Bei einer Fachtagung 1975 über „Probleme der Briefedition" kam man zu dem Ergebnis, dass „eine Definition des Briefes als literarische Gattung und zugleich als historisches Dokument schlechterdings nicht zu leisten" sei.[99]

In der Praxis wusste man sich zu helfen. In der Einleitung zur Regestausgabe der Briefe an Goethe definierte 1980 Karl-Heinz Hahn:

> Briefe sind an einen oder auch mehrere Empfänger gerichtete Mitteilungen in schriftlicher Form; persönliche Nachrichten, Berichte über Erlebtes, Beobachtetes und Gehörtes, Bitten und Forderungen, auch Reflexionen und Ideenentwürfe sowie Gefühlsbekundungen und Bekenntnisse, die einem abwesenden Partner in schriftlicher, durch Herkommen ebenso wie durch gesellschaftliche Konventionen geprägter Form übermittelt werden sollen, machen das Wesen des Briefes aus.[100]

In der Regel definieren formale Kriterien den Brief. Im Idealfall liefert die Handschrift oder der Druck Schreibort – Datum – den Briefempfänger in der Anrede – Unterschrift – Adresse. Doch lässt sich auch noch folgendes Schreiben problemlos als Brief begreifen:[101]

> Jung ist nach Elberfeld zurück und läßt dich grüßen. Was treibst du? Was macht die Wöchnerinn, und wird der Congreß bald zu Stande kommen?
> Ich bin wieder scheissig gestrandet,[102] und möchte mir tausend Ohrfeigen geben, daß ich nicht zum Teufel gieng, da ich flott war. Ich passe wieder auf neue Gelegenheit abzudrücken: nur möcht' ich wissen, ob du mir im Fall mit einigem Geld beistehen wolltest, nur zum ersten Stoß.[103]
> Allenfalls magst du meinem Vater beim künftigen Congreß klärlich beweisen, daß er mich aufs Frühjahr nach Italien schicken müsse; das heißt, zu Ende dieses Jahres muß

Nr. 83; WA IV, 4 (Anm. 43), Nr. 855; 8.-11. August 1782, Wagner I Nr. 158; WA IV, 6 (Anm. 43), Nr. 1551; der erste überlieferte Brief von Anfang 1774, ein Gedichtbrief zum Götz-Manuskript – beginnend mit dem Vers „Schicke dir hier in altem Kleid" – ist im Goethe- und Schiller-Archiv als Pause der Ausfertigung vorhanden.

99   Wolfgang Frühwald, Hans-Joachim Mähl, Walter Müller-Seidel (Hg.): Probleme der Brief-Edition. Kolloquium der Deutschen Forschungsgemeinschaft Schloß Tutzing am Starnberger See, 8.-11. September 1975. Referate und Diskussionsbeiträge. Bonn-Bad-Godesberg 1977, S. 244.

100 RA I (Anm. 24), S. 13.

101 Handschrift nicht überliefert; Druck: Wagner I Nr. 25; WA IV, 2 (Anm. 43), Nr. 345.

102 Im April 1775 hatte sich Goethe mit der reichen Frankfurter Bankierstochter Lili Schönemann (1758–1817) verlobt, doch litt die Beziehung an den Erwartungen, die die Geldaristokraten an den künftigen Schwiegersohn stellten. Auf der Suche nach Distanz nahm Goethe eine Einladung der Grafen Stolberg an und reiste mit ihnen vom 14. Mai bis zum 22. Juli 1775 in die Schweiz. Nach der Rückkehr jedoch setzte er das verworrene Verhältnis fort; erst im Oktober kam es zur Trennung.

103 Bildlich, Abstoßen des Schiffs vom Ufer.

ich fort. Daur' es kaum bis dahin, auf diesem Bassin herum zu gondoliren, und auf die Frösch- und Spinnenjagd mit großer Feierlichkeit auszuziehen. Hast du wegen meinen Mspten geschrieben? Ade. Zeichne und schick. Deine Sachen kriegst alle wieder. Amen.

Den Schreiber verrät der Inhalt: Es handelt sich um den jungen Goethe. Aus der Situationsschilderung ergibt sich als Schreibort Frankfurt. Textbezüge machen Merck als Empfänger aus – die Wöchnerin, der „Congreß", also die Zusammenkunft in Frankfurt, bei der Merck Einfluss auf Johann Caspar Goethe nehmen sollte, die Vermittlung von Manuskripten (Merck stellte den Kontakt zu August Mylius her, der 1776 *Stella* und *Claudine von Villa Bella* druckte),[104] die Bitte um Geld, die Aufforderung zu zeichnen – Goethe bewunderte Mercks Zeichentalent und hatte ihm zum Jahresende 1774 eine selbstgebastelte Zeichenmappe mit eingeklebtem Gedichtbrief und Gedichtbeilage geschenkt.[105] Aus inhaltlichen Hinweise schließlich lässt sich die Datierung auf etwa den 8. August 1775 gewinnen: Das Datum post quem liefert der Hinweis auf die „Wöchnerin": Mercks Tochter Franziska Charlotte war am 27. Juli auf die Welt gekommen.[106] Zwar verzeichnet Goethes „Ausgabenbüchlein" bereits für den 31. Juli eine Sendung an Merck, doch hielt sich noch Anfang August der Augenarzt Johann Heinrich Jung, genannt Jung-Stilling, in Frankfurt auf.[107]

Für einen solchen Fall heißt es bei Karl-Heinz Hahn weiter:

Auch wenn alle äußeren Kennzeichen des Briefformulars – Datums- und Ortsangabe, Anrede, Grußformel mit Unterschrift und Adresse – fehlen sollten, weist sich ein Schriftstück durch ganz bestimmte Stilmerkmale, vor allem durch eine eindeutige Zielgerichtetheit der mitgeteilten Informationen an einen (genannten oder nicht genannten) Empfänger, als Brief aus.[108]

---

104   Vgl. August Mylius an Merck, 24. Oktober 1775; Wagner II Nr. 21, S. 53f.

105   Darmstadt, Hessisches Landesmuseum; Nachlass Merck, Signatur: AE 2264. Druck: „An Merck" im Anhang *Aus Goethes Brieftasche* zu Mercier-Wagners *Neuer Versuch über die Schauspielkunst* (Leipzig 1776; Übersetzung der 1773 in Amsterdam erschienenen Schrift *Du theatre ou Nouvel essai sur l'art dramatique* von Louis-Sébastien Mercier, besorgt von Heinrich Leopold Wagner), S. 500f. unter dem Titel „Brief"; die Beilage „Denck und Trostsprüchlein" ebd. S. 502 unter dem Titel „Guter Rat auf ein Reißbrett auch wohl Schreibtisch etc."; vgl. zur Druckgeschichte Münchner Ausgabe (Anm. 41), Bd. 1.2: Der junge Goethe 1757–1775. Hg. von Gerhard Sauder. München 1987. Kommentar S. 887; Wolff (zu Anm. 19) Nr. 32; WA I, 4 (Anm. 43), S. 195. – Der Gedichtbrief wird mitsamt der Beilage in den Merck-Briefwechsel aufgenommen.

106   Das Kind starb bereits am 26. Oktober des folgenden Jahres.

107   Johann Heinrich Jung (1740–1817), nach dem Beinamen der Pietisten „die Stillen im Lande" Jung-Stilling genannt, lernte während seines Medizinstudiums in Straßburg 1770–1772 Goethe kennen. 1772 ließ er sich als Augenarzt in Elberfeld nieder. Als gesuchter Staroperateur war er im Juli und August 1775 in Frankfurt tätig.

108   RA I (Anm. 24), S. 13.

Briefe nach Maßgabe des persönlichen Inhalts und der Zielgerichtetheit der Aussage machen den größten Teil am Merck-Briefwechsel aus; lückenhafte Informationen sucht der Kommentar zu schließen.

Die Schnittstelle zum Brief als historischem Dokument, an der die Gattungstheorie bisweilen versagt, sind die amtlichen Schreiben. Für die Grauzone, die sich hier auftut, gilt Norbert Oellers Diktum:

> Die Unterscheidung zwischen Privatbriefen und amtlichen Schriften ist in vielen Fällen schwer zu treffen, so daß gelten könnte: Alle Schreiben, die persönliche Mitteilungen enthalten, die nicht von vorne herein für die Öffentlichkeit bestimmt sind, sollten als „Auch-Privatbriefe" behandelt werden.[109]

Durch seinen Beruf als Kriegsrat am Darmstädter Hof war Merck Absender und Empfänger einer Reihe von amtlichen Schreiben. Auf einige dieser kanzleimäßig abgefassten Schriftstücke hat der Empfänger, der Landgraf oder der Erbprinz, seine Antwort gleich eingetragen, einige Male in entschieden jovialem Ton. Längere Schreiben außerhalb der Kommissionsausfertigung tragen ohnehin stark privaten Charakter.[110] Von 26 Schreiben, die das Hessische Staatsarchiv Darmstadt nach herben Kriegsverlusten noch aufbewahrt, können 20 Norbert Oellers' Definition gemäß in den Briefwechsel aufgenommen werden. Die übrigen sechs sind in ihrer Lakonie geeignet, Mercks Brotberuf als Kriegsrat am Darmstädter Hof in seiner ganzen Tristesse zu illustrieren. Das quantitative Argument darf hier vielleicht greifen: Die geringe Anzahl strapaziert die Ausgabe weniger als sie bei Aufnahme der amtlichen Schriften an historisch-biographischen Informationen hinzugewinnt.

Ebenso schwierig wie die Grenze zum Amt ist oftmals auch die Grenze zum Werk zu ziehen, die Unterscheidung zwischen Briefgedicht – Widmungsgedicht – und Gedichtbrief – persönlich gerichtete Mitteilung in gereimter Form – bleibt bisweilen reine Ermessenssache.[111] Wesentliches Kriterium ist der Kontextbezug, dem gemäß alle Schriftstücke, die unmittelbar die Kommunikation bilden, als Bestandteile des Briefwechsels, d. h. als Briefe, behandelt werden.

Nach den Kriterien von Zielgerichtetheit und persönlicher Mitteilung werden einige mit Datum und Adressaten versehene Gedichte Mercks aus den

---

109 Norbert Oellers: Wie sollten Briefwechsel ediert werden? In: Der Brief in Klassik und Romantik. Hg. von Lothar Blum und Andreas Meier. Würzburg 1993, S. 1-12, hier S. 10.

110 Vgl. Landgraf Georg Wilhelm von Hessen-Darmstadt an Merck, 11. Juli 1787; Darmstadt, Hessisches Staatsarchiv Darmstadt; Signatur: D 4, Nr. 489/2; gedruckt bei: Fritz Herrmann: Neues vom Kriegrat Johann Heinrich Merck. A. Aus der Korrespondenz des Landgrafen Georg von Hessen mit Joh. Heinrich Merck. In: Merkcksche Familien-Zeitschrift XI (1930), S. 126-138, hier S. 133f.

111 Zur Unterscheidung Gedichtbrief – Briefgedicht vgl. Reinhard M. G. Nikisch: Brief. Stuttgart 1991, S. 177-180.

Jahren der Darmstädter Empfindsamkeit in den Briefwechsel aufgenommen. In der Korrespondenz mit Herder sind die so gewonnenen Gedichtbriefe die einzigen Briefe von Merck an Herder und als einzig erhaltene Konstituenten des Dialogs unverzichtbar. Waren sie wohl einst Beilagen zu Briefen, kommt ihnen nun die Aufgabe zu, diese Briefe vollends zu vertreten. Briefgedichte schickte Merck auch an Johann Ludwig Leuchsenring, überschrieben *An Herrn LeibMed. L. / den 8ten Jan. 1771*:

> Freund, dich trennt dein Krankenzimmer
> Viel zu lang von Uns; denn immer
> Fehlst du uns, wir mögen gehn,
> Sitzen, liegen, oder stehn [...][112]

Karoline Flachsland, die ‚Psyche' im Kreis der Darmstädter Empfindsamen, tröstete Merck zum 25. August, Herders Geburtstag des Jahres 1772, dass der Geliebte keine Anstalten zur Ehe machen wolle, mit den Versen:

> An Psyche
> den 25ᵗ Aug.
>
> Du bringst an diese Tages Feier
> Zum Opfer an dem HausAltar
> Nur Zähren, schwere Seufzer dar!
> Blik unter deinem Wittwenschleyer
> Hin in die Zukunfft, die nicht Nacht
> Und düstre Zweifelwolke decket,
> Die wie dein Auge niemals schreket,
> Und wie dein Aug' in heitrer Weisheit lacht!
> Denn sieh! Steigt dieser Tag aus Chaos Finsterniß
> Noch einmal vom Olymp hernieder
> So findet er dich dann gewiß
> In deines Freundes Armen wieder.
> JHM.[113]

Wieland erhielt den *Paroxysmus von gestern Abend / den 9ten Jun. 1776*, der, einer komplizierten Datierungsrekonstruktion zum Erstdruck im Wieland-Briefwechsel folgend, bereits am 20. Mai aus Darmstadt abgesendet wurde:

> 'Schik dem Herrn und Bruder Mein
> Hier ein Stük ächten Rheinischen Wein
> Ihr Sollt dabey treulich zechen u. lachen,
> Kinder wohl – aber nicht verse machen. [...][114]

Selbst die breiteste dem kommunikativen Kontext geschuldete Aufnahmepraxis jedoch schließt die eingangs erwähnten fiktionalen Briefe Mercks aus.

---

112 Handschrift München, Privatbesitz; Mappe 44; Henkel (Anm. 7), S. 111f.
113 Handschrift Krakau, Biblioteka Jagiellońska; Henkel (Anm. 7), S. 141.
114 Handschrift Goethe- und Schiller-Archiv Weimar, Signatur GSA 25/XXXIV, 14.2; Druck Wielands Briefwechsel. (Anm. 26) Bd. 5, Nr. 556, S. 511-514; zur Datierung vgl. ebd. Bd. 6.3, S. 1551.

Der Kommentar

„Editionen legitimieren sich nicht dadurch, daß sie längst Bekanntes archivieren, sondern dadurch, daß sie historisch Überliefertes für die gegenwärtige und künftige Forschung neu erschließen."[115] An die Seite der kritischen Textkonstitution, die zuverlässige Textcorpora bereitstellt, tritt der Kommentar.

Der Kommentar enthält Quellennachweise (Autographen, Drucke), den Bericht zur Textkonstitution (Recensio, Emendatio), den textkritischen Apparat, der über alle Veränderungen in den Autographen Auskunft erteilt, die Stellenkommentare, Abkürzungs- und Literaturverzeichnisse und das Register.

Stellenerläuterungen bilden das Kernstück der Kommentare, gelegentlich werden die Begriffe synonym gebraucht. Sie resultieren aus der „Einsicht in die historische Bedingtheit unseres Erkennens".[116] Der implizite subjektive Faktor dieser Einsicht macht die Eingrenzung darüber, was eine Stellenerläuterung zu enthalten habe, schwierig. Ebenso schwierig aber ist die Abgrenzung des Kommentars zur Interpretation.

So schreibt z. B. am 8. Oktober 1775 Nicolai an Merck von der Leipziger Messe unter anderem:

> Ich habe diesen Sommer in dem Gottskowskischen Garten *üdZ* [nebst meiner Familie] neben der Porcellanfabrik gewohnt [...]

Vordergründig teilt Nicolai dies mit, um sich für säumiges Schreiben zu entschuldigen, denn, Mercks Ortskenntnis huldigend, fährt er fort:

> Sie wissen, daß dieses eine Tagereise ist, also habe ich, da mich meine Geschäffte wenigstens einigemahle in der Woche nach meiner Schreibstube riefen, in der That viel Zeit mit hin und Hergehen, *üdZ* [und fahren] verderbt. [117]

Der Gotzkowskysche Garten wäre nun rasch erläutert: Die Porzellanfabrik stand in der Leipzigerstraße 4 in Berlin.

Aber, was für das Verständnis der Stelle nicht unwichtig ist: Den Zusatz „nebst meiner Familie" hat Nicolai nachträglich über die Zeile eingefügt. Mit dieser Information, die später der textkritische Apparat festhalten wird, gewinnt der Hinweis auf den Sommeraufenthalt sozialhistorische Tiefenschärfe. Nicolai präsentiert sich dem kapriziösen Darmstädter Freund der Stürmer und Dränger, auf dessen Rezensionen für die aufgeklärte *Allgemeine deutsche Bibliothek* er großen Wert legt, zum einen als bürgerlicher Hausvater. Zum

---

115 Andreas Arndt: „Philosophie der Philologie". Historisch-kritische Bemerkungen zur philosophischen Bestimmung von Editionen. In: editio 11 (1997), S. 1-19, hier S. 16.

116 Ebd. S. 17.

117 Wagner I Nr. 27, S. 72-78, hier S. 72; revidiert nach der Handschrift im Firmenarchiv Merck Darmstadt, Bestand C VII 10 (19), Mappe 21.

anderen leiht er sich durch die Erwähnung der Lokalität seiner Sommeridylle
etwas von Preußens Glanz: Denn in seiner *Beschreibung der Königlichen Residenzstädte Berlin und Potsdam* führt Nicolai aus:

> Der Kaufmann Wilhelm Kaspar Wegely fing 1751 zuerst an, ächtes Porzellan zu ma-
> chen. Er erbauete deshalb in der neuen Friedrichstraße neben der Königsbrücke ein
> großes Haus, und ließ darin vieles, und was die Masse betrifft, ziemlich gutes Porzellan
> machen. [...] Im Jahre 1760 trat der hiesige Kaufmann, Johann Ernst Gotzkowsky, an
> desselben Stelle [...]. Er machte in dem in der Leipzigerstraße belegenen [...] Hause
> die Einrichtungen dazu, stand aber im Jahr 1763 schon wieder davon ab. Das ange-
> fangene Werk ward für Königl. Rechnung übernommen [...]. Der König ließ nicht nur
> die Gebäude der Fabrik erweitern und ansehnlich vermehren, sondern auch alles zu
> derselben größern Vollkommenheit erforderliche veranstalten.[118]

500 Arbeiter beschäftigte die Fabrik, und Friedrich II. machte sie zum preußischen Prestigeunternehmen gegen die sächsische Konkurrenz in Meißen, die
er mit Einfuhrverbot belegte. Per Gesetz verordnete er, dass alle Juden bei
der Heirat KPM-Porzellan kaufen mussten. Die Angestellten der Porzellanfabrik waren hochbezahlte Leute, mit 2000 Reichstalern Jahresgehalt erhielten
Direktor und Modellmeister etwa das Fünffache von Merck, der 450 Gulden
verdiente. All diese Informationen wären wichtig, um zu erläutern, was Nicolai in der Nachricht vom sommerlichen Aufenthalt in seinem Garten mit anklingen ließ: Er präsentiert sich dem schlechtbezahlten Darmstädter Kriegsrat
als bürgerlicher Hausvater und Angehöriger der Berliner Oberschicht.

In der Druckfassung wird der Stellenkommentar durch Register entlastet.[119]
Für die Edition werden zwei Personenregister erwogen:

- ein ausführliches Register zu den Korrespondentinnen und Korrespondenten mit der Darstellung ihres Verhältnisses zu Merck

- ein annotiertes Register der erwähnten Personen

Weitere Optionen – Ortsregister, Werke als Ergänzung im Personenregister
nach dem Modell des Registers der Herder-Briefe – werden erwogen.

---

118 [Friedrich Nicolai:] Beschreibung der Königlichen Residenzstädte Berlin und Potsdam und
     aller daselbst befindlichen Merkwürdigkeiten, und der umliegenden Gegend. Dritte völlig
     umgearbeitete Auflage. 3 Bde. Berlin 1786. Bd. 1, S. 537. Zit. nach Siegfried Detemple:
     Goethe / Berlin / Mai 1778. Sechs Tage durch die preußische Residenzstadt. Staatsbiblio-
     thek zu Berlin – Preußischer Kulturbesitz. Ausstellungskatalog N. F. 43. Berlin 2001, S. 29;
     dort auch S. 29-31 die Informationen zur Porzellanfabrik.

119 „Ein wichtiges Instrument zur Entlastung des Stellenkommentars und zur Vermeidung von
     Wiederholungen sind erläuternde Register, hauptsächlich Personenregister. [...] Werk-
     und Ortsregister [können] nützlich sein, gegebenenfalls Sachregister [...] häufig wieder-
     kehrende erläuterungsbedürftige Begriffe und Wendungen, die den Stellenkommentar
     durch Wiederholung und Verweisung belasten, [können] in einer alphabetischen Liste er-
     klärt werden [...]." Leuschner (Anm. 57), S. 186.

Die Ausgabe

Als exklusive Lektüre des ‚gebildeten' Lesers wurden Historisch-Kritische Ausgaben in der virtuellen Hierarchie der Editionen gerne an die Spitze der Skala gestellt. Dem Selbstbild des Editors wie des Benutzers schmeichelte es dabei lange Zeit, nicht mit Stellenerläuterungen behelligt zu werden. Argumentiert wurde mit der Gefahr des Veraltens und dem Anspruch auf Objektivität. Ästimierten Historisch-Kritische Ausgaben einst im 19. Jahrhundert als „Ausgaben letzter Hand" den Autorwillen – allen voran die Weimarer Ausgabe –, so vollzog etwa um die Mitte des 20. Jahrhunderts mit Friedrich Beißners Hölderlinausgabe die Editionsphilologie den Paradigmenwechsel zur genetischen Textkritik: Entstehungs- und Wirkungsgeschichte sind seither integraler Bestandteil von Textkonstitution und Kommentar.

Für wissenschaftlich fundierte Ausgaben von Briefwechseln haben sich seither drei verschiedene Modelle herausgebildet:

• das erste Modell trennt die Textcorpora der von- und an-Briefe und stellt jeder in sich chronologisch geordneten Textabteilung einen eigenen Kommentarband zur Seite.[120]

• das zweite Modell mischt von- und an-Briefe innerhalb der chronologischen Abfolge und gibt den Kommentar in separaten Bänden bei.[121]

• das dritte Modell mischt von- und an-Briefe innerhalb der chronologischen Abfolge und fügt Kommentar im Anschluss an jeden einzelnen Brief an.[122]

---

120 Z. B. Schillers Werke. Nationalausgabe. Im Auftrag des Goethe- und Schillerarchivs, des Schiller-Nationalmuseums und der Deutschen Akademie hg. von Julius Petersen und Gerhard Fricke, 1947ff.: Im Auftrag des Goethe- und Schillerarchivs und des Schiller-Nationalmuseums hg. von Julius Petersen und Hermann Schneider; 1961ff.: Begründet von Julius Petersen. Hg. im Auftrag des Goethe- und Schiller-Archivs in Weimar (Nationale Forschungs- und Gedenkstätten der klassischen deutschen Literatur) und des Schiller-Nationalmuseums in Marbach von Lieselotte Blumenthal und Benno von Wiese; 1979ff. von Norbert Oellers und Siegfried Seidel; seit 1992: Hg. im Auftrag der Stiftung Weimarer Klassik und des Schiller-Nationalmuseums Marbach von Norbert Oellers. 43 Bde. Weimar 1943ff. Bde 23-32: Schillers Briefe, Bde. 33-40 Briefe an Schiller (verschiedene Hg.). Die Ausgabe ist auch auf CD-ROM (Cambridge 1998f.) und im Internet (http://schiller.chadwyck.com) verfügbar.

121 Z. B. Friedrich Müller, genannt Maler Müller: Briefwechsel. Kritische Ausgabe. Hg. von Rolf Paulus und Gerhard Sauder. 4 Bde. Heidelberg 1998.

122 Z. B. die Ausgaben der Briefwechsel von Soemmerring (Anm. 30) und Lichtenberg (Anm. 33).

Das erste Modell, das strikt ‚klassische', steht im Dienste des großen Dichters, dessen Briefe als Bestandteile des Gesamtwerks betrachtet werden. Oft sind Briefausgaben nach diesem Modell Bestandteil einer Gesamtausgabe. Prinzipiell gilt daher die Aufnahme von Fremd-Texten (an-Briefen) als heikel, deren Separierung in eine eigene Abteilung als akzeptabler Kompromiss.

Diese puristische autorzentrierte Editionsform ist für den Merck-Briefwechsel aus editionsideologischen Gründen nicht geeignet. Die Mischung der von- und an-Briefe in chronologischer Reihung[123] dagegen bedeutet eine Zunahme von Welthaltigkeit, ein Eindringen der Diskurse, wenn sich auch bei der Gattung Brief, zumal bei Editionen aus den Handschriften, die Barthes-Foucaultsche Rede vom Verschwinden des Autors nicht bewerkstelligen lässt. Zwar verbietet es die Zufälligkeit der Überlieferung mit ihrer nicht auszulotenden Anzahl verschwundener Briefe vom Briefwechsel als einer definierten Anzahl von Dialogen – oder gar von einem einzigen stimmenreichen Gesamtdialog – zu sprechen, aber in der Diversität seiner Themen entfaltet der Briefwechsel Johann Heinrich Mercks ein reichhaltiges Spektrum der Kultur- und Wissenschaftsgeschichte des ausgehenden 18. Jahrhunderts mit mannigfaltigen Implikationen.

Mit der Entscheidung zu Textkritik und Kommentar hat die Forschungsstelle zugleich eine bestimmte Editionsform gewählt. Erstellt wird eine kommentierte Studienausgabe mit eigener Textkonstitution einschließlich textkritischem Apparat. Vollständigkeit mit dem Anspruch auf ‚Objektivität' wird jedoch nicht angestrebt: Die kommentierte Studienausgabe des Merck-Briefwechsels verzichtet auf die vollständige Druckgeschichte jedes einzelnen Briefs; sie liefert keine detaillierten Handschriftenbeschreibungen mit Vermessung, Wasserzeichen, Angabe der Schreibmaterialien, Papierqualität und -farbe; sie gibt die durch die Kollation der Handschriften neuen Lesarten und die Erweiterungen und Korrekturen der Stellenkommentare nicht systematisch an.

Die Kritische Studienausgabe der Korrespondenz Johann Heinrich Mercks enthält alle überlieferten Briefe von und an Merck in chronologischer Reihenfolge und in typographischer Gleichbehandlung der an- und von-Briefe. Die noch zu fällenden Entscheidungen betreffen die Wahl zwischen den Modellen zwei und drei – Separierung des Kommentarbandes oder abschnittsweise Kommentierung – und die sich im Anschluss daran stellenden Fragen nach

---

123   Zur Begründung der Editionen von Briefwechseln führt Jürgen Behrens an, dass „allen Briefeditionen nur eines Autors [...] der oder die Partner [fehlen], es [...] gewissermaßen Abstraktionen" sind; vgl. Jürgen Behrens: Zur kommentierten Briefedition. In: Wolfgang Frühwald, Herbert Kraft, Walter Müller-Seidel (Hg.): probleme der kommentierung. Kolloquien der Deutschen Forschungsgemeinschaft Frankfurt am Main 12. – 14. Oktober 1970 und 16. – 18. März 1972. Referate und Diskussionsbeiträge. Bonn-Bad Godesberg 1975 (kommission für germanistische forschung mitteilung I), S. 183-197, hier S. 185.

der Druckanordnung, der Gestaltung der Apparate und der Differenzierung der Register.

An dieser Stelle kommt der Leser ins Spiel. Er wird im Falle des Merck-Briefwechsels nicht nur als Fachgelehrter auftreten, wiewohl auch die berechtigten Ansprüche dieser Spezies befriedigt werden sollen. Imaginieren wir ihn lieber als historisch Neugierigen, dem ein leichter Zugang zu einer fremden, in der Gegenwärtigkeit der Tradition vertrauten Welt erschlossen werden soll.

Vorläufige Richtlinien

Für diesen Leser/diese Leserin enthält der Briefwechsel von Johann Heinrich Merck alle überlieferten Briefe von und an Merck in diplomatischer Textgestalt. Das heißt im Einzelnen:

- Eine Modernisierung entfällt.

- Lateinische Schrift wird mit harmonisch abweichender Nebenschrift wiedergegeben. Davon betroffen sind auch alle fremdsprachigen Briefe.

- Den fremdsprachigen, überwiegend französisch verfassten Briefen werden stilistisch angemessene Übersetzungen beigegeben.

- Unterstreichungen im Autograph bleiben Unterstreichungen.

- Alle Abkürzungen von Namen, Buchtiteln, Anreden, Orten etc. werden im Text beibehalten und im Stellenkommentar aufgelöst. Ein Verzeichnis der häufigsten Abkürzungen wird beigegeben; singulär auftretende erläutert der Stellenkommentar.

- Alle Briefe erscheinen in chronologischer Reihenfolge. Bei mehreren Briefen gleichen Datums steht Merck als Absender an erster Stelle, die übrigen Absender folgen nach dem Alphabet.

- Jeder Brief wird mit einem Rubrum eingeleitet. Es besteht aus der fortlaufenden Nummer des Briefes innerhalb der Ausgabe, dem Absender bzw. Empfänger des Briefs in Korrelation zu Merck, dem erwähnten, erschlossenen oder vermuteten Schreibort und dem Datum. Das Rubrum ist als Herausgebertext in kursive Kapitälchen gestellt.

- Der Brieftext erscheint recte.

- Folgende Normierungen werden durchgeführt:

  - Geminationsstriche werden zu Doppelbuchstaben aufgelöst.

  - Seitengrenzen werden mit senkrechtem Haarstrich gekennzeichnet, Wechsel des Textzeugen mit doppeltem feinen Haarstrich.

- Der Zeilenfall wird aufgelöst.

- Datum, Anrede, Grußformel, Unterschrift werden in gleich-
  bleibender Anordnung wiedergegeben.

- Absätze werden gleichmäßig eingezogen.

- Das ÿ der deutschen Schrift wird ohne Trema wiedergegeben,
  doppelte Trennungsstriche werden als einfache umgesetzt.

- Endhaken, besonders der Endsilbe -en, werden regelmäßig aufgelöst.

- Suspensionsschlingen werden aufgelöst. Ein Verzeichnis unterrichtet
  über die Systematik dieser Eingriffe.

- Der Einzelstellenkommentar soll unter den Bedingungen der zeitlichen und personellen Ressourcen der Forschungsstelle Wortbe-
  deutungen, Personendaten, verborgene Zitate und Anspielungen und
  – in Anbetracht des Genres – die verborgene Mentalitätsgeschichte
  berücksichtigen.[124] Trotz der aus ökonomischen Gründen sinnvollen Praxis des Verweisens auf bereits an anderer Stelle Erläutertes
  schließlich soll der Einzelstellenkommentar der gefälligen Lesbarkeit
  nicht entbehren.

„Werde das Vergnügen haben zu erscheinen", schrieb Merck am 3. April
1775 auf ein Billet, fügte „Beste Grüße" hinzu und nahm damit wohl eine
kleine Einladung in der Nachbarschaft an. Das Autograph der Handschrift
ziert den Umschlag dieses Tagungsbandes[125] und sei zugleich das gute Omen
der laufenden Edition von Mercks Briefwechsel.

---

124 Marita Mathijsen: Die ‚sieben Todsünden' des Kommentators. In: Text und Edition.
Positionen und Perspektiven. Hg. von Rüdiger Nutt-Kofoth, Bodo Plachta, H.T.M. van
Vliet und Hermann Zwerschina. Berlin 2000, S. 245-261, hier S. 248.

125 Standort: New Haven, Yale University Library; Signatur YCAL MS 85 (Alfred Stieglitz /
Georgia O'Keeffe Archive), folder 4342.

GERHARD SAUDER (SAARBRÜCKEN)

Netzwerk der Aufklärung: Mercks Briefe*

Nach dem 11. September 2001 hat der Begriff ‚Netzwerk‘ einen unerfreulichen Klang erhalten: Bei der Suche nach den Verantwortlichen und den Tätern ist immer häufiger auf ein Taliban-Kommunikations-Netz verwiesen worden, auf das ‚Netzwerk Al Qaida‘. Da ich das Thema schon vor dem schrecklichen Tag gewählt habe, bitte ich Sie, dem Ausdruck nach Möglichkeit eine gewisse Unschuld wiederzugeben.

Wir kennen ihn wohl alle aus unterschiedlichen Lebensbereichen, nicht unbedingt aus dem Kontext des Terrorismus, wo er uns zuletzt so mörderisch begegnete. Für mich verbinden sich damit geradezu euphorische Erinnerungen an Nachmittage nach der Schulfron: Um mich zu erholen, schaltete ich nach dem Essen das Radio ein und legte mich aufs Sofa, um ab 14 Uhr die Sendung von AFN (American Forces Network) zu hören, dessen Konzertprogramm wohl täglich unter dem Titel *Outpost Concert* gesendet wurde. Die geradezu kulinarische Erkennungsmelodie entstammte dem 4. Satz aus der 1. Symphonie von Brahms.

Wir könnten meinen, dass der Begriff ‚Netzwerk‘ ein Produkt des 20. Jahrhunderts[1] sei. Aber erstaunlicherweise findet er sich bereits mit mehreren Belegen aus dem 18. Jahrhundert im Grimmschen Wörterbuch. Dort bedeutet ‚Netzwerk‘ einfach: „etwas netzartiges“, meist als Verzierung auf Kleidern oder Gebrauchsgegenständen. Im übertragenen Sinne („dialektisches netzwerk“) ist es nur einmal bei Gerstenberg belegt. Aus der Sphäre des Ästhetischen und Schmückenden ist es inzwischen weitgehend verschwunden und zunächst in die Terminologie der Technik ausgewandert. Heute werden vier wesentliche Bedeutungen unterschieden, zum einen „netzartig verbundene Leitungen, Drähte, Linien, Adern o. ä.“, wobei allerdings auch schon an Ver-

---

*   Vortrag, gehalten auf Einladung der Goethe-Gesellschaft Darmstadt am 22. Oktober 2001.

1   Zur linguistischen Verwendung vgl. Lesley Milroy: Language and Social Networks. Oxford 1980 (Language in Society). Einen Überblick aus kommunikationswissenschaftlicher Sicht bietet: Manfred Faßler: Netzwerke. Einführung in die Netzstrukturen, Netzkulturen und verteilte Gesellschaftlichkeit. München 2001. Analysen von Brief-Netzwerken in der französischen Literatur in: Penser par lettre. Actes du colloque d'Azay-le-Ferron (mai 1997). Publiés sous la direction de Benoît Melançon. Québec 1998.

bindungen zwischen Menschen, etwa in einer Gewerkschaft oder einer Partei, gedacht ist. Die elektrotechnische Bedeutung wird definiert als „Zusammenschaltung einer beliebigen Anzahl Energie liefernder u. Energie speichernder od. umwandelnder Bauteile od. Schaltelemente, die mindestens zwei äußere Anschlußklemmen aufweist." Im Wortschatz der Ökonomie ist darunter ein „Netzplan" zu verstehen; im Sprachschatz der Gegenwart soll darunter ein Netz „autonomer, durch gemeinsame Werte od. Interessen verbundener Teilnehmer" verstanden werden.[2] Vor allem diese Bedeutung erlaubt eine weitere terminologische Verwendung in zwei modernen Disziplinen. Der Begriff des ‚Netzwerks' ist zunächst in der amerikanischen und kanadischen Soziologie entwickelt und dann auch von der französischen übernommen worden. Er wird als begriffliches Instrument für die Analyse von Soziabilität verwendet. Darunter fallen Untersuchungen von Verbindungen wie Freundschaft, Verwandtschaft, Arbeits- und Nachbarschaftsbeziehungen, die sich kombinieren oder gegeneinander richten, um komplexe Spinnennetze zu bilden, die ‚Netzwerke' genannt werden. Es liegt nahe, dass diese Terminologie auch auf eine spezialisierte Form von Kommunikationsbeziehungen angewandt wurde: auf Briefkontakte aller Art. So kann auch vom ‚Netzwerk' eines Briefwechsels gesprochen werden. Dabei finden wir Unterstützung durch die Soziolinguisten, die den Begriff des ‚network' zur Untersuchung des Sprachverhaltens unterschiedlicher Klassen und unterschiedlicher Sprechergemeinschaften übernommen haben. So wird durch Sprachanalyse ein spezielles soziales linguistisches Verhaltensmuster erkennbar.

Nicht alle Momente, die in den verschiedenen Disziplinen mit dem Begriff ‚Netzwerk' verbunden werden, lassen sich für unsere Fragestellung adaptieren. Er hat seinen Ort in einem größeren Zusammenhang, der gegenwärtig in der Literaturwissenschaft eine zentrale Rolle spielt: ‚Kommunikation'. Es fördert aber unsere Überlegungen nicht sonderlich, wenn ich Ihnen den Kommunikationsbegriff der Systemtheorie referiere. Wichtig dürfte aber sein, dass es ohne die Produktion von Kommunikation keine sozialen Systeme gibt. Für den Systemtheoretiker ist die Selbstreferenz (Referenz auf das System) unabdingbar. „Soziale Systeme realisieren keine andere Operation als Kommunikationen, und außerhalb der sozialen Systeme gibt es keine Kommunikation."[3]

Im 18. Jahrhundert war der Umgang mit fernen Menschen, das Schreiben von Briefen, nicht zuletzt eine Sympathiebekundung, ja oft eine telepathische

---

2   Duden. Das große Wörterbuch der deutschen Sprache in acht Bänden. 2., völlig neubearbeitete Auflage. Bd. 5. Mannheim u. a. 1994, S. 2378.

3   GLU. Glossar zu Niklas Luhmanns Theorie sozialer Systeme. Von Claudio Baraldi, Giancarlo Corsi und Elena Esposito. Frankfurt am Main ²1998, S. 91.

Verbrüderung in der Gelehrten- oder Geisterrepublik. Die Empfindsamkeits-Briefe des Jahrzehnts zwischen 1770 und 1780 sind geradezu als Paradigma einer gesteigerten Form des Schriftverkehrs verstanden worden. Die miteinander Kommunizierenden lassen dabei ihre sozialen Merkmale lokaler oder ständischer Art beiseite. Es entsteht ein „komplexes System vielstufiger Distanzkommunikationen".[4] Dabei spielt bei aller Einsicht in die Abstraktion des Briefverkehrs im Hinblick auf die ursprüngliche Gesprächssituation von körperlich einander nahen Menschen die Forderung einer Nachahmung des Gesprächs, ja die Fiktion des Gesprächs eine große Rolle.[5]

Zu den Vorteilen eines kulturwissenschaftlichen Blicks gehört der selbstverordnete Zwang zur Synthese. Die Schübe der Literarisierung des schreibfähigen Publikums im 18. Jahrhundert sind technisch nicht möglich ohne eine fortschreitend flächendeckende Entfaltung des Postwesens, der Poststationen und der Häufigkeit der Postbeförderung. Merck schreibt seine Briefe noch unter den Bedingungen der zweimal pro Woche eintreffenden und abgehenden Post. Auf diese Tage muss er sich mit eigenen Briefen und Antwortbriefen einstellen. Nur in großen Städten und Verkehrsknotenpunkten wie Frankfurt gab es eine höhere Frequenz der Beförderung. Politische und Geschäftspost hatten oft Sonderkonditionen, von welchen Merck des öfteren profitieren konnte. So sparte er gelegentlich auch das teure Porto. Noch immer war es jedoch riskant, in weit entfernte Städte einen Brief zu schicken. Noch im späten 18. Jahrhundert brauchte ein Brief von Rom nach Königsberg fast ein Vierteljahr. Merck hat nach seiner Russlandreise darauf hingewiesen, dass der Kontakt mit russischen Freunden und Bekannten nicht aufrecht erhalten werden könne. Auch die eigenen Freunde in Deutschland habe er nicht mit Briefen über seine Reiseabenteuer informieren können: An Sophie von La Roche schreibt er bei der Rückkehr am 21. Dezember 1773 aus Darmstadt: „Mein Herz verklagt mich nicht, wenn ich Ihnen sage, daß ich am meisten gelitten habe, wenn ich meinen Freunden die Geschichte meiner Empfindung aus dem dortigen Lande nicht habe mittheilen können."[6] Es war nicht nur Furcht vor der gefürchteten Briefzensur, dass er lieber nicht schrieb; vor allem war es das extrem teure Porto, das er für jeden Brief hätte bezahlen müssen. Lavater gegenüber erklärt er am 28. November 1774, dass er mit dem einen oder anderen russischen Gelehrten recht gut bekannt gewesen sei, „allein das Porto das man den Leuten verursacht, schrekt mich ab, nach Petersb.[urg] zu schrei-

---

4 Albrecht Koschorke: Körperströme und Schriftverkehr. Mediologie des 18. Jahrhunderts. München 1999, S. 189.

5 Vgl. ebd.

6 Johann Heinrich Merck: Briefe. Hg. von Herbert Kraft. Frankfurt am Main 1968, S. 96f. [zit.: Kraft].

ben, indem ich nicht weiter als Duderstatt frankiren kan, u. mein Freund in
P.[etersburg] 80 Cop. für den Empfang meines, u. eben soviel für den Abgang
seines Briefes bezahlen muß, die ich ihm nicht zu remboursiren weiß".[7] Er beschränkt sich darauf, „mehr als jemals der Freund meiner Freunde" zu sein.[8]

Wenn von einer fortschreitenden Literarisierung der Bürgerlichen und
Kleinbürgerlichen in der zweiten Hälfte des 18. Jahrhunderts gesprochen wird,
so muss bei der Berücksichtigung des Briefverkehrs eine große Einschrän-
kung gemacht werden: Noch um 1760 hat das Porto für einen Brief von
Frankfurt nach Berlin sechs Groschen gekostet. So viel verdiente eine Köchin
in einer Woche, ein Zimmermann an einem Tag. Das Briefschreiben war
normalerweise die Form der Kommunikation für gutsituierte Bürgerliche und
natürlich für den Adel.[9]

Für viele Gelehrte, Pfarrer, Hofmeister, kleine Beamte oder Schriftsteller,
die ihr Leben in kleinen Städten fristen mussten, waren Briefe, Zeitschriften
und Bücher, selten genug durchreisende Bekannte und Freunde der einzige
Kontakt mit der Außenwelt. Nur wenige hatten das Geld zu reisen – Herder
wäre, mit sieben Kindern gesegnet, aus finanziellen Gründen nie nach Italien gekommen, hätte ihn nicht der Trierer Domherr von Dalberg als Reise-
begleiter eingeladen. Inbegriffen war die Bezahlung der Reisekosten, für die ein
großzügiger Ungenannter aufkam. Für Merck brachten gelegentliche Dienstreisen nach Kassel oder Gießen ein wenig Abwechslung. Die große Russlandreise im Gefolge der Landgräfin oder wenige Fahrten nach Weimar und in die
Schweiz, schließlich die Reise ins revolutionäre Paris gehörten zu den großen
Unterbrechungen seines sonst weitgehend eintönigen Beamtenlebens. An die
frühen Unternehmungen als Hofmeister in Südfrankreich und in der französischen Schweiz, wo er seine Frau kennengelernt hat, erinnert er in seinen
Briefen mit keinem Wort. Aber nicht selten sind die Klagen über das traurige
Leben in Darmstadt: „Seit dem Tode der Landgräfin [1774] hat sich Alles hier
so gewaltig verändert, daß unser kleiner, sonst nicht unangenehmer Ort einer
völligen Wüsteney gleich sieht. Die Prinzessinnen gehn weg, und der ganze
Hof wird aufgehoben. [...] Von hier wünschte ich indessen sehnlichst weg,
und lieber in jungen Jahren, als wenn Kräfte und Familien Umstände alle
Änderung künftig versagen sollten."[10] Die Denunzierung Darmstadts als
„Wüste" zieht sich durch Mercks Briefe bis zu seinem Tode hin. Verglichen
mit Goethe in Weimar sieht er sich „auf einem verwünschten Sand*flek*, wo nie

---

7   Merck an Lavater, 28. November 1774; ebd., S. 121f., hier S. 122.
8   Merck an Sophie von La Roche, 21. Dezember 1773; ebd., S. 96-98, hier S. 98.
9   Vgl. Reinhard M. G. Nickisch: Brief. Stuttgart 1991 (Sammlung Metzler Bd. 260), S. 217.
10   Merck an Nicolai, 28. Juni 1774; Kraft (Anm. 6), S. 113f.

was gescheutes keimen kan u. wird."[11] Noch 1782 schreibt er an Soemmerring: „Hier lebt man in der Wüste."[12] Und 1786 nennt er gegenüber dem Herzog Carl August seinen Wohnort noch einmal so abwertend: „In dieser Wüste Sahara worin ich lebe, und wo Jahr aus Jahr Ein kein Tropfen Menschen-Verstand dem müden Wandrer mitgetheilt wird, ist ein solcher Brief eine doppelte Labsaal."[13]

Die besonderen Verhältnisse in der Landgrafschaft Hessen-Darmstadt trugen überdies dazu bei, dass die Beamten der unteren Ränge nur allzu viel Einsicht in die ungeheuere Schuldenwirtschaft bekamen, die der Landgraf und seine unfähigen Räte zu verantworten hatten. Die Arbeit eines Kriegsrats, der sich ständig mit Geldforderungen konfrontiert sah, aber nur zu genau wusste, dass die Kassen meist leer waren, dürfte überaus frustrierend gewesen sein. Die Biographie seines Landesherren Ludwig IX. (1719–1790), der meist in Pirmasens lebte, seine Soldaten exerzierte und dessen Kunstbedarf sich in mannsgroßen Soldatenkonterfeis und zahllosen von ihm komponierten Militärmärschen (am Ende seines Lebens: 92.176) erschöpfte, könnte nur als Satire angelegt werden. Es wäre ein Thema weitreichender Spekulation, warum Goethe Überlegungen Carl Augusts, Merck an den Weimarer Hof zu ziehen, hintertreiben konnte, obwohl Merck sich mit der Mutter des regierenden Herzogs, Anna Amalia, und mit diesem selbst ausgezeichnet, geradezu freundschaftlich verstand. Wollte Goethe den alten Freund nicht in seiner Nähe? Merck schwankte jedenfalls zwischen Denunziation der Wüstenei Darmstadt und dem asketischen bis stoischen Erdulden des Lebens auf diesem Erdenfleck. Als Lavaters Freund Pfenninger ihn grüßen ließ und meinte, er lebe ja in der „grossen Welt", erklärte Merck, diese sei nicht größer als aus „fünf Personen bestehend: die heissen, meine Frau, Franz, Heinrich, Adelaide, u. Goethe. [...] Mein GesichtsKreis ist noch viel enger als der seinige, u. reicht nicht biß in die Wolken; [...]."[14]

Auch in der Wertschätzung des für Merck ja offenkundig lebenswichtigen Schreibens gibt es Schwankungen. In manchen Briefen äußert sich Ekel vor der Abhängigkeit von Briefen. Je nach Stimmung kann dieses negative Gefühl allerdings auch in Euphorie über den Gewinn eines neuen Briefpartners umschlagen.

Die geradezu erotische Erwartung, Briefe zu erhalten, prägt Formulierungen einer allgemeinen Brief-Lust. Sie kann zunächst mit sehr höflichen Wendungen beginnen: „Mit nächstem werde ich mit Vergnügen von der Ehre

---

11 Merck an Lenz, 8. März 1776; ebd., S. 145-147, hier S. 146.
12 Merck an Soemmerring, 7. Januar 1782; ebd., S. 326.
13 Merck an Herzog Carl August, Februar 1786; ebd., S. 541f., hier S. 541.
14 Merck an Lavater, 20. Januar 1775; ebd., S. 123-128, hier S. 124.

dero Briefwechsels Vortheil zu ziehen wissen, den mir diese Aufträge glück-
licherweise verschafft haben."[15] Beim Empfang des ersten Briefes von Lenz
transformiert sich die Reaktion geradezu in eine Pantomime – so intensiv
wirkt die Vorstellung der Briefkommunikation: „War das nicht ein herrlicher
Einfall von Ihnen an mich zu schreiben, so daß wir einander nun als gute alte
Bekannte umarmen können".[16] Ganz im Sinne der empfindsamen Brief-
euphorie und der Konsekrierung des Briefes zu einer empfindsamen Reliquie
quittiert Merck ein Schreiben von Sophie La Roche: „Soll ich Ihnen alle
Schwärmereyen sagen, die ich mit Ihrem Brief anfing? Er begleitete mich auf
meinen einsamen Spaziergängen; ich zog ihn nie ohne Rührung aus der
Tasche, und steckte ihn nie ohne das vollste Herz wieder ein[...]"[17] Nach einigen Monaten ist diese affektive Kommentierung allerdings schon einer vorsichtigen Distanzierung gewichen, nicht zuletzt der Furcht, von Sophie La
Roche und ihrem Zirkel durch briefliche Äußerungen instrumentalisiert zu
werden: „Mdme de la Roche schreibt mir nun seit ohngefähr 10 Monaten
nicht mehr, und das ist auch sehr gut. Denn ihr ists sehr gefährl. zu schreiben
sie zeigt alle Briefe herum."[18] Wenn allerdings Merck von dem hier getadelten
Herumzeigen von Briefen in Gesellschaften selbst profitieren kann, hat er
keinerlei Hemmungen, an solcher Geisterkommunikation teilzunehmen: „Die
Mutter [Aja] ließ mich Briefe von der Herzogin lesen, u. die überschweng-
liche, so ganz schwesterliche Güte war mir ein so respectables Ding, das ich
nicht handhaben konnte."[19] Auch Merck bewahrt offenbar jedes kleinste
Briefchen und natürlich die Briefe der Freunde wie etwas Heiliges auf. Der
notwendige Verzicht auf häufiges Zusammensein mit den Freunden erzeugt
eine Kultur des Surrogats, die sich vor allem auf den Brief konzentriert: „Ew.
Durchlaucht können Goethen alles glauben, nur dieses nicht, daß ich dem
Deo Stercutio Briefe von meinen Freunden opfere. Von Wielanden ist mir
jedes Blat lieb u. heilig, u. ich habe noch alles von ihm beysammen."[20] Das
Bewusstsein, zeitweise nur durch den Briefverkehr mit der Außenwelt in Verbindung zu sein, wird schon früh für Merck zu einer unerfreulichen Tatsache
des Darmstädter Lebens: „So willkommen mir allzeit Ihre Briefe sind, Mein
Wehrtester, so sind sie es doch itzo unendlich mehr, da ich bloß durch
Schrifften in meinen Freunden lebe, und alle die lieben und guten Geschöpfe,
die noch vor wenig Monaten mein Tisch versammlete, nach Mittag Abend

---

15 Merck an Bertuch, 25. Oktober 1777; ebd., S. 159.
16 Merck an Lenz, 17. März 1776; ebd., S. 147.
17 Merck an Sophie La Roche, 20. September 1771; ebd., S. 54f., hier S. 54.
18 Merck an Luise von Ziegler, September? 1777; ebd., S. 156-159, hier S. 158.
19 Merck an Wieland, 30. November 1778; ebd., S. 204f.
20 Merck an Herzog Carl August, 15. Juni 1781; ebd., S. 310-312, hier S. 310. – Der „deus
    stercutius" ist der Gott des Abfalls und des Schmutzes.

und Mitternacht zerstreut sind. Da schleudere ich nun meine freiere Existenz von einem BriefTag zum andern herum, und es bedarf eines elenden Post-Secretairs, mir schlaflose Nächte zuwege zu bringen."[21] Später sieht Merck durchaus seine Aufgabe darin, Männer und Frauen als Briefpartner zu verbinden, aktiv am Knüpfen von Briefnetzen beteiligt zu sein. Dann ist es ein selbstverständliches Privileg, auch Briefe anderer zu lesen, die nicht an einen selbst adressiert sind: „Da mir dieß alzeit ein Hauptgeschäffte ist, Männer die Einander werth sind, näher zusammenzubringen, so hab ich auch Campern die Stellen aus Ew. h. Durchl. u. G.[oethes] Briefen sehen lassen, die ihn angiengen. Dieses hat wenigstens so viel bewirkt, daß er künfftiges Jahr gewiß in Weimar einspricht."[22] Erstaunlich ist an solchen Formulierungen die Offenheit, mit welcher das ja durchaus konventionelle Mitlesenlassen zahlreicher anderer Interessenten auch dem Herzog gegenüber eingestanden wird. Fast entsteht der Eindruck, als habe sich der Schreiber eines Briefes – egal welchen Standes – geehrt fühlen müssen, wenn seine Zeilen möglichst oft in möglichst vielen Zirkeln herumgereicht wurden.

Merck hat häufig seine schriftstellerische Arbeit geradezu zynisch herabgesetzt und für nichts gehalten. Aber seine Briefkorrespondenz nahm er davon aus: „So klein als ich das Verdienst ansehe, in der Welt durch seine Schreibereyen sich ein Ansehen zu machen, so gut ist doch das Ding, weil es uns Freunde macht, die man ohnedies nicht entdeckt hätte."[23]

Eigenartig ist die Theorie Mercks, dass engere Freundschaft dazu führen müsse, sich so gut wie nicht mehr zu schreiben. Merck hat diese Auffassung nicht weiter ausgefaltet. Sie unterstellt jedoch, dass bei wachsender Bekanntheit miteinander die briefliche Kommunikation eher zu Missverständnissen und Entfremdung als zu einer kreativen Fortsetzung der Freundschaft führe. In solchen Beziehungen sollten nur noch „Frachtbriefe" gewechselt werden. Wieland begründet er seine Schreibunlust so: „Warum ich Euch nicht geschrieben habe, ist natürlich. Ich denke man schreibt immer weniger, je näher man einander kommt. An Goethen fällt mirs mein Leben nicht ein, zu schreiben, es müßten denn Frachtbriefe seyn. Und viel gutes kan ich meinem Bruder nicht sagen, je mehr ers für mich ist, denn es wird mir, als wenn ich mir selbst Complimente machte."[24] Erstaunlich ist als Element dieser eigentümlichen ‚Frachtbrieftheorie' der Aspekt, ausgetauschte Briefe befriedigten narzißtische Triebe und seien eine fatale Art der Komplimentenmacherei. Immerhin verrät sich in dieser Auffassung Mercks Selbstbewusstsein – Goethe gegenüber steht

---

21   Merck an Höpfner, 16. November 1769; ebd., S. 32-34, hier S. 32.
22   Merck an Herzog Carl August, 7. August 1784; ebd., S. 461-463, hier S. 463.
23   Merck an Luise von Ziegler, September? 1777; ebd., S. 156-159, hier S. 159.
24   Merck an Wieland, 4. Januar 1778; ebd., S. 167-169, hier S. 168.

er auf gleichem Fuß, muss sich weder erniedrigen noch erhöhen. Dann ist Schweigen wohl die beste Mitteilung. In solchen Zusammenhängen wird dann das persönliche Zusammensein zum Optimum von Kommunikation. Briefe, die sonst so euphorisch begrüßt werden, können mit dieser Art von Unmittelbarkeit nicht konkurrieren. An Wieland schreibt er von solchen Einsichten: „Ist das nicht ein herrliches Ding sich zu sehen. Das ist besser als alle Briefe, u. berichtigt die Verhältnisse auf Jahre u. Lebenslang. Das Schreiben wird auch dadurch in einen sehr engen Raum gebracht. Ich hoffe wir wollens noch biß auf FrachtBriefe bringen. An G.[oethe] ist mirs wenigstens ohnmögl. was anders zu schreiben."[25] Nicht alle Briefe, die Merck von Goethe erhielt und als „Frachtbriefe" qualifizierte, sind erhalten. Offenkundig stand meist nicht viel mehr als eine Reihe von Mitteilungen über Aufträge an Merck oder die Bestätigung erhaltener Sendungen darin. Dennoch lassen auch sie die einstige Nähe zumindest metaphorisch ahnen: „Von G.[oethe] hab ich lezthin auch einen FrachtBrief bekommen. Es war etwas Magisches drinne, wie ich sein Siegel erblikte. Daß man so hier u. da noch an einem SpinnWebfaden mit solchen Leuten zusammenhängt, erhält auch in der Welt."[26]

Die Mercksche ‚Frachtbrieftheorie' beruht auf einer für Schriftsteller eigenartigen Sprachskepsis. Merck misstraut der Sprache, wenn sie über keine Korrekturmöglichkeit durch das Auge oder die Wahrnehmung von Gesten oder Mimik verfügt. Nicht zufällig schreibt er über diese Sprachskepsis gerade an Lavater: „Ich traue überhaupt den Worten besonders denen auf dem Papier so wenig, daß ich es eher wagen wolte, den Eindruk den Ihre Physiognomie auf meine Augen gemacht, durch meine Gebärden, als auf eine andre Art zurükzugeben."[27] Merck meinte das sicher nicht ganz ernst – eine Pantomimensprache der Engel, wie sie auch Lavater gelegentlich spekulativ ausgedacht hatte, konnte nur als Reaktion auf das überhand nehmende Papier- und Schreibwesen entstehen. „Das Intellektuelle u. Menschliche Zeug will nicht mehr bey mir fort – und das PapierWesen vollends gar nicht."[28] Immerhin bricht der Ekel angesichts der Rechnungsbücher, der Quittungen und Einnahmebücher des Kriegsrats immer wieder durch. Seine Melancholie macht die Sehnsucht nach Gesprächen und menschlicher Nähe verständlich. In solchen Befindlichkeiten kann offenbar auch die Dichtung keinen Trost spenden: „Der Teufel hole die ganze Poesie, die die Menschen von andern abzieht und sie inwendig mit der Betteltapezerey ihrer eignen Würde und Hoheit aus-

---

25   Merck an Wieland, 3. Februar 1778; ebd., S. 173f.
26   Merck an Wieland, 1. April 1779; ebd., S. 212f., hier S. 213.
27   Merck an Lavater, 20. Januar 1775; ebd., S. 123-128, hier S. 125.
28   Merck an Wieland, 16. März 1779; ebd., S. 210f., hier S. 211.

meublirt."[29] Aus der Ferne schätzt er an Wieland die „ungekränkte Güte u. Bonhommie" seines Wesens, die bei ihm wie bei allen Menschen mit Herz mehr wert seien als „der ganze ImaginationsKram der Schrifftstellerey".[30]

Im Kontext solcher Sprachskepsis sind die Bemerkungen Mercks immer wieder erstaunlich, die den kommunikativen Wert der Schrift als relativ beschränkt beurteilen: „Es ist ein dummes Ding um die Schwierigkeit sich einander zu verständigen. Wir werden alle durch gedrukte Buchstaben aus einander gedrängt. Sässen wir beysammen in Einer Kutsche, oder auf der Bank [...] – wir verstünden einander all [...]."[31] Diese These, dass Beisammensein, gemeinsames Gespräch und Nähe nahezu alle Missverständnisse vermeiden helfen könnten, hat Merck aus eigener Betroffenheit formuliert. Er wusste offenbar, wie abfällig auch gute Bekannte über ihn sprachen, wenn sie ihn lange nicht persönlich gesehen hatten. Mehrere Briefstellen belegen diese Auffassung:

> und daß wenn Sie mit ihm [Goethe] auf einige Abende nur so nahe wie Wieland zusammengesperrt würden, sie einander eben so lieb gewinnen würden, wie zwei Eheleute die sich scheiden wolten die aber der kluge Amtmann zum Schlafengehen miteinander beredet hat.[32]

> Ich habe nun Nicolai, u. Basedow u. Lavater, u. Herder gesehen, Leute, die wenn sie 24 Stunden beysammen wären sich alle anerkannten, u. als Brüder um ihrer Talente, und ihrer Zweke willen lieben u. verehren würden, u. so – können sie sich nicht verstehen, *weil sie an einander schreiben müssen.*[33]

> Wenn Sie zuweilen von andern verkannt werden, wovon ich mit grosem Verdruß manche Probe bestanden habe, so denken Sie dies gehört, unter die unvermeidliche Irrungen, denen wir hier in dieser sublunarischen Welt ausgesezt sind. Meistens wird alles aufgeklärt, wenn man sich Einander sieht, so wie es jezo zu Weimar zugeht.[34]

Wie eine Quintessenz aus solchen Erfahrungen, die auch immer die Qualität des Briefschreibens tangieren, obwohl ein Merck ohne Briefe in Darmstadt wohl völlig ‚ausgetrocknet' wäre, klingt ein Passus aus einem Schreiben an Wieland, der sein Kommen angekündigt hatte: „Mir thut Ihr daran einen grossen Gefallen wenn Ihr kommt, so seht Ihr doch mein Wesen, von dem Euch auch die Menschen allerley vorgelogen haben werden".[35]

Wenn für den Briefschreiber in der Wüste metaphorisch immer wieder das Bild von der Spinne im Netz gelten darf, die nach allen Richtungen ihre

---

29 Merck an Ernst Schleiermacher, Anfang April 1776; ebd., S. 147.
30 Merck an Wieland, 4. Januar 1778; ebd., S. 167-169, hier S. 167.
31 Merck an Lavater, 14. November 1778; ebd., S. 171f., hier S. 172.
32 Merck an Nicolai, 19. Januar 1776; ebd., S. 141-144, hier S. 142.
33 Merck an Nicolai, 28. August 1774; ebd., S. 115-120, hier S. 118.
34 Merck an Nicolai, 20. Dezember 1776; ebd., S. 150-152, hier S. 151.
35 Merck an Wieland, 4. Januar 1778; ebd., S. 167-169, hier S. 168.

Fäden spinnt und anheftet, so bleiben für die privatesten Äußerungen – etwa innerhalb der engsten Familie – meist wenig Anlässe oder Notwendigkeiten, kommunikative Fäden zu knüpfen. Allerdings ist Merck vor seiner Heirat als Hofmeister in Südfrankreich und am Genfer See unterwegs und kehrt dann nach Darmstadt zurück. Nach der Heirat hält sich seine Frau Louise des öfteren in Morges am Genfer See bei ihren Eltern und Verwandten auf, so dass zahlreiche französisch geschriebene Briefe hin und her gewechselt werden. Mercks französischer Briefstil entspricht der Konvention; er ist durchaus auf der Höhe des literarisch Gebotenen, aber er lässt für Persönlichstes wenig Raum – dass er sich immer wieder nach Briefen seiner Frau sehnt oder ihre Rückkehr herbeiwünscht, ist nichts Überraschendes. Immerhin verschweigt Merck nicht, dass er schon früh von Hypochondrie und Verstimmungen aller Art heimgesucht wurde. Dieses Übel verstärkt sich, wenn seine Frau nicht in Darmstadt lebt. Selten wird in den zahlreichen Briefen an Freunde das Intimste in Mercks Denken und Empfinden formuliert. Erst gegen Ende seines Lebens, als er dem Bankrott nahe ist und die Hilfe des Herzogs und Goethes erhält, schreibt er über seine Depression und seine Verzweiflung – aber auch diese Briefe klingen stilisiert und waren Merck wohl erst möglich, nachdem er die schlimmsten Monate seines Lebens mit ständigen Krankheitsschüben hinter sich hatte.

Mercks Briefe wurden zunächst im 19. Jahrhundert von Karl Wagner gesammelt. Allerdings machte dieser verdienstvolle Herausgeber nicht den Versuch, eine komplette Sammlung des erhaltenen Briefcorpus anzulegen. Vom 18. Jahrhundert her gab es ein intensives Interesse der gebildeten Leserschaft an solchen Briefausgaben – über 500 sind für diesen Zeitraum bis ins frühe 19. Jahrhundert hinein überliefert. Wie bei vielen Briefautoren ist auch bei Merck mit zahlreichen Verlusten zu rechnen. Die neue „Forschungsstelle Johann Heinrich Merck – kritische Briefausgabe" an der Technischen Universität Darmstadt unter der Leitung von Prof. Luserke-Jaqui und der Mitarbeit von Frau Dr. Ulrike Leuschner hat inzwischen eine neue Bestandsaufnahme der überlieferten Briefe von Merck erarbeitet. 417 Briefe von ihm und 533 an ihn sind erhalten. Mit 150 Korrespondentinnen und Korrespondenten stand er in Briefwechsel. Quantitativ ist die Verbindung mit Wieland (142 Briefe) dominant, es folgen der Briefwechsel mit Herzog Carl August (97), Louise Merck (79), Herzogin Anna Amalia (63), Soemmerring(56), Goethe (52), Pieter Camper (54), mit der Familie Tischbein (28), Bertuch (28), Sophie von La Roche (26), Nicolai (21), Herder (19) und Lavater (15). Zwei Drittel der Gesamtmenge an Briefen (von 950) verteilen sich also auf diese Briefpartner – von vielen Korrespondenten sind nur wenige Briefe oder überhaupt nur einer erhalten, wobei die Verlustziffer immer mit ins Kalkül gezogen werden muss.

Es ist unter diesen Umständen ein Irrtum, anzunehmen, es lasse sich nach dem bewährten Muster Mercks Leben ‚nach seinen Briefen' schreiben. Die uns erhaltenen Korrespondenzen sind wohl großenteils fragmentarisch; mit dem Verlust von Briefwechseln mit einzelnen Partnern muss gerechnet werden. Eine chronologische Zusammenstellung der Merckschen Briefe ohne interpretatorische und zusätzliche historische Bemühung bleibt deshalb weit hinter den Möglichkeiten zurück, die moderner Biographik geboten ist. So verdienstlich die Erinnerung an Merck mit jedem neuen Buch gewiss sein mag, so wenig schätzbar halte ich den Versuch von Walter Schübler, eine weitgehend unkommentierte Zusammenstellung von Briefen von und an Merck mit wenigen weiteren Dokumenten als ‚Biographie' von *Johann Heinrich Merck. 1741–1791* (Weimar 2001) auszugeben.

Die eben in Zahlen genannten Hauptkorrespondenzen haben eine eigene Sprache: Die meisten Briefe – lassen wir die an seine Frau beiseite – gingen nach Weimar und kamen von dort nach Darmstadt. Mercks Briefe zeigen klarer und eindrucksvoller als seine literarischen und wissenschaftlichen Werke, dass es für ihn bis in sein letztes Lebensjahrzehnt hinein ein Lebenszentrum gab: Weimar. Die törichten älteren Etikettierungen Mercks, der als der ewige böse Freund und Mephistopheles durch die Literatur gejagt wurde, erweisen sich dem Leser seiner Briefe als völlig falsch. Die Freundschaft der siebziger Jahre mit Goethe ist in dessen Weimarer Zeit gewiss manchen Belastungen ausgesetzt, aber sie hält diese aus. Ein im besten Sinne rührendes Beispiel dafür sind Goethes Trostbriefe im August und Oktober 1788. Merck konnte sich auf den Teil seines Netzwerks verlassen, der ihn mit Weimar verband, vielleicht mit Ausnahme Herders, mit dem der briefliche Verkehr bald schwierig wurde und Ende 1775 völlig abbrach. Mercks Briefe haben Herder und seine Frau vernichtet. In Weimar lebte der treueste Briefpartner Mercks, Christoph Martin Wieland. Hinzu kamen die adligen Brieffreunde, die Herzogin Anna Amalia und der junge Herzog Carl August, dessen Klugheit und menschliche Qualität Merck immer wieder betonte. Durch Friedrich Justin Bertuch, den Schriftsteller, Verleger, Unternehmer, Geheimsekretär und Schatullier des Herzogs Carl August hatte Merck auch Einblick in andere Bereiche der kleinen Residenzstadt Weimar. Alle zusammen, mit den Hofchargen, bildeten einen Zirkel, der von Merck immer wieder zum Ort des Trostes und des Ruhmes seines Freundes Goethe erhoben wurde. Der wegen seines Sarkasmus' so oft verurteilte Merck folgte in der Goetheverehrung dessen Mutter, die in ihrem Haus am Hirschgraben eine eigene ‚Weimarstube' eingerichtet hatte, in der sie Porträts, Andenken und Bücher des Sohnes und der fürstlichen Familie ausstellte. 1782 schreibt Merck an Herzogin Anna Amalia:

Daher ist schon lange unter meinen ernsthaften Projekten das ernsthaffteste jezo das:
eine Weimarische Stube, so gut wie Frau Aja zu errichten. Dazu habe ich schon Por-
træte, Landschafften, Zeichnungen, Silhouetten, u.sw. Ferner bekomme ich vom HErrn
GeheimenRath Goethe die MineralienSammlung des Landes, u. Ihro Durchlaucht der
Herzog haben mir Ihr Porträt schon längst von Heinsius versprochen. Ich denke es
soll sich alsdenn in dieser Stube viel besser für einen Weimaraner schlaffen, u. wenn
ich keinen Fremden habe so logiere ich mich Sonntags selbst hinein.[36]

War Merck in den frühen siebziger Jahren mit seinem Haus in Darmstadt
das Zentrum des empfindsamen Zirkels, der schon vor dem Tod der großen
Landgräfin auseinanderfiel, so findet er jetzt sein Zentrum in Weimar. Seit
1782, als die Knochen-Liebhaberei ihn völlig gepackt hatte, lässt die Attrak-
tion dieses thüringischen Zentrums nach – wenn wir hier die elektrotechnische
Bedeutung von ‚Netzwerk‘ verwenden wollen, so fließen wesentlich stärkere
elektrische Ströme von nun an zu Pieter Camper in Friesland, aber auch zu
Soemmerring in Kassel und Mainz. Die Briefe, die wegen der vergleichenden
Anatomie mit Buffon oder Banks gewechselt werden, sind nicht häufig, aber
wegen des europäischen Ruhmes dieser Gelehrten von einer besonderen und
belebenden Kraft. Im Großen und Ganzen lässt sich Mercks Briefhinterlas-
senschaft also in Phasen verstehen. Dabei ist vor allem auffällig, dass die literarischen Interessen Mercks in den achtziger Jahren sehr stark zurücktreten
zugunsten der naturwissenschaftlichen; von diesen Gegenständen handeln
dann auch bevorzugt die nach 1783 publizierten Rezensionen für Wielands
Teutschen Merkur.

Merck ist in den verschiedenen Phasen seines Lebens, wobei der Brotberuf als Kriegszahlmeister und Kriegsrat keine direkt erkennbaren Spuren
hinterlassen hat, immer wieder neu oder auch kontinuierlich an Zeitschriften
beteiligt. Sie sind Netzwerke besonderer Art. Um sie herauszubringen, bedarf
es einer rastlosen Tätigkeit und eines umfangreichen Briefwechsels. Als ihn
der reformierte Verleger und Drucker Deinet in Frankfurt bat, die Leitung
der nicht gerade blühenden *Frankfurter gelehrten Anzeigen* zu übernehmen, griff
Merck zu und wurde mit der Direktion betraut. Seine Freunde aus Frankfurt,
Goethe, Schlosser, aber auch Herder und die Freunde der näheren Umgebung wurden als Rezensenten gewonnen. Merck hat diese Tätigkeit als eine
willkommene Möglichkeit ergriffen, mit zahlreichen Autoren in Verbindung
zu treten, ein neues ‚Netzwerk‘ zu spinnen. An den Theologen Bahrdt schrieb
er Anfang 1772: „Eine Gesellschaft Freunde nimmt sich die Freyheit, E. H.
einzuladen, ob es Ihnen nicht gefällig seyn möchte, an den Recensionen der
neuen Frankfurter gelehrten Zeitung Antheil zu nehmen. Dieselben würden

---

36   Merck an Herzogin Anna Amalia, 22. Februar 1782; ebd., S. 328f.

mit niemand als mir deswegen zu thun haben, [...].“[37] Bald wurde allerdings auch diese Redaktionstätigkeit belastend und die Zusammenarbeit mit dem Verleger Deinet nicht gerade ersprießlich, so dass sich Merck allmählich von der Zeitung zurückzog – immerhin wurden im berühmten Jahrgang 1772 400 Rezensionen unter dem Schutz der Anonymität veröffentlicht.[38]

Durch Vermittlung des Gießener Freundes Höpfner erhielt Merck die Einladung Nicolais, an der *Allgemeinen deutschen Bibliothek* mitzuwirken. Ende 1772 schrieb Merck dem ‚Statthalter‘ der Berliner Aufklärung: „So unbedeutend auch meine Arbeiten seyn mögen, so soll es mich freuen, wenn sie mich mit einem Manne in Verbindung bringen, den ich schon seit langer Zeit von ganzem Herzen hochschäze. Unter die Zahl Ihrer Recensenten die Sie sich seit ao 1750 selbst erzogen haben, gehöre ich nun auch mit [...].“[39] Diese Verbindung mit Nicolai und, nach einem Besuch des Verlegers und Autors in Berlin, auch mit Eberhard, scheint noch im Jahre 1772 jede klare literarische Frontbildung zu verunklären. Aber Merck hat keinerlei Probleme, sich mit dem Berliner Großkritiker, den er gelegentlich auch den „Unteroffizier“ nennt, literarisch wenigstens partiell zu verbünden; bis in die achtziger Jahre hinein reicht der Briefwechsel. Die Beiträge Mercks scheinen dann für die *ADB* auszubleiben. 1782 schreibt er noch an Nicolai: „da ich so lange nichts zur Bibliothek geliefert, u. Sie mich auch von dieser Seite ganz scheinen aufgegeben zu haben, so ist die Frage, wie wir uns hierüber berechnen.“[40] Immerhin war Merck mit seinen Rezensionen an dem größten Unternehmen der Aufklärung beteiligt, das zumindest das Ziel hatte, die neue deutsche Literatur vom Jahre 1764 an zu erfassen und zu besprechen. In den 256 Bänden der ADB (1765–1805) wurden mehr als 80.000 Bücher besprochen. Nicolai hat gewiss mit seinen Rezensenten das Verdienst einer aktuellen Information über Neuerscheinungen im deutschsprachigen Europa. Die Briefe, die Merck mit Nicolai wechselte, enthielten auch immer wieder literarische Neuigkeiten, Klatsch, Zuschreibungen anonym erschienener Werke (etwa von Goethe oder Lenz), aber auch scharfe Urteile, die, nicht für die Veröffentlichung bestimmt, durch Indiskretion jedoch nicht selten an die Öffentlichkeit drangen. Mit Verurteilungen dieser Art hielt sich Merck gegenüber Nicolai zurück; sein Vertrauensmann war eher Wieland. Aus dem aktuellen Affekt heraus kann ihm Merck schreiben: „Die Jacobis sind Schßkerle. Ihre Eitelkeit ist unaus-

---

37 Merck an Bahrdt, 18. Januar 1772; ebd., S. 62f. hier S. 62.
38 Vgl. Hermann Bräuning-Oktavio: Wetterleuchten der literarischen Revolution. Johann Heinrich Merck und seine Mitarbeiter an den Frankfurter gelehrten Anzeigen 1772 in Bild und Wort. Darmstadt 1972.
39 Merck an Nicolai, 7. November 1772; Kraft (Anm. 6), S. 77f., hier S. 77.
40 Merck an Nicolai, 20. April 1782; ebd., S. 336-338, hier S. 337.

stehlich, und Friz war bey nahe nicht 5 Minuten, ohne sich gegen mich zu messen in Gestalt, u. Wiz u. Gott weiß was. Was soll das Messen unter braven Leuten."[41] Wenige Wochen später klingt das Urteil völlig umgekehrt. Nun heißt es: „Frizel in Düsseldorf, ist mir doppelt lieb seit der Zeit ich weiß, wie der Pursche steht."[42] Ein junger Dichter und Maler, den Merck gelegentlich sah, der Mannheimer Maler Müller, wird gelegentlich als origineller Kopf gelobt, wenn es sein muss, aber auch brieflich heruntergeputzt: „Wenn ich doch die Niobe geschrieben hätte, ich möchte mich so wenig sehen lassen, als wenn ich öffentl. den Onanismus proficirte. Gott! was giebts für deutsche Produkte."[43]

Die Freundschaft mit Wieland war nicht nur eine literarische, sondern auch eine persönlich-herzliche. Dennoch bat Merck gelegentlich darum, Wieland möge nicht nur der Herr Merkur sein und ihn als Merkur-Diener behandeln, sondern auch ein wenig Menschliches in seinen Briefen zeigen. Dies scheint Wieland wiederholt getan zu haben. Auch in der schwierigen Zeit Ende 1788 hat Wieland zu seinem Freund gehalten. Für Mercks Interessen war der seit 1773 von Wieland im Selbstverlag herausgegebene *Teutsche Merkur* die ideale Zeitschrift. Sie war nicht nur auf die eine Textsorte, die Rezension, beschränkt, sondern konnte ebenso Dichtung, informierende Aufsätze und popularwissenschaftliche oder politische Abhandlungen veröffentlichen. Bei Wieland brachte Merck seine ersten osteologischen Aufsätze unter – als Publikationen im Selbstverlag erschienen die drei sogenannten *Knochenbriefe*. Zu den erfreulichen Funktionen Mercks als Mitarbeiter an mehreren großen Zeitschriften und als Bekannter oder Freund der Herausgeber gehörte seine Gabe des Vermittelns. Mehrfach hat er Nicolai beschworen, seinen Kleinkrieg gegen Goethe zu beenden und dessen Genialität anzuerkennen. Auch bei Wieland legte er manches gute Wort für jüngere Kollegen ein. Sein oben skizziertes Kommunikationsprinzip, das dem persönlichen Gespräch immer den Vorzug vor Briefen einräumte, brachte er dabei immer wieder in Anschlag. Er war sicher, dass ein freundschaftlicher oder kollegialer Austausch – sogar zwischen Lichtenberg und Lavater – eine Aufklärung ermöglichen könnte, zumal sich viele Streitigkeiten schnell als „Logomachie" herausstellten.

Zu den größten und spätesten Überraschungen für Merck gehörte die Einladung von Herzogin Anna Amalia, an einem nur handgeschrieben vervielfältigten *Tiefurter Journal* mitzuwirken. Diese weitgehend scherzhafte Erfindung des Weimarer Zirkels ist für ihn ein neuer Ausweis der Auszeichnung dieser Menschen: „Ich danke Ew. Durchlaucht unterthänigst, daß Sie die Genade

---

41   Merck an Wieland, 8. August 1778; ebd., S. 190-192, hier S. 191.
42   Merck an Wieland, 7. November 1778; ebd., S. 200-202, hier S. 200.
43   Ebd., S. 201f.

haben, für Ihren Knecht zu sorgen, und ihm aus der Manufaktur des Tief-
further Wochenblatts seine tägliche Nahrung so ordentl. und richtig assigniren
zu lassen. Ich muß gestehn, das Incognito der Herren Autoren ist keiner der
geringsten Reize an den Produkten selbst und die schlankste Taille des Orients
muß unter dem Dreyfachen Schleyer einen zehnfach tieferen Eindruk auf den
lüsternen Betrachter machen."[44]

Mitten in seiner neuen Hauptbeschäftigung, der Jagd nach antediluviani-
schen Knochen, plante Merck noch einmal ein journalistisches Unternehmen.
Als Vorbild wählte er sich die an nahezu allen deutschen Höfen abonnierten
Correspondances littéraires, deren berühmteste Melchior Grimm herausgab. Sie
wurde in nur wenigen Exemplaren handschriftlich vervielfältigt und informierte über politische, literarische und modische Neuigkeiten in Paris. Merck
plante etwas anderes: „Ich denke zu Ende Junius eine Literarische Correspon-
denz über neue Gegenstände der Naturgeschichte, und der Künste im Mscript
herauszugeben, und zwar für grose Herren, und reiche Partikuliers. Monathl.
will ich 4 Bogen in groß Post-Papier von einer CanzleyHand, aber nicht Canz-
leymässig geschrieben, liefern; u. jedesmal eine interssante Zeichnung bey-
legen. [...] Für die Güte der Arbeit muß ich natürl. mit meinem guten Namen
hafften, und diesen denke ich nicht zu verliehren."[45] Leider ist aus dem inter-
essanten Unternehmen nichts geworden. Dafür hätte Merck mit gewiss großem
Erfolg das neue Netzwerk nutzen können, das er mit Naturwissenschaftlern
in ganz Europa geknüpft hatte. An diesem Netzwerk lässt sich übrigens auch
besonders gut die Dynamik solcher Kommunikation studieren: Von einem
Gelehrten der vergleichenden Anatomie oder Osteologie wurde Merck an den
anderen vermittelt, so dass er zuletzt mit allen bedeutenden Wissenschaftlern
in Verbindung stand.

---

44   Merck an Herzogin Anna Amalia, 20. Oktober 1781; ebd., S. 320f., hier S. 320.
45   Merck an Herzog Carl August, Februar 1786; ebd., S. 541f., hier S. 541.

Anhang

Zwölf Briefe aus dem Briefwechsel von Johann Heinrich Merck, hg. von Ulrike Leuschner

Die folgenden in chronologischer Reihenfolge aufgeführten Briefe sind Beispiele aus der entstehenden Edition des Briefwechsels von Johann Heinrich Merck. Sie berichten, bei aller Vorläufigkeit, von den Fortschritten der Arbeit am Briefbestand.

Die Brieftexte erscheinen in diplomatischer Transkription; textkritische Apparate wurden zum gegenwärtigen Zeitpunkt noch nicht erarbeitet. Tilgungen des Schreibers stehen in <spitzen Klammern>, Ergänzungen des Schreibers in [eckigen Klammern]; | bedeutet Seitenwechsel in der Handschrift. Lateinische Schrift in der Handschrift ist durch Groteskschrift kenntlich gemacht. Herausgebertext innerhalb des Briefes ist kursiv, *üdZ* bedeutet „über der Zeile", *alR* „am linken Rand".

Dennoch zeigt bereits die Auswahl von zwölf von zu erwartenden rund 1000 erhaltenen Briefen in nuce das *Netzwerk* des Briefwechsels.

Die Handschriften der Briefe 2, 3 und 5 (Herder bzw. Karoline Herder an Merck) sind erst seit kurzem wieder zugänglich und werden hier erstmals vollständig und zeichengetreu wiedergegeben. Textkonstitution und Kommentar leistete Günter Arnold, der Herausgeber der Herder-Briefausgabe an der Stiftung Weimarer Klassik.

Zum ersten Mal gedruckt sind die Briefe 1, 4, 6, 8, 10 und das abschließende Billet von Merck an einen Unbekannten. Textkonstitution und Übersetzung des Briefs 1 leistete Julia Bohnengel (Mannheim), den Kommentar zu Brief 10 Torsten Rossmann (Darmstadt). Die Briefe 7 und 11 liefern nach Kollation der Handschriften erstmals den authentischen Text. Zu Brief 9 wurden weitergehende Recherchen angestellt, zu Brief 12 konnte der Adressat ermittelt werden.

Folgende Abkürzungen wurden in den Stellenerläuterungen verwendet:

H: Nachweis der Handschriftenvorlage.

D: Auswahl repräsentativer Drucke.

DWB: Deutsches Wörterbuch von Jacob Grimm und Wilhelm Grimm. 16 Bde. Leipzig 1854–1954.

FHA: Johann Gottfried Herder: Werke in zehn Bänden. Frankfurter Herder-Ausgabe. Frankfurt am Main 1985–2000.

Funck: Heinrich Funck: Briefwechsel zwischen Merck und Lavater. In: Historische Monatsschrift 1 (1900) H. 1, S. 48-70.

Herder-Briefe: Herder, Johann Gottfried: Briefe. Gesamtausgabe 1763–1803. Unter Leitung von Karl-Heinz Hahn hg. von der Nationalen Forschungs- und Gedenkstätten der klassischen deutschen Literatur in Weimar (Göthe- und Schiller-Archiv). Weimar 1984ff. Ab Band 10: Hg. von der Stiftung Weimarer Klassik.

   Bd. 1. April 1763 – April 1771. Bearbeitet von Wilhelm Dobbek † und Günter Arnold. Weimar 1984.

   Bd. 2. Mai 1771 – April 1773. Bearbeitet von dens. Weimar 1984.

   Bd. 3. Mai 1773 – September 1776. Bearbeitet von dens. Weimar 1985.

   Bd. 11. Kommentar zu den Bänden 1-3. Bearbeitet von Günter Arnold. Weimar 2001.

Kraft: Johann Heinrich Merck: Briefe. Hg. von Herbert Kraft. Frankfurt am Main 1968.

Soemmerring-BW: Samuel Thomas Soemmerring: Werke. Begründet von Gunter Mann. Hg. von Jost Benedum und Werner Friedrich Kümmel. Bd. 18. Hg. von Franz Dumont: Briefwechsel 1761/65 – Oktober 1784. Stuttgart, Jena, New York 1996.

SWS: Herders Sämmtliche Werke. Hg. von Bernhard Suphan. 33 Bde. Berlin 1877 bis 1913.

WA: Goethes Werke. Hg. im Auftrag der Großherzogin Sophie von Sachsen. 143 Bde. Weimar 1887–1919, die sog. Weimarer Ausgabe.

Wagner I: Karl Wagner (Hg.): Briefe an Johann Heinrich Merck von Göthe, Herder, Wieland und andern bedeutenden Zeitgenossen. Mit Merck's biographischer Skizze. Darmstadt 1835.

Wagner II: Karl Wagner (Hg.): Briefe an und von Johann Heinrich Merck. Eine selbständige Folge der im Jahre 1835 erschienenen Briefe an J. H. Merck. Aus den Handschriften hg. [...] Mit Facsimilien der Handschrift von Göthe, Herder, Wieland, Karl August und Amalia v. Weimar, W. Tischbein, Claudius und Merck. Darmstadt 1838.

Die Kommentierung kann angesichts der Disparatheit der anstehenden Themen und der Lückenhaftigkeit der überlieferten Informationen nur selten erschöpfend und zweifelsfrei sein. Korrekturen und Hinweise jeder Art nimmt die Forschungsstelle dankbar entgegen.

Abb. 5: Louise Chabonnier an Merck. Morges, Sommer 1765
(Vorder- und Rückseite)

1.
LOUISE FRANÇOISE CHARBONNIER AN MERCK
MORGES, SOMMER 1765

Mll DeVenoge[1] vient de me dire que la partie de Chardonay[2] étoit renvoyée a demain et quelle se feroit en Carose et non point à Cheval; vû que le Soleil pouroit ternir les Lis et les rose de leurs teints; pour moi qui suis a labri de pareil accident, je péste de bon cœur contre ces precotion femelles, qui dérange notre plan, mais qui ne m'empeche pas comme vous voyes que je ne soit fille de parole L: Charbonnier

Mlle DeVenoge hat mir gerade gesagt, dass der Ausflug nach Chardonay auf morgen verschoben und dass er mit der Kutsche und keineswegs zu Pferd gemacht werde, mit Rücksicht darauf, dass die Sonne die Lilien und Rosen ihrer Teints trüben könnte. Was mich betrifft, die ich vor solch einem Unglück geschützt bin, so schimpfe ich aus ganzem Herzen auf diese weiblichen Vorsichtsmaßnahmen, die unseren Plan stören, die mich aber nicht daran hindern, wie Sie sehen, ein Mädchen zu sein, das sein Wort hält. L: Charbonnier

H: Darmstadt, Firmenarchiv Merck; Bestand C VII 10 (6 – 10)
[Transkription und Übersetzung: Julia Bohnengel]
Datierung: Eine Reihe von nicht genau zu datierenden Billets erzählen bruchstückhaft von der Zeit der ersten Liebe zwischen Merck und seiner späteren Frau Louise Françoise Charbonnier (1743–1810). Als Begleiter des 15jährigen Heinrich Wilhelm von Bibra aus dem sächsischen Voigtland kam Merck im Oktober 1764 (Datum post quem) nach Morges, einer kleinen Stadt am Nordufer des Genfer Sees, wo sein Schützling das Collège besuchte. Während des 18-monatigen Aufenthalts verliebte er sich in die älteste Tochter des Verwaltungsbeamten Jean Emanuel Charbonnier. Die weitere Reise über Südfrankreich nach Oberitalien brach er in Marseille ab, als ihn die Nachricht von der Schwangerschaft der Geliebten erreichte. Am 7. Juni 1766 (Datum ante quem) heiraten Louise Charbonnier und Merck in Lonay, einem kleinen Dorf bei Morges. Abb. 5.

---

1   Die Familie Devenoge gehörte wie die Familie Charbonnier der bürgerlichen Oberschicht der Stadt an, deren Reichtum auf dem Weinanbau ihrer großen Landgüter beruhte.
2   Die wohlhabenden Familien des Waadtlandes pflegten eine rege Gesellligkeit und Gastfreundschaft; vgl. William de Sévery, Clara de Sévery: La vie de société dans le Pays de Vaud à la fin du XVIIIe siècle. Salomon et Catherine de Charrière de Sévery et leurs amis. Genève 1978 [Nachdruck der Ausgabe: Lausanne, Paris 1911].

2.
JOHANN GOTTFRIED HERDER AN MERCK
STRASSBURG, 28. OKTOBER 1770

Lieber Merk,

Die Zeit dünkt mich schon so lange, daß ich nicht an Sie und Sie nicht an
mich geschrieben haben, u. doch sinds erst vierzehn Tage. Bedenken Sie, daß
Sie mir noch so gar auf mein schönes Klotzisches Gaßenlied[1] eine Antwort
schuldig sind.

Ich wühlte in diesen Tagen unter meinen Papieren und fand einige kleine
Papierflicke, wo ich vor Jahr und Tag einige der schönsten AltEnglischen
Balladen, meistens aus Shakespear, übersetzt hatte.[2] Da ich nun vermuthe,
daß Sie den Shakespear doch nicht aufgegeben: so lege ich einige so Thor-
zettelmäßig[3] bei, als sie vor mir liegen. Sie sind im Englischen in ihren Sylben-
maaßen, in ihren Altmütterreimen,[4] in ihrem MärchenTon, Jedes auf seine
Art, vortreflich und insonderheit an den Stellen, wo sie stehn, von erstaunen-
der Würkung. Aber eben deßwegen auch unübersetzbar: daher sie auch
Wieland meistens nicht übersetzt, oder doch garstig verstümmelt hat.[5] Vom
letzten ist das Liedchen Ariels Probe, oder vielmehr beide Liederchens, die im
tempest, das Eine von so feierlichem Zauberton, das andre so ätherisch Syl-
phenfreudig, <ist> aber von Wieland, wie ich mich aus ein paar Zeilen er-
innre, jämmerlich travestirt sind.[6] An das letzte: where the bee lurk[7] p hat sich
auch Moses,[8] und der Uebersetzer des Essai on the Genius of Pope[9] gemacht
– aber es befriedigte mich keiner. Sehen Sie nun, wie ich Sie befriedige. Aber
beiLeibe horchen Sie nur auf Ton u. nicht auf Worte: Sie müßen nur singen,
nicht lesen – – Das KuckucksLiedchen[10] hat H. Händel allerliebst gesetzt:
<ab> im Deutschen aber ist das Wortspiel zwischen Kuckuck und cuckold
oder cocu[11] nicht so auffallend, wenigstens nicht für jeden dummen Schach-
Baham.[12] Sonst aber dünkt mich im Provinzialglauben meines Vaterlandes[13]
eben so gut dunkle Spuren dieser Kuckuckprophezeiung gefunden [zu] haben, als bei der Eule; nur bei dieser, als Todtenruferin, daher ich hier, dem
Deutschen Glauben gemäß, vom Englischen ganz abgegangen bin. Das Liedchen come avay, death ist an seinem Ort von der erstaunendsten Würkung:
daher auch Shak. seinen Herzog, der sichs vorsingen läßt, ihm die grösten
Lobsprüche geben läßt.[14] Es ist eine alte Romanze, weit älter als Shakespear,
und so auch die take, oh take p Solche alte Lieder sind für mich von der Würkung, daß ich mir vest vorgenomen daß, wenn ich je an die britische Küste
komme, ich nur durchfliege, Theater | und Garrik[15] sehe, Hume[16] grüße, und

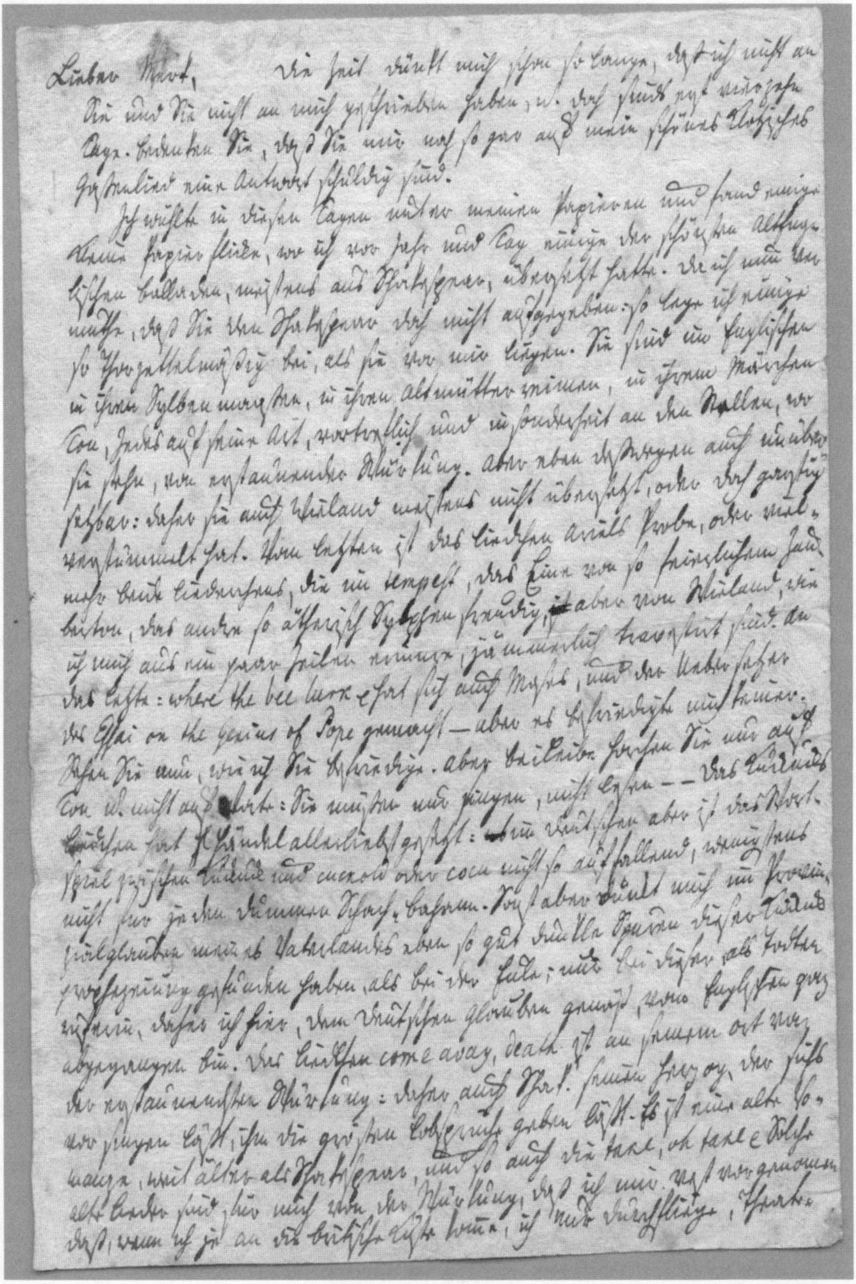

Abb. 6a: Johann Gottfried Herder an Merck
Straßburg, 28. Oktober 1770

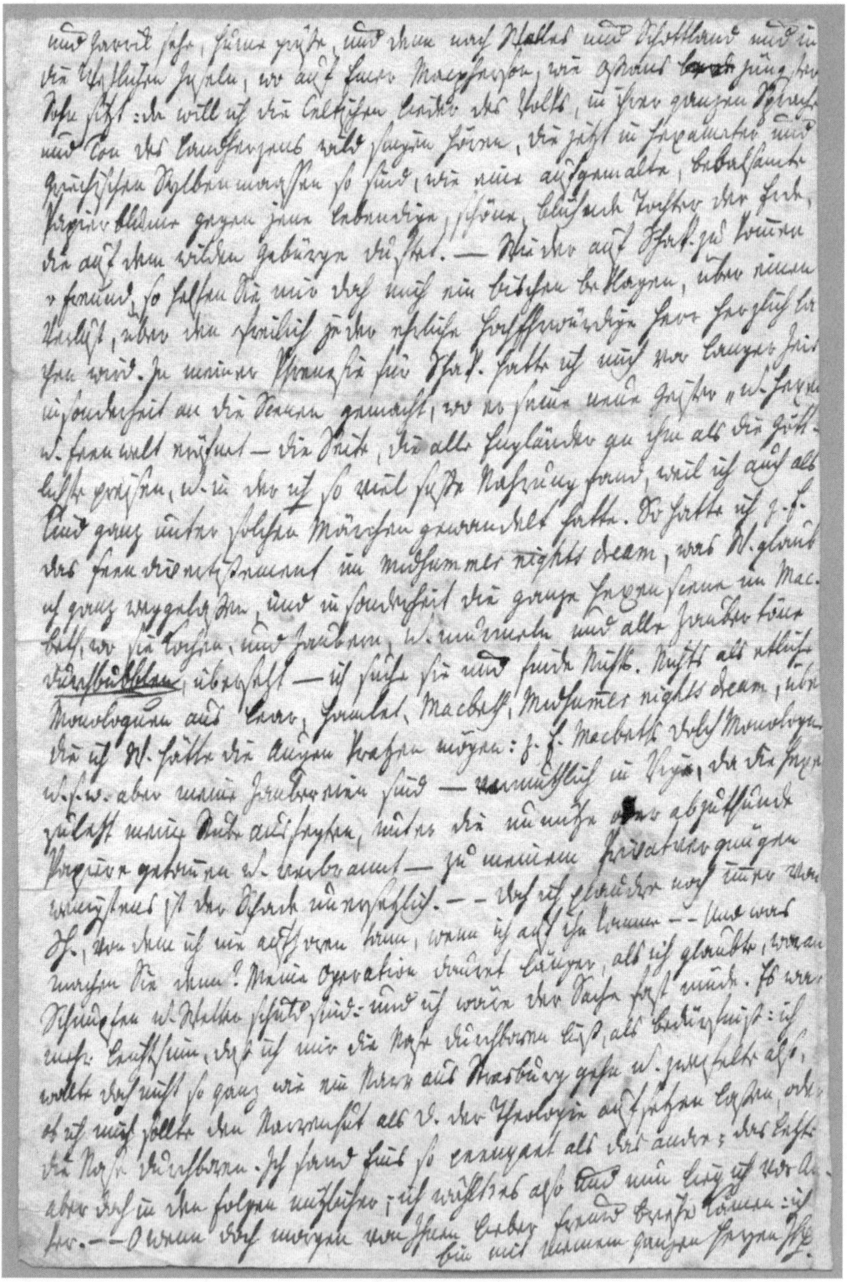

Abb. 6b: Johann Gottfried Herder an Merck
Straßburg, 28. Oktober 1770
(Rückseite)

denn nach Walles[17] und Schottland und in die Westlichen Inseln,[18] wo auf
Einer Macpherson,[19] wie Oßians <Brud> jüngster Sohn sitzt: da will ich die
Celtischen Lieder des Volks, in ihrer ganzen Sprache und Ton des Land-
herzens wild singen hören, die jetzt in Hexameter und Griechischen Sylben-
maassen so sind, wie eine aufgemalte, bebalsamte Papierblume gegen jene
lebendige, schöne, blühnde Tochter der Erde, die auf dem wilden Gebürge
duftet.[20] – Wieder auf Shak. zu kommen o Freund, so helfen Sie mir doch
mich ein bischen beklagen, über einen Verlust, über den freilich jeder ehrliche
Hochwürdige Herr[21] herzlich lachen wird. In meiner Phrenesie für Shak. hatte
ich mich vor langer Zeit insonderheit an die Scenen gemacht, wo er seine
neue Geister- u. Hexen- u. Feenwelt eröfnet – die Seite, die alle Engländer an
ihm als die Göttlichste preisen, u. in der _ich_ so viel süße Nahrung fand, weil
ich auch als Kind ganz unter solchen Märchen gewandelt hatte. So hatte ich
z. E. das Feendivertißement im Midsummer nights dream,[22] was W. glaub ich
ganz weggelaßen, und insonderheit die ganze Hexenscene im Macbeth, wo sie
kochen,[23] und zaubern, u. murmeln und alle Zaubertöne durchbubblen,[24]
übersetzt – ich suche sie und finde Nichts. Nichts als etliche Monologuen aus
Lear, Hamlet, Macbeth, Midsummer nights dream, über die ich W.[25] hätte die
Augen kratzen mögen: z. E. Macbeths DolchMonologue[26] u. s. w. aber meine
Zaubereien sind – vermuthlich in Riga, da die Hexe[n] zuletzt meine Stube
ausfegten, unter die unnutze oder abzuthunde Papiere gekommen u. ver-
brannt – zu meinem Privatvergnügen wenigstens ist der Schade unersetzlich.
– – Doch ich plaudre noch immer von Sh., von dem ich nie aufhören kann,
wenn ich auf ihn komme – – Und was machen Sie denn? Meine Operation
dauret länger, als ich glaubte, woran Schnupfen u. Wetter schuld sind: und ich
wäre der Sache fast müde. Es war mehr Leichtsinn, daß ich mir die Nase
durchboren ließ,[27] als Bedürfniß: ich wollte doch nicht so ganz wie ein Narr
aus Strasburg gehn u. zweifelte also, ob ich mich sollte den Narrenhut als D.[28]
der Theologie aufsetzen laßen, oder die Nase durchboren. Ich fand Eins so
ennuyant als das andre; das letzte aber doch in den Folgen nützlicher; ich
wählt' es also und nun lieg ich vor Anker. – – O wenn doch morgen von
Ihnen lieber Freund Briefe kämen: ich bin mit meinem ganzen Herzen Ihr H.

H: Darmstadt, Firmenarchiv Merck – Provenienz: Autographen-Sammlung Max Warburg
(Hamburg); vgl. Auktionskatalog Stargardt 675 (Berlin, 13./14. November 2001), Nr. 183.
D: Wagner I Nr. 4. – Johann Gottfried von Herder's Lebensbild. Sein chronologisch-geordneter
Briefwechsel, hg. von Dr. Emil Gottfried von Herder, Bd. 3, Erlangen 1846, Nr. 48. – Herder-
Briefe Bd. 1, Nr. 111 (nach Wagner).
Datierung: folgt Wagner.
Kommentar: vgl. Herder-Briefe Bd. 11, Weimar 2001, S. 168-171.
[Textkonstitution und Kommentar: Günter Arnold]
Abb. 6, S. 189f.

1 Ein nicht überliefertes Gedicht auf Christian Adolph Klotz (1738–1771) oder die *Antwort auf das Herausforderungslied* im Brief Herders aus Straßburg vom Februar / März 1771 (H: München, Privatbesitz, Mappe 52; D: SWS Bd. 29. Hg. von Carl Redlich. Berlin 1889, S. 521-524, 743f.; Herder-Briefe Bd. 1, Nr. 133 und Bd. 9, S. 108ff., auch als „Gaßenhauer" bezeichnet (Bd. 9, S. 108,23). Möglicherweise sind beide undatierten Briefe – der vorliegende (Nr. 111) und Nr. 133 – von November oder Dezember 1770.

2 Der vorliegende Brief, der ebenso wie der folgende hier abgedruckte Brief an Merck zu den in literaturgeschichtlicher Hinsicht inhaltsreichsten Texten der Herderschen Korrespondenz überhaupt gehört, dokumentiert Herders vorrangiges Interesse an volksliedhaften und balladesken Elementen im Werk des großen Dramatikers.

3 „Thorzettel" ist ein von Johann Georg Hamann und Johann Friedrich Hartknoch in Briefen an Herder benutzter Königsbergischer Provinzialismus für Toilettenpapier.

4 Oberdeutsch für Großmutterreime.

5 Shakespear Theatralische Werke. Aus dem Englischen übersezt von Herrn Wieland. 8 Bde. Zürich 1762–1766; Prosaübersetzung, in der die Lieder, die sogenannten „Rüpelszenen" und Hexenszenen zum größten Teil weggelassen wurden; von Herder überwiegend getadelt.

6 Ungerechtes Urteil über Wielands Übersetzungen von Ariels Liedern „Fünf Faden tief dein Vater ligt" (I. Akt, 5. Szene) und „Wo die Biene saugt, saug ich" (V. Akt, 3. Szene) in *Der Sturm; oder: Die bezauberte Insel* (in: Theatralische Werke. Bd. 2, 1763).

7 lurk: lauert; dagegen bei Shakespeare: sucks: saugt. Keine authentische Variante.

8 Moses Mendelssohn veröffentlichte einen Auszug aus *An Essay on the Writings and Genius of Pope* (London 1756) von Joseph Warton (1722–1800) in: Bibliothek der schönen Wissenschaften und der freyen Künste. Bd. 4. Leipzig 1759, S. 500-532, 627-669; Ariels Lied S. 645f.

9 In: Sammlung vermischter Schriften zur Beförderung der schönen Wissenschaften und der freyen Künste. Hg. von Christoph Friedrich Nicolai. Bd. 6. Berlin 1763.

10 Vom Lied „Wenn Kuckucksblumen gelb als Gold" (SWS Bd. 25, S. 55) aus *Love's Labour's Lost* (V. Akt, 10. Szene, *Vergebliche Liebesmüh*) ist keine Händelsche Vertonung nachweisbar.

11 Hahnrei (engl., frz.).

12 Person in Claude Prosper Jolyot de Crébillons Roman *Le Sopha, conte moral* (Paris 1745).

13 Ostpreußen.

14 Twelfth Night, or what you will (II. Akt. 4. Szene, *Was ihr wollt*).

15 David Garrick (1716–1779), Schauspieler.

16 David Hume (1711–1776) wurde von Herder besonders als Geschichtsschreiber geschätzt.

17 Wales.

18 Hebriden.

19 James Macpherson (1736–1796), durch die als Übersetzungen gälischer Originaldichtungen herausgegebenen *Ossian*-Pastiches (London 1760–1763) berühmt, lebte meistens in London.

20 Herder hatte Johann Nepomuk Cosmas Michael Denis' Übersetzung *Die Gedichte Ossian's, eines alten celtischen Dichters* (3 Bde., Wien 1768/69) in der *Allgemeinen deutschen Bibliothek* vor allem wegen der unpassenden Hexameterform kritisiert.

21 Geistlicher.

22 Schluss des 5. Aktes.

23 1. Szene des 4. Aktes.

24 to bubble: murmeln, gurgeln.

25   Wieland.
26   1. Szene des 2. Aktes.
27   Tränenfisteloperation am 22. Oktober 1770.
28   Doctor.

3.

JOHANN GOTTFRIED HERDER AN MERCK
BÜCKEBURG, 16. NOVEMBER 1771

Laßen Sie sich, mein lieber Freund, für alle Ihre Liebe, Geduld u. Güte um-
armen, die Sie mir u. meiner, oder vielmehr unsrer Freundin[1] (denn sie gehört
Ihnen in so vielem fast noch mehr als mir) in Ihrer Situation beweisen – in
Ihrer Situation, die ich <so> eben so empfindlich fühle, als sie mich wundert.
Es ist wahrhaftig zwischen 4. oder 5. Personen unter uns ein so sonderbar
gezogner u. verwickelter Faden von Liebe, Freundschaft, Eifersucht, Haß u.
Poße gegen einander, als je in einem so Evenementsleeren kleinen Zirkel[2] gedacht werden kann, u. da an Ihnen gewißer Maassen alle Enden u. Fäden zusammengehen, so kann ich Ihnen nichts als zuruffen: halt vest, lieber Merk,
bis sich die Zeit erbarmen wird, Alles zu enttrödeln.

Aber in Einem, glauben Sie mir, haben <ich> Sie mir sehr Unrecht gethan
in dem Werth den ich auf meine Briefe setze. Wenn ich je in der Welt mich
unschuldig gefühlt habe – u. vielmehr würden Sie ganz das Gegentheil sehen,
wenn Sie überhaupt mich nur sehen wollten. Da Ihr Bild durch die Reihe von
Zeiten und Sendschreiben u. Bekanntschaft fast nur der Revers von meiner
Freundin ist, u. ich fast an keine Situation denken kann, wo Sie nicht auch mit
u. oft in so beträchtlichen Ehrenposten mit wären: so werden auch Ihre Briefe immer als Revers empfangen, aufbewahrt,[3] u. in das Bündlein der Lebendigen[4] mit versiegelt: u. so sind sies von jeher geworden. Ihre ganze Denkart,
Ihr Ausdruck so ganz Bild u. Empfindung <da> im Umriße, daß mir davon
oft Worte u. Wendungen langer Anschlag eines Tons in meiner Seele wird:
das Alles mit dem Platze dekorirt, auf dem Sie stehen, macht mich zu <eben
dem> einem Abgötter,[5] der eben daher über Ihr Stillschweigen u. Verkennung
so brummte u. murrte – u. warum muß ich Ihnen das Alles <u>sagen</u>? Sprechen
Sie mich also los, oder Sie sollen vor jener Welt an der Brücke lang gnug
warten müßen, über die „scharf, wie ein Schwert, u. dünn wie ein Haar"[6]
keiner geht, der noch Was auf des andern Rechnung hat. Gegen Sie habe ich
in der Welt Nichts, als die kleinmüthige Furcht, daß Ihnen unser Verhältniß
zu daurend werden dörfte, u. auch die Furcht ist, wie geschrieben, Kleinmuth.[7]

Da Ihr gegenwärtig, hoffentlich, im lesen Klopst.[8] seyn werdet; so erinnert
Euch meiner bisweilen, als ob ich mit Euch läse. Was Ton anbetrift, glaube
ich, euch das 3te Buch beßer vorlesen zu können, als Einer von Euch, u. bei
<u>dem</u> Buch verliert ihr würklich mit dem Ton der Stime | viel: weil es gegen
manches andre schadlos hält, u. auch darauf abgezielt ist. Sonst aber bin ich,
unter allen seinen 3. Gottheiten, (Gott, Mädchen u. Vaterland!) so sehr für
das Mittelste: (im 2ten Buch!) daß da jeder Ton Druck, Veränderung, ein Ton
des Herzens wird – unsäglich! Vaterland sieht man, ist dem armen Mann nach
dem Tode seiner Cidli[9] erst in den Sinn gekommen, u. denn Endlich der liebe
Gott ist ihm lieblicher Schauer, Nachschauer der Meßiade,[10] u. das 1te Buch
ist in diesem Betrachte mir das letzte! Ueberall aber freilich eine liebliche Blu-
me, seine Seele, die an jedem Blättchen süß tönt, sie möge die Luft Gottes,
oder der Hain der Barden anwehen, oder noch lieblicher, <sie> vor u. an der
Brust des Mädchens blühen.

Sonst habe ich gegenwärtig eine grosse Lect. unternommen u. fast (matt u.
müde) geendigt: die Memoires de Petrarque[11] in 3. grossen 4. Bänden: die
ersten Quartanten, die ich <auf so> in meinem Leben zu Ende zu bringen
denke: Denn der Mann Petr. hat für mich bei allem seinen Pedantischen Rhe-
tor. aus seiner Zeit so viel Merkwürdiges, als je ein „<u>unvollendetes</u> der Liebe
gleichsam nachsäuselndes Leben, mit alle seinem Glanze von Außen u. Eckel
von innen" gehabt hat. Große Züge ist er also mein ernsthaftester Buß-
prediger, u. wenn der liebe Gott u. ein endlicher Ueberdruß es nicht anders
will, <übersetze> theile ich Ihnen gar „einige Confeß. seines Herzens" mit,
die er, insonderheit über die Liebe seiner Laura an den S. Augustin, seinen
Schutzpatron thut.[12] <u>Sie</u> sind in den Gegenden selbst gewesen,[13] (ich glaube
gar, wenigstens habe ichs beim Lesen 10.mal geträumt, daß der Geburtsort
Ihrer Frauen, an der Sorgue[14] liegt? oder habe ich unrecht gehört?) u. wenigstens werden Sie so schwerlich wie ich diese 4tanten durchlesen, daß Ihnen
also ein Hinwurf von der Wahrheit seiner Geschichte nicht uneben seyn wird:
wie Sie theils dieser Schriftsteller, (der uns noch über Boccaz[15] u. Dante, über
jeden 3. u. über Petr. wenn das Publ.[16] wollte, allenfalls auch noch 1. 4tanten
geben möchte) ausforscht u. mir sie vorkommt. – Sonst, ehe mich Kl.[17] stör-
te, war auch wie Ihnen der Engl. Oßian[18] mein Mann, u. was sagen Sie nun,
insonderheit, wenn Sie Klopstocks 3tes Buch lesen, ist meine Ahnung u. Auf-
pochen des innern Gefühls nicht recht gewesen, daß Oßian anders, u. eben so
vielleicht übersetzt werden sollte, als da manche Bardentöne lauten.[19] Auf
Macphersons Prose, dünkt mich, haben Sie sich <u>im Tone</u> nicht so völlig zu
ver | laßen; da er alle Fallendungen, u. wiederkommenden Tavtologien der
Meistersänger, an denen Oßian voll ist, wegläßt, so bekomt seine Prose etwas
den vollen Ton der spätern Romanze, der sich doch, dünkt mich, zu Oßian,

mit seinen Füllwiederholungen u. unregelmäßigem Sylbenmaas, wie Trompe-
tenschall zur Nebelharfe verhält, und die wilde ungebundne, u. an <u>Empfin-
dungen</u> eben so hierogl.[20] Sprache, als die Orient. es an <u>Bildern</u> ist, war über-
dem gar nicht zu geben. Hören Sie einmal eine Probe von Wort zu Wort aus
dem Ende des 7. Buchs der Temora, nach der Urschrift Macph.[21] <ich ver>
(wo indessen noch immer Ton, Laut, u. der ganzen Notenreihe der Schlüßel
fehlt) hören Sie sie so einfaltig entziefert, um sie zu vergleichen,

Rühr Saite, du Sohn Alpins des G'sangs!
Wohnt Trost in   du Harfe der Lüfte?
Wälz' über Oßian! zu Oßian dem traur'gen
Seine Seel' in, gehüllt in Nebel. – Welch ein Nebelton u. nun plötzlich,
                    wie ein aufloderndes Flämmchen:

Ullin u. Carril und Raono,
Stimmen vergangne der Tage vor Alters
Hört ich euch! in Finsterniß Selma!
Bald erhübs die Seele des Lieds!

Nicht hör'ch euch, Söhne des G'sangs!
Welcher in Wohnung der Wolken ist eure Ruh?
Nicht rühret ihr Harfe, die düstre
Einhüllen   Nebel   'Morgens tief
Dort aufsteigt mit G'tön die Sonne
Ueber Wellen die Häupter blau (grün)[22]

Von Waßern Buschwaldigen des Lego
Drüber! 'nüber! steigen Nebel   Busen finster von Wellen
wenn geschloßen werden Thore der Nacht
Ueberm Adleraug der Sonn' am Himmel
Weit nach Lara dem Fluß
wälzen düster – Nebel so dunkl u. tief!
Wie trüb, Schild stark rollt im Nebel
Gehüllet siebenmal der Mond in Nacht u. s. w.[23]

Sagen Sie, was muß das im Original mit seinen Tönen seyn? u. hat | Klopst.
nicht würklich etwas als Dichter triumphirt, da er sich so edel kühn selbst
Oßianen vorzieht?[24] –
     Und endlich auf meine liebe Sternheim,[25] die ich nur Erst noch mit der
ersten Begierde überflogen, wie wenn man mit dem ganzen Herzen nur sieht
u. im Ganzen umfassen will. Es ist glaub' ich, natürlich, daß der erste Theil,

gleichsam als Jugend, als Morgenröthe des Werks, indem er nur erste Bekanntschaft u. Ahnungen gibt, die das Nähern dem Ausgange nicht hat, stärker frappire: Der Absicht der Verf. aber nach, um zu zeigen, wie die wohl-
thätige Seele sich blos durch Activität aus dem erschrecklichsten Fall erhole,
ist, glaub' ich, dieser Theil der schönre, u. die Situationen mit Derby als Ehemann, mit Seymour wie er sich ins Kopfküßen wickelt, mit Rich, der ihre Seele erräth u. a. sind außerdem meisterhaft: so wie die Todtenstimme aus den
Bleigebürgen[26] mir rührender, als Hiob[27] tönt – Für mich aber muß ich sagen,
hat diese vortrefliche Frau die meiste sonderbare Würkungen, wenn ihre Personen, Sternheim, Seymour, Rich u. s. w. (Sie ists am Ende doch immer selbst!)[28]
Ihre Lieblingsgedanken, kleine Bemerkungen, Aussichten aufs Leben, süße
Blicke der Seele verrathen: in diesem allen ist sie für mich einzig u. <ich
ziehe> weit mehr als Clariße[29] mit allen ihren herausgewundenen Situationen
u. Thränen. Dies ist auch etwas, was ihr ewigen Werth geben wird – nur Wielands Noten sind abscheulich.[30] Ich weiß nicht, ob der elendeste Commen-
tator je so zuwider dem Sinne seines Autors gloßirt, als dieser: Sternheim, ein
Engel vom Himmel, der uns Glauben an die Tugend durch sich selbst predigt
u. Er, ich mag nicht sagen!

Jacobi über die Wahrheit ist, dünkt mich, das männlichste, was je dieses
Männchen geschrieben: so wie auch in Aglaja p würklich die Realität desselben zuzunehmen scheint; nur sieht immer noch die süßliche Eitelkeit hin-
durch.[31]

Sulzers Wörterb.[32] ist erschienen; aber der erste Theil ganz unter meiner
Erwartung. Alle Litterarisch-Critische Artikel taugen nichts: die meisten Me-
chanischen nichts: die Psychol. sind die einzigen u. auch in denen das lang-
wierigste, darbendste Geschwätze: so wie auch Landsmannschaft u. Parthei-
lichkeit[33] aus dem ganzen Werke leuchtet. Da muß ich aus Ihrem Gedicht
sagen – Ein Zug von Shakespear![34] – indessen für Dummköpfe u. blöde Augen wird ein solcher Schutt ewig unermäßlich seyn: u. *Nachtrag linke Seite* [für
der Hand es immer heissen: Sulz. hat ihm aber doch schön vorgearbeitet ppp]
Leben Sie wohl, lieber Fr., nächstens mehr!

H: Darmstadt, Firmenarchiv Merck. – Provenienz: Autographen-Sammlung Max Warburg
(Hamburg); vgl. Auktionskatalog Stargardt 676 (Berlin, 11./12. Juni 2002), Nr. 155.
D: Wagner I Nr. 8. – Herder-Briefe Bd. 2, Nr. 37 (nach Wagner).
Datierung: abweichend von Wagner (Juli 1771) aufgrund von inhaltlichen Analogien (Sternheim-
Lektüre u. a.) zu einem Brief Herders an Karoline Flachsland, der auf den 16. November 1771
datiert wurde (Herder-Briefe Bd. 2, Nr. 36).
Kommentar: vgl. Herder-Briefe Bd. 11, S. 259–262.
[Textkonstitution und Kommentar: Günter Arnold]

1   Herders Liebesbriefwechsel mit Karoline Flachsland ging zweieinhalb Jahre lang als Einschluss durch Mercks Hand, da es der Konvenienz widersprach, dass die unverheiratete Karoline, noch unter der Vormundschaft ihres Schwagers stehend, Briefe eines ledigen Mannes empfing.

2   Die ,Darmstädter Empfindsamen': Herder, Karoline, Merck, Andreas Peter v. Hesse, Franz Michael Leuchsenring, Henriette von Roussillon (,Urania'), Louise von Ziegler (,Lila').

3   Durch Intrigen Leuchsenrings und aufgrund von Mercks Indiskretion über Herders Verhältnis zu Karoline Flachsland zerbrach die Freundschaft zwischen Herder und Merck nach 1773 (vgl. Herder-Briefe Bd. 3, S. 85). Mercks Briefe an Herder wurden vernichtet.

4   Vgl. 1. Samuel 25,29.

5   Götzendiener.

6   Arabisches Sprichwort (vgl. SWS Bd. 16, S. 321; FHA Bd. 4, S. 481,17-25).

7   Vgl. Matthäus 8,26.

8   Herder hatte Anfang November 1771 von Johann Joachim Christoph Bode Klopstocks authentische Ausgabe der *Oden* (Hamburg 1771) erhalten und an Karoline Flachsland geschickt (vgl. Herder-Briefe Bd. 2, S. 91f.).

9   Margaretha (Meta) Klopstock, geb. Moller (1728–1758).

10 Friedrich Gottlieb Klopstock: Der Messias. 4 Bde. Kopenhagen und Halle 1755–1773.

11 Gemeint sind die *Mémoires pour la vie de François Pétrarque tirés de ses oeuvres et des auteurs contemporains* (3 Bde., Amsterdam 1764–1767) von Jacques François Paul Alphonse de Sade (1705–1778), einem Nachkommen von Petrarcas platonischer Geliebter Laura (1307 bis 1348). Daraus das im gleichen Satz folgende Zitat.

12 Drei fiktive Gespräche *De contemptu mundi* (vgl. SWS Bd. 18, S. 359-365; FHA Bd. 8, S. 11-17).

13 Merck war 1766 als Hofmeister in Südfrankreich.

14 Herder verwechselt hier den Fluß Sorgue mit der Quelle Vaucluse bei Avignon, Petrarcas Einsiedelei, mit Morges am Genfer See, dem Geburtsort von Mercks Frau Louise Françoise, geb. Charbonnier.

15 Giovanni Boccaccio (1313–1375).

16 Publikum.

17 Klopstocks *Oden*.

18 Vgl. Anm. 19 zum vorhergehenden Brief. – Merck gab zusammen mit Goethe einen Nachdruck der 2. Auflage von *The Works of Ossian, the son of Fingal* (London 1765; in der Bibliothek von Goethes Vater) als *Works of Ossian* heraus (4 Bde., Darmstadt, Frankfurt und Leipzig 1773/74 und 1777).

19 Vgl. Anm. 20 zum vorhergehenden Brief.

20 Hieroglyphisch: rätselhaft, geheimnisvoll.

21 Macpherson hatte nach dem 7. Buch des ossianischen Epos *Temora, an Ancient Epic Poem in eight books* (London 1763) eine Probe gälischer Poesie gegeben, *A Specimen of the Original of Temora, 7th Book*. Daraus sind die folgenden vier Strophen, die Goethe im September oder Oktober 1771 als Interlinearübersetzung mit dem gegenüberstehenden gälischen Text und der englischen Prosa-Paraphrase an Herder geschickt hatte (vgl. WA IV 2, S. 3ff. und die Beilage WA IV 50, S. 3-7 bzw. WA I 53, S. 152-155). Die von Herder an Merck mitgeteilten Übersetzungsproben stammen in Wortlaut und Wortfolge von Goethe!

22 Den voranstehenden drei Strophen (vgl. WA I 53, S. 152-153,16; WA IV 50, S. 3f.) entsprechen die nur geringfügig überarbeiteten Strophen 1, 5 und 6 der *Erinnerung des Gesanges*

der Vorzeit. Aus Ossian im 2. Teil der *Volkslieder* (Leipzig 1779; SWS Bd. 25, S. 429f.; FHA Bd. 3, S. 324).

23 Der voranstehenden vierten Strophe, die in den bisherigen Drucken dieses Briefes fehlte, entsprechen die stärker überarbeiteten Strophen 1 und 2 von *Fillans Erscheinung und Fingals Schildklang. Aus Ossian* (SWS Bd. 25, S. 423f.; FHA Bd. 3, S. 320). – In Unkenntnis der erst 1908 veröffentlichten Goetheschen Interlinearübersetzung (vgl. WA I 53, S. 480) sah der Herausgeber der *Volkslieder* in SWS, Carl Redlich, nur das in Herders Autorschaft nicht seltene Versteckspiel in seiner Erklärung als Herausgeber im Inhaltsverzeichnis des 2. Teils, die Übersetzung der „beiden letzten Stücke [...] ist nicht von ihm" (SWS Bd. 25, S. 539, zu Nr. 15 und 16; Anm. S. 679f.). Ihm folgte noch 1990 der Herausgeber Ulrich Gaier: „Die Übertragung ist entgegen der Versicherung Herders im Verzeichnis mit Sicherheit von ihm selbst" (FHA Bd. 3, S. 1135). Vgl. Howard Gaskill: „Aus der dritten Hand": Herder and his annotators. In: German Life and Letters. Vol. 54. Oxford 2001, S. 215f.

24 In der Ode *Der Bach*, Strophe 10: „Der große Sänger Ossian folgt / der Musik des vollen Baches nicht stets."

25 Der erste Teil von Sophie von La Roches Briefroman *Geschichte des Fräuleins von Sternheim* (Leipzig 1771) war zur Frühjahrsmesse erschienen (vgl. Herder-Briefe Bd. 2, S. 35 und 38), der zweite zur Herbstmesse (vgl. ebd., S. 101).

26 „Tagebuch der Madam Leidens in den schottischen Bleygebürgen" im 2. Teil des Romans.

27 Altes Testament, Buch Hiob.

28 In seiner Rezension des 2. Teils in den *Frankfurter gelehrten Anzeigen* vom 14. Februar 1772 urteilte Merck: „[...] alle die Herren [Rezensenten] irren sich, wenn sie glauben, sie beurtheilen ein Buch – – es ist eine Menschenseele".

29 Samuel Richardson: Clarissa Harlowe, or the history of a young lady. 7 Bde. London 1747/48; übersetzt von Johann David Michaelis unter dem Titel *Geschichte der Clarisse, eines vornehmen Frauenzimmers* (Göttingen 1748–1751); vgl. Herder-Briefe Bd. 2, S. 111ff.).

30 Der Herausgeber Wieland betonte in Vorrede und Fußnoten den moralischen Nutzen des Romans für Frauen und übte zuweilen Stilkritik.

31 Johann Georg Jacobi: Ueber die Wahrheit, nebst einigen Liedern. Düsseldorf 1771; ders.: An Aglaia. Ebd. 1771.

32 Johann Georg Sulzer: Allgemeine Theorie der Schönen Künste. 1. Teil. Leipzig 1771; vgl. die überwiegend negativen Rezensionen Herders in der *Allgemeinen deutschen Bibliothek* (SWS Bd. 5, S. 377-400) und Mercks in den *Frankfurter gelehrten Anzeigen* vom 11. Februar 1772.

33 Sulzer, heißt es am Schluss von Mercks Rezension, nahm „fast alle Beyspiele des Grossen und Erhabenen aus der Noachide" seines Landsmannes Johann Jakob Bodmer (Die Noachide in zwölf Gesängen. Berlin 1765).

34 Mercks Fabel *Die beyden Baumeister*, die Herder von ihm im Januar 1771 handschriftlich erhalten hatte (vgl. Herder-Briefe Bd. 1, Nr. 127; Bd. 9, S. 107,56-68); Nachschrift: „So Freund, beschämt ein Blatt von Dir, / Ein Vers Homers, Ein Zug von Shakspear / Zehn Bände Schmitt- und Klotz- und Riedelsches Geschmier."

4.
MERCK AN GEORG EBERHARD MÜLLER
PETERHOF, 2. AUGUST 1773

Peterhoff den 2ten Aug: 1773.

HochEdelgebohrner,
Hochzuehrender Herr Stallmeister,[1]
Dieselben werden durch das HE. Minister v Saldern Excellenz vielleicht jezo schon einen Brief erhalten haben, worin Sie gebeten werden, den Transport der Reise Wagen von Ihro Durchl. die Frau Landgräfin[2] hierher, zu besorgen. Sie werden dem zu Folge die Gütigkeit haben sämtliche Wagen nebst den beyden Brancard Wägen, (den letzten hinter Wagen nicht gerechnet, der dort bleiben kan)[3] nach Travemünde bringen, sie mit möglichster Sorgfalt daselbst auseinander nehmen zu lassen, u. nachdem sie mit den Schiffern den genausten Accord geschlossen haben, so bald als möglich die Abfahrt der selben zu beschleunigen. Die Schrauben Schlüssel finden sich bey jedem Wagen in den resp. Magazinen u. Kutscher Kästen wovon Ihnen einer der Bedienten Ihro Excel. die Schlüssel überliefern wird. Ihro Durchl. die Frau | Landgräfin lassen indessen einen HochLöblichen Magistrat die bißherige Besorgung und Stellung der Wagen den schuldigen Dank durch Ew. HochEdelgebohren abstatten, und werden nicht ermangeln vor Dero letztern Benehmung sich noch werkthätig erkentlich zu bezeigen. Die Schrauben Schlüßel bitte ich nebst den Schrauben aufs sorgfältigste zu verwahren, u. anzuzeigen, wo jeder befindlich ist, damit nichts verlohren geht, u. alles hier wiederum leichtlich kan ausgesucht werden. Die Schiffer können mit ihren Fracht Briefe gerade an mich nach Petersburg addressirt werden wo sie sogleich ihre Zahlung erhalten werden.

Der Frau Landgräfin Durchl. versieht sich von allen diesen und der geschehnen Besorgung aufs baldigste, beliebige Nachricht von Ew, HochEdelgebohren, u. hofft von Dero bißher bezeigten Gefälligkeit u. DienstEifer, daß sie hierin an nichts werden ermangeln lassen.

Der ich mit vollkommenster Hochachtung verharre

Ew. HochEdelgebohren
ergebenster Diener
JH Merck.

H: Lübeck, Archiv der Hansestadt Lübeck, Altes Senatsarchiv; Interna, Ceremonialia 5/6
Adresse: „an Herrn / Müller. / Stallmeister eines hochpreißl. / Magistrats / in / Lübeck"
Lektürevermerk von fremder Hand rechts oben S. 1: „Lect: d 22. Octobr: 1773"; über der
Datumszeile: „lect. d 28. August 1773."

1   Georg Eberhard Müller (?-1787) wurde am 22. Dezember 1761 zum „Marschall und Auf-
     seher des hiesigen Marstalls ordentlich erwählet und angenommen" und am 11. Februar
     1762 bestallt. Ein Gesuch um Gehaltserhöhung an den Rat der Stadt Lübeck vom 2. Sep-
     tember 1775 bekräftigte Müller mit der Erwähnung vom „erhaltenen gnädigen Ruf des
     Herren Landgrafen von Hessen Darmstatt Hochfürstl. Durchlaucht, als Stallmeister, mit
     einem ansehnlichen Gehalt" (Archiv der Hansestadt Lübeck, Altes Senatsarchiv, Interna,
     Marstall 3/3).
2   Auf der Russlandreise der ‚Grossen Landgräfin' hatte Merck Organisation und Reisekasse
     zu besorgen. Zum Aufenthalt in Lübeck vgl. Antjekathrin Grassmann: Lübeck und die
     Brautschau am Hof der Zarin Katharina II. im Jahre 1773. In: Der Wagen. Ein lübecki-
     sches Jahrbuch. 1997/98, S. 213-225.
3   Es waren laut Rechnungsaufstellung des Schiffers Herman Olrog aus Lübeck vom 5. Sep-
     tember 1773 „fünf Carossen mit allem Zubehör, unter den Nummern – 1. 3. 4. 5. 6. inglei-
     chen ein Stühlwagen unter Numero 7 und endlich zwey Packwagen unter Numero 8 et 9,
     wobey zwey Ballen in Matten gemerckt ad 8 st 9. –" Für den Transport mit der „Stadt
     Lübeck" nach St. Petersburg stellte er an den „HoffCassier HE. Merck" die Rechnung
     über 225 Rubel Fracht und 22 ½ Rubel Gebühren (Archiv der Hansestadt Lübeck, Altes
     Senatsarchiv Interna, Ceremonialia 5/6).

5.

KAROLINE HERDER AN MERCK
BÜCKEBURG, OKTOBER 1775

Tausend Dank liebster Freund Ihnen u. Ihrer lieben Frauen unsrer alten
Freundin[1] für die Chocolade die unterwegs ist – sie schmeckt mir im voraus
schon so gut als bei Ihnen auf dem Canapee. Sie haben es in Ihrem Briefe
vergeßen zu melden was sie kostet, thun Sies doch bald. Mit der Nachricht
vom erlangten Clavier des H. Geheimenraths[2] haben Sie uns ebenfals erfreut,
danken Sie ihm in unserm Namen recht sehr daß ers uns überlassen – mit
dem überschicken ist es nun so eine Sache, unser Loos ist nach Göttingen
in den wilden Wald geworfen, als theologischer Profeßor u. Universitäts-
Prediger[3] – wir werden vermuthlich gegen Weyhnachten hinziehen, schadets
dem Clavier nichts daß es in dieser üblen Jahrzeit gefahren wird, so
addreßieren Sie es an Boie,[4] ich denke aber beinahe daß es beßer ist wenns
bis Frühjahr bei Ihnen steht u. auf beßres Wetter wartet, doch schalten Sie
darinn wie Sies für gut finden!
   Und jetzt noch tausend Freude zu Ihrem schönen blauäugigten Mädchen.[5]
O möchte es bei seiner Mutter des lieben Fränzels[6] Stelle vertretten – es ist

schade daß unsre Kinder nicht zusammen spielen können – mein Gottfried[7] fängt nun an seine gesunde Farbe u. Munterkeit wieder zu bekommen, bleibt aber dabei immer der ehrbare ernsthafte Junge – fängt an den Stühlen recht tapfer an zu laufen, u. spricht schon viele Wörter, als Perd, (Z)Siege, Hans, u. was zur LeibesNahrung | u. Nothdurft gehört. Er ist jetzt mehr als jemals unsre Freude u. Stütze – Die gute Nachricht von meiner armen Schwester[8] war mir ganz unerwartet tröstlich, inzwischen bleibt mein Herz ewig verwundt, u. sie ist vor jetzt verlohren für mich. Nichts thut mir weher als daß ihr Tyrann,[9] der Räuber ihres Verstands kein einziger Gewissensstich darüber fühlt, sondern noch kalt philosophiert „es wäre das Werk des grösten Meisters" – Gott wird auch einmal drein sehen.

Was macht Goethe? so lange hören wir nichts von ihm[10] – ist die Stockhausens[11] schon nach Pommern? sie hat einen herrlichen, lieben Mann, voll unschuldigem reinem Herzen.

Adieu glückliche Eltern mit den 3 unschuldigen[12] – Gott mache einen Kreis um Ihr Haus daß nie das Glück mehr daraus fliehe!

Tausend Gutes von meinem Mann u. mir

unterzeichne Alles. Herder[13]   Carolina Herder

H: Darmstadt, Firmenarchiv Merck. – Adresse: an Herrn / Herrn Kriegsrath Merk / zu / Darmstadt frei. – Provenienz: Autographen-Sammlung Max Warburg (Hamburg); vgl. Auktionskatalog Stargardt 675 (Berlin, 13./14. November 2001), Nr. 186.
D: Wagner I, Nr. 28. – Herder-Briefe Bd. 3, Nr. 205 (nach Wagner).
Datierung: folgt Wagner.
Kommentar: vgl. Herder-Briefe Bd. 11, S. 607.
[Textkonstitution und Kommentar: Günter Arnold]

1 Louise Françoise Merck, geb. Charbonnier (1743–1810).
2 Andreas Peter v. Hesse (1728–1803), Karolines Schwager.
3 Herders Berufung nach Göttingen scheiterte an einer von ihm verweigerten Orthodoxieprüfung in Form eines Kolloquiums.
4 Heinrich Christian Boie (1744–1806) erhielt von Herder Beiträge zum *Göttinger Musenalmanach* und später zum *Deutschen Museum*, dafür versorgte er ihn mit englischer Literatur und leistete praktische Hilfe, z. B. bei der Übersiedlung von Bückeburg nach Weimar.
5 Franziska Charlotte Merck war am 25. Juli 1775 zur Welt gekommen. Sie wurde nur eineinviertel Jahre alt und starb bereits am 26. Oktober 1776.
6 Mercks Sohn Franz Anton (*18. März 1768) war am 17. Juni 1775 gestorben.
7 Gottfried Herder (1774–1806) war von einer Magenerkrankung genesen. Zum Zeitpunkt seiner ersten von der Mutter mit Stolz festgehaltenen kulturellen Leistungen war er ganze 14 Monate alt.
8 Karoline Herders älteste Schwester Ernestine Rosine Flachsland (1742 – ?) wurde 1761 die Mätresse des Landgrafen Ludwig IX. von Hessen-Darmstadt, war zeitweilig obdachlos und heiratete 1766 den Straßburger Kanzleiadjunkt Philipp Jakob Goll, seit 1768 Amtmann von Leiningen-Heidesheim in Oberstein. Ihr Sohn Ludwig Ernst von Hessenzweig

aus der Beziehung mit dem Landgrafen (*10. November 1761 in Pirmasens) war am
22. Dezember 1774 in Zweibrücken gestorben, nachdem ihn sein militärbegeisterter Vater
im Mai 1774 zum Grenadierleutnant ernannt hatte. Die Tochter Philippine Karoline Goll
(1771 – ?) lebte später zeitweise bei ihrer Tante Karoline Herder in Weimar.

9   Der Landgraf.

10   Goethe hatte Herder am 22. Juli 1775 von Darmstadt nach Frankfurt begleitet. Im Ok-
     tober wartete er in Frankfurt auf die Kutsche, die ihn auf Einladung Herzog Karl Augusts
     nach Weimar bringen sollte, wo er endlich am 7. November eintraf. Am 12. Dezember
     1775 sandte er Herder den Brief mit dem vorläufigen Antrag der sachsen-weimarischen
     Generalsuperintendentur.

11   Louise Henriette Friederike von Ziegler (1747–1814), ehemalige Hofdame der Landgräfin
     von Hessen-Homburg und die ‚Lila‘ im Kreis der ‚Darmstädter Empfindsamen‘, heiratete
     am 6. Juni 1774 den späteren preußischen General Johann Friedrich Gustav von Stock-
     hausen (1743–1804). Das Ehepaar übersiedelte 1775 nach Anklam.

12   Mercks Kinder Heinrich Emanuel (1766–1780), Adelheid (1771–1845) und die eingangs
     erwähnte Franziska Charlotte (1775–1776).

13   Von Herders Hand. Lapidar enthält der Nachsatz die letzten überlieferten Worte Herders
     an Merck.

6.

CHRISTIAN CAY LORENZ HIRSCHFELD AN MERCK
KIEL, 10. NOVEMBER 1779

Wohlgeborner,

Hochgeehrtester Herr Kriegsrath,

Verschiedene Geschäfte haben mich bisher verhindert, Ihnen den verbind-
lichsten Danck für das angenehme Geschenk abzustatten, das Sie mir mit der
Beschreibung der dortigen Gärten[1] und mit der Abbildung des Moserschen
Landhauses[2] zu machen die Güte gehabt. Ich erkenne diese Gefälligkeit mit
der lebhaftesten Empfindung, und wünschte nichts eifriger als Gelegenheit zu
Dienstleistungen, die Ihnen Vergnügen machen könten. Weil die Beschreibung etwas spät hier eintraf, so habe ich sie als den letzten Anhang dem
zweyten Bande beygefügt, der gegen Neujahr die Presse verlassen wird.[3] In
einer Note habe ich bemerkt, daß das Publikum dieses Geschenk ihrer Güte
schuldig ist.[4] Ein paar Stellen habe ich blos ausgelassen: nehmlich den <u>Löwen-
kopf, woraus eine Quelle rinnt</u> und demnächst den <u>Dreyzack des Neptun, der
Wasser gibt</u>. Dis gehörte nun freylich zur Genauigkeit der Beschreibung; Sie
aber, als ein Mann von Geschmack, sehen selbst ein, warum man so etwas
wohl weglassen kann. Auch in den besten Gärten läuft zuweilen etwas mit
unter, das beweiset, wie auch der Geschmack der Kenner hie und da mit der
alten Mode hinckt. Ich wünschte übrigens, daß Ihr patriotisches Beyspiel mehr

Beyträge zu der Gartenkunst veranlassen | mögte. Vielleicht finden Sie in dortigen Gegenden mehr Freunde der Gärten, die Sie zu ähnlichen Gefälligkeiten ermuntern können. Sie werden sich dadurch ein neues Verdienst um die Litteratur Ihres und meines gemeinschaftlichen Vaterlandes und um die Ausbreitung der deutschen Künste erwerben. Bey Ihrem Eifer, der schon durch so viele glückliche Beweise bekannt ist, darf ich Sie nicht erst darum bitten.

Mit den lebhaftesten Wünschen für Ihre Zufriedenheit und für den längsten Genus Ihres Ruhms empfehle ich mich Ihrem ferneren geneigten Andenken und habe die Ehre mit ganz vorzüglicher Hochachtung zu seyn

Ihr

ganz ergebenster Diener

Kiel, den 10ten Nov: 1779   CCL Hirschfeld

H: München, Privatbesitz.
Vgl. dazu den Beitrag von Nikola Roßbach in diesem Band.

1   Zum zweiten Band von Hirschfelds *Theorie der Gartenkunst*. (5 Bde. Leipzig 1779–1785)
      lieferte Merck die *Beschreibung der Gärten um Darmstadt*, S. 157-160.
2   Die Zeichnung des klassizistischen Gebäudes auf S. 158.
3   Der zweite Band erschien 1780.
4   „Diese [Beschreibung] aber, welche die Gärten um Darmstadt betrifft, ist das Publicum
      der Güte des Hessendarmstädtischen Kriegsraths, Herrn J. H. Merk zu Darmstadt, einem
      Mann von bekannten Verdiensten um unsre Litteratur, schuldig." Hirschfeld in *Theorie der
      Gartenkunst*, Bd. 2, S. 157 (Fußnote).

7.
JOHANN HEINRICH WILHELM TISCHBEIN AN MERCK
ZÜRICH, 13. APRIL 1782

Es wird wieder Frühjahr in meinem Herzen, und der lange Winder, welcher es mit Eiskalten Frost gegen alle Konst über zogen hatte, fengt an zu weichen. Getens Brief[1] hatt mir Hofnung gemacht, das ich doch nicht ganz omsonst so viele Konst Fiebers aus gehalten habe. Ich hab ihm heute geschrieben.[2] Lavater habe ich noch nicht gefragt wegen dem Brief den Sie an ihn geschrieben haben,[3] weil ich ihn in einigen Tagen nicht gesehen, ich bin bey einem guten Freund auf dem Landt. Morgen wil ich ihn aber fragen. Lavater weis es selbst noch nicht das ich so sehr winsche die Mahlerei zu studiren,[4] ich hab ihm nie davon gesprochen ich schämme mich zu sehr wenn es einer Bitte änlig ist, und Lavater werd so viel überloffen von bittenden Menschen das ich dem guten Mann nicht beschwerlig sein mag. Auch wehre es mir viel lieber wen es angehen könte ohne andrer Menschen Lob, den man glaubt die Freundschaft sprecht, wie es auch gemeineglich der fal ist. Göthe habe ich gebethen er mechte die Bilder selbst ansehen, wen er etwas darin finden werde das er glaubt, das ich fähig wehre mit der Zeit ein mahler zu werden, so solte er mir helfen das ich noch einige Zeit Studiren könte, finde er das gegentheil so solte er sagen, bleib das du bist! Am mersten habe ich gebethen auf Ihre Sprache zu hören den die wehre unpartheiisch, weil Sie mich nicht känen ich ihnen auch nie einen Gefallen gethan, Sie hätten von meiner Arbeit gesehen und vieleicht Spuhren zu einem | Mahler darin gefunden. Ich hätte Ihnen auch einige Studien geschickt, wo ich glaubte wie man studiren müste, und Sie Ihnen darom geschickt, *alR quer* [damit Sie sehen solten auf was Art ich zu suchen Studirt habe] (ich hofe Sie werden die Zeichnungen schon haben) Haben Sie nun etwas drin gefonden was Ihnen recht geschienen hatt, so bitte ich es <u>an Göthen zu schreiben</u>

Ich dencke so wehre es am besten, der wer es auch sey der mich reisen lassen wil. Hört von Ihnen und Göhthen das Sie was von meiner Arbeit gesehen und glaubten das ich was lernen kente. Damit Sie aber beide nichts da bey zuförchten haben, so mache ich vorher eine Probe, so wehren Sie frei, der Herr Wohlteter werde nicht hindergangen, und auf mich fiel keine andere Schande als die das ich nichts könte. den hätte er mir einige jahre underhalten und meine Arbeit gefiel ihm nicht, und sehe seine Kosten omsonst verschwendet, warlig das mechte ich nicht. Aber die Probe mus nicht gros sein sonst mus ich zu viele Zeit dazu anwenden, den wen es ein Stück von Bedeudung sein soll so brauche ich viele Zeit, oder noch eins, Es werde mir ein Stück auf gegeben das ich das Jahr ferdig machte, daran könen sie dan sehen ob ich ihnen gefallen werde, und were auch kleich was für die Bezahlung.

Ich Wünschte Sie weren es überzeugt das ich nichts Verlange om besser zu leben sondern blos om Bilder zu machen die über das schlechte sind. Das Sie es sind glaube ich, weil Sie wissen was die hohe Konst für Freuden giebt, <u>aber ich wünschte das Sie Goethen auch davon überzeigten,</u> der hatt auch gewis Gefühl für | die wahre Konst, aber ob er weis wie ich dencke? er könte glauben ich begerte nur etwas om mich lustig zu machen Ooder bequemer zu leben[5]. Darom thue ich es aber gewis nicht, den wollte ich das so miste ich fortfahren für die unwissenten Leute zu mahlen, die glauben wonter was ich bin, und wenn ich sie nur Mahle so suchen sie mir alle ersinliche Freude zu machen, die mir aber zum schmerz den wen ich mich loben höre oder mich Mahler nennt so gehet mir ein Stich durch das Herz. Mir sind verschiedene Anträge gemacht die sehr Vortheilhaft scheinen. Aber es ist der Weg nicht auf dem ich zu meinem Zweg komme. Der Graf Thun in <hat> Wien hatt mich sehr Freundschaftlig in sein Haus genöthigt und alles anerbotten, da kente ich

vieleicht gelehen heit haben Portrete von den Reichen Wiener <zu> recht
auszufiren, aber ich ferchte bey den grösen Ochsenbraten die man in Wien
<ist> Eist werde aus der Konst auch nicht viel werden. zu London hatt es mir
auch ein Freund | angebotten das bereue ich das ich nicht eher hin bin gegan-
genn bey dieser Zeit mechte ich nicht gerne in London sein. Zu dem leben in
einer grosen Stadt geheret eine besondere Auffehrung, ich habe es schon versucht und es hatt mir garnicht gefallen. ich mecht viel lieber an einem kleinen
Ordt in teutschland leben

Ich hoffe bald wieder nachricht zubekommen wie Ihnen die Zeichnungen
Gefallen haben. Bleiben Sie Ihren Tischbein gut.

Zürich den 13 April.

H: Darmstadt, Stadtarchiv, Bestand ST 52
D: Wagner II Nr. 89

1   Im erhaltenen Briefwechsel zwischen Goethe und Merck wird zum ersten Mal der ‚römi-
     sche Tischbein' im Brief Goethes vom 14. November 1781 lobend erwähnt (WA IV 5,
     Nr. 1340).
2   D: August Beck: Ernst der Zweite, Herzog zu Sachsen-Gotha und Altenburg als Pfleger
     und Beschützer der Wissenschaft und Kunst. Gotha 1854, S. 264-270. – Goethe leitete
     den Brief an Ernst II. Herzog von Sachsen-Gotha-Altenburg weiter, ließ ihn aber, Tisch-
     beins abenteuerlicher Orthographie wegen, zuvor abschreiben.
3   Nicht überliefert.
4   Verbessert aus: „studen". – 1779 hatte Johann Heinrich Tischbein d. Ä. (s. Brief 8, Anm. 1)
     seinem Neffen Johann Heinrich Wilhelm Tischbein (1751–1829) das erste Stipendium der
     neugegründeten Kasseler Malerakademie verschafft, das diesem einen Italienaufenthalt er-
     möglichte. Als nach Ablauf der drei Jahre die Verlängerung ausblieb, machte sich Tisch-
     bein auf die Heimreise, die er in Zürich unterbrach, wo er bei Johann Conrad Pfenninger
     (1747–1792), Lavaters ‚Herzensfreund', unterkam. Wohl durch die Vermittlung seines
     Bruders Jacob Tischbein, von dem ein Brief vom März 1775 an Merck vorliegt, hatte er
     bereits von Rom aus Kontakt mit Merck aufgenommen. Der erste erhaltene Brief datiert
     vom September 1780. Neben der Freude an den römischen Erlebnissen enthält auch die-
     ser Brief (Wagner I Nr. 118) Fragen der Karriereplanung und Geldbeschaffung. Merck
     druckte einen Auszug daraus im *Teutschen Merkur* 1781 III, S. 81f., nachdem er bereits im
     April vier Briefe, zwei davon an den Bruder Jacob, dort ediert hatte. Mercks hartnäckige
     Werbebriefe an den Weimarer Hof, denen er Tischbein-Zeichnungen und -Briefe beilegte,
     und Goethes Fürsprache verschafften dem Maler 1782 ein zweites Rom-Stipendium, das
     Herzog Ernst II. von Sachsen-Gotha-Altenburg gewährte. Gleich nach seiner Ankunft in
     Rom am 1. November 1786 nahm Goethe Kontakt mit Tischbein auf, bezog eine Woh-
     nung am Corso im selben Haus und fand in ihm einen ständigen Begleiter und Por-
     trätisten.
5   Textverlust, „leben" aus Wortresten ergänzt.

8.

VON JOHANN HEINRICH TISCHBEIN, D. J.
KASSEL, 22. OKTOBER 1782

Hochzuehrender Herr und Freund!

Ich hoffe und glaube gantz gewiß Ihnen in frankfurth anzutreffen, wenn ich in der Auction einen die Treppe hörte herauskommen so freute sich allemahl schon mein Hertz denn ich glaubte Gewiß Sie müsten es seyn, aber leider war meine freute vergebens, alle Tage wollte ich Ihnen besuchen in Darmstadt dießes zährte aber so lange bis die Zeit kamm das ich wieder nach Cassel muste, nun bin ich wieder da, Mein HE: oncle[1] läßt Ihnen viele Complimente machen, Das Elephanten Geripppe soll Ihnen mein Vetter so accurat als es nur möglich ist bald zeignen,[2] Die Zeignung von Felsberg welche mein Vetter vor Ihnen Gemacht hat[3] nebst noch einer von selben Ort die mein HE: oncle vor verschidne Jahren gezeichnet hatte[4] und ein Plan von Cassel diße 3 stücke habe ich in Frankfurth an den HE: Mahler Pforr[5] gegeben das dießer sie an HE: Willemer[6] geben soll vom welchem sie sie erhalten werden, Tausend sachen hatte ich Ihnen zu erzelen das nun leider alle nicht geschen ist.

in frankfurth habe ich gekaufft ein Wauwermann[7] ein Tenniers[8] 2 Klengel[9] 2 stück von Klahs[10] und 2. von der Mad: Wagnerin[11] und noch verschidne stüke, in Cassel habe ich bekomen ein recht schönen Hamilton[12] ein Kopf aus der Schule von Rembrandt und noch verschiedne stüke, ich Wünschte nur das Sie sie sehen könten, dann wolten wir uns recht darüber freuen, |

Die Herr Escher, und Landholt[13] welche mir Ihren lieben brief überbracht haben,[14] habe ich in Cassel gezeigt was ich konte Sie lassen sich vielmahls emfehlen, dießes hofte ich alle Ihnen mündlich zu sagen, von meinen HE: oncle hatte ich auch zu bestellen Die Pladten müßen so groß werden als die Zeignungen wären, er sagte dießes hätte er in Ihrem brief[15] vergessen Ihnen zu sagen,

Von allen hießigen freunden hatte ich Ihnen tausend Complimente zu vermelden; leben Sie wohl und vergessen den nicht welcher sich Zeit lebens nennt Dero

                                    aufrichtiger Freund und diener
Cassel den 22/october 1782.   H. Tischbein

H: Modena, Biblioteca Estense Universitaria.
Adresse: „An/ Herrn Kriegs Rath Merck / <frey frtz> in / Darmstadt."

1   Johann Heinrich Tischbein d. Ä. (1722–1789) unternahm, gefördert durch den Grafen
      Stadion, Studienreisen nach Paris und Italien. 1752 ernannte ihn Landgraf Wilhelm VIII.
      von Hessen-Kassel zum Hofmaler. 1762 wurde er Professor der Zeichenkunst und Ma-
      lerei am Collegium Carolinum, 1777 Professor an der neugegründeten Maler- und Bild-
      hauerakademie.

2   Im Herbst 1773 war, wohl als Geschenk des Hofes in Den Haag, ein Elefant in die Kasse-
      ler Menagerie gelangt. Am 18. Oktober hatte ihn, wie viele andere Besucher, Pieter Cam-
      per bei seiner Visite in Kassel gezeichnet. Vermutlich im August 1780 verunglückte der
      Elefant tödlich. Mit der Sektion und Präparation des Tieres wurde Soemmerring betraut. –
      Mit der Zeichnung des Elefantengerippes betraute Merck den Maler und Graphiker Lud-
      wig Philipp Strack (1761–1836), seit 1773 Schüler seines Onkels Johann Heinrich Tisch-
      bein d. Ä. Über den Fortgang der Arbeit berichtete Soemmerring am 7. Januar 1783:
      „Strack fror so erbärmlich beym Elephantenzeichnen daß ichs ihm nicht länger anmuthen
      seyn mochte; so bald nun die Wittrung nachläßt soll ihm keine Ruhe gelassen werden"
      (Soemmerring-BW Bd. 18 Nr. 153, S. 371-374, hier S. 373). Die Fertigstellung der Zeich-
      nungen und die Abgabe an Merck sind nicht belegt. Strack ging 1783 auf Vorschlag seines
      Onkels Johann Heinrich Tischbein als Hofmaler des Prinzen von Holstein, des späteren
      Herzogs Peter Friedrich Ludwig, nach Oldenburg, von dort über Hamburg nach Lübeck,
      wo er sich bei zwei weiteren Onkeln, Johann Anton und Johann Jakob Tischbein, weiter-
      bildete. 1786 war er erneut in Kassel und brach ein Jahr später nach Rom auf (Brief an
      Merck vom 30. Juni 1787). Unter den Brief seines Vetters Wilhelm Tischbein, Galerie-
      direktor in Neapel, vom 29. Juni 1790 an Merck setzte er einen kurzen Gruß.

3   Nicht ermittelt.

4   Johann Heinrich Tischbein d. Ä.: Ruine des Schlosses Felsberg in Hessen. Bez.: „Vue du
      Chateau de Felsberg en Hesse / assis sur une montagne des Basaltes. / Dessiné d'après
      nature. 16. Octobre. 1769." Signiert: „J. H., Tischbein. f." Schwarz-weiße Kreide, Rötel
      auf blauem Papier. 194 x 346 mm. Hessisches Landesmuseum Darmstadt; Signatur: Hz
      398.

5   Johann Georg Pforr (1745–1798), wurde zunächst Porzellanmaler in Kassel und bezog
      1777 die neuerrichtete, von Johann Heinrich Tischbein d. Ä. geleitete Malerakademie in
      Kassel. Er erwarb sich durch seine Tierbilder den Beinamen eines deutschen Wouwerman
      und wurde Mitglied der Akademie. 1781 ließ er sich in Frankfurt nieder. 1784 heiratete er
      Johanna Tischbein, die Schwester seines Freundes Johann Heinrich Tischbein d. J.

6   Johann Jakob Willemer (1760–1838, 1816: von), Bankier in Frankfurt, dort Geheimer Rat
      und von 1789 bis 1792 Senator. Der Freund Goethes, dessen zweite Frau Marianne, geb.
      Jung, als ‚Suleika' des *West-östlichen Divans* in die Weltliteratur einging, wickelte für Merck
      verschiedentlich dienstliche Geldgeschäfte und private Kunsttransaktionen ab.

7   Philips Wouwerman (1619–1668), Maler von Reiter-, Markt-, Jagd- und Lagerszenen, von
      Szenen auf Reitbahnen und Landstraßen, berühmt für seine novellistisch komponierten
      Gemälde mit zahlreichen, wild agierenden Personen und Tieren auf kleinstem Raum. Die
      Kasseler Sammlungen besitzen zahlreiche Wouwermans, von denen mindestens drei im
      fraglichen Zeitraum angeschafft wurden.

8   David Teniers (1610–1690), erfolgreichster Genremaler des 17. Jahrhunderts, dem etwa
      2000 Gemälde zugeschrieben werden.

9   Johann Christian Klengel (1751–1824), Maler und Radierer, wurde bereits mit 14 Jahren
      vom Dresdner Akademiedirektor Christian Ludwig von Hagedorn gefördert. Unter der
      Anleitung seines Lehrers Christian Wilhelm Ernst Dietrich verlegte er sich auf die Tier-
      und Landschaftsmalerei.

10   Pieter Claesz, auch Pieter Claasze Berchem (1597/98-1661), Stilllebenmaler.
11   Maria Dorothea Wagner, geb. Dietrich (1719–1792), Landschaftsmalerin, signierte ihre
      Bilder u. a. mit „Mad. Wagnerin geb. Dietrichin".
12   Unter dem Namen Hamilton kennt die Kunstgeschichte eine Reihe von Tier- und Land-
      schaftsmalern. Von welchem von ihnen Tischbein 1782 ein Bild erwarb, konnte noch
      nicht ermittelt werden.
13   Welche Mitglieder der weitverzweigten und miteinander verschwägerten Züricher Fami-
      lien hier gemeint sind, konnte noch nicht ermittelt werden.
14   Nicht überliefert.
15   Nicht überliefert.

9.

AN SAMUEL THOMAS SOEMMERRING
DARMSTADT, 11. APRIL 1783

Sie haben lange nichts von mir gehört.[1] Ich denke, Sie werden es meiner Bescheidenheit zu gute schreiben, indem bey unserm Briefwechsel ohnmögl. der
Schwertheil anders als auf Einer Seite seyn kan. Mit dem grösten Vergnügen
habe ich zu Anfange dieses Jahres in den Göttinger Zeitungen Ihre Recension
von Campers Abh. über das Rhinoc. Orang Outang Renthier u. s. w.[2] gelesen;
da mir die Materie über das Rhinocer. noch ganz neu war, weil ich seine Abh.
in den Petersb. Comment. p. 1777[3] eben erst studirt hatte, so war mir das
Verdienst Ihrer Recension doppelt fühlbar.[4] Ich sah aus derselben, daß zum
Theil die <fünf> üdZ [vier] Abh. aus einer Vorlesung entstanden seyen, die Er
in Frankr über den Nuzen der Verbindung der Naturgesch. mit den schönen
Wissenschafften gehalten hatte. Ich hatte einige Tage vorher ohngefehr eben
so was an Wieland in üdZ [den] Merkur abgeschikt, der es aber noch nicht hat
inseriren lassen.[5] Sie müssen mirs also als kein Plagium[6] anrechnen, denn ich
habe Camp. Abh. im Holländischen noch nicht zu Gesichte bekommen, daß
ich ohngefähr auf Eben dieselbe Stellen stieß, indem ich die Alten über den
Artikel Rhinocer. nachgeschlagen, u. die lächerlichen Balgereyen zwischen
Spanheim[7] Bochart[8], u. Scaliger[9] gefunden hatte, wo sie alle biß auf den lezten
nicht wußten, was sie mit dem Pausanias[10], u. Martial[11] anfangen solten. Zum
Be|weise daß ich selbst über die Materie gearbeitet habe, führe ich nur Einen
Kupferstich an, den ich selbst besize, u der im vorigen Jahrhunderte bey La
Frery[12] in Rom erschienen ist. Er gehört zu 2 andern Blättern, die sämtl. nichts
anders als Abbildungen von Thieren vorstellen, die ehedem in den Ludis[13]
sind gebraucht worden. Die Inscription meldet, daß es alte ächt antique Gemälde seyen,[14] die auf der Mauer eines Hypocausti[15] nicht weit vom grosen
Vivario[16] ao. 1647.[17] seyen entdekt worden. Hier zeigt sich unter andern das

Rhinocer. mit 2 Hörnern.[18] Die übrige Thiere sind alle fürtrefflich gezeichnet, mit dem grössten Ausdruk der Leidenschafft, obgl. an diesen hier u. da besonders der Schwanz verzeichnet ist.

Ich lege hier einen Abdruk meiner veränderten Platte[19] bey, um Ihnen nur zu sagen, daß bey Campern ein groses foramen ist, das er Spheno-palatinum[20] nennt. In den Fossilen aber ist dieses foramen[21] ungl. kleiner, u oben drüber ist die Oefnung eines andern, das nach dem Origo,[22] den es in dem inneren Cranio[23] nimmt, nicht anders als zum Durchgang eines Nerven vom 3ten Paare dienen kan. Hinten in dem Fonds der Orbita[24] verbirgt sich unter einer Art von lamina ossea[25] das foramen opticum[26]. Campers Kupfer, das Sie mir anvertraut haben, hat mir ferner die Einschnitte der Venen oder Tendin[27]. entdeken helffen, an dem Orte wo das zweyte horn gesessen hat, u. die ich anfangs als accidentien[28] übersehen habe. Ich habe einen halben Bogen neu druken lassen um die Beschreibung von den grosen Fehlern zu reinigen, u. wenn Sie belieben dazu haben, sollen ein halb duzend Exemplare nächstens folgen. |

Ich finde auch bey der 3ten Camperischen Platte[29], die nicht unter seinen Händen gestochen ist, alles viel unrichtiger; in Eins kan ich mich nicht finden; die foram. lacer.[30] sind bey ihm unendl. kleiner, als bey den Fossilen, u. für das 6te NervenPaar finde ich da, wo die seinige sizen, keine Spur von foramin. bey meinem.

Ich habe seit der Zeit grose Acquisitionen[31] in diesem Fach gemacht. Ich besize einen fürtrefflichen Kopf, u. zwar von der grösten Art des Incogniti[32] aus der Gailenreuther Höhle.[33] Nächstens sollen Sie eine gute, so viel mir mögl. ist, anatomische Zeichnung davon haben, mit gehörigen Maassen. Vier andere begrabene Elephanten in unsrer Gegend sind auch von mir constatirt worden. Von dem Einen besize ich einen fürtrefflichen Bakenzahn von 18 Platten, ganz erhalten von Einem Ende zum andern. Von dem andren wieder einen schönen BakenZahn, auch ganz erhalten von 9 Platten. Von dem dritten habe ich ein bey ganzes[34] Os Sacrum[35] gesehen, u. stehe deswegen jezo im handel. Nur Schade daß das Stük einem kleinen Städtgen gehört.[36]

Vom dritten hab ich einen Cubitus[37] von einem Ende zum andern beynahe ganz complet. Von dem 4ten hab ich Stüke vom Condylus des Humerus[38] gesehen, die ich auch noch haben kan.

Aus dem Würtembergischen hab ich einen RhinocerosZahn erhalten, nur weiß ich noch nicht seine ganz gewisse Geburtsstätte.[39]

Die Krone von Allen aber, die mich auch ein Capital[40] kostet, ist ein AlligatorKopf 26 Zoll lang, vollkommen petrificirt[41], in Marmor inliegend, mit 36| Zähnen sichtbar. Gehandelt ist er,[42] ich hab ihn aber noch unterwegs, u. besize nur die Zeichnung. Einer unsrer grösten Naturforscher[43] hat ihn aber gesehen, u. mir beschrieben. Es ist Crocodilus maxillis subcylindricis, teretibus elongatis Gronov. Zoophylac fascic II nr 11. p. 40.[44]

Abb. 7: Animalium ex vetustissimis picturis Romae tractorum. Kaltnadelradierung. Rom: La Frery 1547

Was macht der Elephant? Ist Stark[45] daran? Das Wetter kan ihn ohnmögl. hindern. Sagen Sie ihm nur, in meinem Namen zuversichtlichst, daß er seine Zeit nicht umsonst darüber verderben solle, sondern, daß ich ihn redlich bezahlen will.

Von ungeheuren Seepflanzen die 40 Fuß hoch in den Saar brüker Kohlen werken stehen, u. wovon ich ein Rohrartiges Gewächs besize, das vollkommen 6 Zoll im Durchmesser hat, äusserl. aufs schönste grieefft, u. alle 6 Zoll gegliedert ist, übrigens aus einem festen Eisen Thon besteht, will ich Ihnen nächstens Zeichnungen, so wie von andern Cercis[46] schiken, die noch niemand beschrieben hat, wenigstens nicht in Deutschland. Empfehlen Sie mich dem Andenken des HE. Professor Forster,[47] u. verzeihen Sie mir mein Geplauder. Niemand in Deutschland kan Sie mit mehrerer Verehrung anerkennen als

Ihr ergebenster Freund und Diener

Darmstadt den 11t April. 1783.   JHMerck

H: Darmstadt, Firmenarchiv Merck; Signatur: C VII 10 (19 -)
D: Kraft Nr. 232; Soemmerring-BW Bd. 18 Nr. 157

1   Vgl. Soemmerring an Merck, 7. Januar 1783.

2   Natuurkundige Verhandelingen van Petrus Camper over den Orang-Outang; en eenige andere Aap-Soorten. Over den Rhinoceros met den dubbelen Horen; en over het Rendier. Amsterdam 1782.

3   Petrus Camper: Dissertatio de cranio rhinocerotis africani scientiarum imperiali Petropolitanes oblata. In: Acta Academiae scientiarum imperialis Petropolitanae pro Anno MDCCLXXVII. Teil 2. Petersburg 1780, S. 193-209.

4   In den *Göttingischen Anzeigen von gelehrten Sachen* (1783, 7. Stück, S. 57-69) hatte Soemmerring Campers Schrift ausführlich referiert.

5   Die Abhandlung war bereits im März-Heft des *Teutschen Merkur* erschienen. Vgl. Johann Heinrich Merck: Nachtrag verschiedener Bemerkungen über merkwürdige ausgegrabene Thier-Knochen u. s. w. An den Herausgeber des T. M. In: Der Teutsche Merkur 1783 I, S. 204-215.

6   Gedankenraub. Im folgenden referiert Merck seinen Beitrag für den *Teutschen Merkur*.

7   Ezéchiel Baron de Spanheim (1629–1710), Kunsthistoriker, Numismatiker.

8   Samuel Bochart (1599–1667), Theologe und Orientalist; er verfasste die populäre Schrift *Hierozoicon sive Historia animalium S. Scripturae* (Abhandlung über die in der Bibel vorkommenden Tiere auf Grund der zoologischen Kenntnisse lateinischer, griechischer und arabischer Schriftsteller. 2 Bde. London 1663; Frankfurt 1675; Leiden 1724 u. ö.).

9   Joseph Justus Scaliger (de la Scala) (1540–1609) in Leiden, Philologe, begründete die Chronologie des Altertums.

10   Pausanias (ca. 115-180 n. Chr.), griechischer Reiseschriftsteller durch das römische Reich der Kaiserzeit.

11   Martial (40-103/4 n. Chr.), römischer Epigrammatiker der Kaiserzeit.

12   Druck- und Verlagshaus in Rom.

13   Ludi, Kampfspiele bei den Römern.

14   Man kannte im 16. Jahrhundert noch nicht die Technik, Fresken von der Wand zu lösen. Die Malereien waren daher nach kurzer Zeit zerfallen.

15   Hypocaustum, Fußbodenheizung in römischen Gebäuden; hier die Heizanlagen der Helenenthermen in der Nähe der Porta Maggiore, deren Reste im 16. und 17. Jahrhundert noch sichtbar waren.

16   Tiergehege.

17   In seiner Abhandlung im *Teutschen Merkur* gibt Merck dagegen die Jahreszahl mit 1527 an. Die Ausgrabung fand in der Regierungszeit Papst Paul III. Farnese statt, in einem privaten Weinberg. Antonio Lafrery beauftragte unbekannte Zeichner und Stecher mit der Herstellung von Illustrationen. Die drei Blätter erschienen zunächst separat als Serie. Die Bildinschrift des ersten gibt die Entstehung mit 1547 an und nennt „Ant. Lafrerij" als Verleger. 1573 wurden sie nochmals in Lafrerys umfangreiches Kupferstichwerk *Speculum romanae magnificentiae* aufgenommen.

18   Die Bildinschrift von Tafel II, auf der das Rhinoceros mit den zwei Hörnern zu sehen ist, lautet: „animalium ex vetustissimis picturis Romae tractorum"; siehe Abb.7, S. 210.

19   Vielleicht die überarbeitete Tafel des ersten Bandes der *Knochenbriefe* (Lettre à Monsieur de Cruse [...] Darmstadt 1782; s. Literaturverzeichnis), die eine Entsprechung in Tafel VI, Figur 1 von Campers *Dissertatio* hat.

20   Os sphenoides: Kielbein, os palatinum: Gaumenbein.

21   Loch.

22   Ursprung.

23   Cranium: der knöcherne Schädel insgesamt.

24   Hintergrund der Augenhöhle.

25   Knochenplatte.

26   Durchlass des Sehnervs.

27   Tendines: Sehnen.

28   Zufälligkeiten.

29   Camper: Dissertatio (Anm. 3), Tafel VIII, Fig. 1.

30   Foramen lacerum: Öffnungen zwischen Pyramidenspitze und großem Keilbeinflügel.

31   Erwerbungen.

32   Unbekanntes Tier, in diesem Fall ein Höhlenbär (Ursus Spelaeus).

33   Zoolithenhöhle bei Burggaillenreuth im oberfränkischen Jura.

34   Ungefähr ein Ganzes; Deutsches Wörterbuch von Jacob Grimm und Wilhelm Grimm. 16 Bde. Leipzig 1854–1954; hier Bd. 1, Sp. 1357.

35   Kreuzbein.

36   Vermutlich Mainz-Weisenau; vgl. Merck an Camper, 30. März 1783 (Kraft Nr. 230).

37   Ellenbogen.

38   Das vom Körper abgewandte Ende des Oberarmknochens.

39   Vgl. Merck an Camper, 30. März 1783 (Kraft Nr. 230).

40   Ein Vermögen; der Kopf kostete 20 Louisdor.

41   Versteinert.

42   Merck hatte den versteinerten Kopf eines Meerkrokodils Steneosaurus Bollensis Jaeger von Bürgermeister Bauder aus Altdorf bei Neumarkt/Oberpfalz erworben; vgl. an Camper, 30. März 1783 (Kraft Nr. 230); von Goethe, 19. Mai 1783 (WA IV 6, Nr. 1737).

43   Kasimir Christoph Schmiedel (1718–1792), Botaniker in Bayreuth, Professor der Medizin in Erlangen.

44 Theodorus Laurentius Gronovius: Zoophylacium Gronovianum. Fasciculus primus ex-
    hibens Animalia quadrupeda, Amphibia atque Pisces. Leiden 1763. Das dort auf S. 11
    Nr. 40 abgebildete Ganges-Gavial trägt die Bezeichnung „Crocodylus maxillis teretibus
    subcylindraceis".
45 Recte: Strack; vgl. hier Brief 8, Anm. 2.
46 Judasbäume.
47 Georg Forster (1754–1794) war seit 1779 Professor der Naturwissenschaften am Colle-
    gium Carolinum in Kassel.

10.
JOHANNES GESSNER AN MERCK
ZÜRICH, 4. APRIL 1784

Gar sehnlich wünschte zu dem wichtigen Vorhaben des vortrefflichen HE
Kriegsraths Merkl etwas beytragen zu können. Jezo da ich das 76. Jahr meines Alters antritte, so ist leicht zugedencken, ich werde meine Korrespondenz
nicht vermehren wollen. Bin unterdessen zu Euer Hoch und WohlEhrwürden
diensten so lang mir Gott leben gönnt.

Das mir von HE FreyHerr Franz v. Beroldingen[1] zugekommene stück
einer Kinnladen mit den Backenknochen, so in der Gündelhardischen Torf-
grube gefunden worden, werde gerne zur Einsicht mittheilen, wie alles übrige
was aus meiner Sammlung verlangt wird. Das Stück selbst mag der Kiefer von
einem Pferde seyn.

Von dem Stück der Schildkröte aus dem Sandfelsen bey Berlingen am
Constanzer See[2] hat HE Andrea in den Briefen aus der Schweiz[3] Tab 9. a eine
gute Zeichnung geliefert – auch das einer Schildkröte in schwarzem Glarner-
schiefer[4] die sich im Zollerischen Cabinett[5] befindet, in gedachten Briefen
Tab. 16. Sie kommen auch vor in den Knorrischen Sammlungen Tab. 34.
Vol. I. aber ganz verunstaltet.[6] Ich besitze davon einen Abguß von Gips mit
der Farbe der Steine gefärbt, der dem Original ziemlich nahe kommt.

Aus dem Oeningischen Steinbruch[7] kommt HE. Dr. Scheuchzers Homo
Diluvii Testis[8] so in einer a. 1726 edirten disser | Dissertation beschrieben
und abgebildet ist, auch in deßen Physica Sacra[9] Tab. 49. Der Stein ist ein
Stinkender Kalkschiefer.[10] Mich bedunkt er eine Sceleton des Schaidfisches[11]
(Gadi Siluri) zu seyn.[12] Ich besitze davon das in den Breßlauischen Sammlungen XXXII. Versuch p. 406[13] beschriebene Original.

Aus diesem Steinbruch hat HE Dr. Ziegler von Winterthur[14] 2 merkwürdige Stücke erhalten, beydes Doubletten sie stellen das ganze Thier dar;
das eine den Körper mit der Haut,[15] das andre das Scelet. In der Größe u.

Kennzeichen kommen selbige mit denen Meerschweingen Cavia porcellus[16] überein.

Von der in Scheuchzeri Physica Sacra Tab 750 abgebildeten Tafel besize ein über 2 schu langes stück darauf ein Eindruck einer in gerader Linie fortgesetzten Spina[17] mit den vertebris,[18] die einer orientalischen inscription ganz ähnlich scheinet.[19]

Euer Hoch u. WohlEhrwürden disponiren über meine geringe jedoch aufrichtige Dienste – Ich bitte den höchsten Arzt daß Er dero so theüre Gesundheit, nach so vielen Wünschen, vollkommen, bäldigst wieder herstelle! und bin immer

dero ganz ergebener Freund u. Diener

von Hause d. 4. Aprill 1784.   Dr. Joh. Geßner.

H: München, Privatbesitz; Mappe 66

1   Franz Cölestin Freiherr von Beroldingen (1740–1798), Domherr in Hildesheim und Osnabrück, Archidiakon zu Elza. Mineraloge, Geologe und Zeichner.

2   Verbessert aus „Costanzer"; Konstanzer See (auch: Untersee) heißt der westliche Teil des Bodensees.

3   Johann Gerhard Reinhard Andreaes *Reisebriefe* wurden 1764/65 zunächst im *Hannoverschen Magazin* veröffentlicht, dessen Mitarbeiter er war. 1776 erschien bei Füssli in Zürich und Winterthur eine prächtig ausgestattete Neuausgabe *Briefe aus der Schweiz nach Hannover geschrieben, in dem Jare 1763*.

4   Bituminöser Tonstein mit hohem organischen Anteil aus der Fossillagerstätte Landesplattenberg in Engi (Schweiz); Zeitalter: Oligozän.

5   Johann Heinrich Zoller (1671–1763), Kommandant von Uznach, 1740 Landvogt von Eglisau, besaß eine umfangreiche Sammlung von Fossilien. Deren bedeutendstes Stück, die erste in der Schweiz gefundene Schildkröte (Glarichelys knorri) wurde Mitte der 1750er Jahre geborgen und ging später in den Besitz Johannes Gessners über. Heute befindet es sich im Museum des Paläontologischen Instituts der Universität Zürich.

6   Georg Wolfgang Knorr (1705–1761) beschrieb die von ihm zusammengetragenen Stücke in dem vierbändigen Werk *Sammlung von Merckwürdigkeiten der Natur und Alterthümern des Erdbodens, welche petrificirte Cörper enthält* (Nürnberg 1755).

7   Bei Oehningen in Baden-Württemberg gelegene berühmte Fundstelle von Fossilien aus dem Miozän.

8   Das berühmteste Fossil der Schweizer Paläontologiegeschichte ist Johann Jakob Scheuchzers „Homo diluvii". (Abb. 8, S. 215) – Das von Scheuchzer (1672–1733) als Überrest eines bei der Sintflut umgekommenen Menschen angesehene Fossil wurde später als 15 Millionen Jahre altes Skelett eines Riesensalamanders identifiziert. Bis 1802 befand sich die Platte im Besitz der Familie Scheuchzer, dann kaufte sie Martinus van Marum für das Teyler-Museum in Den Haag. Der Irrtum wurde erst 1811 durch Georges Cuvier geklärt; 1831 erhielt der prähistorische Salamander den Namen zu Ehren seines ersten Entdeckers den Namen Andrias scheuchzeri.

9   Joh[ann] Jacob Scheuchzer: Kupfer-Bibel / In welcher Die PHYSICA SACRA Oder Beheiligte Natur-Wissenschafft Derer in Heil. Schrifft vorkommenden Natürlichen Sachen

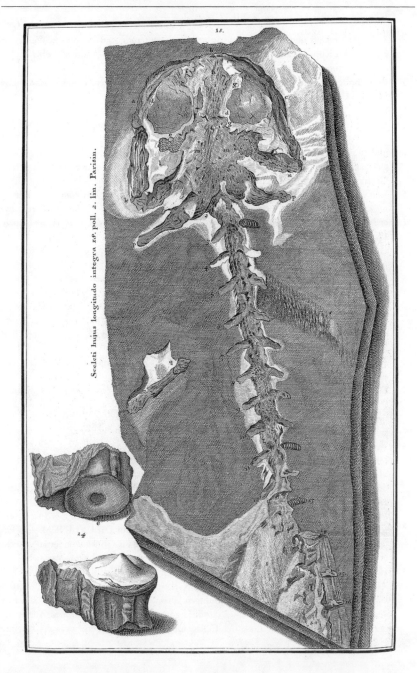

Abb. 8: Joh[ann] Jacob Scheuchzer: Kupfer-Bibel / In welcher DIE PHYSICA SACRA Oder Beheiligte Natur- Wisssenschafft Derer in Heil.Schrifft vorkommenden Natürlichen Sachen / Deutlich erklärt und bewährt [...]. Anbey Zur Erläuterung und Zierde des Wercks In Künstlichen Kupfer-Tafeln Ausgegeben und verlegt durch Johann Andreas Pfeffel [...]. Bd. 1. Augsburg und Ulm 1731, Tab. XLIX.

/ Deutlich erklärt und bewährt [...]. Anbey Zur Erläuterung und Zierde des Wercks In Künstlichen Kupfer-Tafeln Ausgegeben und verlegt durch Johann Andreas Pfeffel [...]. 4 Bde. Augsburg und Ulm 1731–1735.

10 Bezeichnung für ein bergfrisches Gestein mit hohem Schwefelgehalt und entsprechend fauligem Geruch.

11 Wels.

12 Bei der von Gessner verwandten zoologischen Gattungsbezeichnung ‚Gadi Siluri' handelt es sich offenbar um eine nicht schlüssige Kombination aus ‚Gadus morhua' (Kabeljau) und Silurus glanis (Wels). Die Zuordnung ‚Schaidfisch' weist jedoch auf den Wels als Vergleichsobjekt hin. – Die Identifizierung von Scheuchzers ‚Homo diluvii' als Wels vertrat Gessner, der eine große Vorliebe für die Ichthyologie hatte, seit 1763.

13 Von der von Johann Kanold herausgegebenen Zeitschrift *Sammlung von Natur- und Medicin-wie auch hierzu gehörigen Kunst- und Literatur-Geschichten so sich von 1717–1726 in Schlesien und anderen Orten begeben [...] und als Versuch ans Licht gestellet* (Erfurt, Breslau 1718–1720; Leipzig 1721–1729) erschienen insgesamt 38 Bände; sie fand eine regionale Erweiterung und Fortsetzung in den *Miscellanea physico-medico-mathematica: oder angenehem, curieuse und nützliche Nachrichten von Physical- u. Medicinischen, auch dahin gehörigen Kunst- und Literatur-Geschichten, welche in Teutschland und andern Reichen sich zugetragen haben oder bekannt worden sind* (Erfurt 1727–1734).

14 Johann Heinrich Ziegler (1738–1818), Arzt in Winterthur, promovierte 1769 in Basel zum Dr. med. und wurde 1762 Ehrenmitglied der Naturforschenden Gesellschaft in Zürich; 1778 gründete er mit Johann Sebastian Clais die erste chemische Fabrik in der Schweiz, in der Schwefelsäure, später dann auch Salzsäure, Soda, Chlorkalk, Salpetersäure und Kupfersulfat hergestellt wurden.

15 So es sich nicht um eine Fälschung handelt, wäre dies eine paläontologische Rarität, wie sie aus der Fossillagerstätte Oehningen bislang nicht bekannt war.

16 Das bereits von den Inkas domestizierte kleine Säugetier kam vor 400 Jahren mit den ersten Entdeckungsreisenden nach Europa. Seine quiekenden Laute und seine transatlantische Herkunft trugen ihm den deutschen Namen ein.

17 Wirbelsäule.

18 Vertebra, lat. Wirbel.

19 Mit der Tafel 750 schließt Scheuchzer seine großformatige, kostbar ausgestattete PHYSICA SACRA ab. Abgebildet ist eine schwarze Marmorplatte mit einer schrägen Linie aus buchstabenähnlichen mineralischen Einschlüssen. Eine biblische Annotation wie in den 149 vorangegangenen Tafeln unterbleibt; im Text verweist Scheuchzer vielmehr auf seine empirische Methode und lässt die präzise Beschreibung der Platte folgen. Der Inscription auf der Tafel nach handelt es sich um ein „MONUMENTUM DILUVIANUM", ein Erinnerungsbild der Sintflut. Scheuchzer will es als Mahnmal für Gottes wundertätiges Eingreifen in die Natur verstanden wissen; eine Interpretation der Platte versagt er sich. Eine zweite Inscription verkündet in lateinisch und deutsch: „SOLI DEO GLORIA. / GOTT ALLEIN DIE EHRE." Vgl. Irmgard Müsch: Geheiligte Naturwissenschaft. Die Kupfer-Bibel des Johann Jakob Scheuchzer. Göttingen 2000, S. 95 und 268 (Abb. 34). – Gessner verlässt Scheuchzers Programm einer dezidiert gottgefälligen und bibeltreuen Auslegung der Fossilien. Er deutet die Linie der Einlagerungen osteologisch und verweist auf ihre Nähe zum Artefakt.

11.
JOHANN CASPAR LAVATER AN MERCK
[ZÜRICH] 5. APRIL 1784

Lieber Merck
Hier des ehrlichen Gessners schleunige Antwort.[1] Mit dem überliefern ists
eine kostbare u: gefährliche Sache. Auch denk' ich, ist die Anzeige aus d[er]
Hand eines Literati u: experti genug. Ich beladner schon bald 7 Wochen
Krancker kann nichts weiter thun. Kommt meine Sohn bald durch,[2] d[er] mit
LaRoche zu uns zurückkehrt,[3] so zeigen Sie Ihm auch Ihre schönen Merk-
würdigkeiten. und stärken Sie auch dadurch seinen Beobachtungsgeist,[4] ob-
gleich auch dieß, wie alles vanitas vanitatum[5] ist.
Adieu.
d 5 April 84   Lavater

H: München, Privatbesitz; Mappe 51
D: Wagner II Nr. 104, S. 235; Funck, Brief 14

---

1   Siehe Brief 10.
2   Heinrich Lavater (1768–1819) war seit dem 23. Juni 1783 bei Pfarrer Stolz in Offenbach
    in Pension.
3   Geplant war, dass Heinrich Lavater sich für die Heimreise Sophie von La Roche und
    ihrem Sohn Franz anschließen solle. Die Abfahrt der La Roches verzögerte sich jedoch,
    Heinrich langte ohne sie am 29. April 1784 in Zürich an.
4   Unter eine anonyme Bleistiftzeichnung des Sohnes aus dem Jahr 1797 schrieb Lavater die
    Charakteristik: „Altklug vor derzeit, nicht / unverständig, doch geistlos."
5   Vanitas, lat.; Leere, Eitelkeit. Vanitas vanitatum, wörtl. Eitelkeit der Eitelkeiten, Steige-
    rungsformel.

12.
MERCK AN GEORG JOACHIM GÖSCHEN
DARMSTADT, 14. NOVEMBER 1789

Darmstadt den 14ten Nov. 1789
Hochgeehrter Herr,
HE. Pfarrer Scriba,[1] eine Stunde von hier zu Arheilgen, einer der besten
Entomologen, der längst rühmlichst dafür bekannt ist, sezt mit einigen andren
guten Mitarbeitern Füeßlins[2] Entomologische Beyträge fort, u. giebt zugl. ein
eignes Entomologisches Journal[3] heraus. In dem Ersten Werk sind nichts als

Neue meist eigne Entdeckungen, u. OriginalAufsäze, in den andern wechseln
diese nebst Recens. der neusten Schrifften ab. <Dies> *üdZ* [Beyde] Werke
<ist> *üdZ* [sind] bereits unter der Presse; alles wird alhier besorgt, Papier,
Druk, Kupfertafeln, Illuminationen etc. und zwar so, daß es Niemand
Schaden machen wird.

Ich frage hierbey an: ob es Ihnen gefällig seyn wolle, diesen Arbeiten Ihren
Verlags-Namen vorzusezen, sowie Sie es mit meinen Freunden in Weimar
halten, u für Ihren Verlag auszugeben, u. doch nur die Commission davon zu
übernehmen, ohne das mindeste Risico zu tragen. Und wenn dieses wäre, was
Ihre Bedingungen sind?

Ich erbitte mir hierüber sobald als mögl. geneigte Antwort aus, damit man
seine MaaßRegeln darnach nehmen könne.[4]

Indessen bitte ich Sie Hochzuehrenderherr, von meiner vollkommensten
Hochachtung versichert zu seyn.

Dero ergebenster

JH. Merck KriegsRath.

H: Darmstadt, Firmenarchiv Merck; C VII 10 (19-)
Ein Faksimile des Briefes kann bei der Forschungsstelle Merck, Institut für Sprach- und Litera-
turwissenschaft (Hochschulstraße 1, 64289 Darmstadt) angefordert werden.
Verso Empfangsvermerk: „Darmstadt den 14 9br 89. / Merck / empf.en d. 18. Nov."
D: Kraft Nr. 3

1   Ludwig Gottlieb Scriba (1736–1804), seit 1783 Pfarrer in Arheilgen, veröffentlichte teils
    anonym in verschiedenen Zeitschriften und Sammelwerken entomologische Abhand-
    lungen, war ein bekannter Tierpräparator, insbesondere von Vögeln, und besaß eine große
    Mineralien- und Conchyliensammlung.
2   Johann Kaspar Füßli (174?-1786), Buchhändler und Entomologe, Mitglied der natur-
    forschenden Gesellschaften Zürich, Berlin, Halle und Stockholm.
3   In Scribas „Vorrede" zum 1. Heft der *Beiträge zur Insektengeschichte* heißt es: „Fueßly nente
    die Schrift, in welcher allgemeine Abhandlungen über die Natur, und Oekonomie der In-
    sekten, neue Eintheilungen oder Systeme, Verzeichnisse der Insekten besonderer Gegen-
    den, Nachrichten und Auszüge von entomologischen Werken, Entdekungen neuer Theile
    u. s. w. vorkommen, neues Magazin für die Liebhaber der Entomologie. Ein ähnliches er-
    scheint von mir gleichfalls in 8vo. jedes Stück zu 6 Bogen unter dem Titul: Journal für die
    Liebhaber der Entmologie. Die andere entomologische Schrift des Fueßly ist das Archiv
    der Insekten-Geschichte. In demselben kommen aus allen Klassen dieses Naturhistorischen
    Theils einzelne neue, noch nicht abgebildete Insekten mit Abbildungen und genauen Be-
    schreibungen, soweit sie bekannt geworden, vor. Diese sollen gegenwärtige Beiträge zur
    Insekten-Geschichte nachahmen." – Scriba, Ludwig Gottlieb: Journal für die Liebhaber
    der Entomologie. 3 Hefte. Frankfurt am Main 1790–1793; ders.: Beyträge zu der Insekten-
    geschichte. Heft 1, mit 6 gemahlten Kupfern. Frankfurt am Main 1790; Heft 2, mit 6 ge-
    mahlten Kupfern. Ebd. 1791; Heft 3, mit 6 gemahlten Kupfern. Ebd., 1793.
4   Scribas *Beiträge zu der Insekten-Geschichte* erschienen dann im Frankfurter Verlag Varrentrapp
    und Wenner, an dessen Zeitschrift *Hessische Beiträge zur Gelehrsamkeit und Kunst* und an
    dessen *Deutscher Enzyklopädie* Merck seit 1783 mitarbeitete.

Literaturverzeichnis

Abraham a Sancta Clara: Mercks Wienn 1680. Unter Mitarbeit von Franz M. Eybl hg. von Werner Welzig. Tübingen 1983.

Allgemeine deutsche Bibliohek. 118 Bde. Berlin, Stettin 1765–1796.

Alten, Friedrich von: Aus Tischbein's Leben und Briefwechsel. Leipzig 1872.

Ammermann, Monika: Gelehrten-Briefe des 17. und frühen 18. Jahrhunderts. In: Gelehrte Bücher vom Humanismus bis zur Gegenwart vom 6. bis 9. Mai 1991 in der Herzog-August-Bibliothek. Hg. von Bernhard Fabian und Paul Raabe. Wiesbaden 1983 (Wolfenbütteler Schriften zur Geschichte des Buchwesens 9), S. 81-96.

Andreae, Johann Gerhard Reinhard: Briefe aus der Schweiz nach Hannover geschrieben, in dem Jare 1763. Zürich und Winterthur 1776.

Arndt, Andreas: „Philosophie der Philologie". Historisch-kritische Bemerkungen zur philosophischen Bestimmung von Editionen. In: editio 11 (1997), S. 1-19.

Arto-Haumacher, Rafael: Gellerts Briefpraxis und Brieflehre. Der Anfang einer neuen Briefkultur. Wiesbaden 1995.

Bach, Adolf: Herzogin Anna Amalia von Weimar mit Merck am Rhein im Sommer 1778. In: Volk und Scholle 11 (1922), S. 97-112.

Bächtold-Stäubli, Hanns: Handwörterbuch des deutschen Aberglaubens. 10 Bde. Berlin und Leipzig 1928–1942.

Baraldi, Claudio, Giancarlo Corsi und Elena Esposito: GLU. Glossar zu Niklas Luhmanns Theorie sozialer Systeme. Frankfurt am Main ²1998.

Barner, Wilfried: Gelehrte Freundschaft im 18. Jahrhundert. Zu ihren traditionalen Voraussetzungen. In: Frauenfreundschaft – Männerfreundschaft. Literarische Diskurse im 18. Jahrhundert. Hg. von Wolfram Mauser und Barbara Becker-Cantarino. Tübingen 1991, S. 23-45.

Barth, Ilse-Marie: Literarisches Weimar. Kultur / Literatur / Sozialstruktur im 16.–20. Jahrhundert. Stuttgart 1971.

Bauer, Volker: Die höfische Gesellschaft in Deutschland von der Mitte des 17. bis zum Ausgang des 18. Jahrhunderts. Versuch einer Typologie. Tübingen 1993.

Beck, August: Ernst der Zweite, Herzog zu Sachsen-Gotha und Altenburg als Pfleger und Beschützer der Wissenschaft und Kunst. Gotha 1854.

Becker, Karl Wolfgang (Hg.): Deutsche Fabeln aus neun Jahrhunderten. Mit Farbzeichnungen von Rolf Münzner. Leipzig 1991.

Behrens, Jürgen: Zur kommentierten Briefedition. In: probleme der kommentierung. Kolloquien der Deutschen Forschungsgemeinschaft Frankfurt am Main 12.–14. Oktober 1970 und 16.–18. März 1972. Referate und Diskussionsbeiträge. Hg. von Wolfgang Frühwald, Herbert Kraft und Walter Müller-Seidel. Bonn-Bad Godesberg 1975, S. 183-197.

[Bertuch, Friedrich Justin:] Allgemeines Teutsches Garten-Magazin oder gemeinnützige Beiträge für alle Theile des praktischen Gartenwesens. 8 Bde. Weimar 1804–1811.

Bodmer, Johann Jakob: Die Noachide in zwölf Gesängen. Berlin 1765.

Borchardt, Rudolf: Gartenphantasie. In: Ders.: Der leidenschaftliche Gärtner. Hg. von Marie Luise Borchardt unter Mitarbeit von Ernst Zimm und Ulrich Ott. Stuttgart 1968.

Boyle, Nicholas: Goethe. Der Dichter in seiner Zeit. Bd. 1: 1749–1790. München 1995.

Bräuning-Oktavio, Hermann: Neue Gedichte und Übersetzungen Johann Heinrich Mercks. In: Archiv für das Studium der Neueren Sprachen und Literaturen LXV (1911), S. 18-29.

Ders. (Hg.): Aus Briefen der Wertherzeit. In: Die Grenzboten 70 (1911), S. 411-417, 463-469, 557-563, 611-620.

Ders.: Wo ist Goethes „Götz von Berlichingen" gedruckt? Ein Beitrag zur Geschichte eines Verlags aus der Sturm-und-Drang-Zeit. In: Hessische Chronik 1 (1912), S. 13-16, 88-97.

Ders. (Hg.): Briefwechsel von Johann Heinrich Merck und Peter und Adrien Gilles Camper mit Erläuterungen. In: Archiv für die Geschichte der Naturwissenschaften und der Technik 4 (1912/1913), S. 270-306 und S. 360-388.

Ders. (Hg.): Johann Heinrich Merck als Mitarbeiter an Wieland's „Teutschem Merkur" in den Jahren 1773 bis 1791. In: Archiv für das Studium der neueren Sprachen und Literaturen 131 (1913), S. 24-39 und 285-304.

Ders. (Hg.): Neue Fabeln und Gedichte Johann Heinrich Mercks. In: Goethe-Jahrbuch 23 (1961), S. 336-351.

Ders. (Hg.): Johann Heinrich Merck: Fabeln und Erzählungen. Nach der Handschrift hg. Darmstadt 1962.

Ders.: Johann Heinrich Merck und Herder. Darmstadt 1969.

Ders.: Goethe und Johann Heinrich Merck. J. H. Merck und die Französische Revolution. Darmstadt 1970.

Ders.: Wetterleuchten der literarischen Revolution. Johann Heinrich Merck und seine Mitarbeiter an den Frankfurter gelehrten Anzeigen 1772 in Bild und Wort. Darmstadt 1972.

Breckwoldt, Michael: „Das Landleben" als Grundlage für eine Gartentheorie. Eine literarhistorische Analyse der Schriften von Christian Cay Lorenz Hirschfeld. München 1995.

Briefe an Goethe. Gesamtausgabe in Regestform. Band 1: 1764–1795. Hg. von Karl-Heinz Hahn. Weimar 1980.

Briefe aus dem Elternhaus [Johann Caspar Goethe, Cornelia Goethe, Catharina Elisabeth Goethe]. Hg. von Wolfgang Pfeiffer-Belli. Zürich, Stuttgart ²1973.

Briefe von und an Gottfried August Bürger. Ein Beitrag zur Literaturgeschichte seiner Zeit. Aus dem Nachlasse Bürger's und anderen, meist handschriftlichen Quellen. Hg. von Adolf Strodtmann. Bd. 3. Briefe von 1780–1789. Bern 1970.

Briefwechsel der „Großen Landgräfin" Caroline von Hessen. Dreißig Jahre eines fürstlichen Frauenlebens. Nach den im Großh.Haus-Archive zu Darmstadt befindlichen Papieren hg. von Ph. A. F. Walther. Bd. 2. Wien 1877.

Brockmeyer, Rainer: Geschichte des deutschen Briefes von Gottsched bis zum Sturm und Drang. Diss. Münster 1961.

Bürgel, Peter: Der Privatbrief. Entwurf eines heuristischen Modells. In: Deutsche Vierteljahrsschrift für Literaturwissenschaft und Geistesgeschichte 50 (1976), S. 281-297.

Buttlar, Adrian von: Das Grab im Garten. Zur naturreligiösen Deutung eines arkadischen Gartenmotivs. In: „Landschaft" und Landschaften im achtzehnten Jahrhundert. Tagung der Deutschen Gesellschaft für die Erforschung des 18. Jahrhunderts, Herzog August Bibliothek Wolfenbüttel, 20. bis 23. November 1991. Hg. von Heinke Wunderlich. Heidelberg 1995, S. 79-119.

Camper, Petrus: Dissertatio de cranio rhinocerotis africani scientiarum imperiali Petropolitanes oblata. In: Acta Academiae scientiarum imperialis Petropolitanae pro Anno MDCCLXXVII. Teil 2. Petersburg 1780, S. 193-209.

Ders.: Natuurkundige Verhandelingen van Petrus Camper over den Orang-Outang; en eenige andere Aap-Soorten. Over den Rhinoceros met den dubbelen Horen; en over het Rendier. Amsterdam 1782.

[Camper] Petrus Camper (1722–1789). Onderzoeker van nature. Onder redactie von J. Schuller tot Perseum-Meijer en W. R. H. Koops. [Katalog zur Ausstellung im Universitätsmuseum Groningen.] Groningen 1989.

Cetti Marinoni, Bianca: Fünf ungedruckte Briefe naturwissenschaftlichen Inhalts von Johann Heinrich Merck an Samuel Thomas Sömmerring. In: Goethe-Jahrbuch 99 (1982), S. 250-274.

Claudius, Matthias: Briefe an Freunde. Hg. von Hans Jessen. Berlin-Steglitz 1938.

Ders.: Botengänge. Briefe an Freunde. Hg. von Hans Jessen. Witten, Berlin 1965.

Coenen, Hans Georg: Die Gattung Fabel. Infrastrukturen einer Kommunikationsform. Göttingen 2000.

Crébillon, Claude Prosper Jolyot de: Le Sopha, conte moral. Paris 1745.

Dechent, Hermann: Die Streitigkeiten der Frankfurter Geistlichkeit mit den Frankfurter Gelehrten Anzeigen im Jahr 1772. In: Goethe-Jahrbuch 10 (1889), S. 169-195.

Deetjen, Werner: Siegmund Freiherr von Seckendorff. In: Jahrbuch der Sammlung Kippenberg 10 (1935), S. 261-291.

Ders.: Auf Höhen Ettersburgs. Blätter der Erinnerung. Leipzig 1924.

Detemple, Siegfried: Goethe / Berlin / Mai 1778. Sechs Tage durch die preußische Residenzstadt. [Katalog der Ausstellung in der Staatsbibliothek Berlin, Haus Unter den Linden]. Berlin 2001.

Deutsches Wörterbuch von Jacob Grimm und Wilhelm Grimm. 16 Bde. Leipzig 1854–1954.

Dithmar, Reinhard: Die Fabel. Geschichte, Struktur, Didaktik. Paderborn [8]1997.

Duden. Das große Wörterbuch der deutschen Sprache in acht Bänden. 2., völlig neubearbeitete Auflage. Bd. 5. Mannheim, Wien, Zürich 1994.

Ebner, Fritz: Lichtenberg und Merck. Zwei Bürgersöhne des 18. Jahrhunderts. In: Staat und Gesellschaft im Zeitalter Goethes. Festschrift für Hans Tümmler zu seinem 70. Geburtstag. Hg. von Peter Berglar. Köln, Wien 1977, S. 241-253.

Eschenburg, Johann Joachim: Entwurf einer Theorie und Literatur der schönen Wissenschaften. Zur Grundlage von Vorlesungen. Berlin, Stettin [2]1789.

Faßler, Manfred: Netzwerke. Einführung in die Netzstrukturen, Netzkulturen und verteilte Gesellschaftlichkeit. München 2001.

Fechner, Jörg-Ulrich: Helfrich Peter Sturz. Zwischen prosaischem Leben und der Kunst der Prosa. In: Photorin. Mitteilungen der Lichtenberg-Gesellschaft 2 (1980), S. 2-23.

Ders.: Matthias Claudius 1740–1815. Leben – Zeit – Werk. Hg. von Jörg-Ulrich Fechner. Tübingen 1996.

Federhofer, Marie-Theres: Fossilien-Liebhaberei. Johann Heinrich Merck und der naturwissenschaftliche Dilettantismus des 18. Jahrhunderts. Mit drei ungedruckten Briefen Mercks an Sir Joseph Banks. In: Lenz-Jahrbuch 6. Sturm-und-Drang-Studien (1996), S. 127-159.

Dies.: „Moi simple amateur." Johann Heinrich Merck und der naturwissenschaftliche Dilettantismus im 18. Jahrhundert. Hannover 2001.

Fertig, Ludwig: „Abends auf den Helikon". Dichter und ihre Berufe von Lessing bis Kafka. Darmstadt 1996.

Fischer, Ernst, Wilhelm Haefs und York-Gothart Mix: Einleitung: Aufklärung, Öffentlichkeit und Medienkultur in Deutschland im 18. Jahrhundert.

In: Von Almanach bis Zeitung. Ein Handbuch der Medien in Deutschland 1700–1800. Hg. von Ernst Fischer, Wilhelm Haefs und York-Gothart Mix. München 1999, S. 9-23.

Fleck, Ludwik: Entstehung und Entwicklung einer wissenschaftlichen Tatsache. Einführung in die Lehre vom Denkstil und vom Denkkollektiv. Mit einer Einführung hg. von Lothar Schäfer und Thomas Schnelle. Frankfurt am Main 1980.

Forster, Georg: Werke. Sämtliche Schriften, Tagebücher, Briefe. Hg. von der Akademie der Wissenschaften der DDR. Zentralinstitut für Literaturgeschichte. Berlin 1958ff.

Bd. 13: Briefe bis 1783. Bearbeitet von Siegfried Scheibe. Berlin 1978.

Bd. 14: Briefe 1784 – Juni 1787. Bearbeitet von Brigitte Leuschner. Berlin 1978.

Funck, Heinrich: Briefwechsel zwischen Merck und Lavater. In: Historische Monatsschrift 1 (1900) Heft 1, S. 48-70.

Gerndt, Siegmar: Idealisierte Natur. Die literarische Kontroverse um den Landschaftsgarten des 18. und frühen 19. Jahrhunderts in Deutschland. Stuttgart 1981.

Göckingk, Leopold Friedrich Günther von (Hg.): Friedrich Nicolai's Leben und literarischer Nachlaß. Berlin 1820.

Goethes Werke. Hg. im Auftrag der Großherzogin Sophie von Sachsen. 143 Bde. Weimar 1887–1919.

Goethe, Johann Wolfgang: Sämtliche Werke nach Epochen seines Schaffens. Münchner Ausgabe. Hg. von Karl Richter in Zusammenarbeit mit Herbert G. Göpfert, Norbert Miller und Gerhard Sauder. 20 Bände in 32 Teilbänden und 1 Registerband. München 1985–1998.

Bd. 1.2: Der junge Goethe 1757–1775. Hg. von Gerhard Sauder. München 1987.

Bd. 4.1: Wirkungen der Französischen Revolution 1791–1797. 1. Teil. Hg. von Reiner Wild. München 1988.

Bd. 14: Autobiographische Schriften der frühen Zwanzigerjahre. Hg. von Reiner Wild. München 1986.

Ders.: Sämtliche Werke. Briefe, Tagebücher und Gespräche. 40 Bände. Frankfurt am Main.

I. Abt.: Sämtliche Werke. Hg. von Friedmar Apel u. a. Bd. 7/1 und 7/2: Faust. Hg. von Albrecht Schöne. 2 Bde. Frankfurt am Main 41999.

II. Abt.: Briefe, Tagebücher und Gespräche. Hg. von Karl Eibl u. a. Bd. 2 (29): Das erste Weimarer Jahrzehnt. Briefe, Tagebücher und Gespräche vom 7. November 1775 bis 2. September 1786. Hg. von Hartmut Reinhardt. Frankfurt am Main 1997.

Ders.: Aus meinem Leben. Dichtung und Wahrheit. Historisch-kritische Ausgabe, bearbeitet von Siegfried Scheibe. Berlin 1974.

Ders.: Aus meinem Leben. Dichtung und Wahrheit. Hg. von Walter Hettche. Bd. 1: Text. Bd. 2: Kommentar – Nachwort – Register. Stuttgart 1991.

Ders.: Die Leiden des jungen Werthers. Originalgetreuer Nachdruck der Erstausgabe von 1774. Hg. von Joseph Kiermeier-Debre. München 1997.

[Goethe:] Goethes Briefe. Hamburger Ausgabe in vier Bänden. Textkritisch durchgesehen und mit Anmerkungen versehen von Karl Robert Mandelkow unter Mitarbeit von Bodo Morawe. Hamburg 1962–1967.

[Goethe:] Goethes Gespräche. Gesamtausgabe. Neu hg. von Flodoard Freiherr von Biedermann. 5 Bde., 2. Auflage. Leipzig 1909–1911.

[Goethe:] Repertorium der Briefe von Goethe: http://ora-web.weimarer-klassik.de/swk-db/db_goe.html.

Goethe: Die Schriften zur Naturwissenschaft. Vollständige mit Erläuterungen versehene Ausgabe hg. im Auftrage der Deutschen Akademie der Naturforscher Leopoldina. von K. Lothar Wolf †, Wilhelm Troll, Rupprecht Matthaei †, Dorothea Kuhn und Wolf von Engelhardt. Weimar 1947ff.

Zweite Abteilung: Band 9 A: Zur Morphologie von den Anfängen bis 1795. Ergänzungen und Erläuterungen. Bearbeitet von Dorothea Kuhn. Weimar 1977.

Goldgar, Anne: Impolite Learning. Conduct and Community in the Republic of Letters 1680–1750. New Haven, London 1995.

Grassmann, Antjekathrin: Lübeck und die Brautschau am Hof der Zarin Katharina II. im Jahre 1773. In: Der Wagen. Ein lübeckisches Jahrbuch. 1997/98, S. 213-225.

Guthke, Karl S.: Das deutsche bürgerliche Trauerspiel. 5., überarbeitete und erweiterte Auflage. Stuttgart, Weimar 1994.

Haas, Norbert: Spätaufklärung. Johann Heinrich Merck zwischen Sturm und Drang und Französischer Revolution. Kronberg/Taunus 1975.

Ders.: Die Flucht zu den Dingen. Johann Heinrich Mercks erster Landroman. In: Literatur der bürgerlichen Emanzipation im 18. Jahrhundert. Hg. von Gert Mattenklott und Klaus R. Scherpe. Kronberg/Taunus 1973, S. 111-136.

Habermas, Jürgen: Strukturwandel der Öffentlichkeit. Untersuchungen zu einer Kategorie der bürgerlichen Gesellschaft. Mit einem Vorwort zur Neuauflage. Frankfurt am Main 1993.

Hamann, Johann Georg: Briefwechsel. Dritter Band 1770–1777. Hg. von Walther Ziesemer und Arthur Henkel. Wiesbaden 1957.

Ders.: Sämtliche Werke. Hg. von Joseph Nadler. 6 Bde. Wien 1949–1957.

Heinz, Andrea (Hg.): Der Teutsche Merkur. Die erste deutsche Kulturzeitschrift. Heidelberg 2002.

Henning, August: Über Baummahlerei, Garten Inschriften, Clumps und Amerikanischen Anpflanzungen. In: Genius der Zeit 10 (1797), 1. Stück, S. 10-37.

Herboth, Franziska: Satiren des Sturm und Drang. Innenansichten des literarischen Feldes zwischen 1770 und 1780. Hannover 2000.

Herbst, Wilhelm: Matthias Claudius, der Wandsbecker Bote. Ein deutsches Stillleben. Gotha ³1863.

[Herder:] Herders Sämmtliche Werke. Hg. von Bernhard Suphan. 33 Bde. Berlin 1877–1913.

Bd. 29 (Herders Poetische Werke. Bd. 5). Hg. von Carl Redlich. Berlin 1889.

Herder, Johann Gottfried: Briefe. Gesamtausgabe 1763–1803. Unter Leitung von Karl-Heinz Hahn hg. von der Nationalen Forschungs- und Gedenkstätten der klassischen deutschen Literatur in Weimar (Göthe- und Schiller-Archiv). Weimar 1984ff. Ab Band 10: Hg. von der Stiftung Weimarer Klassik.

Bd. 1. April 1763 – April 1771. Bearbeitet von Wilhelm Dobbek † und Günter Arnold. Weimar 1984.

Bd. 2. Mai 1771 – April 1773. Bearbeitet von dens. Weimar 1984.

Bd. 3. Mai 1773 – September 1776. Bearbeitet von dens. Weimar 1985.

Bd. 10. Register. Bearbeitet von Günter Arnold unter Mitwirkung von Günter Effler und Claudia Taszus. Weimar 1996.

Bd. 11. Kommentar zu den Bänden 1-3. Bearbeitet von Günter Arnold. Weimar 2001.

Ders.: Herders Briefwechsel mit Caroline Flachsland. Nach den Handschriften des Goethe- und Schiller-Archivs hg. von Hans Schauer. 2 Bde. Weimar 1926–1928.

Ders.: Werke in zehn Bänden. Frankfurter Herder-Ausgabe. Frankfurt am Main 1985–2000.

Herrmann, Armin: Die Funktion von Briefen in der Entwicklung der Physik. In: Berichte zur Wissenschaftsgeschichte 3 (1980), S. 55-64.

Herrmann, F[ritz]: Aus dem Leben des Kriegsrats Joh. Heinrich Merck und seiner Kinder. In: Mercksche Familien-Zeitschrift IX (1924) Hefte 2 u. 3, S. 41-86.

Ders.: Neues vom Kriegsrats Johann Heinrich Merck. 3. Des Kriegsrats Baumwollspinnerei und Kattunfabrik und ihr Zusammenbruch. In: Mercksche Familien-Zeitschrift XI (1930) Hefte 3 u. 4, S. 126-148.

[Hirschfeld, Christian Cay Lorenz:] Das Landleben. Bern 1767.

Ders.: Theorie der Gartenkunst. 5 Bände in zwei Bänden. Mit einem Vorwort von Hans Foramitti. Nachdruck der Ausgabe Leipzig 1779–1785. Hildesheim, New York 1973.

Hölscher, Lucian: Öffentlichkeit. In: Geschichtliche Grundbegriffe. Historisches Lexikon zur politisch-sozialen Sprache in Deutschland. 8 Bde. Stuttgart 1972–1997. Hg. von Otto Brunner, Werner Conze und Reinhart Koselleck. Bd. 4. Stuttgart 1978, S. 413-467.

Ders.: Öffentlichkeit und Geheimnis. Eine begriffsgeschichtliche Untersuchung zur Entstehung der Öffentlichkeit in der frühen Neuzeit. Stuttgart 1979.

Ders.: Die Öffentlichkeit begegnet sich selbst. Zur Struktur öffentlichen Redens im 18. Jahrhundert zwischen Diskurs- und Sozialgeschichte. In: „Öffentlichkeit" im 18. Jahrhundert. Hg. von Hans-Wolf Jäger. Göttingen 1997, S. 11-31.

Hogarth, William: Analysis of Beauty. London 1753.

Humboldt, Alexander von: Netzwerke des Wissens. Hg. von der Kunst- und Ausstellungshalle der Bundesrepublik Deutschland. Bonn, München, Berlin 1999.

Jacobi, Friedrich Heinrich: Briefwechsel. Gesamtausgabe. Hg. von Michael Brüggen und Siegfried Sudhof. Stuttgart-Bad Cannstatt 1981ff.

    Reihe I Bd. 1: Briefwechsel 1762–1775. Nr. 1-380. Hg. von Michael Brüggen und Siegfried Sudhof in Zusammenarbeit mit Peter Bachmaier, Reinhard Lauth und Peter-Paul Schneider. Stuttgart-Bad Cannstatt 1981.

    Reihe I Bd. 2: Briefwechsel 1775–1781. Nr. 381-750. Hg. von Peter Bachmaier, Michael Brüggen, Reinhard Lauth und Siegfried Sudhof † in Zusammenarbeit mit Peter-Paul Schneider. Stuttgart-Bad Cannstatt 1983.

Jacobi, Heinrich: Goethes Lila, ihre Freunde Leuchsenring und Merck und der Homburger Landgrafenhof. Bad Homburg 1957 (Mitteilungen des Vereins für Geschichte und Landeskunde zu Bad Homburg vor der Höhe 25).

Jacobi, Johann Georg: Ueber die Wahrheit, nebst einigen Liedern. Düsseldorf 1771.

Ders.: An Aglaia. Düsseldorf 1771.

Jäger, Hans-Wolf (Hg.): „Öffentlichkeit" im 18. Jahrhundert. Göttingen 1997.

Joost, Ulrich: Kleinigkeiten aus Ludwig Christian Lichtenbergs Korrespondenz, dabei etwas von und an Johann Heinrich Merck. In: Lichtenberg-Jahrbuch 1999, S. 184-192.

Ders.: Der Kommentar im Dienste der Textkritik. Dargestellt an Prosa-Beispielen der Aufklärungsepoche. In: editio 1 (1987), S. 184-197.

Jørgensen, Sven-Aage, Herbert Jaumann und John A. McCarthy: Wieland. Epoche – Werk – Wirkung. München 1994.

Kehn, Wolfgang: Christian Cay Lorenz Hirschfeld 1742–1792. Eine Biographie. Worms 1992.

Ders.: Die Gartenkunst der deutschen Spätaufklärung als Problem der Geistes- und Literaturgeschichte. In: Internationales Archiv für Sozialgeschichte der deutschen Literatur 10 (1985), S. 195-224.

Kempe, Michael: The Anglo-Swiss-Connection. Zur Kommunikationskultur der Gelehrtenrepublik in der Frühaufklärung. In: Cardanus. Jahrbuch für Wissenschaftsgeschichte. Bd. 1 (2000): Wissen und Wissensvermittlung im 18. Jahrhundert. Beiträge zur Sozialgeschichte der Naturwissenschaften zur Zeit der Aufklärung. Hg. von Robert Seidel, S. 71-91.

Klettenberg, Susanna Katharina von: Die schöne Seele. Bekenntnisse, Schriften und Briefe. Hg. von Heinrich Funck. Leipzig 1911.

Klopstock, Friedrich Gottlieb: Der Messias. 4 Bde. Kopenhagen und Halle 1755-1773.

[Ders.:] Klopstocks Oden und Elegien. Faksimiledruck der bei Johann Georg Wittich in Darmstadt 1771 erschienenen Ausgabe. Mit einem Nachwort und Anmerkungen hg. von Jörg-Ulrich Fechner. Stuttgart 1974.

Ders.: Die deutsche Gelehrtenrepublik. Ihre Einrichtung, ihre Geseze, Geschichte des lezten Landtags. Auf Befehl der Aldermänner durch Salogast und Wlemar. Erster Theil. Hamburg 1774.

Knorr, Georg Wolfgang: Sammlung von Merckwürdigkeiten der Natur und Alterthümern des Erdbodens, welche petrificirte Cörper enthält. 4 Bde. Nürnberg 1755.

Koschorke, Albrecht: Körperströme und Schriftverkehr. Mediologie des 18. Jahrhunderts. München 1999.

Krause, Friedhilde (Hg): Die Bibliothek der Brüder Grimm: Annotiertes Verzeichnis des festgestellten Bestandes. Erarbeitet von Ludwig Denecke und Irmgard Teitge. Weimar 1989.

Kühlmann, Wilhelm: Nationalliteratur und Latinität: Zum Problem der Zweisprachigkeit in der frühneuzeitlichen Literaturbewegung Deutschlands. In: Nation und Literatur im Europa der Frühen Neuzeit. Akten des I. Internationalen Osnabrücker Kongresses zur Kulturgeschichte der Frühen Neuzeit. Hg. von Klaus Garber. Tübingen 1989, S. 164-206.

Kunz, Rudolf: Kriegsrat Merck fördert den Kupferstecher Johann Leonhard Zentner (1761-1802). In: Mercksche Familien-Zeitschrift XXII (1966) Hefte 1 u. 2, S. 273-286.

La Roche, Sophie von: Geschichte des Fräuleins von Sternheim. Leipzig 1771.

Lefèvre, Wolfgang: Die Entstehung der biologischen Evolutionstheorie. Frankfurt am Main, München, Wien 1984.

Leibfried, Erwin: Fabel. 4., durchgesehene u. ergänzte Aufl. Stuttgart 1982.

Lessing, Gotthold Ephraim: Werke und Briefe in zwölf Bänden. Hg. von Wilfried Barner u. a.

Bd. 4: Werke 1758–1759. Hg. von Gunter E. Grimm. Frankfurt am Main 1997.

Leuschner, Brigitte: Kommentierende und kommentierte Briefe. Zur Kommentargestaltung bei Briefausgaben. In: Kommentierungsverfahren und Kommentarformen. Hamburger Kolloquium der Arbeitsgemeinschaft für germanistische Edition 4. bis 7. Mai 1992, autor- und problembezogene Referate. Hg. von Gunter Martens (Beihefte zu editio 5). Tübingen 1993, S. 182-187.

Lévi-Strauss, Claude: Die elementaren Strukturen der Verwandtschaft. Frankfurt am Main 1981.

Lichtenberg, Georg Christoph: Briefwechsel. Im Auftrag der Akademie der Wissenschaften zu Göttingen hg. von Ulrich Joost und Albrecht Schöne. 5 Bde. München 1983ff.

Bd. 2: 1780–1784. München 1985.

Lillo, George: Der Kaufmann von London oder Begebenheiten des Georg Barnwells. Ein bürgerliches Trauerspiel. Übersetzt von Henning Adam von Bassewitz (1752). Kritische Ausgabe mit Materialien und einer Einführung. Hg. von Klaus-Detlef Müller. Tübingen 1981.

Loebell, Richard: Der Anti-Necker J. H. Mercks und der Minister F. K. v. Moser. Ein Beitrag zur Beurteilung J. H. Mercks. Darmstadt 1896.

Lohmeier, Anke-Marie: Arbeit und Autonomie. Über Johann Heinrich Mercks ‚Geschichte des Herrn Oheims'. In: Germanistisch-Romanische Monatsschrift N. F. 32 (1982), S. 29-59.

Dies.: Beatus ille. Studien zum „Lob des Landlebens" in der Literatur des absolutistischen Zeitalter. Tübingen 1981.

Luther, Martin: Weimarer Ausgabe. Kritische Gesamtausgabe. 3. Abt. Tischreden 1531–1546. Hg. von E[rnst] Kroker und O[skar] Brenner. 6 Bde. Weimar 1912–1921. Bd. 4. Weimar 1916.

[Macpherson, James:] The Works of Ossian, the son of Fingal. 4 Bde. London 1760–1763.

[Ders.:] Works of Ossian. 4 Bde. Darmstadt, Frankfurt und Leipzig 1773/74 und 1777.

Mathijsen, Marita: Die ‚sieben Todsünden' des Kommentators. In: Text und Edition. Positionen und Perspektiven. Hg. von Rüdiger Nutt-Kofoth, Bodo Plachta, H. T. M. van Vliet und Hermann Zwerschina. Berlin 2000. S. 245-261.

Maurer, Michael: Die Biographie des Bürgers. Lebensformen und Denkweisen in der formativen Phase des deutschen Bürgertums (1680–1815). Göttingen 1996.

Mauss, Marcel: Die Gabe. Form und Funktion des Austauschs in archaischen Gesellschaften. In: Ders.: Soziologie und Anthropologie. Bd. 2: Gabentausch, Soziologie und Psychologie, Todesvorstellung, Körpertechniken, Begriff der Person. Frankfurt am Main, Berlin, Wien 1978.

Meijer, Miriam Clauder: The anthropology of Petrus Camper (1722–1789). Los Angeles 1992.

Melançon, Benoît (Ed.): Penser par lettre. Actes du colloque d'Azay-le-Ferron (mai 1997). Québec 1998.

[Merck, Johann Heinrich:] Kupferstich. Les offres reciproques, dediées a S. A. Mgr. Adam, Prince Czartoryski, gravées d'après le tableau original de Dietricy, Peintre de la Cour Electorale de Saxe, par I. C. Wille, Graveur du Roi, de L. M. I. et R. et de Sa Majestè le Roi de Danemarck. In: Frankfurter gelehrte Anzeigen vom Jahr 1772. Nachdruck der Ausgabe des Verlages der Eichenbergischen Erben 1772. Erweitert um ein Vorwort von Dr. phil. Hermann Bräuning-Oktavio und Konkordanz zu Bernhard Seufferts Nachdruckausgabe 1883. Bern 1970. Nr. 111 vom 10. Januar 1772, S. 24.

[Ders.:] Rhapsodie von Johann Heinrich Reimhart, dem Jüngern. O. O. [Darmstadt] 1773.

[Ders.:] Pätus und Arria eine Künstler-Romanze. Freistadt am Bodensee [Darmstadt] 1775.

[Ders.:] Ueber die Landschaft-Mahlerey, an der Herausgeber des T. M. In: Der Teutsche Merkur 1777 III, S. 273-280.

[Ders.:] Ueber den Mangel des Epischen Geistes in unserm lieben Vaterland. In: Der Teutsche Merkur 1778 I, S. 48-57.

[Ders.:] Geschichte des Herrn Oheims. In: Der Teutsche Merkur 1778 I, S. 30-48, 151-172, 1778 II, S. 51-65, 212-227, 1778 IV, S. 27-37 und 239-248.

[Ders.:] Eine mahlerische Reise nach Cöln, Bensberg und Düsseldorf. Auszüge aus Briefe an den Herausgeber. In: Der Teutsche Merkur 1778 III, S. 113-128.

[Ders.:] Briefe über Mahler und Mahlerey an eine Dame. In: Der Teutsche Merkur 1779 IV, S. 31-40 und 104-112.

[Ders.:] Schreiben eines Landedelmannes aus dem Pais de Vaud. In: Der Teutsche Merkur 1780 III, S. 177-183.

[Ders.:] Beschreibung der Gärten um Darmstadt. In: Hirschfeld, Christian Cay Lorenz: Theorie der Gartenkunst. 5 Bände in zwei Bänden. Leipzig 1779–1785. Bd. 2. Leipzig 1780, S. 157-160.

[Ders.:] Beschreibung der vorzüglichsten Gärten um Darmstadt. In: Hoch-Fürstlich Hessen-Darmstädtischer Staats- und Adreßkalender, auf das Jahr 1781. Darmstadt o. J. [1780], S. 9-19.

[Ders.:] Herr Oheim der Jüngere, eine wahre Geschichte. In: Der Teutsche Merkur 1781 IV, S. 144-166 und 193-211; 1782 I, S. 123-138.

[Ders.:] Akademischer Briefwechsel. In: Der Teutsche Merkur 1782 II, S. 101-117 und S. 220-231, III, S. 47-58 und 116-128.

[Ders.:] Lettre à Monsieur de Cruse [...] sur les os fossiles d'éléphans et de rhinocéros qui se trouvent dans le pays de Hesse-Darmstadt. Darmstadt 1782.

[Ders.:] Nachtrag verschiedener Bemerkungen über merkwürdige ausgegrabene Thier-Knochen u. s. w. An den Herausgeber des T. M. In: Der Teutsche Merkur 1783 I, S. 204-215.

[Ders.:] Seconde lettre à Monsieur de Cruse [...] sur les os fossiles d'eléphans et de rhinocéros qui se trouvent en Allemagne et particulierement dans le pays de Hesse-Darmstadt. Darmstadt 1784.

[Ders.:] An den Herausgeber des Teutschen Merkur über den Ursprung der Fossilien, in Teutschland. In: Der Teutsche Merkur 1784, I, S. 50-63.

[Ders.:] Troisieme lettre sur les os fossiles d'eléphans et de rhinocéros qui se trouvent en Allemagne et particulierement dans le pays de Hesse-Darmstadt. Addresseé à Monsieur Forster [...]. Darmstadt 1786.

[Ders.:] Ueber die Schwierigkeit antiken weiblichen Statuen sogleich ihren wahren Charakter anzuweisen. In: Der Teutsche Merkur 1787 II, S. 266-277.

Ders.: Briefe an die Herzogin-Mutter Anna Amalia und an den Herzog Carl August von Sachsen-Weimar. Hg. von Hans Gerhard Gräf. Leipzig 1911.

Ders.: Werke. Ausgewählt und hg. von Arthur Henkel. Mit einer Einleitung von Peter Berglar. Frankfurt am Main 1968.

Ders.: Briefe. Hg. von Herbert Kraft. Frankfurt am Main 1968.

Ders.: Galle genug hab ich im Blute. Fabeln, Satiren, Essays. Hg. von Hedwig Voegt. Berlin 1973.

[Merck] Johann Heinrich Merck (1741–1791). Ein Leben für Freiheit und Toleranz. Zeitdokumente. Zum 250. Geburtstag und zum 200. Todestag von Johann Heinrich Merck [Ausstellungskatalog]. Darmstadt 1991.

Merk, Gert-Peter: Wahrheiten dem Publikum der Welt. Die Empfindsamkeit des Aufklärers Johann Heinrich Merck. In: Frankfurter Hefte 34 (1979), H. 12, S. 57-64.

Michelsen, Peter: Die Problematik der Empfindungen. Zu Lessings ‚Miss Sara Sampson'. In: Ders.: Der unruhige Bürger. Studien zu Lessing und zur Literatur des achtzehnten Jahrhunderts. Würzburg 1990, S. 161-220.

Milroy, Lesley: Language and Social Networks. Oxford 1980.

Mittler, Franz Ludwig (Hg.): Briefe von Boie, Herder, Höpfner, Gleim, J. G. Jacobi und Anderen aus den Jahren 1769–1775. In: Weimarisches Jahrbuch für deutsche Sprache Litteratur und Kunst 3 (1855), S. 1-79; ebd. 6 (1857), S. 57-84.

Modrow, Bernd: Aufklärung und Gartenkunst am Beispiel hessischer Parkanlagen. In: Aufklärung in Hessen. Facetten ihrer Geschichte. Wiesbaden 1999, S. 84-94.

[Möser, Justus:] Ueber die deutsche Sprache und Litteratur. Schreiben an einen Freund. Hamburg 1781.

Müller, Friedrich, genannt Maler Müller: Briefwechsel. Kritische Ausgabe. Hg. von Rolf Paulus und Gerhard Sauder. 4 Bde. Heidelberg 1998.

Müsch, Irmgard: Geheiligte Naturwissenschaft. Die Kupfer-Bibel des Johann Jakob Scheuchzer. Göttingen 2000.

Muncker, Franz: Die Darmstädter Ausgabe der Oden Klopstocks. In: Jahrbuch der Sammlung Kippenberg 3 (1923), S. 86-99.

Ders.: Merck. In: Allgemeine Deutsche Biographie. Leipzig 1885, Bd. 21, S. 400-404.

Nickisch, Reinhard Martin Gerhard: Brief. Stuttgart 1991.

[Nicolai, Friedrich:] Das Leben und die Meinungen des Herrn Magister Sebaldus Nothanker. 3 Bde. Berlin und Stettin 1774–1776.

[Ders:] Freuden des jungen Werthers. Leiden und Freuden Werthers des Mannes. Voran und zuletzt ein Gespräch. Berlin 1775.

[Ders.:] Beschreibung der Königlichen Residenzstädte Berlin und Potsdam und aller daselbst befindlichen Merkwürdigkeiten, und der umliegenden Gegend. Dritte völlig umgearbeitete Auflage. 3 Bde. Berlin 1786.

Niedermeier, Michael: Das Ende der Idylle. Symbolik, Zeitbezug, ‚Gartenrevolution' in Goethes Roman „Die Wahlverwandtschaften". Berlin, Bern, Frankfurt am Main, New York, Paris, Wien 1992.

Ders.: Goethe und die „Revolution" in der Gartenkunst seiner Zeit. In: Gärten der Goethezeit. Hg. von Harri Günther. Fotografien von Volkmar Herre. Leipzig 1993, S. 9-28.

Oehler-Klein, Sigrid: Anatomie und Kunstgeschichte. Soemmerrings Rede über die Schönheit der antiken Kindesköpfe vor der Société des Antiquités in Kassel (1779). In: Samuel Thomas Soemmerring in Kassel (1779–1784). Beiträge zur Wissenschaftsgeschichte der Goethezeit. Hg. von Manfred Wenzel. Stuttgart, Jena, New York 1994, S. 189-225.

Oellers, Norbert: Wie sollten Briefwechsel ediert werden? In: Der Brief in Klassik und Romantik. Hg. von Lothar Blum und Andreas Meier. Würzburg 1993, S. 1-12.

Oesterle, Günter und Harald Tausch (Hg.): Der imaginierte Garten. Göttingen 2001.

Ohm, Reinhard: „Unsere jungen Dichter". Wielands literarästhetische Publizistik im Teutschen Merkur zur Zeit des Sturm und Drang und der Frühklassik (1773–1789). Trier 2001.

Ott, Ulrich (Hg.): Gärten in Wielands Welt. Bearbeitet von Heinrich Bock und Hans Radspieler. Marbacher Magazin 40 (1986), 2., durchgesehene Auflage 1999.

Pabst, Walter: Den Manen Michelangelos. Vergessene Huldigungsgedichte von Johann H. Merck und Ernst Droem. In: Literarhistorische Begegnungen. Festschrift zum 60. Geburtstag von Bernhard König. Hg. von Andreas Kablitz und Ulrich Schulz-Buschhaus. Tübingen 1993, S. 311-318.

Pamuk, Orhan: Rot ist mein Name. München, Wien 2001.

[Parthey, Gustav:] Die Mitarbeiter an Friedrich Nicolai's Allgemeiner Deutscher Bibliothek nach ihren Namen und Zeichen in zwei Registern geordnet. Ein Beitrag zur deutschen Literaturgeschichte. Berlin 1842.

Plinius Caecilius Secundus, Gaius: Briefe. Epistularum libri decem. Lateinisch-deutsch hg. von Helmut Kasten. Zürich 1995.

Plinius: Sämtliche Briefe. Zürich, Stuttgart 1969.

Prang, Helmut: Johann Heinrich Merck. Ein Leben für andere. [Wiesbaden] 1949.

Probleme der Brief-Edition. Kolloquium der Deutschen Forschungsgemeinschaft Schloß Tutzing am Starnberger See, 8.–11. September 1975. Referate und Diskussionsbeiträge. Hg. von Wolfgang Frühwald, Hans-Joachim Mähl und Walter Müller-Seidel. Bonn-Bad Godesberg 1977.

Pückler-Muskau, Hermann, Fürst von: Andeutungen über Landschaftsgärtnerei verbunden mit der Beschreibung ihrer praktischen Anwendung in Muskau. Hg. von Günter J. Vaupel. Frankfurt am Main 1988.

Raabe, Paul: Separatisten, Pietisten, Herrnhuter. Goethe und die Stillen im Lande. Leipzig 1999 (Kataloge der Franckeschen Stiftungen zu Halle, 6).

[Reitzenstein, Carl Friedrich Ernst von:] Lotte bey Werthers Grab. Leipzig und Wahlheim 1775.

Richardson, Samuel: Clarissa Harlowe, or the history of a young lady. 7 Bde. London 1747f.

Richter, Elke: Zur historisch-kritischen Gesamtausgabe von Goethes Briefen. In: Goethe-Philologie im Jubiläumsjahr – Bilanz und Perspektiven. Kolloquium der Stiftung Weimarer Klassik und der Arbeitsgemeinschaft für germanistische Edition 26. bis 27. August 1999 (Beihefte zur editio 16). Tübingen 2001, S. 123-145.

Riedel, Manfred: Bürger, Staatsbürger, Bürgertum. In: Geschichtliche Grundbegriffe. Historisches Lexikon zur politisch-sozialen Sprache in Deutschland. 8 Bde. Stuttgart 1972–1997. Hg. von Otto Brunner, Werner Conze und Reinhart Koselleck. Bd. 1. Stuttgart 1972, S. 672-725.

Rudwick, Martin J. S.: The Emergence of a Visual Language for Geological Science 1760–1840. In: History of Science 4 (1976), S. 149-195.

Ders.: The Meaning of Fossils. Episodes in the History of Palaentology. New York ²1976.

Sade, Jacques François Paul Alphonse de: Mémoires pour la vie de François Pétrarque tirés de ses oeuvres et des auteurs contemporains. 3 Bde. Amsterdam 1764–1767.

Sauder, Gerhard: „Wunderliche Großheit". Johannn Heinrich Merck (1741– 1791). In: Lenz-Jahrbuch. Sturm-und-Drang-Studien 1 (1991), S. 207-227.

Ders.: Empfindsamkeit. Tendenzen der Forschung aus der Perspektive eines Betroffenen. In: Aufklärung 13 (2001), S. 307-338.

Scheuchzer, Joh. Jacob: Kupfer-Bibel / In welcher Die PHYSICA SACRA Oder Beheilgte Natur-Wissenschafft Derer in Heil. Schrifft vorkommenden Natürlichen Sachen / Deutlich erklärt und bewährt [...]. Anbey Zur Erläuterung und Zierde des Wercks In Künstlichen Kupfer-Tafeln Ausgegeben und verlegt durch Johann Andreas Pfeffel [...]. 4 Bde. Augsburg und Ulm 1731–1735.

[Schiller, Friedrich:] Schillers Werke. Nationalausgabe. Im Auftrag des Goethe- und Schillerarchivs, des Schiller-Nationalmuseums und der Deutschen Akademie hg. von Julius Petersen und Gerhard Fricke, 1947ff.: Im Auftrag des Goethe- und Schillerarchivs und des Schiller-Nationalmuseums hg. von Julius Petersen und Hermann Schneider; 1961ff.: Begründet von Julius Petersen. Hg. im Auftrag des Goethe- und Schiller-Archivs in Weimar (Nationale Forschungs- und Gedenkstätten der klassischen deutschen Literatur) und des Schiller-Nationalmuseums in Marbach von Liselotte Blumenthal und Benno von Wiese; 1979ff. von Norbert Oellers und Siegfried Seidel; seit 1992: Hg. im Auftrag der Stiftung Weimarer Klassik und des Schiller-Nationalmuseums Marbach von Norbert Oellers. 43 Bde. Weimar 1943ff. Bde. 23-32: Schillers Briefe, Bde. 33-40 Briefe an Schiller (verschiedene Hg.). Auch als CD-ROM (Cambridge 1998f.) und im Internet (http://schiller.chadwyck.com) verfügbar.

Schlosser, Johann Georg: Katechismus der Sittenlehre für das Landvolk. Frankfurt am Main 1771.

Schmid, Christian Heinrich: Über den gegenwärtigen Zustand des deutschen Parnasses. Mit Zusätzen und Anmerkungen von Christoph Martin Wieland. Mit einem Nachwort hg. von Robert Seidel. St. Ingbert 1998.

Schmidt, Jochen: Die Geschichte des Genie-Gedankens 1750–1945. Band 1: Von der Aufklärung bis zum Idealismus. Darmstadt 1985.

Schrautenbach, Ludwig Carl von: Der Graf von Zinzendorf und die Brüdergemeine seiner Zeit. Hg. von F[riedrich] W[ilhelm] Kölbing. Gnadau und Leipzig 1851.

Schreiber, Ilse (Hg.): Ich war wohl klug, daß ich dich fand. Heinrich Christian Boies Briefwechsel mit Luise Mejer 1777–1785. München 1975.

Schübler, Walter: Johann Heinrich Merck 1741–1791. Biographie. Weimar 2001.

Scriba, Ludwig Gottlieb: Journal für die Liebhaber der Entomologie. 3 Hefte. Frankfurt am Main 1790–1793.

Ders.: Beyträge zu der Insektengeschichte. Heft 1, mit 6 gemahlten Kupfern. Frankfurt am Main 1790; Heft 2, mit 6 gemahlten Kupfern. Ebd. 1791; Heft 3, mit 6 gemahlten Kupfern. Frankfurt am Main 1793.

Seidel, Robert: Drei ungedruckte Briefe Johann Heinrich Mercks an Petrus Bernardus van Damme in Amsterdam (8. September 1784, 24. Juli 1785, 9. September 1785). In: Lichtenberg-Jahrbuch 1999, S. 168-184.

Ders.: Vorwort. In: Cardanus. Jahrbuch für Wissenschaftsgeschichte. Bd. 2 (2001): Die ‚exakten' Wissenschaften zwischen Dilettantismus und Professionalität. Studien zur Herausbildung eines modernen Wissenschaftsbetriebs im Europa des 18. Jahrhunderts. Hg. von Robert Seidel, S. 7-11.

Ders.: Literarische Kommunikation im Territorialstaat. Funktionszusammenhänge des Literaturbetriebs in Hessen-Darmstadt zur Zeit der Spätaufklärung. Tübingen 2003 (im Druck).

Ders.: Die „tote Sprache" und das „Originalgenie". Poetologische und literatursoziologische Transformationsprozesse in der Geschichte der deutschen neulateinischen Lyrik. In: Formen und Funktionen lateinischer Lyrik in der Frühen Neuzeit. Hg. von Beate Czapla und Robert Seidel. [2003].

Seiler, Michael: Wege, Bewegung und Sehen im Landschaftsgarten. In: 150 Jahre Branitzer Park. Garten-Kunst-Werk. Wandel und Bewahrung. Kolloquium der Stiftung Fürst Pückler Museum – Park und Schloß Branitz, Cottbus/Branitz, 10.–12. Oktober 1996. Berlin 1998, S. 110-120.

Sévery, William de, Clara de Sévery: La vie de société dans le Pays de Vaud à la fin du XVIIIe siècle. Salomon et Catherine de Charrière de Sévery et leurs amis. Genève 1978. Nachdruck der Ausgabe Lausanne, Paris 1911.

Shakespear Theatralische Werke. Aus dem Englischen übersezt von Herrn Wieland. 8 Bde. Zürich 1762–1766.

Shapin, Steven: A Social History of Truth. Civility and Science in Seventeenth-Century England. Chicago 1994.

Ders., Simon Scheffer: Leviathan and the Air-Pump. Hobbes, Boyle and the Experimental Life. Princeton 1985.

Soemmerring, Samuel Thomas: Werke. Begründet von Gunter Mann. Hg. von Jost Benedum und Werner Friedrich Kümmel. 1990ff.

    Bd. 18. Briefwechsel 1761/65-Oktober 1784. Hg. von Franz Dumont. Stuttgart, Jena, New York 1996.

    Bd. 19: Briefwechsel 1784–1792. Teil 1: November 1784 – Dezember 1786. Hg. von Franz Dumont. Stuttgart, Jena. Lübeck, Ulm 1997; Teil 2: Januar 1787 – Oktober 1792. Hg. von Franz Dumont. Stuttgart, Jena, Lübeck, Ulm 1998.

Starnes, Thomas C.: Der Teutsche Merkur. Ein Repertorium. Sigmaringen 1994.

Steiner, Harald: Das Autorenhonorar – seine Entwicklungsgeschichte vom 17. bis 19. Jahrhundert. Wiesbaden 1998.

Stichweh, Rudolf: Zur Entstehung des modernen Systems wissenschaftlicher Disziplinen. Physik in Deutschland 1740–1890. Frankfurt am Main 1984.

Stolleis, Michael: Untertan – Bürger – Staatsbürger. Bemerkungen zur juristischen Terminologie im späten 18. Jahrhundert, in: Rudolf Vierhaus (Hg.): Bürger und Bürgerlichkeit im Zeitalter der Aufklärung. Heidelberg 1981, S. 65-99.

Sulzer, Johann Georg: Allgemeine Theorie der Schönen Künste. 1. Teil. Leipzig 1771.

Taton, René: Le rôle des correspondances scientifiques dans la diffusion de la science aux XVIIe et XVIIIe siècles. In: Proceedings of the XIVth International Congress of the History of Science. Bd. 2. Tokyo 1975, S. 214-230.

Der Teutsche Merkur. Hg. von Christoph Martin Wieland. Frankfurt und Leipzig 1773–1810.

Tieck, Ludwig: Der Jahrmarkt. In: Ludwig Tieck's Schriften. Vollständige auf's Neue durchgesehene Ausgabe. Berlin 1853. Nachdruck Berlin 1966. Bd. 20, S. 3-180.

Trotha, Hans von: Angenehme Empfindungen. Medien einer populären Wirkungsästhetik vom Landschaftsgarten zum Schauerroman. München 1999.

Ders.: Utopie in Grün. In: Die Zeit, 23. 8. 2001, S. 31.

Trunz, Erich: Der deutsche Späthumanismus um 1600 als Standeskultur [erweitert gegenüber der Erstfassung von 1931]. In: Ders.: Deutsche Literatur zwischen Späthumanismus und Barock. Acht Studien. München 1995, S. 7-82.

Vaget, H. Rudolf: Johann Heinrich Merck über den Roman. In: PMLA – Publications of the Modern Language Association of Amerika. Vol. 83 Nr. 2, Mai 1968, S. 347-356.

Valentin, Veit: Goethes Beziehungen zu Wilhelm von Diede. Mit sechs ungedruckten Briefen Goethes. In: Festschrift zu Goethes 150. Geburtstagsfeier dargebracht vom Freien Deutschen Hochstift. Frankfurt am Main 1899, S. 1-48.

Visser, Robert Paul Willem: The Zoological Work of Petrus Camper (1722–1789). Amsterdam 1985.

[Wagner, Heinrich Leopold:] Neuer Versuch über die Schauspielkunst. Aus dem Französischen. Mit einem Anhang aus Goethes Brieftasche. Leipzig 1776.

Wagner, Karl (Hg.): Briefe an Johann Heinrich Merck von Göthe, Herder, Wieland und andern bedeutenden Zeitgenossen. Mit Merck's biographischer Skizze. Darmstadt 1835.

Ders. (Hg.): Briefe an und von Johann Heinrich Merck. Eine selbständige Folge der im Jahre 1835 erschienenen Briefe an J. H. Merck. Aus den Handschriften hg. [...] Mit Facsimilien der Handschrift von Göthe, Herder, Wieland, Karl August und Amalia v. Weimar, W. Tischbein, Claudius und Merck. Darmstadt 1838.

Ders. (Hg.): Briefe aus dem Freundeskreise von Goethe, Herder, Höpfner und Merck. Eine selbständige Folge der beiden in den Jahren 1835 und 1838 erschienenen Merckischen Briefsammlungen. Aus den Handschriften hg. Leipzig 1847.

Wahl, Hans: Geschichte des Teutschen Merkur. Ein Beitrag zur Geschichte des Journalismus im achtzehnten Jahrhundert. Berlin 1914 (Palaestra 127). Nachdruck New York, London 1967.

Warton, Joseph: An Essay on the Writings and Genius of Pope. In: Bibliothek der schönen Wissenschaften und der freyen Künste. Bd. 4. Leipzig 1759, S. 500-532, 627-669.

Wegmann, Nikolaus: Diskurse der Empfindsamkeit. Zur Geschichte eines Gefühls in der Literatur des 18. Jahrhunderts. Stuttgart 1988.

Wezel, Johann Karl: Kakerlak oder Geschichte eines Rosenkreuzers aus dem vorigen Jahrhunderte [1784]. Hg. von Hans Henning. Berlin 1984.

Wielands Briefwechsel. Hg. von der Akademie der Wissenschaften der DDR. Zentralinstitut für Literaturgeschichte durch Hans Werner Seiffert; ab Bd. 6: Hg. von der Berlin-Brandenburgischen Akademie der Wissenschaften durch Siegfried Scheibe.

Bd. 5: Briefe der Weimarer Zeit (21. September 1772 – 31. Dezember 1777). Berlin 1983.

Bd. 6.1: Nachträge zu Band 1 bis 5. Überlieferung, Varianten und Erläuterungen zu Band 3. Bearbeitet von Siegfried Scheibe. Berlin 1995.

Bd. 7.1: Januar 1778 – Juni 1782. Bearbeitet von Waltraud Hagen. Berlin 1992.

Bd. 8.1: Juli 1782 – Juni 1785. Bearbeitet von Annerose Schneider. Berlin 1992.

Bd. 9.1: Juli 1785 – März 1788. Bearbeitet von Uta Motschmann. Berlin 1996.

Wimmer, Clemens Alexander: Geschichte der Gartentheorie. Darmstadt 1989.

Windfuhr, Manfred (Hg.): Deutsche Fabeln des 18. Jahrhunderts. Ausgewählt und mit einem Nachwort von Manfred Windfuhr. Stuttgart 1997.

Wolf, Jürgen Rainer: Zwei Jahrhunderte Krieg und Frieden. In: Darmstadts Geschichte. Fürstenresidenz und Bürgerstadt im Wandel der Jahrhunderte. Hg. von Eckhart G. Franz. Darmstadt 1980, S. 129-288.

Wolff, Kurt: Johann Heinrich Mercks Schriften und Briefwechsel. In Auswahl hg. Leipzig 1909.

Zedler, Johann Heinrich: Grosses vollständiges Universal Lexikon Aller Wissenschafften und Künste. 64 Bde. Leipzig 1732–1750.

Zimmermann, Georg: Johann Heinrich Merck, seine Umgebung und Zeit. Frankfurt am Main 1871.

Abbildungsverzeichnis

Personenregister